20世紀
日本の歴史学

永原慶二

吉川弘文館

まえがき

本書の執筆を依頼されたのは、二〇世紀もあとわずか二年あまりとなった一九九八年の秋の頃であった。私は日頃は日本中世史を専攻しており、史学史を研究の主題としているわけではないから、すぐ「承知した」などとはとてもいえず、「考えてみる」とだけ返事した。

史学史については、私もまったく無関心というわけではなく、過去にも『歴史学叙説』(一九七八年、東京大学出版会) など史学史にかかわる仕事に多少は取り組んでいた。また大学での講義題目に日本史学史を取りあげたこともあった。しかし与えられた題名である「20世紀日本の歴史学」について、たとい日本史研究 (日本史学) に限るとしても、一人で総合的な目のとどいた論述を試みることなど不可能だし、そもそも自分もその時代にありながら、自分のことを棚に上げて先輩同学の仕事や歴史観にかかわる問題を論評する種のことが許されるかどうか、という思いも否定することができなかった。

そうしているうちに他の仕事にも追われ、いつのまにか二一世紀に入ってしまい、この仕事はもう時機を逸したと内心感じるようになっていた。ところが昨年 (二〇〇一) 春、またも歴史教科書問題が発生し、「歴史観と歴史認識」「ナショナリズム」「国民国家」「歴史歪曲」などが国内・国際的にきびしく問い直されるに至って、私の気持ちは大きく変わった。

日本の近現代の史学史を「公平」に、あるいは「概説的にバランスよく」書くことより、今大切なのは明治以来の日本の歴史学ないしは日本史学のあり方についての認識を、それと不可分の歴史教育のあり方も視野に入れながら、自分なりの角度から一つの試みとして提示することだという思いが急速に強まったのである。私が本書でもっとも重点をおかなくてはいけないと思ったのは、各時代・各分野の具体的な研究史、すなわち「学説史」の細部にふみ込むことではなく、歴史学と国家・政治・経済・社会のあり方との関係の問題である。よくいわれるように、歴史は「現在」からの「過去」への問いかけであるから、そこにはかならず歴史を見るものの思想があり、それにもとづく方法がある。その点を基本的視点として、明治以来の近現代日本史学史を、多くの歴史研究者が、それぞれに〝一つの史学史〟として書けばよいし、それこそ書くべきものだと思うようになったのである。教科書問題を歴史学・歴史教育の歴史にさかのぼって根源的に考え、また批判するためにも、史学史への理解・認識が不可欠であるというのが、執筆にふみ切る重要な動機となった。

そう考えると少し気が楽になったが、書き出してみると、とりわけ「Ⅱ　現代歴史学の展開」にあたる戦後史学史の部分は、同じ世代や自分より若い世代の研究者の厖大な仕事をどう受けとめるかという点で困難があまりにも多い。同学の友人たちのすぐれた仕事を取りあげることができなかったり、正しく評価できなかったりして迷惑や失礼を及ぼすのではないかという思いも強くなった。しかし、同時代の史学史を書くことは、自分の歴史観をすべてさらけだすことにもなるから、今はただこのような私の思いに免じてお許しいただく他はない、と割り切った。

また、私は敗戦後すぐのとき以来、ささやかではあるが日本史研究の世界で六〇年近くの年月を過ごしてきた。もうそういう世代の人びとが急速に少なくなってきている今、同時代的記憶のなかにある日本史研究の状況や推移を、自分の感じているままに、ありていに語り残しておくことも、多少の意味があるのではないかと考えた。

これが本書に取り組んだ正直な気持ちである。仕事のなかで自分なりに大きな収穫だったと思うのは、この書物のため昨年から今年にかけて戦前・戦後の重要な文献を多数読みかえし、若いおりに読んだときには気がつかなかったり、わからなかったりで読みすごしてきた問題を新鮮な思いで数々発見し、先輩たちの歴史への心にふれられたことである。

本書は二〇〇二年二月から七月にかけて執筆した。一通り書き終わった原稿を、史学史を専攻する学友今井修氏に見てもらい、種々適切なアドバイスを受けた。その上、氏が独自に作っておられる近現代日本史学史年表を本書にふさわしい形で付載させていただけることになった。本書の末尾に載せられているのがそれである。ここに明記して厚く御礼申し上げる。

また執筆を私にすすめ、長い間支援して下さった上、製作を担当され、私のさまざまの不備について親身の御世話を下さった編集部の斎藤信子さんと書肆吉川弘文館にも深い感謝の心を捧げるものである。

二〇〇二年一二月

永原慶二

目次

目　次

目次

はじめに
——史学史への視角——

この書物は、明治維新以来、学問としての歴史学・日本史学がどのような思想をふまえ、どのような問題意識をもち、またどのような方法をもってその研究を推進して今日に至っているかを、出来るだけ系統的に振り返り、今日・将来の歴史学の課題を考えてみようとするものである。それはいいかえれば、日本史研究に即した近現代日本史学史ということになる。

しかし「史学史」として一般にイメージされる内容は、かならずしも自明・確定的なものではない。たとえば、それぞれの時期の代表的歴史家とその業績に力点をおいて日本史研究の歩みをたどるというのは、よくとられる方法である。また、それとはややおもむきを異にして、諸時代史の研究上の重要な争点などに焦点を絞り、日本史学の発展のあとを追跡するという方法もある。あるいは、日本史学界とそれをとりまく時代・社会状況とのかかわりに目をすえ、たとえば久米邦武《くめくにたけ》事件、南北朝正閏《せいじゅん》論事件、津田左右吉《つだそうきち》筆禍受難事件のような歴史学研究上の重大事件を手がかりに、日本の歴史学のあり方を問い直すという方法もありうるだろう。

ひとくちに日本史学史といっても、その視角・切り口はさまざまであり、どれが正しくどれが不適切ということは一概に決められるものではない。それぞれに一定の意義がある。

そうしたさまざまの切り口を認めた上で、本書で私がとってみたいと思う視角は、その時々の時代状況を意識しつつ日本史学の思想と方法の展開を系統的に追ってみようというものである。「歴史観と歴史認識の方法に視点をあてた史学史」といってもよい。ただ「歴史認識の方法」というと、やや窮屈な感じもある。歴史学で「方法」という場合は、しばしば研究技術、対象への接近のための史料など、研究の具体的・技術的な方法をさすことが多いからである。その点では、一括して「歴史学（日本史学）の思想と歴史研究のあり方」の史的展開というのが、私の念頭にあるところに近いのではないかとも考える。

歴史研究者はしばしば、日常的な研究営為として史料に立ち向い、個々の史実の解明に取り組んでゆくとき、どういう性質のことであれ、実際はその直接目標にいわば没入的に打ち込んでゆくことが多い。面白いから調べる、それがかくかくの意義をもつ事実だという建前がはっきりしていなくても調べたくなる、という気持ちは、どのような対象についてもあるものである。それが研究の進展の基礎となっていることは否定できない。歴史学のようにどのような事実であれ、それにまったく研究上の価値がないとはいい切れない学問分野では、特別に歴史家の思想にまでさかのぼってその研究の意義を問い直さないことがむしろ普通である。明治以来の史学史をかえりみると、そういう傾向に対してしばしば〝無思想な実証主義史学〟などという刻印が押されて、一面では非難にさらされてきた。しかしそれにもかかわらず〝無思想〟型の歴史研究は、日本史研究の具体的状況に立ち入ってみればみるほど広く行われており、それが日本史学の基盤を形成しているといってもよい状況である。

だが、細分化された研究論文だけを見るとそう見えても、その基底・背景にはやはり問題意識といわれるものがあり、歴史研究者が現代と向き合うなかで過去に何を見いだそうとするか、といった発想はあるはずである。

歴史学という学問は、史実の掘り起こしという基礎的作業の面では実証科学であるが、歴史像の構成・叙述に至る歴史認識においては、歴史家の思想を抜きにしては成り立たない。そこに歴史学の客観性と主体性の統合という厄介な問題がある。明治維新期の文明史観や戦前・戦後のマルクス歴史学などは、一定の価値意識を明示しつつ現実に働きかけ、歴史の進歩に寄与しようとする啓蒙主義的精神のとくに強いものであった。明治の国体《こくたい》史観《しかん》や、戦中の皇国《こうこく》史観は性質はまったく異なり、厳密な意味で学問とはいえないと思われるが、現実への働きかけ意識の強烈さという点では、これと相通ずるものがある。

歴史学の思想というと、どうしてもそうした主体性・実践性の強い側面がまず目に入りやすいが、そこにばかり目を向けるのも史学史としては適切でない。本書で試みる日本史学史認識・叙述の基本は、そうした意味で日本史学の思想を顕著なものだけにとどまらず具体的な研究の諸潮流・諸成果をも考慮して、なるべく広く通観し、時代とのかかわりでその展開の意味を考えるものでありたいと思う。

私はかつて鹿野《かの》政直《まさなお》氏と共編で『日本の歴史家』（一九七六年、日本評論社）という書物を作ったことがある。そうした歴史家列伝的な試みも、史学史認識の一つの側面として有用と思うが、それは方法としては素朴であって、著者の個性をもつ思想史として熟成されたものではない。本書ではそうした点をも考慮して、日本史学の思想動向をいくつかに時期区分し、それぞれの特徴と意味を考える、という形で進めてゆくこととする。

〈日本史学史に関する参考文献〉

大久保利謙『日本近代史学の成立』〈大久保利謙歴史著作集7〉(一九八八年、吉川弘文館)
〃　『日本近代史学事始め』〈岩波新書〉(一九九六年、岩波書店)
松島栄一「日本における歴史学の発達」『日本歴史講座　第一巻』(一九五二年、河出書房)
家永三郎『日本の近代史学』(一九五七年、日本評論社)
岩井忠熊「日本近代史学の形成」『岩波講座日本歴史　別巻1』(一九六三年)
北山茂夫「日本近代史学の発展」(同前)
門脇禎二「史学史」(林屋辰三郎編『日本史研究序説』一九六五年、創元社)
小沢栄一『近代日本史学史の研究　明治編』(一九六八年、吉川弘文館)
遠山茂樹『戦後の歴史学と歴史意識』(一九六八年、岩波書店)
犬丸義一『歴史科学の課題とマルクス主義』(一九七〇年、校倉書房)
柴田三千雄「日本におけるヨーロッパ歴史学の受容」『岩波講座世界歴史30　別巻』(一九七一年)
永原慶二他『日本史学論争』(歴史学研究会・日本史研究会編『講座日本史9』一九七一年、東京大学出版会)
五井直弘『近代日本と東洋史学』(一九七六年、青木書店)
成瀬　治『世界史の意識と理論』(一九七七年、岩波書店)
『岩波講座日本歴史　別巻1　戦後日本史学の展開』(一九七七年)
『岩波講座日本通史　別巻1　歴史意識の現在』(一九九五年)
鹿野政直『近代日本の民間学』(一九八三年、岩波書店)

斉藤　孝『昭和史学史ノート』(一九八四年、小学館)
今谷明他編『20世紀の歴史家たち1・2　日本編上・下』(上＝一九九七年・下＝九九年、刀水書房)
鹿野政直『化生する歴史学』(一九九八年、校倉書房)
歴史学研究会編『戦後歴史学再考』(二〇〇〇年、青木書店)
成田龍一『歴史学のスタイル』(二〇〇一年、校倉書房)

個々の歴史家の履歴については日本歴史学会編『日本史研究者辞典』(一九九九年、吉川弘文館)を利用した。

なお以下各章の末尾にあげる参考文献は、その章の本文中に示さなかった書物のうちから適宜選んだものであって、厳密な選択基準をもつものではない。

I　近代歴史学の成立

1　明治維新と日本史学

維新期日本史学の諸潮流

明治維新は思想・文化までを含む全社会体制・秩序構造の大転換をもたらした変革であった。幕藩体制公認の価値体系であった儒教的名分論とそれを支える歴史観は、基本的には否定されることとなった。しかし明治新政権はそれに対置できる新しい価値体系を、一元的に提示していたわけではない。

維新政府は、一面では「王政復古」、天皇政権を表看板とし、神祇官をおいたが、半面では「四民平等」「文明開化」を標榜し、その両者をどのように統一し、新政権の基本理念と正統性とをどのようにあとづけるか、その国家観・歴史観も当初から明確な形で提示しえていたのではなかった。

そうした激動期の状況を反映して、維新期の社会思想・歴史観とその担い手も新旧交錯し、どれがヘゲモニー（主導権）をもつかも容易に定まらない状況であった。第一は徳川以来の儒教的名分論を尊王論によって転轍し、天皇―「臣民」的名分論として再生をはかり、のちに教育勅語に帰結していくような儒教系イデオロギーグループである。天皇の側近にあった元田《もとだ》永孚《ながざね》（一八一八―九一）はその代表的イデオローグである。

第二は、儒教を母体としながら清朝考証学を学んで封建的名分論を超えようとした士族出身の漢学者グループである。薩摩藩出身の重野《しげの》安繹《やすつぐ》（一八二七―一九一〇）、佐賀藩出身の久米《くめ》邦武《くにたけ》（一八三九―一九三一）、越後出身の星野《ほしの》恒《ひさし》（一八三九―一九一七）などが代表的存在で、後述するように、彼らは政府の国史編輯事業の中心となり、またヨーロッパ近代歴史学を学んで、帝国大学文科大学の教授となった。

第三は国学―神道系の学者たちである。国学者の多くはもともと武家出身ではなく、その学説ともども、幕藩体制下ではいわば非体制派であった。幕末国学の巨人平田《ひらた》篤胤《あつたね》（一七七六―一八四三）は、その教説に宗教色を強め、諸国の神官・豪農を中心に五五〇余名の門弟をもった。明治維新とともに、この系統の人びとは神道国教化運動に乗りだし、廃仏《はいぶつ》毀釈《きしゃく》を推進、神話に国家のアイデンティティーを求める復古的歴史観を主張し、明治前期の諸派のなかでも最右翼的な一潮流を形成した。

第四は文明史・開化史の流れである。その偉大な先駆者福沢《ふくざわ》諭吉《ゆきち》（一八三四―一九〇一）は、はじめ蘭学を学んだが英学に転じ、倒幕以前すでに三度にわたって渡米・渡欧もし、欧米文明への理解を深め、一八六六年（慶応二）には早くも『西洋事情』を、七五年（明治八）には『文明論之概略』を公刊した。福沢よりははるかに年少の田口《たぐち》卯吉《うきち》（一八五五―一九〇五）も弱冠二三歳で七七年から『日本開化小史』の刊行を開始し、福沢とともに文明史派の旗手となった。この文明史派は、いうまでもなく日本近代史学史の原点の一つに位置するものであるから、次節で改めてふれることとする。

以上四つは、厳密にいえば、すべてが史学思想というものではない。まだ歴史学に専門分化する以前の未分化な思潮であった。しかし、それらはそれぞれ党派的な側面をもって相互に対抗し、草創期明治国家における歴史学の主導権を競い合ってゆくのである。

このほか、明治以降の日本史研究にも大きな影響を及ぼしたものとして忘れられない前代の学者に塙《はなわ》保己一《ほきいち》（一七四六—一八二一）と伴信友《ばんのぶとも》（一七七三—一八四六）がいる。両者とも一般的な類別としては国学者に入るであろう。前者は国書の蒐集・研究につとめ、幕府から和学講談所の設立を許され、『群書類従《ぐんしょるいじゅう》』を編纂した。後者は『日本書紀』をはじめとする古典の研究に取り組み、国学系考証学の発展に大きな足跡を残した。

考証学は、漢学系と国学系のそれぞれに個性を発揮したが、江戸後期には町人のなかにもさまざまな蒐書と文献考証が半ば趣味的という傾向をもちつつ流行し、それらは全体として明治以降の歴史学の母胎となっていった。ただ、塙や伴らの学統は、明治初期の政治がらみの思想闘争の主舞台に登場しないため、右にあげた四つの潮流に加える第五のものとはしないでおく。

修史局の開設

幕末維新の激動のなかで、新旧歴史思想が右のように激しい渦流を形成していたのであるが、それはもとより個々の歴史家の思想レベルにとどまるものではなかった。

歴史は何よりも国家がその統治の軌跡を「正史」として記録し、正統性の根拠とするために編纂するものだという考え方は、中国歴代王朝が採用してきたところであり（「二十四史」）、それゆえに政府のもとには「史局」がおかれ、史官が任用されるのが原則であった。

日本でも古代律令国家においては同様な考え方を継承して、「六国史《りっこくし》」の編纂が行われた。しかし鎌倉時代に幕府の『吾妻鏡《あずまかがみ》』の編纂はあったものの、朝廷による正史の編纂は平安・鎌倉・室町・江戸を通じ絶えて行われなかった。江戸時代、水戸藩主徳川光圀《とくがわみつくに》の命による『大日本史』の編纂は、「神武《じんむ》」から後小松《ごこまつ》まで「天皇一〇〇代」を紀伝体で編纂する方針をとり、史局彰考館《しょうこうかん》を設けて事業を推進した。それは正史編纂事業に近い性質をもったが、儒教的名分論を基本とする歴史観に立ち、維新政府がそれをそのまま継承するわけにはゆかなかった。

このため早くも一八六九年（明治二）二月（旧暦、以下も明治五年一二月三日を同六年一月一日とした改暦までは旧暦）、新政府の開成学校（幕府の洋学研究教育機関の開成所の継承）と昌平学校（幕府の昌平坂学問所の継承）の二校は、「六国史御編修已降《いこう》恐乍《おそれながら》朝政御衰退ニ付テ大著述ノ御沙汰モ無御座」経過してきたが、

今般王政復古ノ御昭代ニ被為成候上ハ、古ノ通リ国史編修ノ大典被挙……叡旨ヲ以御開局被仰出、総裁以下纂修謄録ノ官被設、学校官員ノ所長ヲ採テ兼勤被仰付候トキハ重大ノ典ニ候ヘドモ簡易ニ被行可申ト奉存候、

と政府に建言した。政府はこれを認め、九段坂上の旧和学講談所に三月、史料編輯国史校正局を設置した。

ついで同年四月、明治天皇は、

修史ハ万世不朽ノ大典、祖宗ノ盛挙ナルニ、三代実録以後絶テ続ナキハ豈大闕典《あにだいけってん》ニ非ズヤ……故ニ史局ヲ開キ祖宗ノ芳躅《ほうちょく》ヲ継ギ、大ニ文教ヲ天下ニ施サント欲シ総裁ノ職ニ任ズ、須《すべから》ク速《すみやか》ニ君臣名分ノ誼ヲ正シ、華夷内外ノ弁ヲ明ニシ、以テ天下ノ綱常ヲ扶植セヨ、

という宸翰《しんかん》を三条実美《さんじょうさねとみ》に与えた。

「君臣名分ノ誼」「華夷内外ノ弁」というように、その基本はなお儒教的名分論である。中国の伝統に倣

い、六国史を継承し、新しい天皇政権が国家統治の正統性を保有するものであることを歴史によって明示しようというのがその真意である。前記のように、すでに福沢諭吉の『西洋事情』は世に広く読まれていたが、「王政復古」を標榜する新政府は、世界の情勢に目を向けるよりも、「君臣名分ノ誼」「華夷内外ノ弁」を基本とするという姿勢をとっていた。

同年七月制定の太政官制では、大学校別当が「国史を監修」するとされ、一〇月、大学校に国史編輯局が開設された。しかし、事情は明らかでないが、これは一二月には閉鎖され、翌一八七〇年（明治三）二月、太政官正院に記録編輯掛が設置されて、史料収集に乗りだす。一八七二年（明治五）一〇月、歴史課・地誌課が設置されるが、当面は維新史料の集成としての『復古記』の編集が優先されていた。新政権にとって、みずからの勝利の記録であり、正統性の証明でもある『復古記』の必要が痛感されていたことは疑いない。

ついで一八七五年（明治八）四月、歴史課は修史局に改組され、重野安繹も入局、八〇名のスタッフを擁する大組織となったばかりでなく、九月には内務省に移されていた地誌課も移管され、国史編輯事業はいよいよ本格的に出発するかに見えた。しかし明治一〇年一月、政府は財政難から修史局を修史館に改め、館員も四二名に半減した。

この修史局―修史館の設置とその事業は、近代史学史の出発点としてきわめて重要な意義をもつ。かえりみれば、この時点ではまだ歴史学の専門的教育を受けたプロの歴史家といえるほどの人材は存在していない。前記のように幕末・維新の激動のなかで新旧さまざまの歴史観・歴史論が登場し、史壇は活況を呈していたが、そのなかから新政権がいずれを史局の中心に登用するのかによって、いわば国家公認の史観が選択されることになる。

儒学が幕藩体制の解体によって国家的教学としての地位を失ったのはまだつい先年のことであるし、維新政権のもとでも思想の自由化はたやすく実現するものではなく、やはり〝官許の歴史学〟の立場と権威が諸派のなかで争われるのは、自然の勢いであった。

それらのなかで、維新当初、神道国教化政策によって儒学にとって代り新たな〝官許の学〟としての地位を目指した神道―国学系と、清朝考証学系の学派とは、幕藩体制の下でいわば野党であっただけに、修史館主流争いに浮上する可能性が大きかった。両者のあいだにどのような交渉や相剋があったかは明らかでないが、のちの経緯を見れば、それは確実に火花を散らし合っていたと見る他はない。この問題の推移は日本近代史学の進路にきわめて大きな影響を与えた。

「国史編輯」の方針をめぐって

修史局の発足時の編輯官は、漢学系の川田剛《かわだつよし》（一八三〇―九六）、重野安繹および長松幹《ながまつつかさ》と、国学系の谷《たに》森善臣《もりよしおみ》および小河一敏《おごうかずとし》らの専門家であった。このうち長松が『復古記』を担当、他の四人が時代別担当となって、史料蒐集を開始した。

しかし、「国史編輯」の方針については、当初からいくつもの難題があった。第一は、史料の蒐集編纂を主とするか、正史叙述を目指すかという問題、第二は、六国史を継ぐものだとしても、当面どの時代から着手するかという問題、第三に、歴史叙述を行う場合、中国に発する編年体・紀伝体・紀事本末体のいずれに従うべきか、あるいは文明史をはじめとするヨーロッパ史学の長所を編纂の方針にどう受けとめるかという問題、第四に、叙述の文体は漢文か和文かという問題など、出発点からたやすく処理できないことばかりであった。

これらをめぐって、とくに館の中心となっていた重野と川田とのあいだに当初からきびしい対立があった。要約すれば、重野は正史叙述を主張、川田は非叙述（「史料採輯」をもっぱらとする）を主張した。

重野安繹（一八二七―一九一〇）は昌平黌に学び、古学派の考証学に親しんだ。薩摩藩出身ということに加え、すでに五〇歳に近い年齢に達していたため、修史局副長となり、修史館に重きをなした。川田剛（一八三〇―九六）は備中松山藩出身の儒者、一八七〇年（明治三）大学少博士、文部省で国史編輯にかかわり、正院歴史課を経て編輯官となった。両者相剋の詳細は判然としないが、のち一八九〇年（明治二三）四月、川田が東京学士会院における「外史弁誤ノ説」という講演で暗に重野を批判したのに対し、重野は五月、『史学会雑誌』第六号（一八九〇年）に「川田博士外史弁誤ノ説ヲ聞テ」という反批判の文を掲げた。その争点は、重野のきびしい史料批判と伝承的史実の抹殺に対し、川田が「事実ノ詮索過ギテ忠臣孝子地下ニ泣ン」と論難し、さらに重野が「カクテハ史学ノ発達進歩ニ障害アラン」と主張したというところに、もっともよくうかがわれる。川田が歴史を「名教道徳」に従属させようとしたのに対し、重野が合理的実証主義の立場からこれに反対したといえる。この対立は、おそらく修史館初期から伏流していたに相違ない。歴史を「名教道徳」からいかに解放するかということは、歴史学の封建から近代への移行過程でもっとも切実かつ深刻な問題というべきものであった。

こうした難問を抱えながら発足した修史局が縮小されて修史館に移行した一八七七年（明治一〇）一月、国学系の谷森善臣と小河一敏が館を去った。一方、漢学系では、さきに遣米欧特命全権大使岩倉具視《いわくらともみ》に随行し、『米欧回覧実記《かいらんじつき》』の編纂に手腕を発揮した久米邦武が編修官に加わった。久米も昌平黌に学んだ漢学者である（のちに編年史の叙述が始まると執筆の中心となった）。

この人事異動は、明治国家における正史編纂の主導権が考証学系の漢学者の手に握られたことを物語る。また、かねて重野と意見の合わなかった川田剛も修史館を去って宮内省に移り、一八八二年（明治一五）には重野の主張の線にそって「正史」編纂が本格的に開始された。重野、久米、星野恒《ほしのひさし》ら、のちに帝国大学に史学科（一八八七年）、ついで国史科（一八八九年）が設置されたとき、次々にその教授の地位に就く人びとがここに一斉に姿を現わす。いずれも漢学系考証史学者である。

「正史」の史体は編年史、叙述文は漢文という古風な形が採用された。叙述の始期は、一八六九年（明治二）の明治天皇詔では「六国史」を継ぐとされたが、修史局発足時には後小松天皇応永元年（一三九四）より着手とされ、さらに今回、後醍醐天皇の文保二年（一三一八）からと変更された。南北朝時代の重要性を重視する久米邦武の意見が反映されたようである。

このことは、後小松天皇までを紀伝体で叙述した水戸の『大日本史』を正史と位置づけ、それにつづけるという修史局当初の認識を改変するものであり、文保から明徳（南北朝全体）までの時期は『大日本史』との重複を辞さないということであり、したがって『大日本編年史』が『大日本史』を超えるものでなければならないという使命を負ったことでもある。重野の「児島高徳《こじまたかのり》」抹殺論（「児島高徳考」『日本大家論集』第二巻六号、一八九〇年など）や久米の「太平記は史学に益なし」（『史学会雑誌』一七—二二号、一八九一年）などの過激な所論は、そのなかで生み出されてゆくのである。

このように『大日本編年史』の船出は当初からきびしいものであった。第一に、そもそも近代国家が直接歴史認識を独占する性質をもつ「正史」＝「官撰歴史」を編纂するということが適切か否かということがある。この問題は後述するように、一八九三年（明治二六）、『大日本編年史』事業停止という結末となってゆく。

また、漢学系学者の「修史」独占というあり方は、一八八二年（明治一五）に神官養成機関として開設された皇典講究所が神道―国学系学者の結集拠点となり、のちに大日本帝国憲法・教育勅語の制定に力を尽くした井上毅《いのうえこわし》の強力な支援を得て、両者のあいだに大きなしこりを残すことになる。それは人事の問題にとどまらず、日本の近代歴史学のあり方という史学史上の基本問題にもかかわるものであった。

ヨーロッパ歴史学への関心

重野安繹や久米邦武ら漢学系史家の歴史思想は、官撰「正史」をみずからの手で書こうという点では、近代歴史学の発想といえず、中国正史の伝統を念頭におく天皇制国家向きの発想であった。だが重野らの考えの半面は、名分論的・封建教学的価値の導入を排除しようという点で、近代歴史学の原点に通じるものがあった。

重野は一八七九年（明治一二）一二月、東京学士会院で行った「国史編纂ノ方法ヲ論ズ」（『東京学士会院雑誌』第一編第八号、一八八〇年）と題する講演のなかで「……然レドモ六国史ハ実録且勅撰ナレバ、国悪等ハ隠諱《いんき》シテ書セザル者アルベシ」と端的に述べているように、国家権力に密着することによって権力に都合の悪いことは書かないという歴史学の性格に根ざす曲筆《きょくひつ》の可能性をきびしく自覚していた。それだけに重野には、自分とはまったく系譜・性格を異にするヨーロッパ歴史学の方法への謙虚な関心を寄せる冷静

さがあった。同じ講演のなかで、

西洋史類ノ如何ヲ探ラント欲スルニ……大ニ和漢史ト異ニシテ、修史ノ参考ニ供スベキヲ覚フ。蓋《けだし》其体、年月ヲ逐テ編次スト雖モ、事ノ本末ハ必其下ニ統記シ、文中要旨ノ処ハ往々論断ヲ加テ読者ノ意ヲ警発ス、……本邦漢土ノ唯事上ニ就テ記シ去ル者ト異ニシテ、始ニ原《もと》ヅキ終ヲ要シ、顚末ヲ具書シ、当日ノ事情ヲシテ躍々紙上ニ現出セシム。其体誠ニ採ルベキナリ。

と述べている。「吾輩ハ原書ヲ読得ザルユヘ和漢訳書ニ就テ一、二ヲ繙閲」したところ、西洋史類の叙述の年代記的叙述にとどまらぬ自由闊達さや論断の見事さに強く魅力を感じたのであろう。そこには伝統的儒学者とは異なる新感覚があった。

ここで重野が関心を寄せている「西洋史類」とは、かならずしも「文明史」の類をさすわけではない。例示されているのは「英人モンセイノ薩摩叛乱記」「仏人クラセイノ日本西教史」「英人某ノ皇国史」といったものである。重野はその職務的関連で「西土ノ史ハ概ネ私撰ナレバ縦筆牧（教）論ヲ得」ている叙述法に目を向けて、「是《ぜ》ヲ是《ぜ》トシ非《ひ》ヲ非《ひ》ト」する姿勢によって権力者にとって「忌諱《きき》ノ事」（不都合の史実の隠蔽）のない点をよしとしたのである。

重野安繹

それればかりか、重野は一八七八年（明治一一）二月、西洋史学の叙述法を積極的に学ぶために、太政官権少書記官末松謙澄《すえまつけんちょう》（一八五五—一九二〇、福岡藩士、官僚・議員・大臣であり歴史家としては『防長回天史《ぼうちょうかいてんし》』を編纂）をイギリス・フランスに派遣し、英仏歴史編纂方法を研究させられたい旨を上申した。この上申は認められ、末松は「英国日本公使館書記一等見習」の身分を与えられて赴任、G・ゼルフィー（一八二二―九二、ハンガリー人で英国に亡命した理論的・哲学的歴史家）に歴史編纂の参考となる一書の著作を依頼した（末松は一八七八年から八六年まで滞英）。ゼルフィーもこの要請に応え、新たに述作した『史学』（『日本近代思想大系13　歴史認識』の巻に抄訳が載せられている）は未刊のまま日本に送られ、重野自身がこれに意見注を加えている（史料編纂所蔵「重野家寄贈史料」）。重野の西洋修史の方法を学ぼうとする意欲の強さを証明するものである。

この重野に見られるヨーロッパ歴史学への偏見ない学習意欲は、当時全盛をきわめていた文明史との交流・相互接近にも道を拓くものであった。

〔本章に関する文献〕

東京大学史料編纂所編『東京大学史料編纂所史　史料集』（二〇〇二年、東京大学出版会）
田中彰・宮地正人編・校注『日本近代思想大系13　歴史認識』（一九九一年、岩波書店）
松島栄一編『明治文学全集78　明治史論集(二)』（一九七六年、筑摩書房）
史学会『史学会百年小史』（一九八九年、山川出版社）

2　文明史・啓蒙主義歴史学の展開

文明開化の思想潮流

維新政権成立以来、国家の修史事業は機構面でも人事面でも幾多の曲折をともないつつ推進され、一八八二年（明治一五）、ようやく『大日本編年史』（「編年史稿」）の編纂が出発した。

この間、一方では、福沢諭吉の『文明論之概略』に代表される啓蒙主義文明論・文明史観が急激に力を得、世に迎えられ、維新変革の一方の指導的思潮となった。

福沢の『西洋事情』の初編三巻は一八六六年（慶応二）、外編三巻は一八六八年（明治元）、二編四巻は一八七〇年に発行され、初編三巻は「真偽版合して二〇万ないし二五万部」に達したという（岩波文庫、一九四二年〈昭和一七〉初版昆野和七解説）。その驚くべき普及ぶりから見ても、政府の文明開化政策が本格的に開始される以前から、すでに国内には西洋文明への関心がいかに高まっていたかが推察される。

そして、廃藩置県を経て翌一八七二年（明治五）には、学制、太陽暦採用、徴兵令と、矢次ぎばやに開化政策が推進されはじめる。福沢の『学問のすゝめ』第一編は、この年二月、開化政策開始に先立つ時点で早くも刊行された。

翌一八七三年（明治六）には、福沢をはじめ森有礼《もりありのり》、加藤弘之《かとうひろゆき》、西周《にしあまね》、津田真道《つだまみち》、箕作麟祥《みつくりりんしょう》ら代表的洋学者を網羅する啓蒙思想結社が発足した。明六社《めいろくしゃ》である。洋書翻訳能力をもつ人材は幕末の開成所の英学グループのような形で成長し、維新後は太政官正院翻訳局・文部省反訳課・大蔵省翻訳局などに結集され、数を増した。

そうしたなかで、七四年にはフランソワ・ギゾー（フランス、一七八七―一八七四）の『欧羅巴《ヨーロッパ》文明史』が永峰秀樹《ながみねひでき》によって訳出刊行され、翌年には大島貞益《おおしまさだます》がトーマス・バックル（イギリス、一八二一―六二）の『英国開化史』を訳出刊行した。蘭学の大家箕作阮甫《みつくりげんぽ》の孫で翻訳局の局長であった箕作麟祥は、英仏の史書をふまえて『万国新史』を述作し、一八七一年から七六年に刊行した。

国民の文明史への関心の高揚には、もとよりさまざまの要因がある。阿片《アヘン》戦争、黒船、開国、不平等条約とつづく状況に対する危機感、維新にともなう近代的国家・国民形成へ向けての開化政策とそれに対応する民衆の知的意欲の高まりなどがあり、とくに自閉自尊の自国中心史観を排して、世界の歴史のなかで自国を見直したいという要求が高まっていたことは疑いない。欧米の文明はいかにして創出されたのか、日本はそれを学ぶことによって先進国に接近することができるのか、そうした課題意識が啓蒙思想として、普遍主義・進歩主義的歴史観を共有するものであったことは、明治前半の史学史を特徴づけている。

以下、啓蒙思想に立つ代表的文明史家について見よう。

福沢諭吉の歴史思想

福沢は『西洋事情』に続いて、一八七二年（明治五）二月から七六年一一月に随時『学問のすゝめ』を執筆した。一八八〇年（明治一三）七月、これを合本として刊行するにあたって福沢が「序」に記すところでは、これも「発兌《はつだ》ノ全数、今日ニ至ルマテ凡《およそ》七十万冊ニシテ、其中初編ハ二十万冊ニ下ラズ」という普及ぶりであった。この間、一八七五年（明治八）には『文明論之概略』六巻を刊行した。「第一章　議論の本位を定る事」から「第十章　自国の独立を論ず」に至る本書こそ福沢の代表作であり、同時に明治初期啓蒙思想の代表作でもある。

『文明論之概略』はその章立てからもわかるように、本来通常の歴史学的研究あるいは歴史叙述そのものではない。しかし冒頭の「緒言」に、

> 文明論とは人の精神発達の議論なり其趣旨は一人の精神発達を論ずるに非ず天下衆人の精神発達を一体に集めて其一体の発達を論ずるものなり、故に文明論或は之を衆心発達論と云ふも可なり、

というように、福沢にとって「文明」の進歩こそ歴史展開の基軸というべきものであった。

福沢によれば人間活動の領域が分化し、精神の働きが多様化するところに自由が生まれ、自由の拡大（自由の精神）が人間の努力とそれにもとづく社会の「文明化」を可能にするという。野蛮―半開―文明という人類史の「進歩」のステージから見て、幕末の日本はまだ「半開」の社会である、という。福沢は幕末維新期の自国の独立の危機的状況に直面するなかで、「西洋の文明」にいかにして到達するかを切迫した課題として意識した。

「西洋の文明」は福沢にとって人類の歴史的進歩を先進的に体現したものであり、それゆえに普遍的意

義をもつ。「文明史」は一国の歴史をその固有・特殊の面に見るものでなく、まず普遍・法則的進歩の面においてとらえるというものであった。そうした歴史の「進歩」に対する確信は、幕藩体制の急激な解体を目前にした維新期の知識人にほとんど共通するものであり、その潮流は戦前昭和のマルクス主義歴史学（唯物史観歴史学、以下マルクス歴史学と記す）、さらに、「戦後歴史学」に連なってゆく。

明治初年から同一〇年代にかけての啓蒙主義思想・進歩史観は、そうした意味で日本近代史学史を貫く有力な一潮流として大きな地位をもっている。福沢自身を直接歴史家・歴史研究者ということは適切でないが、彼は江戸＝封建と、明治＝近代とを決定的な断絶の面においてとらえ、その文明史における進歩の意義を人類史的法則的普遍として位置づけ、それをいかにして実現するかに精魂を傾けた。

しかし見落としてならないのは、このような啓蒙主義進歩史観が、半面「文明化」における明治国家の演ずる役割（上からの開化政策）についてはまったくといってよいほど疑いをもたず、その指向する「国民国家」のあり方にほとんど批判をもたなかったことである。それがゆえに自由民権の思想的リーダー植木《うえき》枝盛《えもり》の明治第二の改革、徳富《とくとみ》蘇峰《そほう》の第二維新論が、それほどの時を経ずして提起されることになる。啓蒙主義文明史家の歴史認識はその意味で、「明治国家」に対する批判の精神を欠いていたといわざるをえず、それはその後の自国の近代史認識にも影を落とすことになる。

「文明史」は従来の日本史学史的理解では、重野安繹らに代表されるアカデミズム実証主義歴史学に比して、〝傍流〟〝在野〟としての位置づけしか与えられず、福沢にせよ次に見る田口《たぐち》卯吉《うきち》にせよ、史学史的評価とくにその明治以降戦後に至る史学史のなかに占める重みが見すごされてきたきらいがある。本書ではその点で、いわば「正」「負」両面における文明史の役割をとくに長期的な視野から注視してゆきたいと考える。

田口卯吉の『日本開化小史』

福沢諭吉とともに知られ、また福沢よりも直接歴史学に縁の深い文明史家として知られるのは、『日本開化小史』の著者田口卯吉（鼎軒《ていけん》、一八五五―一九〇五）である。田口は下級幕臣（徒士）の子で江戸に生まれ、一八七二年（明治五）大蔵省翻訳局の上等生徒となる。英語と経済学を学び、七四年紙幣寮に出仕、翻訳の業に従うなかで、七七年から八二年に『日本開化小史』を書き、七八年代表作『自由交易日本経済論』を公刊した。七九年『東京経済雑誌』を創刊、九一年（明治二四）には史学関係の雑誌『史海』（経済雑誌社）も発行、またその後『国史大系』を公刊、経済学・史学の両分野に大きく貢献した。

啓蒙主義文明史家としての田口の歴史思想と見識は、『日本開化小史』にあますところなく示されている。当時、「文明史」といえば、フランソワ・ギゾーやトーマス・バックルの著作が基準であり、その意味ではその拠るべきものを見いだすことは可能であった。しかし、いかに視角・思想はそれに拠るとしても、原始・古代から明治に至る具体的な日本歴史の展開を文明史として叙述するとなれば、直接拠るべきものはない。江戸時代以来、古代史研究にもっとも大きな成果の見られるのは、国学系の人びとの業績であろうが、それらは『古事記』『日本書紀』をいわば原典として、そのまま歴史叙述に受容するところに根本姿勢があった。したがって、田口はその重圧と戦うところから出発する他はなかった。

田口の文明史論は、その第一章に、

凡《およ》そ人心の文野（すすめる・すすまざる）ハ、貨財を得るの難易と相俟て離れざるものならん、貨財に富みて人心野なるの地なく、人心文にして貨財に乏きの国なし、というように、経済の発展・その水準こそが文明の水準を決定する、というところに基本的理解をおいていた。その点、福沢が人間の智力とその多様化にもとづく自由こそが文明発達の起動力とするところとは、大きく違う。

しかし、田口はこの経済史観にもとづいて、神話の時代を史実と混同するような古典依存の歴史を合理の精神から明確に否定することができた。考古学的知見も文献批判も拠るべきものがほとんどなかった時代だけに、それは彼自身の合理的思考から導かれたものというべきであろう。田口も「神代」を否定しても「神武天皇の時」をそのまま歴史時代としているような限界をもっているが、「神道の濫觴《らんしょう》」を合理の目で見直そうとする試みこそ、後述する久米邦武《くめくにたけ》の「神道は祭天の古俗」論文を強く支持するところに連なっているのである。

こうして田口は日本の歴史を「貨財を得るの術」の進歩、それに支えられた「人心進歩」の程度を尺度として、一貫的に見直した。それによって従来「暗黒時代」として却けられがちであった南北朝から戦国の動乱の時代にも民衆、経済の「進歩」を認め、土一揆を暴徒視する旧来の見方を却けている。

田口はそうした歴史的進歩の根源の力を、「生を保ち死を避けん」という人間の自己保存の欲望に求めた。「此望を達せんが為に、人々は其智力を働かさゞるを得ず、故に貨財の有様進歩するや人心の内部同時に進歩す」というわけで、歴史は社会の進歩の歴史であり、それはこのような視角・論理から法則的にとらえられると考えた。

『日本開化小史』はこうして日本歴史の筋道を伝統的な歴史観とはまったく異なる見方によって新たな

地平を切り拓いた。北畠親房《きたばたけちかふさ》の「正統論」に視軸をおく日本史論、新井白石《あらいはくせき》の政権交替に視軸をおく日本史論、また『大日本史』の名分論視軸の日本史論など、代表的歴史叙述とされる諸家の史論は、たしかにそれぞれ独自の一貫した視軸をもつ点で史学史の発端に位置づけられる。しかし、そうした前近代の伝統からまったく自由になって新たな日本史論を一貫的に展開することは、拠るべきモデルがないだけに困難が大きく、田口の論も歴史叙述としては一つの試作にとどまっているというべきだろう。田口はこの書物の執筆を開始したとき、弱冠二三歳であった。

ところが田口の歴史認識の方法は『日本開化小史』以後、文明史的明確さを欠くようになる。社会的総体としての歴史の諸時代を一つの論理によって構造的にとらえ、その推移を普遍史的視角から理解しようとする姿勢は次第に失われ、ついには「歴史は科学に非ず」という点を強調するようになる（『東京経済雑誌』一八九五年一一月九日号）。それは田口文明史の終焉を示すものであり、田口の文明史観の根源における弱さを意味するともいえよう。

田口卯吉

とはいえ田口の文明史論は、歴史の視軸として「経済」「進歩」「法則」などを意識的に提出した点で、画期的な意味をもっていた。そうした歴史の視軸が、福沢諭吉と田口以後、実証主義歴史学が本流となってゆくなかで次第に影を薄くしてゆくとしても、戦後に至る史学史を展望すれば、以後、長期にわたって歴史の理論・方法に一定の影響力をもたらしつづけたことを確認しておくことは大切である。

那珂通世の「日本上古年代考」

文明史観にとって黙過できない問題の一つは、国家起源について記紀神話を、あたかもそのまま史実とする平田国学―神道系の主張であった。それは、維新当初、祭政一致を標榜し、神道国教化政策を推進しようとする政治勢力を形成したが、その非合理性を白日のもとに曝し出すためには、記紀の建国神話とともに、それと不可分の日本紀年の虚偽性を明らかにしなくてはならない。

この問題にもっとも重要な役割を果たしたのは那珂通世《なかみちよ》（一八五一―一九〇八）であった。那珂は盛岡藩士の儒者の家に生まれ、維新後、慶応義塾に学び、千葉・東京の師範学校などの教職に就いたが、『支那通史』五冊（一八八八―九〇年）の著者として知られる中国史家となった。「東洋史」という言葉も、那珂がはじめて用いた造語と伝えられる。

その那珂の日本紀年についての論文は一八七八年（明治一一）一月『洋々社談』三八号に掲載された「上古年代考」という漢文体の論文であった。「日本書紀」の紀年は史実に合致せず誤りが多いこと、その原因は辛酉《しんゆう》革命説に従って、推古《すいこ》天皇九年辛酉の年より一蔀《ぼう》、すなわち一二六〇年前を神武天皇即位の年とした点にもとづくことを指摘、中国・朝鮮の史実・記録との対比研究の必要を説いた。

その後、この論文は一八八八年（明治二一）になって『文』の編集にあたっていた三宅米吉《みやけよねきち》のすすめで和文に改められて「日本上古年代考」として同誌九月一日、八日号に再発表され、大きな注目を受けた。

三宅米吉（一八六〇―一九二九）も一八八六年（明治一九）に『日本史学提要』を刊行した文明史派の史家であった。三宅は記紀神話依存の国家起源論に反対で、考古学によってこそそれは解明されるべきだとする合理の精神の持ち主であった。『日本史学提要』は歴史発展の法則性を強く意識した文明史観に貫かれ

那珂通世

ていた。そうした立場からして、三宅が那珂の論に注目したのは当然のことであった。

したがって、記紀紀年の問題は純粋にアカデミックな研究上の学説に発し、またとどまるものではなかった。それへの認識は、神道派・漢学系考証学派・文明史派など、諸派の見識・立脚点が鋭く問われるところである。那珂論文に対して、修史局グループの重野安繹、久米邦武、星野恒らは好意的・肯定的な反応を示した。

それに対し、水戸藩弘道館《こうどうかん》系の史家内藤耻叟《ないとうちそう》（一八二六―一九〇二）は「コレ等ノ事ハ考出シテ日本ノ美《び》事《じ》ヲ増シ候事ニモ無之」と反撥した（『文』明治二一年〈一八八八〉九月二三日）。紀年を疑い、それを短縮すべしと見ることは「日本ノ美事」にならないから研究する意義がないというのである。国家の「美事」と思われないことを研究してはならない、あるいは言及してはならないという思想は、「国体史観派」の歴史思想として、その後、今日に至るまで一つの主張となっている。また国学者の落合直澄《おちあいなおずみ》（一八四〇―一九一一）も同じ『文』（明治二一年〈一八八八〉一二月八日）に一文を寄せ、「修史局諸先生ノ那珂氏ノ説ニ左袒《さたん》セラレタルガ如キハ、世人ノ耳目《じもく》ヲ驚カシ、直澄等ノ肝胆ニ銘ス」と憤激、修史局に抗議した。

このような経過からも明らかなように、紀年問題は日本国の起源を、那珂のように東アジア史全体のなかにおいて国際的視野から考えるか、もっぱら「わが国の美事」として自国中心的に受けとめるかという姿勢の対決でもあった。文明史派は国際的視野ないし普遍史的視角から合理的に解釈しようとするのに対し、国学—神道派はそれに反対する。歴史認識における「普遍」の側を重視するか、「特殊」の側を重視するかという歴史観の基本にかかわる対立が、早くもそこに集約的にあらわれている。日本における近代歴史学の誕生は、初発から政治がらみの波瀾のなかにおかれていた。

徳富蘇峰の「平民主義」の歴史思想と竹越三叉・山路愛山の史論史学

ここで文明史派とはやや性質・時期を異にするが、若き徳富《とくとみ》蘇峰《そほう》の「平民主義」の歴史思想についても見ておこう。

蘇峰はよく知られているように、日清戦争を契機に対外膨脹論者に転じ、一九五七年(昭和三二)の死に至るまで日本の代表的国家主義・帝国主義イデオローグとして活躍した。しかし若き日の蘇峰は一八八六年(明治一九)、二三歳で『将来之日本』を書き、田口卯吉の経済雑誌社から刊行して一挙に名声を博し、上京して以後約一〇年、「平民主義」の論客としてみずから主宰する民友社の雑誌『国民之友』を主舞台にして華々しく活躍した。

蘇峰の「平民主義」歴史観は、維新の革命性を積極的に評価し、「王政復古」史観を排するとともに、明治二〇年代に入り維新の大業はすでに失われ荒廃し、第二の革命＝維新を必要とする状況に立ち至っているという認識に立つ。そしてその第二の維新を推進する主戦力は「明治の青年」であり、「田舎紳士」であるとして、歴史的進歩の主体を地方豪農層に求めたのである。

蘇峰の「平民主義」の歴史思想は、福沢諭吉、田口卯吉の文明史のように、「文明」「開化」「進歩」といったキーワードを端的に標榜してはいない。しかし第二の維新を主張する点では、明治政府への批判を欠いた福沢、田口よりはるかにラディカルであったともいえる。この時期の代表作『吉田松陰』（一八九三年、民友社）は松陰を革命家として造形し、維新を代表させることを通じて、第二の維新を展望しようとしたものといえる。そこには文明史派とはやや思想的立場を異にしながら、民間史論史学という点では共通する史家の主体性が大胆に表出されている。

この民友社『国民之友』の流れには、「日本の歴史に於ける人権発達の痕迹」を書いた山路愛山《やまじあいざん》（一八六四―一九一七）、『新日本史』の著者竹越与三郎《たけこしよさぶろう》（三叉《さんさ》、一八六五―一九五〇）がいる。それらによって代表される史論史学は、在野の歴史学として明治を通じ社会的な影響力を発揮した。

竹越与三郎（三叉）は埼玉県に生まれ、慶応義塾に学び、福沢の創刊した『時事新報』の記者となる。ついで蘇峰が創刊（一八九〇年）、主宰した『国民新聞』に移る。蘇峰の「平民主義」思想に共鳴しつつ、一八九一年（明治二四）『新日本史』上を刊行した（中は九二年、下は未刊に終わる）。明治維新以来の「世変の大段大綱」を明らかにするのが目的で、蘇峰の『吉田松陰』の発刊に二年先んじている。竹越は、歴史は「人間思想変化」の観点から見るべきものとして、維新以前と以後の社会における思想の変化を考察し、明治維新をもって一種の社会革命なりと論じた。この竹越の背景には幕藩制から藩閥専制へという権力の歴史への痛烈な批判があったことは疑いなく、大塩平八郎《おおしおへいはちろう》の乱などへの共感を示す一方、藩閥政府が「国家人民を代表すべき天皇」を独占利用することを批判している。

竹越はさらに『二千五百年史』（一八九六年）を書き、そののち一九〇二年（明治三五）以降は衆議院議員（政友会）、二二年（大正一一）には貴族院議員、四〇年（昭和一五）には枢密顧問官となって体制的政治家に

山路愛山

転化するが、その間、一九一九年（大正八）から二〇年には『日本経済史』（全八巻）も刊行している。前者は政治史、後者は「歴史の第一原因は経済的原因」という見方から、史料も博捜した力作である。記紀神話をそのまま史実とするなど、文献批判という点では実証主義史学に到底太刀打ち出来なかったが、自己の立場を明確に押し出した史論史学としての魅力をもつ。

さらに山路愛山はいうところ、竹越を越えて大胆・明快、とくにアカデミズム実証主義歴史学への批判を正面に掲げて史論史学の真骨頂を発揮した。

山路は江戸生まれ、東洋英和学校を卒業して民友社員となり、『国民之友』に政治評論・史論・文学評論を書く。

> 過去の事は自《おのずか》ら過去にして今日の事と交渉なしとして歴史を見んとする今日の学風は余の最も嫌ふ所なり。若しも過去の歴史が現在の問題と全く絶縁し得可くんば、余は学問の中の最も乾燥無味にして最も倦《う》み易きものは歴史学なるべしと思ふなり。古は猶今の如く、今は猶古の如く、人生は同じ法則に因りて動き、国は同じ運命を循環して盛衰する者なりてふ道理を会得してこそ史学は初めて人間の生命に触るゝ者となるなり、

（「戦国策とマキャベリを読む」『国民之友』三六一、一八九七年。この引用は岩井忠熊「日本近代史学の形成」に教えられた）

というのが山路の立脚点である。それは文明史学に発し、のちマルクス歴史学に受けとめられてゆく日本近現代史を貫く歴史観の一つの大きな流れである。

山路のこの主張は直接には、考証をただひたすらに事とする官学アカデミズム実証主義歴史学に向けられているといえようが、積極的には右と同じ年に書いた「日本の歴史に於ける人権発達の痕跡」(『国民之友』二三〇―二三二、一八九七年)のようなユニークで、先進的な歴史論に結実している。山路の執筆活動はその後も驚くべきもので、『現代金権史』『足利尊氏』『源頼朝』など今日に至るまで読み継がれているものも少なくない。その面白さは社会正義感に立つ強烈な批判精神であり、とくに徳富が平民主義に立っていた時期では、山路もその立場から自由闊達な史論を展開した。山路はのちに徳富の変心に似て、国家社会主義に転じ帝国主義を是認するに至るが、日本史学史上、史論史学の雄として光彩を放っている。

〔本章に関する文献〕

福沢諭吉『文明論之概略』、田口卯吉『日本開化小史』は岩波文庫所収。
丸山真男『「文明論之概略」を読む』上・中・下〈岩波新書〉(一九八六年、岩波書店)
田口　親『田口卯吉』〈人物叢書〉(二〇〇〇年、吉川弘文館)
大久保利謙編『明治文学全集35　山路愛山集』(一九六五年、筑摩書房)
坂本多加雄『山路愛山』〈人物叢書〉(一九八八年、吉川弘文館)
竹越三叉『日本経済史』(一九二八―二九年、平凡社)
辻善之助編『日本紀年論纂』(一九四七年、東海書房)

3　近代実証主義歴史学の誕生

修史事業の帝国大学への移管

既述のように修史館は一八八二年(明治一五)から「正史」の編述を開始した。しかしその道はけっして平坦ではなかった。国学―神道系やそれを支持する井上毅《いのうえこわし》のような官僚・政治家からの圧力がきびしかった。それにもまして国家自身が「正史」を叙述するという中国流の方式が、近代国家を指向する明治国家にとっても当然のことといえるか、という根本的な問題があった。修史局はすでに修史館に切り替えられ規模を半分にしていたが、八五年(明治一八)、太政官制から内閣制への転換を目前にして、その存廃さえ問題にされていた。

その年一一月、修史館は編年叙述と史料集蒐の業の完了を明治二〇年とする従来の計画を二二年まで延長するよう上申するとともに、国家が「正史」を編纂する方式は西洋のようにそれを学者に委ねるのと異なるが、帝王の勅撰という東洋の伝統からしても、またわが国の「文運の進度」から見ても、やはり国の編纂によることが適切である旨を改めて述べ、修史館存続を政府に向けて働きかけた。

しかし一八八五年（明治一八）一二月、内閣制度への移行にともなう政治諸機関再編の一環として、修史館は廃止され、翌八六年一月、内閣臨時修史局とされ、その立場はさらに悪化した。

だが半面、同年三月、帝国大学令の公布（東京大学を改め帝国大学とし、その下に各分科大学をおく）にともない、文科大学の招聘で一八八七年（明治二〇）二月にはドイツからL・ランケの弟子ルードウィッヒ・リース（一八六一―一九二八）が来日し、外国人教師としてヨーロッパ近代歴史学の方法を伝えることになった。

これに勢いを得てか、同年九月、帝国大学に「史学科」が創設されることとなり、また翌八八年一〇月には、帝国大学総長渡辺《わたなべ》洪基《こうき》が「臨時修史局」の事業を内閣から帝国大学に移管し、「臨時編年史編纂掛」とすることを上申し、それが承認され、重野《しげの》安繹《やすつぐ》が編修長となった。

これによって修史館の重野（一八八四年、東京大学教授）につづいて、久米《くめ》邦武《くにたけ》、星野《ほしの》恒《ひさし》も帝国大学教授となり、一八八九年（明治二二）六月には文科大学に「国史科」が開設された。これは日本近代史学史にとっても一つの画期となる。先の「史学科」は、いわゆる「西洋史」を主内容とするものであったから、「国史科」の併置によって、はじめて自国の歴史研究体制がアカデミズムのなかに明確な位置を得たのである。

ルードウィッヒ・リース

しかも、この国史科の初代教授陣には漢学系修史館グループが就任し、優位に立つこととなった。それは単に重野ら漢学系史家の勝利にとどまるものでなく、以後の日本歴史研究・日本史学のあり方を方向づけるものであった。

国史科の開設にともない一八八九年（明治二二）一一月、リースの指導によって「史学会」が創設された。そして重野がその会長に就任し、一二月一五日には早くも『史学会雑誌』（一八九二年『史学雑誌』と改む）第一号が発刊された。内容は渡辺洪基総長の序言のほか、論説・考証・解題・雑録・記事の五つの枠が設けられていた。

重野安繹「史学ニ従事スル者ハ其心至公至平ナラザルベカラズ」

一八八九（明治二二）一一月一日、史学会初代会長となった重野安繹は、その創立大会の席上、二〇〇名に近い参会者を前にして見出しのような題名の講演を行った（『史学会雑誌』一号、一八八九年）。

近頃世上歴史ノ必要ヲ感シ、……論説ヲ種々ノ雑志（誌）ニ掲載スル者アルモ、偏頗《へんぱ》ノ説多クシテ、公平ヲ失スルカ如シ、苟《いやしく》モ史学ニ従事スル者ハ、先ツ其心術ヲ正《タダシ》クセサルヘカラス、若シ其心不公不平ナレハ、……幾多ノ弊害ヲ醸シ、遂ニハ学問ノ目的ヲ達スル能ハスシテ、史学ノ発達ヲ妨クルニ至ルヘシ、故ニ歴史家ハ尤モ心ヲ公平ニシテ、偏見私意ヲ介セサルヲ務ムヘシ、

というのがその主張の骨子である。

重野は修史事業の中心にあり、その意味では明治政府の「正史」づくりという立場にあったから、その立場をもって真の「至公至平」が期待できるのか、という根本問題がある。しかし、重野がここで念頭においていたのは、水戸の『大日本史』に代表される儒教的名分論に立つ歴史観、記紀神話を即史実とするような国学―神道系の歴史観への批判であろう。

古来ヨリ歴史ト明教トヲ合併スル者アレドモ、歴史ハ明教ヲ棄テ研究スベシ。若シ歴史ニシテ之ヲ合併セシメンニ、大ニ歴史ノ本体ヲ失ス。（同右）

というのがそれである。

重野は漢学者として儒学（古学系）を学んだが、清朝考証学による脱名分論と、修史事業における厖大な史料蒐集とその吟味を通じ、こうした「至公至平」の重要さへの思いを強めていた。しかもその上に「本来そうあったままの事実」の認識というランケの歴史主義的思考をリースから学ぶことにより、「至公至平」への確信は一段と高められたと思われる。

もとより清朝考証学とランケ流のヨーロッパ近代歴史学とが、その基本的性格において同様のものとはいえないであろう。しかしL・ランケ（一七九五―一八八六）はベルリン大学教授でプロイセンの国家歴史編纂官を兼ねたから、その経歴は重野に通ずるものがある。ランケは厳密な史料批判を強調するとともに「外交史の優位」という史観をもっていた。その意味では、政治からの韜晦《とうかい》ともいうべき傾向をもつ清朝考証学と大いに異なるが、官学の中心史家として、国家・政治と向き合わざるをえない立場にあった重野としては、ランケ史学は素直に受け容れやすかったに相違ない。重野の「史家の心、至公至平」はランケの「あるがままの歴史」に重ね写しとなって重野を勇気づけた。

重野の姿勢は、「正史」叙述が建武から開始されることになっていたこととかかわって、とくに『太平記』の史料批判にきびしかった。重野にとって先行の正史と目される水戸の『大日本史』が『太平記』を安易に史実としがちであったことへの反撥、あるいは『太平記』（とくに前半）が南朝に同情をもっていたことへの批判ということもある。有名な「児島高徳《こじまたかのり》考」「楠公父子桜井駅の別れ」などの「抹殺」論、『太平記』の著者を「宮方深重の者＝小島法師」とした研究などみなそれに発している。重野は「世上流布ノ史伝多ク事実ヲ誤ルノ説」（明治一七年一二月学士会院講演）、「学問は遂に考証に帰す」（明治二三年三月同上講演）という基本認識を生涯実践した史家として、日本の近代実証主義歴史学の祖というにふさわしい存在であった。

久米邦武「神道は祭天の古俗」

重野がこのように大胆かつ刺激的な論を書き続けていたとき、その僚友久米邦武もまたそれを上回る大胆な論説を次々に発表し、発足当初の『史学会雑誌』を毎号のように賑わした。「太平記は史学に益なし」（一七―一八号、二〇―二二号）、「英雄は公衆の奴隷」（一号）、「勧懲の旧習を洗ふて歴史を見よ」（一九号）など表題も強烈である。それは大きな流れとしては日本史学における封建から近代への旋回を最終的に押しすすめようとする久米の意気込みを示すものである。

一八九一年（明治二四）一〇月から一二月にかけて、久米は『史学会雑誌』（二三―二五号）に「神道ハ祭天の古俗」という論文を発表した。

日本ハ敬神崇仏の国なり、国史ハ其中より発達したるに、是迄の歴史家ハ其沿革を稽《かんが》ふることを忽《ゆるがせ》にしたる故に、事の淵底に究め至らぬを免れず、

という認識に出発して、「神道」を歴史家としてはじめて客観的な考察の対象にしたのである。

久米はこの論文を通じて、日本社会に根づいている「神」信仰や、それと分かちがたく結びついている皇室のあり方に、何らかの攻撃をしかけようとする政治的意図をもつものではなかった。しかし、記紀神話を聖典視し、これを「国体」に結びつけて独善的な歴史像を主張する神道―国学派に対しては、たしかに戦闘的であった。神道を儒教・仏教と対置・区別し、排他的優越を主張することを明確に否定し、

蓋《けだし》神道ハ宗教に非ず故に誘善利生の旨なし、只天を祭り攘災招福の祓を為すまでなれば仏教と並《ならび》行

ハれて少しも相戻《あいもと》らす、

という。神道を宗教とし、祭政一致・廃仏毀釈を主張する神道家の偏狭さを否定するのである。久米はこうして「神」信仰をどの民族においても共通に見いだされる「祭天の古俗」とした。それを、日本だけの宗教であり、「国体」の基礎であるとする説の根本的誤りを鋭くついた。したがって、

> 其誇るべき国体を保存するには、時運に応じて、順序よく進化してこそ、皇室も益尊栄なるべけれ、国家も益強盛となるべけれ、世にハ一生神代巻のみを講して、言甲斐なくも、国体の神道に創《はじ》りたればとて、いつ迄も其襁褓《きょうほう》の裏《うち》にありて、祭政一致の国に棲息せんと希望する者もあり、……徒《いたずら》に大神宮の余烈にのみ頼むは、亦是秋の木葉の類なるべし、

ということになる。ここには久米の史心の底にある人類史的普遍・進歩への確信がにじみ出ているといえる。

久米邦武

久米はそれにもかかわらず、一方で「神は人なり」という考えに立って神話を史実に引きつけてとらえ、同時にこれと朝鮮・中国を含む東アジア世界の連動する歴史の一環として解釈しようとした。これでは、「神」が始源的社会の観念上の存在でなく、歴史になってしまう。そこには矛盾と強引さが目立ち、その理解は今日につづくようなものではなかった。しかし岩倉使節団に随行し、欧米社会を直接見つめてきた久米の歴史観は、「考証史学」の枠内にとどまらず、社会の進歩を基軸とする文

明史観に近い性質を示していた。

はたしてこの論文はすぐ、田口卯吉の注目するところとなった。田口はこの論を世に広めるため、久米の了解を得て自分の発行する歴史雑誌『史海』第八巻に転載（一八九二年〈明治二五〉一月）した。それには、

久米邦武君の史学に於ける古人未発の意見実に多し、……余は此篇を読み、私《ひそか》に我邦現今の或る神道熱信家は決して緘黙《かんもく》すべき場合にあらざるを思ふ、若し彼等にして尚ほ緘黙せは、余は彼等は全く閉口したるものと見做さゝるべからず、

といういちじるしく挑戦的な前口上がつけられていた。

神道—国学派の逆襲と実証主義歴史学派の後退

神道—国学派はただちに反撃に立ちあがった。国民教化を目的とし、権力の支持を得て一八八九年（明治二二）に創刊された『国光』が、彼らの主張の場となった。一八九二年（明治二五）二月二五日の同誌（第三巻第九号）には筆者不明の「国家の大事を暴露する者の不忠不義を論す」が掲載された。「仮令《たとい》事真なるも、苟《いやしく》も君国に害ありて利なきものは、之を講究せざるを以て学者の本分とす、況や虚構に出づる者に於いてをや」と真正面から久米弾劾のトーンが高い。神道を原始諸民族なみの神信仰とすることは、「君国に害あり」、そのような「大事を暴露することは学者の本分にもとる」というわけである。国家に都合の悪いことに言及するな、研究するなという、今日も問題となっている思考の源流がここに認められる。

また、同誌同号には神道家佐伯有義《さえきありよし》も「久米邦武氏ニ質《ただ》ス」を載せ、「久米氏議論ノ要点」において、

天ト指ス所ノモノハ、実物アルニアラズシテ、只古代人民ノ想像ヨリ作リ出セルモノナリト云フ……

氏ノ説ハ、国体ヲ毀損シ、教育ノ勅語ニ違背スル所アリ。

と指弾した。

この頃、政治・世情は、「大日本帝国憲法」、国会開設、教育勅語、内村鑑三《うちむらかんぞう》の勅語不拝事件（一八九一年〈明治二四〉一月）という天皇制国家体制の強行的確立期であって、国体派は大いに勢力を得るという状況にあった。

「神道は祭天の古俗」論文が『史海』第八巻に載った翌二月、神道家四名が久米を訪ね、内容取消しを迫り、宮内省・内務省・文部省に久米罷免を働きかけた。状況は、修史―実証主義史学派と文明史家が予想したよりもはるかにきびしかった。三月四日、久米は帝国大学教授を「非職」とされ、『史学会雑誌』と『史海』は安寧秩序を乱すものとして発売禁止処分となった。

たしかに久米の論は、「神」を想像の産物とする一方、「神は人なり」によって神代史を歴史としてとらえ直すといった矛盾をかかえる弱点をもち、その虚をつかれたということはある。しかし本来、諸派論者のなかで言論次元で争われるべきことが、瞬時のうちに、極端な政治的介入に転じたのである。福沢諭吉が文明と進歩への期待を寄せて疑わなかった維新政権は、早くもこの時点において学術・言論界の反動的部分との結合、それによる学問・思想の自由の抑圧という性格をあらわにした。

久米が「非職」とされ帝国大学を追われたばかりではない。翌九三年（明治二六）四月一〇日には、帝国大学の国史編纂事業が停止され、史誌編纂掛も廃止された。示された理由は、「史書編述」は私人として行うべきもの、国史叙述は漢文をやめ国文で行われるべきもの、ということで、それなりに筋は通っていた。しかしこれを推進したのが国学者小中村清矩《こなかむらきよのり》を中心とする神道―国学派であり、政治家としては憲法・教育勅語の制定に大きな役割を果たし、また皇典講究所に深くかかわる井上毅であったことはよく知られている。漢学者川田剛《かわだつよし》も、久米・重野批判の側にまわっていた。

この間、久米邦武、重野安繹はあえて抗議の声をあげなかった。田口卯吉は久米弁護の論陣を張ったが、状況は、政治権力に密着した神道派の勝利であり、重野は高齢に達して大学を去り、久米は追われてのち東京専門学校（のちの早稲田大学）に移ったが、かつてのような自由な発想と戦闘性を失っていったようである。

それは明らかにアカデミズム実証主義歴史学が天皇制政府から受けた痛撃であり、以後このグループは実証主義という面では変わらないが、文明史派と手を結んで、政治的には権力からの自立を積極的に主張するというかつての姿勢を急速に後退させていった。アカデミズム実証主義歴史学が、日本史学界の主流といわれながら、正面から現実に向き会う姿勢を弱めていったのは、この事件を転機とするといわなくてはならない。近現代に貫通するアカデミズム実証主義歴史学のいわば体質的なものがここにおいて規定されたという点で忘れられない問題である。

政治史中心のアカデミズム実証主義歴史学の成立

一八九五年（明治二八）四月、先に廃止された史誌編纂掛に代って史料編纂掛が設置され、星野恒、三上参次、田中義成が史料編纂委員に任命された。文部大臣井上毅は、先に行った国家による正史叙述の停止をふまえて、以後は史料の蒐集・編纂を行うこととしたのである。修史局時代以来集積されてきた古文書・記録類などは一三万点に及んでいたといわれ、これを一五年で発行する計画であった。

その計画に従って、一九〇一年（明治三四）二月に『大日本史料』六編之一、同年四月同十二編之一、七月に『大日本古文書』巻之一が刊行された。『大日本史料』は政治史中心に編年・綱文を立て、史料を配するという形をとり、以後一〇〇年を経過した今日も、そのままの形で継続されている。

こうして史料編纂掛の事業が確定したことは、帝国大学を中心とするアカデミズム実証主義日本史学が、重野安繹、久米邦武らの考証主義を継承し、国政の推移を中心とする編年型政治史・外交史を基本とするという性格を明確にしたことを意味した。『大日本史料』が、編年型になじみにくい経済・社会・民衆生活などにかかわる史料を、各年ごとに「年末雑載」として一括収載する方式をとったことも、政治史・外交史中心というランケ流歴史観に連なるものといえるであろう。

ここで史料編纂掛（のち史料編纂所）を中心とする日本史研究体制確立の意味を、もう少し多面的に考えておくことが必要である。

第一に、少なくとも慶長に至るまでの基本史料（影写・謄写本の作製）が史料編纂掛に集積されることによって、古代・中世史、とくに中世史研究の基礎となる史料の独占体制が成立したことである。それは同掛に属する限られた研究者の研究条件を圧倒的に有利にする半面、史料編纂掛に無縁の大多数の研究者が史料から疎外されてしまう形となることでもある。太平洋戦争の敗戦後、史料公開体制の推進が史料編纂所の緊急の課題となったのも、この点とかかわっている。

第二に、日本史研究において編年型政治史・外交史・制度史などが優位におかれ、社会・経済・文化など政治過程に直接かかわらない諸側面の研究が不利困難となり、あるいは第一次的に重視されない傾向を生んだことである。史料編纂掛に所属する研究者で、農民・農政史料のような分野にはじめて本格的研究の光をあてたのが、昭和初年の中村吉治《なかむらきちじ》まで下らなければならなかったことはその一例を示すものである。

第三に、史料編纂事業が軌道にのることによって、史料の基礎的研究・考証、さらに黒板勝美《くろいたかつみ》に代表されるような古文書学研究が前進したことは、大きな意義をもつものであった。しかし半面、それは史料考証・古文書研究が歴史学の根幹であるとし、歴史家が現代に生きる自己の主体性・思想性を通して歴史認識に取り組むことを喜ばない気風をよびおこしたことも見逃せない。そこに、久米邦武の「神道は祭天の古俗」事件をきっかけに、現実世界から一歩腰を引くようになった考証史学の姿勢から連続する傾向が見いだされるともいえるであろう。

〔本章に関する文献〕

薩藩史研究会編『重野博士史学論文集』(全三巻、一九三八―三九年、雄山閣)
重野安繹・久米邦武・星野恒編『国史眼』(一八九〇年、大成館)
『久米邦武歴史著作集』(全五巻、一九八八―九一年、吉川弘文館)
松島栄一編『明治文学全集77・78　明治史論集(一)(二)』((一)＝一九六五年、(二)＝一九七六年、筑摩書房)
田中彰・宮地正人編・校注『日本近代思想大系13　歴史認識』(一九九一年、岩波書店)
史学会『史学会百年小史』(一九八九年、山川出版社)

4 「欧米的近代への可能性」を歴史に探る

「国史」「東洋史」「西洋史」三科制の成立

日清・日露戦争期は、経済面では日本における資本主義の確立＝産業革命期であった。政治的・国民思想的には、ナショナリズムの高揚期であった。前述のように、徳富蘇峰《とくとみそほう》は日清戦争とともに平民主義を放棄して膨張主義に転じた。三宅雪嶺《みやけせつれい》（一八六〇—一九四五）は、すでに一八八八年（明治二一）政教社の創設に参加し、『日本人』を発刊して欧化主義を却け、国粋主義の立場に立っていたが、日清戦争とともに民族主義的傾向を強め、日露戦争にも国粋主義の立場から戦争支持の論陣を張った。

そうしたなかで、国民の目が強くアジアに注がれるようになると、一八九四年（明治二七）、那珂通世《なかみちよ》は従来なおざりにされてきた中等教育に、「東洋史」という教科をおくべしと主張するようになった。主張は容れられ、さらに一九〇四年（明治三七）には東京帝国大学の史学科に「支那史学」が開設され、一九一〇年（明治四三）には「東洋史学」となった。白鳥庫吉《しらとりくらきち》が「東洋史学」の担当教授となり、対象を中国から朝鮮・北アジア・中央アジアにも拡大した。

京都帝国大学（一八九七年〈明治三〇〉創設）でも一九〇六年（明治三九）、文科大学が設置され、翌年、史学科開設とともに「支那史学」（のち東洋史学）がおかれ、内藤湖南《ないとうこなん》（虎次郎、一八六六―一九三四）が担当教授となった。湖南は三宅雪嶺に通ずるナショナリズム思想の持ち主であるとともに、日本文化を東洋文化の延長線上に位置づけてみるという点では、アジア主義者ともいえる。

こうして那珂通世、白鳥庫吉、内藤湖南らを先陣に、「東洋史学」が「史学科」から分離独立する方向が進み、一九一〇年（明治四三）、それにつれて「史学科」は「西洋史学科」に特化する方向に進む。

このことは一面からすれば、日本史学者の漢学の素養に頼る一定の知識というレベルにとどまっていた中国史について、はじめて本格的な研究・教育体制が創り出されたという意味で積極的に評価されるべきであろう。だが半面、「日本史」と「東洋史」が切り離されて取り扱われることになり、アジア史の一環に「日本史」を位置づけてとらえるという視角が弱められる傾向をもたらしたという、負の側面も否定できない。

ヨーロッパ史と日本史との関係は、前近代、とくに大航海時代以前には、直接有機的な結びつきをもつものでなく、両者を関係づけるとすれば相互の「比較」というものが中心であった。ところが、「東洋史」は「日本史」と本来別物でない。日本の歴史が、本来アジア史の一環としてあったことは、今日では常識化している。その点で、三科併立制は統一的な歴史認識を困難にしたり歪めたりする可能性をもつ結果をもたらすことになるのである。

しかも日本は明治以降、朝鮮に対して次第に民族的・国家的蔑視観を強め、それが禍いして朝鮮史を直視・研究しようという姿勢を失った。韓国併合はその傾向を決定的なものとし、「東洋史」のなかに「朝鮮史」が正当に位置づけられることがなかった。「朝鮮史」が独自の民族、国家の歴史として統一的に叙述されるのが、敗戦後の旗田《はただ》巍《たかし》（一九〇八―九四）の『朝鮮史』（一九五一年、岩波全書）まで見られないという事実が、その問題をあますところなく示している。

その意味で三科併立制が、日本史認識を自閉的なものとする傾向を促したことは重要である。なお、東京帝国大学文科大学の「史学科」と「国史科」は一九〇四年（明治三七）再編されて「史学科」とされたが、一九一〇年（明治四三）九月、史学科に「国史」「東洋史」「西洋史」の三専修科が設置された。三科制はここに形を整えたのであるが、さらにそれがそれぞれ独立の学科となるのは、下って一九一九年（大正八）、文科大学が改組されて東京帝国大学文学部となった折のことである。

「欧米」を追走できるか――明治三〇年代の新史学――

日清・日露戦争を戦った日本は、自国の資本主義を発展させたばかりでなく、軍事的強大国への仲間入り、帝国主義列強の一員となる道を急速に歩み出した。国民的課題は、かつて福沢諭吉が示した独立・文明化から、「世界の五大国へ」と変化していった。そうした問題を歴史学に引きつけてみると、ほぼ明治三〇年代の歴史学の思想として次のような論点が浮きあがる。

すなわち、日本歴史研究はこれまでのように、史料考証と政治史中心の研究をひたすら主題とする状態を相変わらずつづけていてよいのか、という問題である。重野安繹、久米邦武らがその道を切り拓いてきたときには、名分論的歴史観や神道―国体論的歴史観と戦うことが大きな意義をもっていたが、もはや時代は変わった。歴史学が考証中心・政治史中心に終始することは許されない、法・経済・文化・宗教など歴史的社会の重要な諸側面にも歴史的考察の目を向けるべきではないか、という問題である。

日本が欧米先進国なみの強大国を目指そうとすれば、そうした諸側面についても、歴史のなかで日本の「進歩」、「欧米」型社会への可能性を探る必要があるという思いは、「天保の老人」に代った「明治の青年」世代の歴史研究者の心を広くとらえるようになっていった。二つの戦争の勝利はナショナリズムと国粋主義を高揚させたが、資本主義が産業革命の段階にまで進んだ現実は、経済・社会・法を含む日本の進路を歴史のなかで考える必要を痛感させていた。そうした思いを強める第二世代の若い歴史家たちは、没価値的で、現代的課題から目をそむける「実証主義歴史学」にあきたらない思いを、いたるところで口にするようになった。一九〇二年（明治三五）の『史学雑誌』（第一三編四号）の一隅には、

蒐集又蒐集、考証又考証、今の時代之を以て終らざる可らざるかとは一部青年史家の間に聞く所の声なり、

という文章が見いだされる。まさしく、考証史学の内部からも考証一点張りの歴史学への批判の声が噴出しだしたのである（ちなみに、リースはこの年、文科大学での任を終えて帰国した）。

この批判、発想は、日本の歴史とヨーロッパの歴史とを、社会発展や法制度の発展の筋道・性格について比較研究し、日本の「欧米的」発展の可能性を探ろうという思考に進む。後述するように、明治三〇年代に研究活動を本格化した原勝郎《はらかつろう》、内田銀蔵《うちだぎんぞう》、福田徳三《ふくだとくぞう》、中田薫《なかたかおる》などの発想には、そうした傾向が濃淡の差はあれ、共通しているように見受けられる。

しかもこの点は日本史学の「東洋史」のとらえ方にかかわってくる。前記した三科併立制という形で、「東洋史」は研究・教育の一分野として位置づけられるようになった。しかし、日本側のアジア史・中国

史に対する関心は、かつてのように自国の文明の母国としての中国への畏敬《いけい》的関心とまったく違い、いわば中国への欧米なみの帝国主義的進出（侵略）にとって、欠かせない歴史的知識としての関心である。

したがって、日本の「東洋史学」は中国から学ぶというより、中国史知識ないし中国史像をヨーロッパ帝国主義国家の中国史研究から学ぶという傾向を強くもった。もとより内藤湖南のように「東洋文化」に強い信頼をもち、「東洋文化の進歩発展からいうと国民の区別という様なことは小さい問題である」（『新支那論』）とまでいい、アジアを一つの普遍としてとらえようとする歴史家もいた。しかし、多くは福沢諭吉の「脱亜入欧」論の延長線上で、中国をアジア的停滞、もしくはその因由としての東洋的専制主義社会という規定性においてとらえ、日本と中国を対置し、相互異質と見ることによって、日本の欧米への接近・追走の可能性を見いだそうとした。

それは結局、朝鮮・中国蔑視、自国優越的な理解にも連なるものであって、戦前日本の自国中心史観の独善性と深くかかわってゆくものである。しかしその問題が、さらにどぎつい形で露呈されるのは昭和期に入ってのことである。ここではそうした問題をも念頭におきつつ、明治三〇年代の歴史学・日本史学の新動向に目を向けよう。

原勝郎と内田銀蔵

二〇世紀に入る明治三四年（一九〇一）前後から日本史研究は姿と方向を大きく変えていった。原勝郎、内田銀蔵、そして日本史研究の周辺の存在であった福田徳三、中田薫。その名をあげればすぐ察せられるように、戦前の日本史学とその周辺の学問上の巨匠たちが、一斉に登場してくるのである。

原勝郎

彼らはみな明治維新後の早い時点に生まれ、大学卒業後、ヨーロッパに留学した点で共通性をもっている。そればかりか留学を通じて先進国としての英・仏・独の歴史と現実への認識を深めるとともに、ひるがえって日本は同様な道を歩んでヨーロッパに追いつくことができるのか、日本の歴史はヨーロッパとはまったく異なる道を歩み、ヨーロッパを追走することはそもそも出来ないのか、といった問題を、それぞれに抱いたのではないかと思われる。

この世代の歴史家たちは帰朝後、東京・京都の帝国大学、あるいは東京高等商業学校（のちの一橋大学）の教授などの職に就き、それぞれの専門分野で指導的な役割を果たすことになるが、歴史・社会の発展におけるヨーロッパと日本とを比較の視角から考えてゆくという点で相通ずるところがあった。

その一人、原勝郎は帝国大学文科大学史学科を一八九六年（明治二九）卒業、一九〇七年（明治四〇）から九年まで英・仏・米国に留学、帰国後、京都帝国大学文科大学教授となった。もともと史学科（西洋史中心）で坪井九馬三《つぼいくめぞう》（一八五八―一九三六）らに学んだから、ヨーロッパ史への関心が強く、その面の論著も少なくない。だが、代表作としては『日本中世史』第一巻（一九〇六年、冨山房）、『東山時代に於ける一縉紳《しんしん》の生活』（一九一七年『芸文』。一九四一年、創元社。一九六七年、筑摩書房）が知られ、日本中世史家としてその声価が定着している。

原は従来の日本史叙述が「上代に詳密にして中世以後を叙すること簡略に過ぐること」を不満としたが、

その理由は「上代における支那渡来の文物の価値を過大視」する一方、中世を暗黒の時代と見なしたところにあるとし、日本中世史の意味をほとんど革命的というほどに読みかえた。「本邦文明の発達をして其健全なる発起点に帰着せしめ」たのは鎌倉時代であり、輸入文明の表面的受容にとどまっていた古代の文化状況を克服し、「日本人が独立の国民たることを自覚せる点に於て、（中世は）本邦史上の一大進歩を現したる時代」（『日本中世史』の序）というのである。

原のこの日本中世観の背後には、ローマ帝国の行きづまり、その辺境からのゲルマンの興隆、ヨーロッパ中世世界の形成という、ヨーロッパ古代・中世史の展開の見取図があり、いわばそれに類似した展開を京都中心の古代律令国家から、武士の興起による鎌倉幕府体制への移行のなかに見いだしたわけである。

ここには、世界（ヨーロッパ）史的普遍と社会的進歩・法則を基本として歴史を見る文明史に通ずる発想があるとともに、先進文明への憧憬・摂取を目標とした文明史と違い、すでに国家的独立を確保し、独自にヨーロッパと対比できる古代から中世への進歩の道を歩んだ日本への肯定的でナショナルな自信がうかがわれる。原の古代から中世への発展図式は、のちに戦後歴史学の基調を創った石《いし》母《も》田《だ》正《しょう》の『中世的世界の形成』に受け継がれていく。

原とならんで明治三〇年代の日本史研究に新気運をよびおこした歴史家としては、内田銀蔵（一八七二―一九一九）もいる。内田は原より一歳若かったが、文科大学国史科を原と同期で卒業、「日本経済史及び史学と経済学との教育的価値」を大学院でのテーマとし、一九〇三年（明治三六）、英・仏・独への留学直前、『日本近世史』（第一巻上冊一）を刊行した。一九二一年（大正一〇）に出された『内田銀蔵遺稿全集』（全五輯、一九二一―二二年、同文館）は第一・二輯が『日本経済史の研究』、第三輯『国史総論及日本近世史』、第四輯

内田銀蔵

『史学理論』というように、重野・久米時代の政治史中心考証史学とはまったくおもむきを異にし、当時としては清新感の強い「日本経済史」の開拓に取り組んだ。

留学直前に刊行した『日本近世史』は、原の『日本中世史』に先立つこと三年であるが、先行する文明史・史論史学の空気を継承するとともに、ヨーロッパ歴史学への知見をふまえ、従前の考証史学からは得られない日本近世社会の歴史像を包括的に描き出している。「封建の秩序、国の内部の編制」など、社会の構造的問題にこれまでにはない強い関心を寄せ、そうした視点から江戸時代のなかの時期区分を行っているのも、そのあらわれである。

しかし内田の経済史認識は、当時流行のドイツ歴史学派の段階論とは違っていた。内田にも日欧比較的方法への関心はあったが、経済発展の普遍的・法則的追究というような方法については受けつけなかった。歴史の「進歩」を認めるが、諸民族史の展開を画一的な物《もの》指《さ》しからとらえる方法は彼のものではない。その意味で、内田の経済史は、どのようなものにせよ経済学・経済理論から出発するものではなかった。しかし他面、政治史中心の考証史学への批判は強く、経済・文化など政治外的分野を歴史認識の欠かせない構成部分として位置づけようとする意欲を示した。

原勝郎と内田銀蔵は、留学によってヨーロッパの歴史と学問を直接ひろく学ぶなかで、日本史認識・日本史学に新生面を切り拓いた。その二人がともに新設の京都帝国大学教授に迎えられ、東京帝国大学に拠る考証史学・政治史・制度史的実証主義歴史学と対峙する形をとったことは、その後の京都大学史学科の学風や史学史の展開を理解しようとするとき、忘れられない事柄である。歴史学における学風・思想は、それ自体、歴史のなかで形成されていくのである。

中田薫の法制史学

内田はともかく、原勝郎の日本史論は、ヨーロッパの歴史を念頭におき、日本の歴史にも類似の発展コースがあったのか、それはどういう性質のものであり、近代とどのように連なるか、といった問題を考えようとしていた。明治三〇年代という、日本なりの「国民国家」の成立期において、欧米と比較したとき、どの面においても「後進」性が目前に存在することを認めざるをえない状況のもとで、はたして日本も「ヨーロッパ的近代」化（西洋化）が可能かという問題が根底にひそむ問題意識であった。

日本法制史学の基礎を築いた中田薫（一八七七―一九六七）にも類似の問題意識がうかがわれる。もっとも中田の場合、「比較法制史」が正面に掲げた自分の研究・講義課題であり、近代法典の制定過程で、先進欧米法と日本の伝統的法観念、法慣習との矛盾をどう理解し、調整するかという現実問題に直面していたから、その研究は比較の視角を積極的に設定することによって重要な問題を発見しているのである。

中田の著名な論文「養老戸令應分条の研究」（一九二五年『法学論叢』一三巻一号）は、日唐律令法の比較研究により、両者の相違が基本的には「家」観念の相違にもとづくものであることを解明したものであるが、その視角は独・仏への留学（一九〇八―一一年）によって形成された理解を背景として生み出されたもので

中田薫

ある。「仏蘭西《フランス》のParageと日本の惣領」(『国家学会雑誌』二七巻七号、一九一三年)などに見られるように、「家」は日本の歴史のなかで伝統の根強く存続する分野であったから、近代親族法の制定過程で、法と慣習・実態をどう調節するかはきわめて切実な問題であった。中田が「家」研究に精力的に取り組み、家父長権のあり方のローマ型とゲルマン型を設定し、日本のそれはゲルマン型に通ずることを明らかにしたのも、日本の家を無条件に特殊化するのでなく、ローマ・ゲルマン法との比較のなかで、いわば「普遍」の一類型として位置づけようとしたものであったのである。

一九〇六年(明治三九)発表の「日本庄園の系統」(『国家学会雑誌』二〇巻一―二号)、「王朝時代の庄園に関する研究」(『国家学会雑誌』二〇巻三―一二号)に代表される一連の荘園研究をはじめ、「知行」制研究、村・入会研究など、どのテーマでも、とくにゲルマン法との比較を通じて日本の問題への認識を深めるという方法をとっている。そうした形で、日本の固有法の歴史的特質を論じ、いわば「特殊」を「普遍」のなかに見るという手法は、日本の「近代国家」興隆期に留学し、自国の歴史をヨーロッパの歴史と対比しつつ、その広い視界のなかで理解を深めようとした原や内田に通じている。それは「国民国家への信頼」を前提としているところに一定の問題を残しているともいわなければならないが、戦前の歴史学のいわば最良のあり方が、ここに見事に提示されたといってよいであろう。

帝国主義と歴史学

しかしふりかえってみると、明治三〇年代から四〇年代にかけては、二つの戦争を勝ちぬいた日本がアジア唯一の帝国主義国家へと急旋回していった時期でもあった。韓国併合はそのもっとも露骨な到達点であった。

その重要な過程に対し、日本の歴史学はどのような姿勢をとっていたか。明治前期において、日本史学の主流は「国史編纂」という形で国家の正統性を確立するための事業に奉仕していたが、当時は対外的にはまだ近代国家としての独立が課題であった。それに対し帝国主義国家に転化する明治三〇年代以降、歴史学は対象を拡大し、経済・文化・法などをめぐって比較史的研究を推進していったが、それらも考えてみれば欧米なみ大国への可能性を歴史に探るものであった。その間、帝国主義への支持に転じた徳富蘇峰はいても、歴史家のなかから帝国主義批判に立つ「幸徳秋水《こうとくしゅうすい》」は登場しなかった。

「東洋史」家白鳥庫吉は朝鮮史から始め、「満洲」、蒙古、西域に至るまでの広大な地域の史的研究に取り組んだが、「帝国主義」をかえりみることはなかった。それどころか、直面する日本の動きを「国史の上に未だ曾てそのためしのない国運の興隆、世界の歴史にたぐいの無い民族生活・民族文化のめざましい発展」（津田左右吉「白鳥博士小伝」、小山正明「白鳥庫吉」〈永原・鹿野編『日本の歴史家』所収〉による）とこれを礼賛し、肯定的に受けとめていた。したがって彼自身の研究は、朝鮮・満州を主舞台としながら、植民地支配をめぐる問題などにはまったくかかわらないもので、欧米東洋史研究を学びとり、それと同じ手法・関心に終始し、それを超える批判的思考をもたなかった。

このことはもちろん白鳥だけの責任に帰すべきものではない。明治三〇年代から四〇年代の日本の歴史家は、明治維新以降の同時代を「現代史」として学問的対象として科学的に認識するという発想に欠けていたのである。これを太平洋戦争敗戦後三〇年から四〇年を経た時点の「現代史」研究への関心の大きさと比べてみると、その差は歴然としている。明治三〇年代から四〇年代では、歴史学が自国の歴史、とくにその現代史を客観化・相対化して批判的に見ることができない状態にあったということである。そうしたこともかかわって、一九〇三年（明治三六）、国は小学校教科書制度を、一八八六年（明治一九）以来の検定制から国定制に切り替え、国民の歴史意識の画一的誘導に乗りだすが、歴史学界はそれに対する批判を提起することもなかった。

南北朝正閏論事件

日露戦争が終わった翌一九〇六年（明治三九）、堺利彦《さかいとしひこ》らが日本社会党、西川光二郎《にしかわこうじろう》らが日本平民党を結成、幸徳秋水がアメリカから帰国して「直接行動論」を説き、北一輝《きたいっき》が『国体論及び純正社会主義』を刊行した。日本の国家・社会には新しい政治・思想の動きが見え出した。

一九〇七年（明治四〇）には「国史編纂」と平行して開始され、皇典講究所に引き継がれて編纂が進められてきた『古事類苑』が完成（別巻は一九一四年）、翌一九〇八年には早稲田大学に史学科が設置されるなど、日本史学界では祥事もあったが、社会全般には次第に閉塞感が色濃く、その年「戊申《ぼしん》詔書」が発せられ、政府は「地方改良運動」を推進して民心の引き締めを計り出す。一九一〇年（明治四三）五月、大逆事件検挙開始、同八月、韓国併合、一一年正月、幸徳秋水ら死刑執行。二月一日、徳富蘆花《とくとみろか》はこれを批判して第一高等学校で「謀叛論」を講演した。

南北朝正閏論事件は、その直後の一九一一年（明治四四）二月四日、代議士藤沢元造《ふじさわもとぞう》が国定教科書（一九〇九年〈明治四二〉改訂『尋常小学日本歴史』）が、南北両朝併立説に従っていること（この点を『読売新聞』が社説で「大逆事件をこえた国定教科書の失態」として非難したのを受けて）について質問書を提出した。野党の立憲国民党はすぐ政府弾劾決議案を議会に提案。国粋主義団体の政府攻撃も高まり、教科書編修官喜田貞吉《きたさだきち》のもとには「汝ら実に幸徳の一味なり」という非難が寄せられた。時の第二次桂太郎内閣は、急遽、南朝を正統と決するという政治措置をとり、二月二七日、喜田貞吉を休職処分とし、委員三上参次も辞任、四月には、北朝天皇を歴代表から除き、教科書の訂正を命じ「吉野の朝廷」と改めさせた。

「両統」問題は北畠親房《きたばたけちかふさ》の『神皇正統記』以来の大問題であり、水戸学・国学以来一君万民の「国体」論からは、国家の基本にかかわる重大テーマとされてきたから、桂内閣の狼狽《ろうばい》も当然ともいえる。

しかし、この両朝併立問題は、本来史実にかかわる学問上の事柄であって、順序としては学者間での十分な討議をふまえ、その結論を歴史教育に反映させるべきものであった。もともと学者のあいだにもいろいろの意見があり、黒板勝美は南朝正統説、歴史地理学者の吉田東伍《よしだとうご》は北朝正統説、久米邦武・三上参次・田中義成・喜田貞吉は両朝併立説であった。

ところが桂内閣は、その対応措置の進め方が学問・教育のあり方の根幹にかかわるということなどをいっさいかえりみず、検討の時間もないままに、「南朝正統」をまさに政治的権力的に決定してしまったのである。「智」こそが自由と文明の根源とした福沢諭吉以来の理想を完全に無視した絶対主義的決定のしかたであった。

この事件は、日本の歴史学界にとってこれにまさる屈辱はないというだけでなく、学問が権力によって支配されるという本来あってはならない方向に道をひらいたことになる。修史局以来の実証主義的政治史家田中義成（一八六〇―一九一九）は事件後も講義題目に「南北朝時代史」の名称を用いて、

田中義成

然れども本講に於てはもとより学説の自由を有するを以て、この制度に拘泥せず、……学術的にはこの時代を称して南北朝時代と云ふを至当とす、

（田中『南北朝時代史』一九二二年、明治書院）

といい切り、担当の史料編纂でも『大日本史料』六編之三においては主張を貫いて南北朝時代の表記を用いた。

しかし、講義の題目については上田万年文科大学長の要請を入れ「吉野朝時代」と改めた。田中にとっては屈辱的な変更という他はないが、それを転機に多くの学術的史書にも「吉野朝時代」の称が広まってゆく。まして歴史教育の分野では、「学問と教育とは別だ」という初代文部大臣森有礼以来の方針が、この事件によってダメ押しを加えられた形であったから、以後、古代の壬申《じんしん》の乱、中世の南北朝内乱は教科書にはいっさい取りあげられずまったく封印されて死語となり、国民の自国史認識を大きく歪めることになった。まさか田中も、『大日本史料』は「学術」、大学の講義は「教育」として、講義名を「吉野朝時代」とすることを認めたのではあるまい。それでも一歩の譲歩は、のちの測りしれない後退に道をひらくことになったのである。

南北朝正閏論事件は、先の久米邦武事件に続く史学史上、第二の大不祥事であった。久米事件は、権力と深い結びつきをもった神道家―国学系学者が表面に立って動き、国家権力がそれを認めて久米を解任するという順序だった。それに対して正閏論事件は、徹頭徹尾、政治的事件として、冒頭から国家権力の介入といういちだんと悪い形で展開したのである。

〔本章に関する文献〕

原勝郎・内田銀蔵については本文中に示した。

中田　薫『法制史論集』（全四巻、一巻＝一九二六年、二巻＝一九三八年、三巻＝一九四三年、四巻＝一九六四年、岩波書店）

五井直弘『近代日本と東洋史学』（一九七六年、青木書店）

山崎藤吉・堀江秀雄編『南北朝正閏論纂』（一九一一年、出版＝鈴木幸）

田中義成『南北朝時代史』（一九二二年、明治書院）

5　固有文化と社会・民衆の発見

拡大される歴史研究の対象

一九一〇年前後、明治末年の日本史学界は南北朝正閏論事件が象徴するように暗くきびしい空気に包まれていた。

高等商業学校（のちの一橋大学）を卒業し、一八九八年から一九〇一年にかけてドイツに留学、新歴史学派のルヨ・ブレンターノに学んで帰国した福田徳三《ふくだとくぞう》（一八七四―一九三〇）は、帰国後、経済学の理論・政策・歴史の諸分野にわたって活躍するとともに、『日本経済史論』をドイツ語で書き（一九〇七年邦訳刊）、日本の経済史学の一翼を担った。しかしその福田もまた帝国主義を支持する社会政策学会の主要メンバーの一人となった（『福田徳三経済学全集』全六巻、一九二五―二七年）。

明治後期、日本が帝国主義国家に移行してゆく状況のなかで、明治初年（前後）生まれの歴史家やその周辺の学者たちが、自国のあり方を客観化し、批判的な姿勢をとりつづけることは、まことに難しいことであった。歴史家たちも、大逆事件や南北朝正閏論事件のような仕掛けによって批判を封殺されたというよりは、むしろナショナリズムあるいは強大国への共感ないし誘惑を、みずからの内面にもっていたからである。

だがそうした状況のなかでも、これまでの日本史学にはなかった新しい視角・方法が着実に芽生えつつあった。大まかにいえば、官学アカデミズム歴史学が維新期以来ほとんど目を向けることのなかった、民衆的・在地的世界あるいは生活史的分野へのまなざしである。吉田東伍《よしだとうご》、喜田貞吉《きたさだきち》、柳田国男《やなぎたくにお》、津田左右吉《つだそうきち》、伊波普猷《いはふゆう》などがそうした新傾向を代表する人びとであるが、その一人としてまず吉田東伍を見よう。

吉田東伍（一八六四―一九一八）は新潟県北蒲原郡の農村に生まれ、中学も満足に卒業せず独学で一家をなした在野の史家である。さまざまの職業的遍歴ののち、一九〇一年（明治三四）から東京専門学校（のちの早稲田大学）で講義をすることとなるが、歴史地理・地方産業史・社会経済史など地域社会の生活史・生業史的な諸問題に強い関心を寄せた。若いとき遭遇した久米邦武《くめくにたけ》事件についても「一家言として史学上に之が真偽是非を研究するは何の差支かこれあらん、多少の物議反抗ありとて何の疚《やま》しき所かある、張胆明目議論を闘はして可なり」（『読売新聞』一八九二年三月八―一〇日）と評して久米を支持し、気骨あるところを示した。

吉田東伍

そうした吉田のライフワークは、今日もなおわれわれが直接学恩を受けている『大日本地名辞書』の編纂述作である。一九〇〇年（明治三三）から一九〇九年にかけて、日本列島全地域

（当時領土化していた樺太《からふと》・台湾までを含む）の大小新旧の地名を網羅し、それにかかわる史料を博捜配列して考証を進めたもので、いくぶんの協力者の援助があったとはいえ個人の編著としてはほとんど信じられないほどの大事業である。

吉田はけっして長寿であったのではなく五五歳で世を去っているから、そのことから考えても燃えあがる志があり、文字どおり骨身を削って仕事に打ち込むということでなければこの大業が果たせるわけはない。国家権力の頂点部ばかりに目を向けつづけてきた官学アカデミズム歴史学に対する無言の批判ともとれるこの事業は、やはり社会経済の発展、交通諸関係の拡大によって、国民一般が日常的に住み生きる列島全地域を具体的に知る必要が強く意識されるようになっていたからであろう。そうした新しい課題に単身挑んだことは、在野の明治人らしい骨太の仕事振りという他はない。戦後、地名辞典としては『日本歴史地名大系』（平凡社）と『角川日本地名大辞典』（角川書店）が都道府県ごとに一冊という大規模な形で刊行されているが、それも、吉田の仕事を基礎とすることなしには不可能といってもいいすぎではないだろう。

喜田貞吉の『民族と歴史』

南北朝正閏論事件で政治的犠牲となった喜田貞吉（一八七一―一九三九）は徳島県の農村出身で、帝国大学文科大学国史科卒業ののち文部省の教科書編修官をつとめたが、官学アカデミズム歴史学の枠を超え、自由な発想にもとづく広い関心をもつ個性豊かな学者であった。事件の前の一八九九年（明治三二）、「日本歴史地理研究会」（のち「日本歴史地理学会」と改める）を組織し、雑誌『歴史地理』を発行した。一九〇五年（明治三八）からは法隆寺再建非再建問題について再建説の中心的論客として、非再建説に立つ建築史家関野貞《せきのただし》（一八六七―一九三五）らと史学史に残る学問的論争を展開した。さらに、考古学・古代史・民俗学・民族学などをも視野に入れた個人雑誌『民族と歴史』を一九一九年（大正八）から五年にわたって発行し（途中で『社会史研究』と改題）、精力的に政治史的編年史の陰に放置されてきた社会史的史実を取りあげた。喜田の考えは同誌発刊趣意に、

我国の歴史を研究する上に於て亦決して国民側のそれを度外視して満足すべきにあらざるなり、というように、支配・統治の側から見る政治年代記的歴史学への批判をふまえた「国民側」からの視角の必要ということであり、そのためには「古今文献の調査のみならず、周《あま》ねく遺物・遺跡・土俗・伝説・言語・信仰・其他人類学上、社会学上の諸研究並びに資料を掲載し」同学の士に提供するといい、それを実践したのである。今日、喜田の目指したところが広く日本史学界で認められ、そのような方法による歴史研究が多角的に推進されていることをみれば、喜田の見識・学問的先見性は高く評価されなくてはならない。

喜田貞吉

そうした関心のなかでも、とくに大きな意義をもつのは被差別民についての研究である。喜田は『民族と歴史』の発刊半年後、早くも「特殊部落研究号」を出した（第二巻一号）。「特殊部落」という今日では差別語とされる表記が用いられたのは、当時としては致し方ないであろう。喜田は『民族と歴史』の発刊趣意のなかでも、

過去に於ける賤民の成立変遷の蹟を詳《つまびらか》にし、今も尚時に疎外せらるるの傾向を有する同情すべき我が同胞解放の資料を供せんとす、

と明確に述べていたが、発刊わずか半年、実際にこの問題の特集を組んだのである。

その号の大半は喜田自身の執筆である。喜田の被差別民研究の最大の功績は、被差別民の起源について、当時は異人種起源説や古代賤民起源説が有力であったのに対し、それらを否定し、被差別の発生因やそのあり方は「機会と実力所在の移転によって変ってくる」「畢竟《ひっきょう》境遇上の問題」だと指摘したところにある。

喜田は南北朝正閏論事件で文部省を追われたのち、京都帝国大学講師を経て一九二〇年（大正九）には同教授となっている（ただし、わずか四年で、「気楽な講師の方がいい」といって教授を辞め、東京帝国大学、東北帝国大学の講師などをつとめた）。京都は長く天皇の居所として「ケガレ」に対してもっともナーバスな土地であり、それに対応して被差別民密度が高く、それが身分制的にも支配秩序の底辺に組織されていたから、喜田の被差別民研究はこの京大時代に大いに進んだのである。また、部落解放運動の高まりという現実もあった（全国水平社の創立は一九二二年〈大正一一〉三月）ことも当然強いかかわりがあるだろう。

喜田のもっともすぐれた点は、被差別民を異人種説、古代賤民起源説のように問題を固定的に考えず、「同胞」が、それぞれの時代の権力により、その必要に応じて創り出してきたという形で、これを動態的・歴史的にとらえたところにある。それこそが鋭くたしかな歴史家の目というべきで、その認識は現実の水平運動にも基本的指針・方向をさし示したものといえる。大正期の日本史学は、やはり大正デモクラシーの空気を反映していたといえるのではないか。

柳田国男の民俗学と日本史学

柳田国男（一八七五―一九六二）も広い意味ではこうした日本史学の新しい動きを受けとめるなかで民俗学を創始した。

東京帝国大学の法科を出て農政学者・官僚として出発した柳田が、民俗学へと方向転換をはかるようになったのは一九一〇年（明治四三）、自宅で郷土会を開くようになった頃からである（一九一三年〈大正二〉『郷土研究』発行）。

その方向転換の動機は、維新以来の日本の近代化が、ほとんどことごとく上からの国家の政策として画一的に強行され、地域がそれぞれにはぐくんできた習俗や生活文化・信仰・伝統・伝承などを蹂躙し去るような事態を創り出してきたことに対する疑問というよりは怒りともいうべき心を抑えることができなかったところにある。

柳田は当時の状況について、歴史学の主流は政治史中心の考証的・年代記的研究に終始して、国家の政治からはずれたところで暮らしている民衆にまったく目をくれない、またそうした傾向への一定の批判をもってヨーロッパに学んで帰国した若い歴史家たちも日欧対比的な視野の拡大は見られても、伝統的な民衆生活・文化を歴史学の対象として正面にすえることはない、日本史学はそのため、もっぱら文字史料だけを研究資料と考えているが、文字を使わない民衆生活の実体に立ち入るには口承・伝説・信仰・芸能などをはじめとする非文字資料を広く掘り起こしてゆく他はない、と考えた。

ヨーロッパを尺度として日本を見るような学問で、日本の民衆生活の実態はとらえられないし、民衆を救うこともできない。「近代国家」のできる以前の民衆社会、常民の暮らしのなかに形成され生きつづけている民間的秩序を理解するところに戻り、そこから出発しなくてはならない――。柳田の発想はおそらくこんなところにあったであろう。

柳田の民俗学開眼の最初の仕事とされる『後狩詞記《のちのかりことばのき》』は一九〇九年（明治四二）に自家出版された。日向《ひゅうが》の椎葉《しいば》村で聞き取った「猪狩《ししがり》の故実《こじつ》」であるが、そこには中央政府が推進してきた「近代日本」とはまったく異なる世界があった。柳田は歴史を一直線の階段を上るような形での「進歩」の過程としてとらえる理解に反対であり、大都会の生活から椎葉村の生活までが同時的に存在するものとして歴史はとらえられなくてはならないと考えた。

その意味で、柳田の学問にとっては、「常民」とともに「郷土」（地域）がもう一つのキーワードであった。柳田の民俗学は、こうして次第にその学問的内実が形成されていくが、その全容がほぼ集約され体系化されるのは『民間伝承論』（一九三四年）、『郷土生活の研究法』（一九三五年）、「国史と民俗学」（同年『岩波講座日本歴史』）である。

それらによれば、柳田は自分の学問を一見近縁関係にある民族学と区別し、民族学が先進文明国の側から地球上の後進的諸民族の生活を考察するものであるのに対し、民俗学は自国の常民が形成する歴史的伝統的世界に対する自省（自己認識）の学だとしている。たしかに民族学は帝国主義の拡大のなかで、帝国主義本国の側から生み出された。もちろん民族学のすべてが帝国主義の要求によって規定されるものではなく、学問としての独自の展開がある。しかし柳田が自分の民俗学をそれと区別して「自省」の学としたことは、民俗学の初心を示すものであり、重要である。

民俗学が広い意味での自国の歴史学のなかに位置づけられるのはこの点とかかわっている。柳田は英雄偉人などの固有名詞をいっさい使わない「国に遍満する常民」の歴史を書くと、主流的歴史学への批判の思いを込めて断言した。

柳田のそうしたラディカルな批判精神と民衆へのまなざしについては、批判する人は少ないであろう。のちにまた見るように、この柳田の指向した学問の方向は戦後の日本史研究のなかに大きな影響力を及ぼしてゆく。

もちろん柳田の「常民」の原像には〝稲作を携えた南方からの渡来人〟というイメージが一元化されすぎている、地域間の文化比較は有意義だが、時系列的観察を欠くため、変化・進歩への視角が欠けて、歴史認識としては常民社会像が固定化され、結局〝古き良き時代〟への憧憬に終わるおそれがある、など柳田の学問の全体にかかわる本質的な批判もある。

たしかに柳田の初心は、中央国家の側からの権力的・画一的な近代化への抗議であり、その意味で柳田の主張は鋭く進歩的であった。ところが、長い柳田の研究活動・研究組織を通じてもたらされたものは、柳田の時代に直接聞き取り調査が可能な範囲の伝統社会の一段階の姿にすぎず、それを以って長期の歴史にわたる民衆生活の推移が動態的に解明されるものではない、といわざるをえない。柳田民俗学の追究したものは、事件史的な時間とは異なる、長期持続性の強い伝統社会のとくに心意的なものを含む実体であるから〝民俗学は時代がわからない〟という批判を単純に正しいとはいえないであろう。しかし、その長期持続型の常民社会の歴史が、政治史とのかかわりをどのような意味でもち、相互に切り結びつつ動いているのかという問題と向き合わない限り、それはやはり柳田のアキレス腱になっているのではないか。その常民像に「政治」がないのは否定できない事実である。

津田左右吉の「神代史」「国民思想史」

ここで柳田につづけて津田左右吉（一八七三―一九六一）を取りあげることが、適切か否かには多少の不安がある。津田には記紀の文献批判、考証学者としての印象の方が強烈だからである。しかし津田の発想を追ってみると、一九一三年（大正二）の『神代史の新しい研究』以来、津田は「国民思想」の史的展開を考えることを主題としていたと思われる。

その「国民思想」という概念の中身はかならずしも明らかでないが、「国民」というのも、おそらく明治以後の近代国家の形成にともなうネーション（nation）を意味するのではなく、「この国に住む諸時代の人びと」というほどのものであり、「思想」というのも外国から輸入された体系化したものでなく、いわば自前の、生活密着的な「ものの考え方にもとづく心意」というほどの意味であろう。そうしたとらえ方やその強調は、津田の著作の至るところでくりかえし指摘されている。「国民思想」はたしかに、従来の政治史中心の年代記的考証史学の枠内にはなかった民衆的・生活的なものであり、やはりこの章で扱う新しい歴史学のあり方の一つといった方がよいのではないかと思われる。

津田は美濃に生まれ、名古屋の私立中学を経て東京専門学校に学んだ。家は尾張藩の下級の士族で、幕府支持、幕臣型の家庭的雰囲気のなかで育ったという。したがって薩長藩閥に縁をもつこともなく、また帝国大学に学んだということもなく、卒業後も教職を転々とし、いわば非エリート型のコースを歩んだ。

その津田におとずれた転機は、以前から学ぶことのあった白鳥庫吉《しらとりくらきち》（一八六五―一九四二）の主宰する南満洲鉄道株式会社（満鉄）東京支社の満鮮地理歴史調査室につとめるようになったことである。そこではじめて歴史研究者として白鳥の薫陶を受けたことは津田自身くりかえし述べている。津田の処女作『神代史の新しい研究』も、白鳥の中国古代の聖帝とされる堯・舜・禹の実在は否定するが、その伝説を創り出した中国人の思想は実在する、という考え方を、日本の記紀神話に適用してみようというところから出発した。津田の神代史理解は、神話は史実を語るものでないが、古代人の思想を語るものという点で、たしかに白鳥に通じていた。

したがって津田の学問的課題は、日本古代社会を全体として構造的にとらえるというのではなく、古代人の生活のなかにある心意・思想を研究するというところに重点があった。津田はこのすぐあと、一九一六年（大正五）から一九二一年にかけて『文学に現はれたる我が国民思想の研究』貴族文学の時代・武士文学の時代・平民文学の時代（上・中）計四冊を次々に公刊したが、それは「神代史」の研究が古代人の思想研究をめざしたものと解すれば、両者のつながりは明瞭なのである。

津田左右吉

津田は、日本はどの歴史段階でも外国から先進的な学問を学んできたということとかかわって、国民の生活文化と輸入文化とのあいだに大きな乖離が生じたこと、とくに近代以前のシナ文化は日本の国民文化の根底にまで影響を与えておらず、両者は異質であることを強調しつづけた。のちの『支那思想と日本』（一九三八年、第一部は一九三三年、第二部は三六年発表論文の集成、岩波新書）もこの点の強調が最大のポイントとなっている。

津田は他方、欧米的近代の文化は近代日本の「国民思想」に根底からの影響を与えた、したがって欧米的思想と日本近代の思想とはけっして異質でないと強調する。津田の〝シナ嫌い〟は学問を超えていると指摘する論者もいるが、実際、津田の主張はこの点でおそろしく頑固である。日本の中世において中国趣味（文化）は禅院の一隅にのみ存在したといったとらえ方はあまりに歴史的でない。

平安を貴族、鎌倉―戦国を武士、江戸を平民文学の時代とする立論の枠組も一面的・固定的という傾向が強い。どの時代にも貴族・武士・平民の思想が相互的関連をもって存在しているはずであるし、それらは社会経済関係の推移のなかで、変化してゆくはずである。しかし津田の時代史認識には、「文学」「思想」の成立基盤である社会経済面への目配りがほとんど欠落しており、鎌倉から戦国に至る四〇〇年が、意外なほど固定的に扱われている。

そうした点からすればこの『文学に現はれたる我が国民思想の研究』は、前人未到の壮大な文学・思想史ではあるが、歴史認識の方法・理論枠組としては弱点も少なくないと思われる。津田は、歴史は変化・発展を明らかにすることを任務とする学問だということを積極的に主張する点では、「文明史」の系譜に連なっているといえる。津田はたしかに政治史中心のアカデミズム歴史学への共感をもっていない。しかし半面、歴史の変革・発展の動因は何かという「文明史」に特有の発想に通ずるものを欠いていた。別のいい方をすれば、津田は歴史認識に理論は不要、したがって研究上の「概念」も不要、歴史は事実をそのままに叙述すればよい、というのである。津田の同時代、同世代の歴史家たちはヨーロッパの学問に接し、学問上の諸「概念」を自己の研究にも応用し、日欧比較の視点を切り拓いてゆくのであるが、津田はそれとは異なる立場をとった。

津田は『神代史の新しい研究』から始めて、後述するような記紀の文献批判の全仕事を通じ、学界でも世間でも古代史の巨匠という評価が定着しているが、その文献批判を通じて律令国家・律令制社会の構造とその推移をトータルに解き明かそうとする試みはほとんど示さなかった。その意味で、津田の仕事は戦後の日本古代史研究、とくに古代天皇制国家の性格をめぐる研究に直接連なるところは意外に希薄である。

しかし津田の設定した「国民思想」という視角そのものは、やはり大正期に顕著に進展した日本史学の視野の拡大、民衆的世界への開眼に通ずるものであり、その点で史学史上重要な意義をもっていることは疑う余地がない（戦時下の津田の受難事件については後述）。

伊波普猷の沖縄学

「沖縄学の父」と呼ばれる伊波普猷《いはふゆう》も、この章のなかで取りあげられるにふさわしい一人であろう。

伊波普猷（一八七六―一九四七）は、日本政府による「琉球処分」（沖縄県設置＝一八七九年〈明治一二〉）が強行されつつあった時代、那覇市の士族の家に生まれた。沖縄には一八九六年（明治二九）までいた。その後出京、ついで京都の第三高等学校を経て東京帝国大学で言語学を専攻し、一九〇六年（明治三九）卒業して郷土に帰り、沖縄図書館の嘱託となった（のち館長）。伊波の専攻は言語学で、史学科を卒業し、専門の歴史家としてはじめから世間に認められるような経歴の持ち主ではない。

しかし伊波の青春時代、郷里で眼前にしてきた沖縄の苦しみは、彼の思考と研究をいやおうなしに沖縄の歴史と将来に広く向けさせることになった。

薩摩藩属の国、日本と中国とへの両属の国という特殊な歴史の歩みをたどってきた琉球王国が、日本の強引な統合政策のもとに一挙に解体され、その伝統的な生活・文化を蹂躙《じゅうりん》され、画一的な「日本」に取

伊波普猷

り込まれようとするとき、「沖縄人」はいかにこれを受けとめるべきか。それも沖縄と「ヤマト」との関係は、帝国主義本国と植民地との関係と同じというものでもない。言語・文化の根っこには「ヤマト」との共通性がある。しかし薩摩藩の強圧のなかで、沖縄住民は清国への親近感を深めてきた。そのいずれに従うべきかということは、「沖縄人」にとって単一の答えをすぐには出せない状況があった。

　だが歴史の現実において、琉球は「沖縄人」の主体性を無視する形で「日本」に取り込まれた。そのことが素直に歓迎できないことは明らかである。だが日本の近代国家のなかに統合されることには、積極的側面もある。琉球処分にただ反対すればすべてよい、ということではなかった。

　こうして伊波の沖縄研究の原点には、直面する現実の巨大な矛盾があった。それにいかに立ち向い「沖縄人」がどのような姿勢をとってゆくことが沖縄の未来にとって幸福であるのか。そうした問題は彼の学問を不可避的に実践的なものとし、啓蒙的精神を強めてゆくこととなった。

　伊波が公刊した最初の書物は『古琉球』（一九一一年）であるが、以来その研究・発言の範囲は、歴史にとどまらず、言語・民俗・宗教・社会などの諸方面に及んだ。なかでも沖縄の祭祀歌謡の集成である「オモロ」の研究は、沖縄の歴史と心の核心に迫るために不可欠と受けとめていた伊波が、得意分野である言語学的方法を駆使してその解読を進めたライフワークである。

伊波はヤマトと沖縄の言語の同系統性を指摘し、「日琉同祖論」に立って、「日本の中の沖縄」を積極的に肯定していった論者としてとらえられることが多い。それも事実である。けれども伊波のもっとも心を用いたところは、沖縄がその固有の歴史・主体性・特殊性を失わないで、どのようにして「日本の中」にその立場を確立することができるかという問題であった。

それだけに、沖縄の固有の生活文化の探求が、伊波にとってとりわけ切実な課題とされた。彼は一九二五年（大正一四）五〇歳のとき、ふたたび郷土を離れ東京に移った。東京で定職をもたずに研究をつづけようというのは無謀に近かったが、あえてその道を選んだ。柳田国男、折口信夫《おりくちしのぶ》（一八八七―一九五三）、東恩納寛惇《ひがおんなかんじゅん》（一八八二―一九六三）らの民俗学者との交流を深めたのも、そのなかでのことである。

しかし伊波は、柳田らの民俗学とはおのずからに視点・立場を異にした。柳田らの沖縄への関心はひとくちにいえば沖縄のなかに「古日本」の姿を探り出そうとするものという傾向が強い。それに対して伊波はどこまでも沖縄の歴史の個性そのものを掘り起こし、それを新しい沖縄の主体の基礎にすえようとするのである。

「沖縄学」は伊波普猷によって確立されたといってよい。沖縄研究そのものは、伊波以前からもさまざまの形で進められていた。日本政府も「琉球処分」との絡みで、旧慣調査を行っており、それが沖縄の伝統的法慣習などを明らかにしたことは、それなりに研究上も有意義である（近代化政策の開始期、各省は近代法典導入の際の配慮調整の必要から、各種旧慣調査を行った）。しかし、それはどこまでも「統治」「同化」の必要からであった。「沖縄学」はそれと違って、沖縄の主体・その個性を確立するための自己認識の学問として形成された。伊波はその「沖縄学」の創始者としての栄誉を担っているのである。

　伊波が活躍した明治末年から大正、昭和にかけて、資本主義の発展が各地の伝統社会を解体に追い込み、新旧秩序の交錯・対抗が人びとの生活と心を揺るがすなかで、世間にも伝統社会・郷土をかえりみる空気が強くなった。柳田民俗学の登場はその代表的なものであるが、各地で盛んになる郷土史研究や、郡制廃止にともなう「郡史（誌）」編纂もこの時代の日本史研究に大きく貢献した。

　伊波の「沖縄学」は一面ではそれらと交わりつつ、基本的にはそれとまったく区別されなくてはならない沖縄の特有の条件を受けとめ、現実、未来を直視するところから発展した学問であった。伊波は在野的立場を堅持することによって、それを果たしたといえる。

〔本章に関する文献〕

吉田東伍『大日本地名辞書』（全七巻、一九一三年、冨山房）

『喜田貞吉著作集』（全一四巻、一九七九—八二年、平凡社）

『津田左右吉全集』（全三三巻・別巻五、一九六三—六六年、岩波書店）

『定本柳田国男集』（全三一巻・別巻五、一九六二—七一年、筑摩書房）

『伊波普猷全集』（全一一巻、一九七四—七六年、平凡社）

橋川文三『柳田国男—その人間と思想—』（一九七七年、講談社）

鹿野政直『近代日本の民間学』〈岩波新書〉（一九八三年、岩波書店）

〃　『沖縄の淵—伊波普猷とその時代—』（一九九三年、岩波書店）

6　大正・昭和期の都市史・文化史

都市史・文化史への関心

すでに述べてきたように、明治二〇年から三〇年にかけて成立した政治史中心の実証主義歴史学は、国家の修史事業を基盤として成立したことと、またそこでは中国の「正史」編纂・考証学系学問およびL・リースによって教導されたランケ流のヨーロッパ近代歴史学の影響が強烈だったことによって、そのあり方が強く規定されていた。そこではとくに久米《くめ》邦武《くにたけ》事件以後、現実政治への距離をおき、史料の蒐集・考証が歴史研究の主題とされるような気風が強まった。

明治後期の原勝郎《かつろう》や内田銀蔵《ぎんぞう》らはそうした傾向にあきたらず、ヨーロッパ留学を機に、大胆な新しい日本史像構築への試みにふみだした。明治末年から大正期にかけて、従来の中央政治・外交史中心の歴史学が視野の外に置き去りにしてきた民衆社会やそこに伝統的に根づいてきた習俗・意識・生活形態などへの研究関心も急速に高まった。

さらに、大正から昭和初年にかけて都市が発展し、労働者・勤め人などの新市民が大きな社会的存在になるとともに、都市史への関心も高まった。ごく大まかにいえば、固有文化・民衆への関心も、都市への関心も、現実における資本主義社会の発展にともなう、いわばその表裏の問題——失われゆく伝統社会と新たに興隆する都市社会への注目——ということであろうし、それがいわゆる大正デモクラシーの社会的雰囲気と連なる問題でもあったのである。日本史学における市民的歴史学の芽生えといってもよい。

この章では、そうした状況を背景としてアカデミズム歴史学界のなかに登場してきた新傾向を見てゆこう。ただし、それはかつての文明史や国学—神道系の国体史観のようなイデオロギー性を明確に示すものではない。いずれもがいわば個々に、アカデミズムの枠内であるが時代の空気を吸いながら自由にテーマを設定していったものであるから、以下取りあげる歴史家・研究も、一つの学派《シューレ》を形成するようなものでないことは、あらかじめ認めておかなくてはならない。

また、都市史とならんで見られる「文化史」というものも、けっして一様ではない。一九世紀から二〇世紀初頭にかけて、ヨーロッパでは歴史哲学とならんで「文化史学」が盛行し、日本でも後述するように西田直二郎《にしだなおじろう》が意欲的にこれを受けとめてゆく。しかしそうした限定された意味での「文化史」ばかりでなく、仏教史・美術史・精神史などを含む広い意味での文化の諸問題への関心の高まりも、この時代に特徴的に見られるところである。

幸田成友の近世都市史・日欧通交史

『江戸と大阪』（一九三四年、冨山房）の著書で知られる幸田成友《こうだしげとも》（一八七三—一九五四）は東京神田の生まれ、露伴《ろはん》ら著名な五人兄弟姉妹の一人である。江戸下町の空気がそのままに残る時代・場所に生まれたことが、のちの都市研究への感性面からの導きとなったであろうことは十分察せられる。一八九六年（明治二九）、帝国大学の史学科を卒業。大学では史学方法論の坪井久馬三《つぼいくめぞう》（一八五八—一九三六）やL・リースのきびしい薫陶のもとに実証主義歴史学の方法と技能を身につけた。

そうした経歴からすると、幸田は大正・昭和期の人というより、明治の人という方があたっているかもしれない。たしかに幸田は一九〇一年（明治三四）から一九〇九年まで『大阪市史』編纂主任として、ほとんど単身、厖大かつ難解な史料に取り組み、『大阪市史』を見事に完成させた。それが幸田の学問の不動の基礎となっていることは広く認められているが、『大阪市史』そのものは市の公的事業のため、幸田の名は表面には出されていない。

個人名の代表的著書は『大阪市史』の終了後、慶応義塾大学や東京商科大学（のちの一橋大学）などで教鞭をとるようになった大正期以降のものである。そのなかでも注目される一つは、江戸と大坂（阪）の市制・札差《ふださし》・米切手などをはじめとする都市経済史の諸問題である。

都市史はヨーロッパ中・近世史では重要な研究分野で、実証的にも理論的にも大きな蓄積があるが、幸田は中田薫《なかたかおる》が法制史の分野で系統的な比較法制史的研究を進めたのとは違って、比較史的研究にはあまり興味がなかったらしい。札差にせよ、米切手にせよ、つねに具体的な史料に即して、個々に事実を解き明かしてゆくことに集中した。そこにはリースの歴史観・方法が継承されているということもできるだろう。

この都市史研究が幸田の学究としての前期の仕事であるが、一九二八年（昭和三）オランダを中心に留学して帰国すると、おのずからにテーマは日欧交通史に移っていった。日本とヨーロッパ諸国との交渉・

交流にかかわる史料の蒐集・研究は、日本歴史の重要な一側面として欠かせないものであるが、そうした日本関係海外史料の蒐集は、すでに一時帰国したリースの手によって進められていた。幸田のオランダ留学も、リースの指導によるところが少なくないようである。

帰国後は「日欧通交史」「貿易史」を講義したり、「ケンペル日本史」をテキストとする演習を行ったりしている。この面の代表作『日欧通交史』（一九四二年、岩波書店）のほか、『和蘭夜話』（一九三一年、同文館）などの著作やフランソア・カロンの『日本大王国志』（一九四八年、東洋堂）の翻訳などもある。

日蘭関係を中心とする日欧通交史は、江戸時代の政治・国家史、さらに対外関係に媒介されることによって明確となる日本国の対外意識などの研究に不可欠であるが、幸田以前に、この問題の研究を史料に即して進めようという試みはほとんどなかった。その点で、幸田は新分野の開拓者としての栄誉を担っているわけであり、幸田の留学の目標が何よりもオランダなどにおける第一次史料の調査・蒐集に向けられていたことがそれを裏づけている。

三浦周行の社会的関心

三浦周行《みうらひろゆき》（一八七一—一九三一）も明治の人という印象が強い。水戸学の栗田寛《くりたひろし》の書生のような暮らしから歴史研究への道をふみだし、一八九五年（明治二八）に史料編纂掛助員、一九〇〇年には編纂員となって『大日本史料』第四編・第六編の編纂に精力的に取り組み、やがて三浦は学風は異なるが中田薫とならび称される日本法制史家となった。

しかし一九〇七年（明治四〇）、草創期の京都帝国大学に移って以後は、研究・教育の基礎資料としての古文書蒐集に努めるとともに、『堺市史』の編纂を引き受け、研究の対象も社会史・経済史方面に拡大されてゆく。

著名な論文「戦国時代の国民議会」（三浦『日本史の研究』第一輯所収、一九二二年、岩波書店）を執筆したのは一九一二年（明治四五）のことである。文明一七年（一四八五）南山城の国衆・土民が当地方を舞台に権力闘争をくりひろげていた畠山政長《はたけやままさなが》と同義就《よしなり》の両軍の退去を求め、それぞれに大集会をもって戦い、以後、国一揆の自治を実現した「山城の国一揆」について、はじめて本格的に取りあげた論文である。国衆・土民の集会に「国民議会」という大正デモクラシー期の発想らしい解釈を与えたところにきわだった特徴がある。

さらに一九一五年（大正四）頃から米騒動の起こる一八年頃にかけて取り組んだ鎌倉・室町時代の徳政研究も、社会的平等が大正デモクラシーの主題の一つとして世間の関心を集めていた時代の空気に触発されたテーマと考えられる。徳政一揆・山城国一揆などは民衆運動・民衆の政治的権利・民衆の政治的結集と組織など、さまざまの面で三浦の意中に潜在する〝歴史と現代の往来〟にかかわる問題であった。そうした社会的関心をふまえた諸研究は『国史上の社会問題』（一九二〇年、大鐙閣）に結実してゆく。

三浦の学問は、中田薫の法制史のように普遍主義的な発想による比較史的視角を欠いている。欠いているというよりは、そうした方法を三浦はとろうとしなかったようである。それは明治以来の実証主義歴史学に共通するところである。ランケ流の実証主義歴史学にとって、歴史はつねに一回的なものであって、そこに人類史的な「普遍」「法則」を求めるものではないし、したがって諸民族の歴史認識に共通する歴史学上の概念を設定する必要もなかったのであろう。

三浦も封建制について、中国の伝統的概念に従うか、ヨーロッパ的知行制・主従制にもとづく概念に従うかについて強い関心をもった。また、中世ヨーロッパ史におけるギルドとの対比を念頭にした「座」の性格論争にも参加した。しかし、それはどこまでも一つの関心にとどまるものであって、三浦の全研究が中田のように方法としての「比較」を一貫的・意識的に試みるものとはいえない。その意味で三浦の方法はどこまでも「実証主義歴史学」である。そうしたオーソドックスな歴史家三浦周行が半面で現代の社会問題に強い関心をもち、過去と現代とのアナロジカルな状況・着想から新しいテーマに次々に取り組んでいったことは興味深いことである（遺著『明治維新と現代支那』一九三二年、刀江書院、など）。三浦の心中には、吉野作造《よしのさくぞう》の〝現代への発言〟に刺激される何らかのものがあったのではなかろうか。

辻善之助の仏教史

実証主義的歴史研究は宗教史・文化史の分野でも顕著な前進を遂げた。辻善之助《つじぜんのすけ》（一八七七―一九五五）はその代表的著作である『日本仏教史』全一〇巻（一九四四―五五年、岩波書店）、『日本文化史』（七巻・別録四巻、一九四八―五三年、春秋社）を戦後に刊行しているため、一世代若いようにも感ぜられるがそうではない。この二つの大著にしても、すでにその根幹は昭和戦前期に出来あがっていたものである。

辻が帝国大学文科大学の国史科を卒業したのは一八九九年（明治三二）で、内田銀蔵、喜田貞吉《きたさだきち》、黒板勝美《くろいたかつみ》の一八九六年（明治二九）卒業に遅れることわずか三年である。長寿を保ち、息長く日本歴史学界の頂点的地位を保ちつづけたため、内田らより若い世代と思われやすいのである。

辻は大学卒業後、史料編纂掛に入り、一九一一年（明治四四）には国史科助教授を兼務、一九二〇年（大正九）には史料編纂掛事務主任（現在風にいえば所長）になった。その前年『日本仏教史之研究』（続編一九三一年、金港堂）を出し高い評価を受けたが、以後とくに史料編纂掛の充実・制度改革などに奔走し、一九二九年（昭和四）これを文学部付属の組織から東京帝国大学の一個独立の部局としての地位をもつ史料編纂所に改組することに成功してみずから所長となった。今日につづく史料編纂所のあり方は、このときに整えられたといってよい。これ以後、戦前の史料編纂所は辻の指導によって育成された小《お》野《の》均《ひとし》、森末義彰《もりすえよしあき》、川崎庸之《かわさきつねゆき》、竹内《たけうち》理《り》三《ぞう》、宝月圭吾《ほうげつけいご》、圭室諦成《たまむろたいじょう》、伊東多三郎《いとうたさぶろう》ら、豊富な人材によって一つの黄金時代が創り出されてゆく。辻がそれら若手第一線の人びとに一冊宛独自に選んだテーマで執筆させた『畝《うね》傍《び》史《し》学叢《がくそう》書《しょ》』は戦前アカデミズム日本史学の達成を示す記念碑となった。

辻善之助

辻の最初の出版と見られるのは『田沼時代』（一九一五年、日本学術普及会。一九八〇年、岩波文庫）である。すでに三八歳という年齢に達していたが、その所論は若々しい。田沼時代といえば田沼意次《たぬまおきつぐ》の権勢のもとで重商主義的諸政策がとられるとともに、政治・社会の腐敗が進んだというイメージが強いが、辻はその見直しを行い、この時代における民衆の力の伸長、因習化した幕藩制秩序の動揺、開国意識の芽生えなど、歴史の新動向を探り出している。

代表作『日本仏教史』もその構想からして大胆新鮮なものであった。それまで行われてきた仏教史研究はおおむね教義史あるいは教団史であった。それはおのずからに教団的立場に拘束されがちであって、概して視界が狭い。辻はそうした学問状況に対する明確な批判をもちつつ、仏教史を国家・政治・社会とのかかわりあいのなかで、また動いてゆく歴史のなかで客観的にとらえようとした。したがって教義よりも寺院・僧侶の活動、それをとりまく社会動向を古代・中世・近世にわたり、一貫した形で追究するものであった。

書かれた部分部分を見ると、膨大な文書・記録類を博捜して記述された仏教史百科全書の観があるが、じつはいたるところ意外なほど大胆な批判精神に満ちた記述が認められる。江戸時代の状況を、檀家制度に依拠して宗教としての生命を失ったとする批判など、歯に衣をきせぬものがある。『田沼時代』に見られた辻の批判精神は、『日本仏教史』でさらに鮮烈であり、それは『日本文化史』にも引き継がれている。『日本文化史』も、すでにその内容は昭和一〇年代に出来あがっていたと見られるが、記述は明治時代全体にまで及んでいる。とくに興味深いのは、明治時代を日清・日露戦争の勝利を軸に強大国への道を歩んだ発展の時代としてとらえるのでなく、その「発展」が軍事面に片寄り、文化学術の諸面における遅れを生み出したことを指摘するなど、そこにも強い批判の精神がにじみでている。

辻は官学アカデミズム歴史学界の頂点に立ちつづけた学者であり、重野《しげの》安繹《やすつぐ》以来の伝統の上に立っているが、その史眼は社会の諸側面に向けられ、歴史認識の幅の広さときびしさは驚くほどのものがあり、大正・昭和を通ずる日本史学の一つの到達点と見ることができる。

西田直二郎の「文化史学」

文化史は一般的にいえばこの時期に広い関心を集めた分野である。しかし諸家によってその意味する内容はさまざまである。宗教史・思想史・文学史・芸能史・学問史など、人間の多様な精神活動や表現活動などのすべてを包含する概念としての文化の史的展開と見るのは常識的な理解であろうが、「文化史学」を標榜した西田直二郎の場合、歴史のなかの文化部門史ではなく、歴史は究極的には「文化価値」を基軸にとらえられる全体史であるという理解に立って、伝統的な実証主義歴史観への批判姿勢を明確にするものであった。

西田直二郎（一八八六―一九六四）は京都帝国大学文科大学史学科国史専攻の第一回の卒業生である。内田銀蔵、原勝郎、内藤《ないとう》湖南《こなん》、三浦周行など、草創期京都大学の華麗な一時期を画した教授たちに学んだ。原は、既述のようにヨーロッパに留学し、ヨーロッパ史を念頭におき、「比較」「普遍」の視角から日本歴史を読み解こうとした。それは歴史の一回性・個別性をそのままに記述しようとする東京帝国大学の政治史中心史学への批判を込めたものであった。

西田の個別の歴史のなかに「普遍」「法則」を読みとろうという考え方、また、歴史を「文明」の進歩発展史としてとらえようとする考え方は、文明史流のものであり、その意味で西田の「文化史学」はどちらかといえば「文明史」の系譜に連なり、一九世紀後のヨーロッパ歴史哲学によって体系化がはかられた新型の歴史学を指向していた。

京都帝国大学の学風は、それ自身いわばモダンな理論性を内在させていた。実証主義歴史学の正統に立つと見られる三浦周行さえ、京都史学のそうした学問風土とかかわってか、すでにふれたように、意外に現代的な関心を研究の上に強く示していた。東洋史学の教授内藤湖南（一八六六―一九三四）はもともとジャーナリスト出身のアジア主義者で、闊達な史論を得意とした。

西田直二郎

西田はそうした教授たちから年代記型考証史学への批判を敏感に感じとりながら、一九二〇年（大正九）から二二年までヨーロッパに留学した。主著『日本文化史序説』（一九三二年、改造社）のはしがきで、みずから語るところでは、留学してフランス革命期の歴史家コンドルセー（一七四三―一七九四）の「精神発展史の綱領」（『人間精神進歩史』二冊、一九五一年、岩波文庫）に接したとき、その書物の包括的な綜合性と透徹した考察力に衝撃的な感銘を受け、このとき日本文化の発達を「概述せん」とする素意を固めたといっている。それからも察せられるように、西田の指向する「文化史」とは、歴史の一側面としての文化に注目する一部門史ではなく、コンドルセーのいう人間の精神発達史という角度からの全体史なのである。それは、歴史の個別実証的研究の達成から導き出されるというより、哲学的思想の産物というものであり、ヘルデルなどを経てヘーゲル（一七七〇―一八三一）に達する歴史哲学の系列に位置するのである。人間精神の発達史としての人類史の進歩、普遍法則を基軸とする歴史哲学的世界史論は、ドイツ観念哲学の主脈を形成していた。西田直二郎もそうした思想動向のなかで留学生活を送った。

しかし、西田の関心はそうした歴史哲学的な理性の発展史としての世界史観にはとどまらず、それが具体的な現実の歴史過程のなかでどのようにあらわれてゆくかを確認してゆくことであった。

経済史から出発し全体史としての文化史を目指したカール・ランプレヒト（一八五六―一九一五）の『独逸史』（一八九一―一九五年）、『文化史とは何ぞや』（一八九六年）などへの興味もそこから深まっていった。ランケ流の伝統史学の対象が一回的な事実の認識にとどまっていたのに対し、新しい歴史学は「状態 Zustände」の歴史である。「状態」は反覆的に生起するから、事実の群を類型化してとらえることが可能だとし、個人史的な政治史・年代記的な歴史への批判を強く主張したランプレヒトの歴史論に歴史認識の新地平を切り拓くものとしての期待を寄せた。

西田はこうして新しい思想家たちから貪欲に学んでゆく。個別の事実をそれとして記述することでなく、その背後に存在する「意味」を問おうとすれば、「事実の選択」が歴史家の仕事として決定的に重要である。ではその選択は何によって行われるか。西田はそれをH・リッケルト（一八六三―一九三六）のいう「文化価値」に見いだしたようである。個別の事実が普遍性をもってくるのも、それを「文化価値」の尺度でとらえるとき可能となる。個別の事実が時代・国家・民族などの全体のなかで位置を得、普遍的意味を与えられるのもそれによると考える。そのようなわけで、西田にとって歴史は「意味的世界」として普遍性をもつところに考察の対象としての意義があることになる。

西田がヘーゲル流の歴史哲学やドイツ西南学派の哲学に関心を寄せ、さらにW・ディルタイ（一八三三―一九一一）の「生の哲学」までを、歴史とは何かという問いを抱いて歴問した気持ちは十分わかるような気がする。歴史が人間社会の発展を問う学問であり、それは人間の精神のあり方を除いて成り立たないというのは一面の真実といってよい。

しかし西田の歴史への問いは、やはり観念論に終始し一面的であった。この時代、ヘーゲルを継承しつつ史的唯物論を発展させたマルクスの学問体系が完成していたばかりでなく、レーニンの革命理論と実践も歴史的現実として存在していた。西田は留学した一九二〇年（大正九）から二二年までのドイツからそうしたもう一つの歴史理論をまったく学ばなかったのであろうか。

事実、西田の「文化史学」は歴史の現実としての政治・経済や民衆の運動などにはふみ込んでいない。たとえば近代の「文化価値」として、「企業的精神」「個人主義的精神」「資本主義的精神」をその指標として挙示するが、資本主義がどのような社会的矛盾、民衆の苦難をともないつつ登場してきたのかといった視点は存在しない。結果的にいって西田の歴史認識の観念論的一面性は明らかであり、それが、西田をしていち早く国体史観に向かわせてしまう要因であったと思われる。

そのような戦時期への屈折はのちにふれる。それは別として、西田の「新しい歴史学」への意欲、思考は京都帝国大学の国史学科に東京帝国大学とは異なる学風を生み出す刺激剤となったことは疑いない。西田の門下には、神話研究の肥後和男《ひごかずお》（一八九九―八一）、中世文化史の藤直幹《ふじなおもと》（一九〇三―六五）、近世の心学《しんがく》などに取り組んだ柴田実《しばたみのる》（一九〇六―九七）がいたが、林屋辰三郎《はやしやたつさぶろう》もやはり西田のもたらした研究室の空気を十分に呼吸していたのではないか。もちろん林屋の文化史・芸能史研究のあり方は、西田のような観念論とは区別されるものである。しかし個別史実のなかに「普遍」の意味をもつ「文化価値」を見いだしてゆくという発想は、林屋にもっともよく継承されたようにも思われる（後述）。

いずれにせよ、西田は大正期の「文化主義」を日本歴史研究のなかに生かそうとした点で、史学史のなかに固有の位置をもつ。それは後年、西田が皇国史観《こうこくしかん》に転化することと関係はあるが、別でもある。なぜそういう転化が生じたかは、歴史学の自省的課題として重要であるが、前の時代からの史学史の流れのなかで見れば、西田の歴史学が伝統的実証主義歴史学をいかに乗りこえるかの思想的格闘であったということは出来るであろう。

なお、西田より四歳若い中村直勝《なかむらなおかつ》（一八九〇―一九七六）も京都帝国大学出身の中世史家で、戦前長く第三高等学校と京都帝国大学に兼務し、『南朝の研究』（一九二七年、星野書店）、『荘園の研究』（一九三九年、星野書店）など、中世史に関する著書を残すとともに、京都を中心に中世古文書を探索し、近江の「菅浦《すがうら》文書」「今堀日吉《いまぼりひよし(ひえ)》神社文書」のような中世「惣」村に関する希有の重要文書をみずからの手で発見し、中世の文化と社会研究に貢献した。清水三男《しみずみつお》、林屋辰三郎もその影響を強く受けて成長した。

村岡典嗣の思想史と和辻哲郎の精神史

大正期を中心とする「文化主義」的空気を強くもつ日本史学周辺の学者に村岡典嗣《むらおかつねつぐ》と和辻哲郎《わつじてつろう》がいる。

村岡典嗣（一八八四―一九四六）は早稲田大学で哲学者波多野精一《はたのせいいち》門下に育ち、ヴィンデルバント（一八四八―一九一五）を学んだ哲学研究者として出発した。そしてベックの言語学・文献学に傾倒したらしい。

文献学＝フィロロギーというのは、認識として成立した言語を再認識する学問というべきものである。村岡の代表作が『本居宣長』（一九一一年、警醒社書店、増訂版＝一九二八年、岩波書店）であることはそれを示す。本居は古典の読み方に客観的厳密さを尽くした国学者であったため、その学問的方法は古典の言葉の言語学的研究といってもよい性質をもっていた。村岡が本居に惹きつけられた理由はそこにあったと思われる。その点で、村岡は大正期の学者にふさわしい西欧、とくにドイツ系学問教養をふまえた（一九二二年、英・独・仏に留学。帰国後、東北帝国大学教授）、日本歴史研究者の有力な一人といえる。

村岡は『本居宣長』以後も国学・神道などを中心に研究の範囲を広げ、多くの著述を行ったが、その方法は法則定立を目的とする自然科学と個性記述的な歴史学とのきびしい区分を主張したヴィンデルバントのいうところに従い、思想家の思想＝資料について文献学的考証をふまえた綿密な個別研究というものであった。村岡の思想史は西田の「文化史」とドイツ観念論哲学への親近という点でいくぶんの共通性ももっていたが、「普遍」としての「文化価値」という物指しを使う西田とははっきりと区別される性質のものであった。

もう一人の哲学系思想史・精神史家として知られる和辻哲郎（一八八九―一九六〇）は京都帝国大学、東京帝国大学の倫理学の教授などを歴任し、その著は専門の倫理学関係のほか、原始仏教・原始キリスト教から「風土」論、そして日本古代文化・日本精神史あるいは「尊皇思想」「鎖国」などまことに多彩であって、大正教養主義のシンボル的存在である。

しかし、和辻のその華やかな研究活動の軸心となった学問的基礎が何であるかを指摘することは難しい。日本史学とのかかわりからは、一九一九年（大正八）にカール・ランプレヒトの『近代歴史学』（岩波書店）を訳出していることが注目される。ランプレヒトは西田直二郎も注目した文化史学の唱導者であったから、和辻としてもそれに惹かれるものがあったに違いないが、彼はその道を直進するのでもなかった。

和辻の本領である倫理学についての専門家的批評では、和辻は広い西欧的教養にもかかわらず「個と集団の調和」を重んじる日本的な共同体的心情に肯定的であり、それが太平洋戦争中には『尊皇思想とその伝統』（一九四三年、岩波書店）や『日本の臣道・アメリカの国民性』（一九四四年、筑摩書房）に転じてゆく根拠ではないかとされる。

西田直二郎、村岡典嗣、和辻哲郎は、「大正デモクラシー」「文化主義」の時代にふさわしい自由な空気のもとで、日本歴史の見方にそれぞれ新風をもたらした。しかしその三者はいずれも日本の近代国家のあり方に対する現実的な批判を欠いていたばかりでなく、昭和の戦時体制期にはみな国体史観に傾いていった。その点からすると、辻善之助の仏教史・文化史の方がはるかに腰のすわった批判精神を保持していたと思われる。単純な比較は許されないが、実証主義歴史学の体質的な保守性に批判をもった文化史・思想史が、かえって皇国史観的雰囲気に吸引されていく弱さを内在させていたと見られる問題は、日本史学史の上でさらに深く吟味されなくてはならないところであろう。

〔本章に関する文献〕

『幸田成友著作集』（全七巻・別巻一、一九七二―七四年、中央公論社）

三浦周行『法制史の研究』（正・続、正＝一九一九年、続＝一九二五年、岩波書店）

〃　『日本史の研究』（正・続、正＝一九二二年、続＝一九三〇年、岩波書店）

村岡典嗣『日本思想史研究』（一九三〇年、岡書院。のち岩波書店から全四巻、続＝一九三九年、一九四〇年増訂版、第三＝一九四八年、第四＝一九四九年）

『和辻哲郎全集』（増補訂正版、全二七巻、一九八九―九二年、岩波書店）

7　社会構造と変革の視点

社会主義思想・マルクス歴史学の成立

大正期をはさんで明治末年から昭和初年にわたっては、社会主義の思想・マルクス主義の思想が日本社会に次第に受容されてゆく時代であった。同時に社会主義を標榜したり、意識したりしたさまざまの社会的運動も展開しはじめる。

片山潜《かたやません》（一八五九―一九三三）、安部磯雄《あべいそお》（一八六五―一九四九）、堺利彦《さかいとしひこ》（一八七〇―一九三三）、幸徳秋水《こうとくしゅうすい》（一八七一―一九一一）らの先達によるさまざまの社会主義思想の紹介から始まる胎動期を経て、「共産党宣言」の訳出、『資本論』の紹介、高畠素之《たかばたけもとゆき》（一八八六―一九二八）による『資本論』の全訳（一九二〇―二四年）というように、マルクス（エンゲルスを含めて便宜的にマルクスと表示）理論の受容・運動展開の条件が次第に創りだされてゆく。河上肇《かわかみはじめ》（一八七九―一九四六）、山川均《やまかわひとし》（一八八〇―一九五八）、櫛田民蔵《くしだたみぞう》（一八八五―一九三四）など、マルクスの経済理論・社会理論を学んだ論客たちが登場してくるのはこの時期である。

しかしこの段階では、諸家の理解はまだまちまちであり、唯物史観に立つ歴史学理論が日本史認識に本格的に適用されるには至っていない。佐野学《さのまなぶ》(一八九二—一九五三)の論著などにはそれへの萌芽が認められるが、理論理解の面でも具体的な歴史認識への適用の面でも、一定の水準に到達するのは野呂栄太郎《のろえいたろう》を待たなくてはならない。

唯物史観歴史学は通常マルクス主義歴史学とも呼ばれるが、これを「主義」=イデオロギーとし、客観的な史実認識を政治的価値に従属させるものとする見方が、官学アカデミズム歴史学には根強く存在した。しかし唯物史観歴史学は、経済的・社会的・政治的諸関係の構造的なあり方とその変化、新しい歴史段階への移行の筋道といった問題を、歴史的社会の進歩の視角から法則的に明らかにしようとする理論である。唯物史観歴史学は歴史認識における普遍性、普遍的意味の側面に基本的な視点をすえて史実の意味を追究するという特徴をもち、史学史的に見れば啓蒙思想、文明史に連なる性質をもっているといえよう。そこが一回的な史実の〝あるがまま〟の実証主義歴史学と異なるところである。この違いは唯物史観歴史学がただちに主観的で、いわゆるイデオロギー的であることを意味するものではない。すでに述べたが、以下本章でもそうした点から生じやすい混乱を避け、かつ表記を簡潔にするため、「唯物史観歴史学」「マルクス主義歴史学」という言葉を用いず、「マルクス歴史学」と表記する。

たしかにマルクスの思想・学問は、資本主義批判・社会の変革のための社会科学的理論であり、その意味で政治的なものであるにしても、その社会認識の理論が特定の価値意識の主観的重視によって史実を歪めるような性質のものであることを意味しない。主観性やイデオロギーによって左右された非科学的認識は、もともと変革に寄与できるはずはないのである。その意味でマルクス歴史学が歴史を通じて未来に向けた社会的前進の筋道を明らかにしようとすればするだけ、認識の客観性・厳密な科学性が要求されることになる。マルクス歴史学は歴史的社会の構造と変革の筋道を明らかにするための科学的認識であらねばならない。

それにもかかわらず、マルクス歴史学の日本史認識がしばしば〝公式的〟で硬直しているといわれるような欠陥をもたなかったということも簡単にはいえない。どのような歴史観・歴史理論にも長所とともに弱点もある。マルクス歴史学は日本史学史における二つの大きな流れ、すなわち歴史の一回性・記述性を基本とするか、一回的史実の奥底に貫徹する「普遍」の発見を通して社会的進歩とその法則を見いだすか、という歴史理論の二大傾向のなかにおけば後者の流れに属するものであることは明らかである。しかしそれをすぐ〝イデオロギー的〟としてしまうことは、それ自体が結果的にイデオロギー的見方に陥るといわなくてはならないと思われる。

この点を念頭におきながら以下、戦前（本章）と戦後（II―1）のマルクス歴史学を具体的な日本史研究とのかかわりに即して見てゆくこととしよう。

野呂栄太郎の『日本資本主義発達史』

マルクス歴史学の本格的開花は野呂栄太郎において見ることができる。

野呂栄太郎（一九〇〇―三四）の生涯は短い。慶応義塾大学に在籍した一九二五年（大正一四）、二六年（昭和元）の頃から三三年（昭和八）一一月の逮捕（翌年二月、品川警察署での拷問により死去）までわずか一〇年に満たない。しかし一九二六年三月から刊行が始まった『社会問題講座』（新潮社）第一三巻に「日本資本主義発達史」を書き、つづいて高橋亀吉《たかはしかめきち》、猪俣津南雄《いのまたつなお》らの論への批判を通じて明らかにした日本資本主義発達の歴史的条件、「天皇制絶対主義」国家権力の階級的基礎としての地主的土地所有関係、また第一次大戦後の国際的国内的矛盾＝条件に規定された日本資本主義の現状という一連の労作を、義足で肺結核という肉体的負担のなかでの酷しい運動のかたわら次々に発表、それらをまとめて一九三〇年（昭和五）、『日本資本主義発達史』を刊行した（はじめ鉄塔書院。一九三五年、岩波書店）。

野呂はもともとマルクス経済学を学び、それを日本労働学校などで講じ、また運動の武器＝学問的基礎としようとしたのであった。しかし労働学校などでの講義の聴講者からは、つねに日本の歴史の現実についての質疑が出されることから、自分なりの日本の社会史・経済史の理解・展望をもつ必要に迫られたという。

そうした実践的な動機から歴史を見るという緊張があったため、野呂の日本資本主義発達史は教科書的な資本主義発達史の公式を日本にあてはめ解説しようというようなものではなかった。明治以後の日本の社会が「絶対主義天皇制」権力の階級的基盤としての地主制を存続させつつ、同時に一方では急速に高度な資本主義生産様式を発展させたこと、また、産業部門間で発展水準のいちじるしい不均等が存在したこと、さらにそうした日本資本主義は二〇世紀初頭世界資本主義の帝国主義連鎖のなかに取り込まれていることなど、世界史的諸条件に規定された日本資本主義発達の特殊性をとらえようとするものであった。

野呂栄太郎

こうしたいわば資本主義発達史における普遍と特殊の結合と

して存在する日本資本主義を、歴史的に認識するための理論的筋道を明示したのが野呂の業績である。その土台となる経済史的状況、また国家権力の構造についての具体的歴史研究は、その後の日本近現代史研究に委ねなければならなかったのは当然であるが、野呂の残したものはそれへ向けての的確な指針となった。当時、明治以降の近現代史研究は未熟というより、ほとんど未着手の状態にあった。したがってそうした実証的史実の側面を野呂に求めることは無理であろう。しかし野呂は変革者として現実を直視しただけに、日本資本主義の史的あり方の構造把握に、これまでにない視角と理論枠組を提出することが出来たのである。それは独善的なイデオロギーの産物ではなく、現実の変革に向き合う基礎認識としてのきびしい客観性を指向していたということが出来る。

『日本資本主義発達史講座』と日本資本主義論争

マルクス歴史学・マルクス経済学の力を結集して、日本資本主義の歴史と現段階を系統的に解明しようとしたのが一九三二年（昭和七）五月から翌三三年八月にかけて刊行された『日本資本主義発達史講座』（全七巻、岩波書店）であり、その中心として全体に指導的役割を果たしたのが野呂栄太郎であった（ただし健康上執筆不能）。編集委員は野呂の他、大塚金之助《おおつかきんのすけ》、平野義太郎《ひらのよしたろう》、山田盛太郎《やまだもりたろう》、それに表面に名は出ていないが羽仁五郎《はにごろう》が加わった。野呂は刊行時、まだ三二歳の若さである（前述のようにその翌年逮捕）。多くを執筆した羽仁五郎も野呂よりさらに一歳若く、山田盛太郎（一八九七―一九八〇）、平野義太郎（一八九七―一九八〇）にしても多少の年長という程度であった。

世界恐慌・昭和恐慌の長びくなかで、世界・日本の資本主義の危機的状況が深刻さを増していたとき、野呂らは国内における階級対立の激化、国際的な矛盾の高まりにどう向き合うべきか、という切実な問題をこの講座の基礎視点にすえた。そこから求められるものは、日本資本主義の発達を世界資本主義の一環としてとらえ、危機の構造的・段階的性格を明らかにし、「解決」の方向をどのように見定めるべきか、ということであった。「解決」というのは治安維持法下の用語で、端的にいえば「変革」という意味合いであろう。

当初の計画は、明治維新史・資本主義発達史・帝国主義日本の現状、の三段階に資料解説を加えた四部構成であったが、異常な弾圧のなかで執筆不能者が続出、また発売停止（第四回、改訂して刊行）・削除・伏字の強制などの圧迫により計画・刊行は難行した。この企画は一九三二年、コミンテルンの指導のもとに作成された日本共産党の綱領的文書、いわゆる三二年テーゼが、当面の主要課題として天皇制の打倒・寄生地主的土地所有制の廃止などをあげている点と基本的に一致することから、テーゼに裏づけを与える計画といわれることもあるが、時間関係から見れば明らかなように、講座は三二年テーゼに先行し、独自に企画されたと考えるべきであろう。そのことはこの講座の執筆に加わった三〇人あまりの執筆者たちの、歴史と現状についての認識がかならずしも一致していたわけではないことからもうかがわれる。

それでも「講座派」というとき、その共通認識となっているのは、この講座の発刊時点での現状認識として、明治維新の基本的性格をブルジョア革命と見ず、天皇制国家権力の本質を絶対主義と見ること、日本資本主義と半農奴制的寄生地主制という異質の経済制度が構造的に結合していること、また日本資本主義は明治三〇年代に確立期に入るとほとんど同時的に帝国主義に転化し、軍事的性格を強め、全体として軍事的・半農奴制的資本主義というべき特殊な型を形成している、という点であった。

この見解の原型は野呂のものであったが、「講座」では山田盛太郎と平野義太郎によってさらに詳細に展開された。山田の「講座」諸論文は一九三四年（昭和九）『日本資本主義分析』として、また平野のそれも同年『日本資本主義社会の機構』としてまとめられ（ともに岩波書店）、広く読まれるようになった。これら「講座派」の理論には、歴史的社会の構造と段階、異質複数の経済制度の構造的結合と相互補完、内発発展と国際的条件の相互規定、歴史展開における普遍と特殊、といった歴史認識の根本にかかわる問題が提示されており、それらは戦後歴史学に直結してゆくところでもある。

こうした『日本資本主義発達史講座』をはじめとする書物の発刊は、すでにそれ以前の一九二七年（昭和二）に発刊された雑誌『労農』に拠る山川均《やまかわひとし》（一八八〇―一九五八）、櫛田民蔵《くしだたみぞう》（一八八五―一九三四）、大内《おおうち》兵衛《ひょうえ》（一八八八―一九八〇）、向坂逸郎《さきさかいつろう》（一八九七―一九八五）、土屋喬雄《つちやたかお》（一八九六―一九八八）らの論客たちと、「講座派」執筆者たちとのあいだの論争に火をつけることとなった。論争の焦点は当面の変革＝革命の基本的性格であり、講座派がそれを「プロレタリア革命の序曲としてのブルジョア民主主義革命」としたのに対し、「労農派」が「民主主義革命の任務をともなうプロレタリア革命」とするところにあった。

「革命」の性格規定は、たしかに政治運動に直結した問題であったが、その判断は両者とも厳格な経済学的、歴史学的認識にもとづく（と確信して）主張するものであった。明治維新は「絶対主義天皇制」の成立なのかブルジョア革命なのか、寄生地主制下の生産量の五〇パーセントに及ぶような高額現物小作料は半封建的地代なのか、過渡的な性質をもつにせよ資本制地代と見るべきか、あるいはそれらとかかわって幕末経済段階をどのように規定すべきか、といった数々の争点は相互規定的にかかわりあうものとして解答されなければならない性質のものである。それだけに論争は日本の社会科学史上前例のない大規模かつ激しいものとなった。それが日本史認識全般にも広範な影響をもたらしたことはいうまでもない。なかでも歴史認識の方法、理論上の問題として、明治以降の近代社会の段階と特質をどのようにとらえるか、たとえば極東日本の資本主義生産様式の発展がどのような国際的規定性のもとにどのような特質を帯びたか、日本のような後進資本主義国が世界資本主義の一環に組み込まれる過程で、伝統的な旧生産様式は資本主義とのかかわり方でどのように再編されていったか。すなわち、国内発展と国際的条件、歴史的社会の段階と構造、生産様式の複合構造の問題など、歴史認識における普遍と特殊のかかわり方、発展法則の歴史的多様性などをめぐるきわめて多くの重要な理論問題が、論争を通じて系統的に洗い出されていった。それは直接現実に直結した戦略的問題であるだけにことごとくゆるがせにできないことであった。そしてきびしい論争が歴史認識の深化にとっていかに有意義であるかを見事に示したものとして、今日においてもかえりみられなければならない学問史上の出来事であった。ただそれにもかかわらず、もっとも重要な天皇制国家そのものの権力構造については、治安維持法による監視・弾圧のなかで、直接正面から論じ合うことができなかったことは見逃せない。

羽仁五郎の明治維新史

『日本資本主義発達史講座』の重要な一部である明治維新史については、羽仁五郎（一九〇一―一九八三）が中心的な執筆者の一人であった。

羽仁は編集メンバーのなかでは、ただ一人東京帝国大学文学部国史学科出身の歴史家であった。はじめ法学部に入ったが、中途退学して一九二二年（大正一一）ドイツのハイデルベルグ大学に留学し、歴史哲学を研究、留学中にクローチェの『歴史叙述の理論及歴史』（一九二六年、岩波書店）を訳出した。一九二四年帰国、文学部に入り直し、日本歴史を専攻した。当時、国史学科の中心教授は黒板勝美で、羽仁の卒業論文（一九二七年）は「佐藤信淵に関する基礎的研究」（のち一九二九年、岩波書店）であった。論文は実証主義歴史学の作法に従ったすぐれたもので、卒業後、教授たちに認められてアカデミズム歴史学の拠点史料編纂掛に入った。しかし、羽仁は自由な研究条件・立場を求めて一年でこれを辞した。

その後、一九二八年（昭和三）から二九年には『新興科学の旗のもとに』誌の刊行、いわゆる「ブルジョア歴史学」諸派への批判を内容とする歴史理論論文を次々に発表、それらを『転形期の歴史学』（一九二九年、鉄塔書院）、『歴史学批判叙説』（一九三二年、同）にまとめた。具体的にいえば政治史の藤井甚太郎《ふじいじんたろう》（一八八三―一九五八）、井野辺茂雄《いのべしげお》（一八七七―一九五四）、経済史の土屋喬雄《つちやたかお》、高橋亀吉《たかはしかめきち》（一八九一―一九七七）らの所論への批判である。それは羽仁が自分自身の歴史観を、「ブルジョア歴史学」批判のなかから確立してゆく過程であり、マルクス歴史学への確信を強めてゆくプロセスであった。そしてそのなかで、「明治維新史解釈の変遷」（明治維新六〇年を記念して編まれた、史学会編『明治維新史研究』一九二九年、冨山房）など、学説史的検討も進めた。照準はすでに維新史にすえられていたのである。

その意味で一九三二年（昭和七）から三三年の『日本資本主義発達史講座』では、歴史理論の面からも、研究史の検討をふまえてみずから維新史を書くための準備という面からも、羽仁は満を持して課題に取り組むことが出来た。

羽仁は『講座』に「幕末に於ける社会経済状態、階級関係及び階級闘争」「幕末に於ける政治的支配形態」「幕末に於ける思想的動向」「幕末に於ける政治闘争」の四論文を担当し、幕末社会の構造をトータルにとらえる野心的な試みを進めた。

それらをふまえて示した明治維新の性格についての羽仁の理解は「不徹底なブルジョア革命」というものだった。羽仁は「講座派」のメンバーではあるが、維新を絶対主義の成立と見、封建的諸関係の残存を強調することには賛成でなかったようである。野呂栄太郎、山田盛太郎、服部之総《はっとりしそう》の見解とはその点で微妙かつ重要な差異がある。羽仁は黒板勝美が中心となって編集した『岩波講座　日本歴史』にも「明治維新」（一九三五年）を書いているが、そこでも維新変革のブルジョア革命的側面の評価は積極的である。

羽仁の一連の『講座』論文は、ある意味では人間の主体的側面への追求が弱い幕末経済段階論や、外からの契機を強調する外圧論などと違って、広範な百姓一揆・都市民の一揆としての打ちこわしなどの人民闘争をとくに重視した。それを基礎として形成されていった幕末社会の「革命」情勢をその主体の側から解明していった点ですぐれていた。維新を「不徹底な」と限定をつけつつも、ブルジョア革命とする見解もそこから導き出されている。

羽仁五郎

羽仁はこのように多様な民衆の人民闘争の役割に核心的視点をすえ、維新の国内過程を明らかにするとともに、開港による世界史的契機についても従来の研究には見られなかった視野と具体性をもつ仕事を進めた。「東洋に於ける資本主義の形成」（一九三二年、『史学雑誌』第四三編二・三・六・八号、のち『明治維新史研究』一九五六年、岩波書店）がそれである。インド・中国・日本が、どのような歴史段階とその特殊性のもとにあったにせよ、半面では共通に世界資本主義の一環に取り込まれてゆく過程を、広くかつ統一的な視角からとらえようという雄大な構想である。それは「外圧」という受け身の言葉ではあらわし切れない、それ自体が維新史のあり方を基本的に規定するものと見ている点で画期的であった。

羽仁は一九三三年（昭和八）、逮捕された。恩師の黒板勝美は思想的立場の違いをこえて援助のために奔走してくれた。羽仁が「手記」を書いて放免されたことについてはさまざまの解釈があるが、いわゆる「転向」者のような道を歩むことはなく、以後も一貫してその思想の基本を決定的に変えることはなかった。そうした羽仁の姿勢は当時の国史学科の若者たちを強く惹きつけた。北山茂夫《きたやましげお》（一九〇九—八四）、鈴《すず》木良一《きりよういち》（一九〇九—二〇〇二）、井上清《いのうえきよし》（一九一三—二〇〇一）、今井林太郎《いまいりんたろう》、小西四郎《こにししろう》（一九一二—九六）ら、アカデミズム実証主義歴史学に満足せず、かつ平泉澄《ひらいずみきよし》が次第に影響力を強めるようになった状況に対し内心に強い抗議感をもつ若い研究者たちは、羽仁の傘下に集まった。古代・中世史を専攻する北山や鈴木のような人びともしばしば羽仁への傾倒を語っており、羽仁も若者たちと真剣に語った。私は鈴木から便箋十数枚にわたって細字でびっしりと書き込んだ羽仁の歴史論を示した私信を見せてもらったことがあるが、そこには羽仁の変革への情熱と若者たちへの期待がにじみ出ていた。

服部之総の歴史論

羽仁とならぶもう一人の卓抜な「講座派」の歴史家は服部之総（一九〇一—一九五六）である。

服部之総は学歴としては東京帝国大学文学部の社会学科出身であり、卒業当初は社会学的論文を書いていた。しかし、東京本所《ほんじょ》を中心とするセツルメント運動（貧困者に自覚をうながすための教育的性格をもつ社会活

服部之総

動）や野坂参三《のさかさんぞう》の産業労働調査所・プロレタリア科学研究所・唯物論研究会などでの活動のなかで、一九二八年（昭和三）には「明治維新史」「絶対主義論」などを、河上肇と大山郁夫《おおやまいくお》の監修する『マルクス主義講座』に執筆した。これが服部の歴史家としての出発であった。

その後、『日本資本主義発達史講座』には「明治維新の革命及び反革命」など三つの論文を書き、三四年には著名な「〝厳マニ時代〟の歴史的条件」（『歴史科学』同年三、四月）を発表した。

羽仁が明治維新の前提として幕末における百姓・町人の階級闘争、変革主体の検証にもっとも力を入れたのに対し、服部は幕末段階における「地主＝ブルジョア範疇」の検出に最大の関心を寄せた。服部としては、羽仁の方法では人民闘争は確認できても内発的なブルジョア的発展は検出できない、それでは日本資本主義の発展はもっぱら世界資本主義の一環に組み込まれるという外的契機に主因を求めることになりかねない、と考えるのである。内発発展という点では、一面では封建的性格の強い地主であるが、半面では製糸業などを中心とするマニュファクチュア ブルジョアジーとしての性格を兼ねて具有する存在としての地主＝ブルジョア層の一定水準への成長が欠かせない。それが〝厳密な意味におけるマニュファクチュア段階〟説のポイントである。

服部は維新政権の性格を絶対主義と見る点では「講座派」であった。しかし服部は維新変革には上からのブルジョア革命と下からのブルジョア革命という二重の過程の相剋があり、廃藩置県後、その相剋のなかで歴史が展開すると見た。上からのブルジョア革命を指向する支配階級は、絶対主義権力がブルジョア的発展を上から推し進めることによってのみ自己を維持しうる。これに対して地主＝ブルジョア的階級は、自由民権運動を通じて国家権力をより民主主義的な性質に転換させようとした。一八九〇年（明治二三）段階の外見的立憲主義のもとでの近代天皇制国家は、そうした二重の過程の相剋のなかで成立した。その際、絶対主義を封建制の最終段階とするだけでなく、そこにおけるブルジョア的発展を重視するのが服部説の特色である。そして一九〇〇年代を通じて絶対主義国家から近代資本主義国家へとなしくずし的な転化＝「暗転」が進行する、というのが服部の主張の根幹であった。

したがって服部は明治維新を単純にブルジョア革命とする説を批判したばかりでなく、単純に「絶対主義の成立」と見ることにも賛成しなかったわけである。服部の「地主＝ブルジョア範疇」は、維新変革の内発発展的＝主体側面と同時に、上からのブルジョア革命への対抗的主体をも意味していた。その意味で、服部の維新論・国家論は他のどの論者よりも諸主体をめぐる見方のヒダが深く、しかも長期的な歴史の筋道を理論的によく見通したものであった。

そこでは経済史と政治過程と権力論・国家論とが見事にかみ合わされ統合されている。「革命と反革命」「上からのブルジョア革命と下からのブルジョア革命の相剋」「指導と同盟」「絶対主義国家からブルジョア国家への暗転」というような服部特有の対抗的・複合的視点が、彼の歴史論をダイナミックでしかも論理的なものとした。

マルクス歴史学はこうして羽仁と服部らによって戦前の最高水準を画されることになった。日本資本主義論争は幕末経済段階・明治維新の性格・日本資本主義の段階・地主制の性格・明治国家の性格などをめぐって理論性の高い論争を展開したが、その大部分の論者は経済学の専門家であり、政治過程と国家権力論についての議論は主題ではなかった。その意味で服部の仕事は歴史論としては、もっとも完成度が高いといえるのではないか。服部は通史的な叙述を残していないからとらえにくい面もあるが、明治維新から戦前近代の歴史認識の総合化に必要な理論枠組をもっとも体系的に提示した歴史家として、史学史上に光彩を放ちつづけている。

渡部義通の古代史研究

マルクス歴史学は、当面する日本社会の変革のための歴史認識という切実な課題を背負って出発した。その課題への視点は、明治維新変革とその後の日本資本主義、近代天皇制国家の構造と段階などの大テーマに集中され、それをめぐる論争のなかで理論的にも実証的にも水準を高めてきた。

しかし日本の歴史の科学的認識としてもう一つ、とくに避けて通れないのは国家の起源にかかわる問題であった。国学―神道系の国体史観は久米邦武事件で明らかなように、天皇制擁護のために、学問としての客観性までを放棄して政治的攻撃力を発揮した。歴史教育は教科書を通じ国家権力の直接的支配下におかれ、記紀神話をそのまま史実とするような形で天皇の神聖性を子供たちに押しつけてきた。マルクス歴史学はそうした非合理な国体史観と戦うことなしには、自己の歴史認識を確立することはできない。その点を明確に意識して日本の原始古代史研究に取り組んだのが渡部義通《わたなべよしみち》（一九〇一―八二）である。

渡部は福島師範学校に学んだが、地方新聞への投稿に見られた思想傾向をとがめられて除籍された。一九二一年（大正一〇）、明治大学に入ったが、すでにさまざまの左翼的活動を重ね、一九二八年（昭和三）の三・一五事件で逮捕され、市ヶ谷拘置所に収監された。

渡部の日本歴史研究は、この獄中で開始された。神話的世界を農業社会とし、そこに日本国の始源の姿を見いだそうとする国体史観を克服するためには、それに先行する無階級社会＝「原始共産制社会」の存在を論証しなくてはならないというのが発想の原点である。獄中の思考は紙も筆も与えられない状態でどうにもならなかったが、病気のため一九二九年（昭和四）一一月、「執行停止」という形で出獄を許されるとすぐ猛然と学習に集中し、『日本母系時代の研究』（一九三二年、白揚社）、『日本原始社会史』（一九三四年、白揚社）、『日本古代社会』（一九三六年、三笠書房）などを次々に公刊した。その学問的水準はもとより当時の考古学・古代文献史学の水準に制約されたものだった上、渡部自身、史料の読み方についても専門的訓練を受けていたわけではなかったから、その点はやむをえない。

しかし部民制《べみんせい》の階級的性格、律令制社会は奴隷制社会か農奴制社会か、部民制と奴婢制《ぬひせい》との連関の上に立つ階級社会は奴隷制とすればいかなる特殊性をもつものと規定できるのか、といった古代史研究の主要な理論問題を的確に指摘していることには驚かされる。

その頃の共同研究者であり、論争相手でもあった早川二郎《はやかわじろう》（一九〇六—三七）は、班田農民《はんでん》を国家的な農奴と見、律令制社会の社会構成を国家的封建主義と規定したが（『日本古代史の研究』一九四七年、白揚社）、渡部はこれを奴隷制社会と考えた。渡部はそうした考えをふまえつつ、マルクス歴史学的視角・方法による日本通史の叙述の必要を痛感した。プロレタリアートの戦いに確信を与えるためには、自国の歴史と現状についての科学的な理解を示すことが何としても必要であると考えたのである。

その実現のために、早川二郎、秋沢修二《あきさわしゅうじ》、伊豆公夫《いずきみお》、三沢章《みさわあきら》（和島誠一《わじませいいち》のペンネーム）らと共同研究を重ね、一九三六年（昭和一一）一二月、『日本歴史教程』第一冊、翌年六月第二冊（白揚社）を刊行した。第一冊は原始社会の解体まで、第二冊は三世紀から七世紀の階級・国家の成立期までの通史である。

渡部は津田左右吉《つだそうきち》の記紀文献批判にも学び、自分たち自身での史料の読み込みの必要を痛感し、『日本歴史教程』第三冊（奈良時代〜荘園制成立）の準備のため、藤間生大《とうませいた》・松本新八郎《まつもとしんぱちろう》・石母田正《いしもだしょう》の三人の共同グループを作って研究の深化をはかった。

この第三冊は、内容的には日本的奴隷制社会から封建制社会への移行期にあたるから、マルクス歴史学にもとづく日本通史認識の体系化にとって欠かせないものであり、渡部はその構想を練っていた。しかしこの時点で、現実はすでに日中戦争に突入しており、結局、第三冊の実現は不可能であった。一九四〇年（昭和一五）一一月、渡部は治安維持法によって逮捕され、出獄が許されたのは一九四四年一一月であった。天皇制国家は自己の正統性の歴史的根拠としての神話擁護のため、考古学・古代史研究にとくにきびしかったことは後述の津田受難にもっとも端的に示されたが、渡部への攻撃もまさしく同じ性質のものであった。

それでもその苛烈な監視のなかで、藤間、松本、石母田が古代家族や荘園制にかかわる好論文を次々に発表していったことは忘れられない。それらはマルクス歴史学の戦前研究と戦後研究をつなぐ意味で重要な役割を果たしたのである。日本史学史上の名著という定評をもつ石母田正の『中世的世界の形成』（後述）も、この渡部らとの共同研究なしには生まれなかったであろう。

高群逸枝の「家父長制」への戦い

ここで異色の女性史家高群逸枝《たかむれいつえ》（一八九四―一九六四）にも目を向けよう。高群は野呂栄太郎、羽仁五郎、服部之総、渡部義通のようなマルクス歴史学の系列とは異なる存在である。

高群逸枝は熊本師範学校を退学、熊本女学校を中退（四年修了）ののち上京、はじめ詩人を志した。その後、「無産婦人芸術連盟」を組織し、アナーキスト運動に入り、その角度からの執筆活動を行い、また転じて一九三一年（昭和六）から「世間との交わりを断って」家族史・女性史研究に没入した。そのようなわけで女性史研究への出発のとき、すでに三七歳であった。

高群はこれ以後、夫の支援のもと孤独な研究を継続し、『大日本女性史第一巻　母系制の研究』（一九三八年、厚生閣）を完成した。そのいわば素人の長い孤独な研究を支えたのは、彼女の「家父長制」への鬱勃たる怒り、それに対する文字の上の戦いへの執念であった。

高群の活動の原点は「この世における男性の権力と支配」への抗議であった。明治という時代は、家父長制がもっとも徹底的に制度化され、女性は財産権をはじめとするあらゆる法的権利を奪われて、家父長権の支配下の「家」の内部に閉じ込められた。そうした「家」こそが天皇制国家支配の基盤である、と高群は見たのである。

しかも家父長制が制度化され、堅固な社会秩序が確立されるとともに、家父長制を日本社会の固有・不動のものとするような考えが強化されていく。高群はそれが許せなかった。高群はそれと戦うため、「家父長制」を長期にわたる家族史のなかで相対化しようとした。すなわち「家父長制」は歴史を通じて不動のものではなく、それ以前には女性がもっと高い地位をもつ時代があったと考えるのである。母系・母権制である。

母系制社会の可能性ないし存在の研究は、もちろん高群に始まるわけではない。高群に先んじて渡部義通は前述のように一九三二年（昭和七）「母系制時代」にかかわる著作を刊行していた。渡部の仕事はＦ・エンゲルスの『家族・私有財産・国家の起源』（一八八四年）の理論に沿ったものである。さらにさかのぼればＬ・Ｈ・モルガンの『古代社会』（一八七七年）、Ｊ・バッハオーフェン（バコーフェン）の『母権論』（一八六一年）もある。そうした論者たちの人類史的研究をふまえて、階級社会の成立とともに家父長制が成立すると見る理解が一般であった。渡部も弥生時代から家父長制に入ると見た。しかし具体的な資料によって日本における母系制社会の存在が確証されていたわけではない。

高群逸枝

高群はそこから出発し、何とかして文献の面から「母系制の遺制」を発見し、その存在を主張しようとした。そのため、高群は貴族社会の家譜・日記類を精力的に読み込み、彼女なりにそれを論証しようとした。またそれと同時に母系制の遺制は単純には消滅せず、南北朝時代以降、家父長制秩序が決定的な重みをもつに至るまでは母系制から家父長制への移行期であると考え、その論証を婚姻の場合に女性がすぐ夫の家に入る嫁入婚《よめいりこん》でなく、男が女の家に移り、女の家もしくはその地内に家屋を設け暮らしを営む形、すなわち「妻方居住」に求めた。高群はこれを「招婿婚《しょうせいこん》」と名づけた。

この研究はのちに『招婿婚の研究』（一九五三年、講談社）として結実する。高群の仕事のうち、もっともすぐれた部分である。しかしこの招婿婚が母系制から直線的に招婿婚↓嫁取婚という形で位置づけられるか否かについては問題が多い。近年の研究では、高群の母系制遺制の論証手続きは恣意的で自説に都合のよいものだけを取りあげ、反証材料になるものを無視しているという批判もある。また男系の父子相承の「家」「家屋」が成立しても、女子が均等もしくは一定の財産分与を受ける形が広く確認されており、父系の家の成立がただちに女性の財産権喪失を意味しないことも明らかである。そうしたことなどを合わせ考えると、高群の研究には理論構成の面でも実証の面でも、なお慎重を期すべきことが多く、今日の実証主義歴史学では、母系制は確認されず、古代家族のあり方については吉田《よしだ》孝《たかし》、関口《せきぐち》裕子《ひろこ》（一九三五―二〇〇二）、義江《よしえ》明子《あきこ》らによって双系制《そうけいせい》と見る説が提起され、有力である。

　高群は以上のように、詩人↓アナーキスト↓反体制（反家父長制）女性解放論者↓女性史家という足どりをたどったが、戦時体制下では「大日本婦人会」（総力戦対応、一九四二年組織）の『日本婦人』に戦争美化・戦争協力の女性史を連載する「愛国者」に変身する。そして敗戦後、再転三転して、また先の「招婿婚」研究者に戻るのである。初期のアナーキスト時代は、マルクス主義理論にも攻撃的な空想的無政府主義であったから、その生涯は思想的にもあまりに不安定で、その限りでは信頼できないといわれてもしかたない。

　しかし母系制・招婿婚研究が高群のライフワークであったことは疑いないところで、その思想の不安定さということで彼女の果たした研究史上の意義を否定することは誤りである。今日の女性史研究の盛行（後述）も、高群の女性解放への執念を受けとめるところから出発しているといっても的がはずれているとはいわれないであろう。女性史への着目は、明治以来まったくなかったわけではないが、本格的な女性史への試みは高群逸枝に発するといっても過言でない。

マルクス歴史学が本格的発展を見せた昭和初年、高群はなぜもっと積極的にそれを学ぼうとしなかったのかという疑問も立てられるであろう。しかし前述のように、原始・古代社会の性格についての批判的研究は、まだ渡部を除いてまったくないといわなくてはならない状況であったことを考慮すれば、高群の研究がさまざまのブレを示したことも、それなりに理解しなければならないと思われる。

〔本章に関する文献〕

平野義太郎『日本資本主義社会の機構』（一九三三年、岩波書店）

『山田盛太郎著作集』（全五巻・別巻一、一九八三―八五年、岩波書店）

『羽仁五郎歴史論著作集』（全四巻、一九六七年、青木書店）

『服部之総全集』（全二四巻、一九七三―七六年、福村出版）

渡部義通『古代社会の構造』（一九四八年、伊藤書店）

『高群逸枝全集』（全一〇巻、一九六五―六七年、理論社）

鹿野政直・堀場清子編『高群逸枝語録』〈岩波現代文庫〉（二〇〇一年、岩波書店）

8　風圧強まるなかでの実証研究

二つの新学会——社会経済史学会・歴史学研究会——

昭和前期は一面では恐慌・右翼テロ・戦争・超国家主義・皇国史観《こうこくしかん》といった暗いイメージが強い。しかし半面では、明治以来、ヨーロッパの学問文化の摂取をふまえて進展してきた日本の学術が、大正デモクラシー期を経てそれなりに高い水準に達した。それから戦中期（ほぼ一九三七年〈昭和一二〉以降）、学術分野も急速に軍部支配・翼賛《よくさん》政治への屈服を余儀なくされてゆくが、自国の歴史・社会を客観的に考察する姿勢がまったく失われたわけではない。

昭和前期、マルクス歴史学がその方法を錬磨し、明治維新史・資本主義発達史に理論・実証両面から年代記的実証研究からは見えてこなかった側面の解明に大きな成果をあげ、日本近代社会・国家の歴史像を提示したが、その周辺ではそれらに刺激を受けつつさまざまの関心に発する実証的歴史研究が推進・蓄積されていった。

その一つの動きはこの時期、次々に新しい歴史学関係学会が誕生したことにもあらわれている。歴史関係の学会としては先に見たとおり、史学会（一八八九年〈明治二二〉創立）が最初であるが、一九〇八年（明治四二）、京都帝国大学史学科の設立とともに「史学研究会」が創られ、一九一六年（大正五）から『史林』を刊行するようになった。

しかし、史学会・史学研究会はそれぞれの大学所属の教官だけが役員ポストに就き、運営権を掌握しており、大学史学科の機関的性格を拭えないため、全国諸大学および在野のすべての研究者に平等に公開された性質をもつものではなかった。

そのなかで一八九九年（明治三二）に設立された「日本歴史地理研究会」（機関誌『歴史地理』一八九九年創刊）は、喜田貞吉《きたさだきち》、吉田東伍《よしだとうご》、大森金五郎《おおもりきんごろう》（一八六七―一九三七）、蘆田伊人《あしだこれと》（一八七七―一九六〇）らが中心となったが、全国に開かれた民間的学会として郷土史研究者の参加も不可能でないという性質をもち、太平洋戦争が激しくなるまで八二巻（半年一巻）月刊体制を維持し、大きな役割を果たした。そしてさらに昭和に入ると、顕著な変化がもたらされることになる。「社会経済史学会」と「歴史学研究会」の創設である。

「社会経済史学会」は一九三〇年（昭和五）一二月、創立総会を開いた。発起人には東京帝国大学西洋史の今井登志喜《いまいとしき》、東洋史の加藤繁《かとうしげし》、経済学部の日本経済史土屋喬雄《つちやたかお》と本位田祥男《ほんいでんよしお》、京都帝国大学経済学部の本庄栄治郎《ほんじょうえいじろう》と黒正巌《こくしょういわお》、法学部の牧健二《まきけんじ》、東北帝国大学の堀経夫《ほりつねお》、東京商科大学の幸田成友《こうだしげとも》と猪谷善《いがやぜん》一《いち》、大阪商科大学の五島茂《ごとうしげる》、早稲田大学の平沼淑郎《ひらぬまよしお》、慶応義塾大学の野村兼太郎《のむらかねたろう》、法政大学の小野武夫《おのたけお》、中央大学の瀧川政次郎《たきかわまさじろう》、明治大学の尾佐竹猛《おさたけたけき》、彦根高等商業学校の菅野和太郎《かんのわたろう》、横浜高等商業学校の徳《とく》増栄太郎《ますえいたろう》、三井文庫の柴謙太郎《しばけんたろう》、ほかに高橋亀吉《たかはしかめきち》、牧野信之助《まきのしんのすけ》など五〇名におよぶ学者たちが名を連ねている。経済史・法制史・政治史などの専門学者を網羅しているといってよい。いわゆる文学部史学系が、東大の今井と加藤をのぞいて見られないのが特徴で、わかりやすくいえば史学科出身の「歴史学者」以外の社会諸部門史の大同団結組織という形である。常務理事には右のなかから平沼、小野、本位田、土屋、猪谷が就任した。

設立当初の諸氏の言葉のなかには「社会経済史は黄金時代を迎えようとしている」「新興社会経済史」といった表現がおどっており、諸大学の横断的な連繋への喜び、昭和恐慌のさなか世間が強くこの学会に期待を寄せている（と発起人たちが感じていた）ことを思わせる。しかし顔ぶれからもわかるように、この学会はいささか寄り合い世帯であり、特徴といえば、当時登場してきたマルクス経済学・マルクス歴史学系の学者は誰一人顔を出していないことである。それはそうした立場の人がアカデミズムのなかにまだ存在しなかったことや、それらの人びとが加わることによる官憲の目をおそれたゆえの排除というのが直接の理由であろうが、会自体がむしろかつての国家社会主義的傾向の強かった社会政策学会（一八九六年設立）との親近性を性格的にもつ人びとをも包み込んで、〝非マルクスまたは反マルクス〟的性質を内在させていたということがあるだろう。それでも会誌『社会経済史学』は掲載論文については自由な立場・研究姿勢を重んじ、幅広い研究発表の場としての役割を果たした。

社会経済史学会から二年遅れて、一九三二年（昭和七）一二月には「歴史学研究会」が設立され、翌年から会誌『歴史学研究』（代表者＝三島一《みしまはじめ》）が発行されだした。この会も特定の大学に根をもつものでなく、東京の若い歴史研究者の横断的な勉強会＝「庚午会《こうごかい》」という小グループから出発したという歴史をもっていた。その中心となったのは、東京帝国大学の日本史・東洋史・西洋史の三分科制に批判をもつ人びとで、もっと自由に大学の枠を超えかつまた三科が交流しつつ、「科学的な研究」によって歴史の実体に迫ろうというゆるやかだが共通の目標をもっていた。庚午会からのメンバーで歴史学研究会への発展・創設期の主力となったのは三島一、志田《しだ》不動麿《ふどうまろ》、秋山謙蔵《あきやまけんぞう》、遠藤元男《えんどうもとお》、野原四郎《のはらしろう》、川崎庸之《かわさきつねゆき》、旗田巍《はただたかし》、松田寿男《まつだひさお》、禰津正志《ねずまさし》、鈴木俊《すずきしゅん》らで、雰囲気的には当時力を伸ばしつつあったマルクス歴史学に共感ないし関心をもちつつ、しかしそれを「主義」として標榜するのではなく、まったく自由な、しかし台頭しつつある皇国史観など国家主義的傾向には明確に反対する、という性質をもったのである。

そうしたわけで歴史学研究会はその名称のとおり、アカデミズムの連合学会としての性質を強くもつ社会経済史学会とは異なり、自由な有志の研究会という基本的性格をもち、なかには秋山謙蔵（一九〇三―七八）のように、戦時中には大きく右旋回した人も加わっていた。

しかし敗戦の色が濃くなる頃、官憲の思想弾圧は苛烈さを増し、歴史学研究会の活動さえ困難となり、一九四四年（昭和一九）八月、会活動を停止せざるをえず会誌は一二一号をもって停刊となった。直接会の組織に官憲の手が及んだわけではない。しかし自由な組織とはいえ、会員のなかにはマルクス歴史学の立場を明らかにしている人もあり、また被逮捕者も出たため、この措置も避けられなくなったといえる。

こうして新しい二つの学会はそれぞれの道を歩んでゆくが、ともに新しい会誌を定期刊行し、自由な発表を重んずるようになったことは歴史学分野の学術体制として、昭和初期が、重要な発展期であったことを示すものである。

本庄栄治郎と日本経済史研究所

社会経済史興隆の一翼を担った学者には、本庄栄治郎《ほんじょうえいじろう》（一八八二―一九七三）もいる。本庄は内田銀蔵に私淑し京都帝国大学（法科）を卒業、京大教授（経済学部）をつとめ、『西陣研究』（一九一四年、京都法学会）、『徳川幕府の米価調節』（一九二四年、弘文堂）をはじめ、江戸時代経済史にかかわる数多くの論著を発表した。

本庄の学問はドイツ歴史学派、社会政策学派の影響下にあり、マルクス経済学と対峙する性質をもっていた。日本資本主義の発展にともなう社会矛盾の拡大は、当時広く社会政策への関心を喚起したが、本庄もそうした空気のなかで日本経済史学への目を開かれていった。本庄は資本主義の矛盾を政策的にいかに回避すべきかという問題意識を抱いていたが、資本主義をいかに超えるかというものではなかった。その意味で本庄の経済史は、マルクス経済学・歴史学への絶好の対抗物として保守的経済界・学界からは迎えられ、その門下からは、本庄の思想に沿った数多くの研究者が輩出した。江戸時代の藩専売制を研究した堀江保蔵《ほりえやすぞう》、交通史研究の黒羽兵治郎《くろはひょうじろう》、大山敷太郎《おおやましきたろう》、百姓一揆研究の黒正巌《こくしょういわお》、株仲間研究の宮本又次《みやもとまたじ》などがその代表的学者である。

本庄はそれら多くの研究者を結集して、一九二九年（昭和四）、「経済史研究会」を創り、『経済史研究』を発行したが、一九三三年（昭和八）、黒正巌の私財提供により京都に日本経済史研究所を設立、門下の人びとの研究を「日本経済史研究所叢書」として次々に世に送り、『日本経済史辞典』（一九四〇年、日本評論社）、『日本経済史文献』（文献目録を逐次刊行）を発行するなど、日本経済史の基礎構築にも貢献した。雑誌『経済史研究』も同じグループの発表機関誌であったが、門戸は外にも開かれ、戦前の日本経済史研究の発展の一環としての役割を果たした。なお、宮本又次は戦後この学派の中心となって大阪を主なフィールドとする経済史研究を精力的に進めるとともに、作道洋太郎《さくどうようたろう》や秀村選三《ひでむらせんぞう》などをはじめとする数多くの後継者を育成した。

厚さを増す周辺分野からの歴史研究

この時代、周辺諸学問分野からの歴史研究も高い水準を示すようになった。史学科出身の歴史学研究者から見れば、法制史の中田《なかた》薫《かおる》も経済史の本庄栄治郎も周辺分野からの歴史研究であるが、中田は法制史を、本庄は経済史を本業とする広義での歴史の専門家である。ここでいうのはそうした専門研究者でなく、それぞれの分野の現状などを専攻している研究者が必要に応じて歴史研究を行ったケースである。ここではその代表的な二人の学者を取りあげよう。

一人は小野武夫《おのたけお》（一八八三―一九四九）である。小野は大分県の農村に生まれ、大分県立農学校に学んだ。さまざまの職業を経て一九〇六年（明治三九）、東京帝国大学農学部農場見習生となり、一九〇八年、農商務省雇となる。一九一三年から一八年まで帝国農会嘱託、その後、サイパン島での起業調査、綿織物工業組合連合会の嘱託など不安定な仕事を続けたのち、一九二四年（大正一三）、地方小作官講習会の講師、翌二五年四二歳で東京商科大学講師となり、三一年（昭和六）法政大学の教授となった。経歴を見ても何が専門かちょっとわかりにくいが、農村問題・小作問題・土地制度問題に学問的関心は次第に絞り込まれていった。

小野の初期の仕事には、『本邦永小作《えいこさく》慣行』（一九一三年発表、一五年刊行）、『旧佐賀藩の農民土地制度』（一九二一年、農務局。のち『旧佐賀藩の均田制度』と改題）、『旧鹿児島藩の門割《かどわり》制度』（一九二二年、農商務省）、『永小《えいこ》作《さく》論』（一九二四年、巌松堂書店）がある。以後、次第に視野を広げ、『郷士《ごうし》制度の研究』（一九二五年、大岡山書店)、『日本村落史考』(一九二六年、刀江書院)、『維新農村社会史論』(一九三二年、刀江書院)を出し、のちには代表的なものだけでも『日本兵農史論』(一九三八年、有斐閣)、『日本庄園制史論』(一九四三年、有斐閣)などがあり、土地制度の歴史研究に巨歩をとどめることとなる。また地方書《じかたしょ》・農書類の蒐集につとめ、『近世地方経済史料』一〇巻(一九三一—三二年、復刻版=吉川弘文館)も刊行した。

そうした一連の仕事が軌道にのる起点は、当時きびしい社会問題となっていた地主小作制度への取り組みである。小作制度は各地で永年の慣習によって複雑多様な姿をとる。そうしたものの旧慣調査は、現実の小作問題にとっても欠かせない前提である。小野がつきあたったのは、「永小作《えいこさく》」とよばれる一般の小作関係とは異なる小作人側の権利の強い小作慣行であった。現実問題の解決のために、必要に迫られて歴史問題にさかのぼるという形である。

そうした研究は一面では実用主義的であるが、別の一面では現実に直面するためアカデミズムの学問的興味とは異なる緊張関係が強い。割地《わりち》制度なども同じような性質の問題であった。

そこから出発し、小野は農民的な辛抱強さを発揮し、次第に土地制度全般に目を拡げていった。自分の心底から発した設問を自分の手足でたしかめながら開拓してゆくというのは、むしろ研究者の本来あるべき姿であろう。

もう一人は漁業史研究の羽原又吉《はばらゆうきち》(一八八〇—一九六九)である。羽原も大分県の出身、東京帝国大学理学部動物学科の選科を出た。選科というのは正規のコースを経て入った学生でなく、一種の傍系コースである。水産生物学を専攻し、水産講習所の嘱託を経て一九一二年(大正元)北海道庁技師となり、その後、水産試験場調査部につとめた。一八年、帰京して水産講習所に戻り、一九三二年(昭和七)そこの教授となった。戦後は羽原にとってすでに晩年であったが、社会経済史学会・歴史学研究会などの研究活動にも参加しながら前人未踏の漁業経済史分野を開拓した。『日本古代漁業経済史』（一九四九年、改造社）、『日本漁業経済史』全四巻（一九五二―五五年、岩波書店）、『日本近代漁業経済史』（全二巻、一九五七年、岩波書店）はその研究の集大成である。

現状の問題から出発し、その必要から歴史にさかのぼる方法、次第に関心を広め研究の系統性を高め、全時代にわたる歴史過程に視野を拡大してゆくところも小野と共通する。

小野武夫と羽原又吉はその意味で、歴史研究へのアプローチの一つの型を示している。こうした〝周辺からの歴史研究〟の役割も確認しておくことは重要であろう。

農村社会史の有賀喜左衛門と農業史の古島敏雄

〝現状から歴史へ〟という小野、羽原の場合とは違うが、専門の学問分野の理解・視点を歴史研究に生かして、新境地を切り拓いた学者として忘れられないのは有賀喜左衛門《あるがきざえもん》（一八九七―一九七九）と古島敏雄《ふるしまとしお》（一九一二―九五）である。二人とも信州の出身で、有賀は東京帝国大学の美学美術史学科、古島は農業経済学科を出て、はじめから研究者のコースを歩んだ。

有賀は社会学の代表的学者の一人として知られるが、美学美術史学科卒とはちょっと意外である。有賀は熟年に達するまで専任の職に就かず、悠々好きな研究に遊んだといわれたくらい恵まれた環境に育ち、民俗学への関心を高め、柳田国男《やなぎたくにお》に接し、やがて社会学という自己の立脚点を確立してゆく。はじめて専任で東京教育大学の教授となったのは、五〇歳をすぎた戦後の一九四九年（昭和二四）のことである。

その著作は多いが、歴史研究ともっとも関係深い力作に『日本家族制度と小作制度』（一九四三年、河出書房）がある。有賀の関心も、日本の現実における地主制下の小作人のあり方に向けられていた。大正から昭和初年、小作争議がとりわけきびしく、地主の土地取り上げが強行され、農業恐慌が小作人層の生活をつき崩してゆくなかで、民俗学・社会学を志した若い研究者がそうした問題に心を寄せていくのは、当時としては当然のことといえよう。有賀は小作制度のもとでの小作人のあり方が多様であり、それが江戸時代以降の歴史を背負っていることに注目し、地主に対する賦役負担と身分的隷属のきびしい名子《なご》小作から、名田《みょうでん》小作・質地小作などを社会学的な調査手法と文献史料の両面から克明に追求していった。

さらに有賀の関心は、日本の農村のもっとも基本的な姿を解き明かすために、村の住民全戸について一戸ごとに同族関係や地縁関係をたしかめてゆき、いくつもの事例に即し、「村」とよばれるものが、階層的・身分的な関係を含む家の連合としての共同体を形成している実体を明らかにした。

有賀の調査研究は徹底している上、「村」を構成する「家」のあり方の認識が具体的であるとともに論理的であり、その立論は個別事例の提示にとどまらない普遍性を内在させていた。それは近世の村を考えるときばかりでなく、中世後期の惣村《そうそん》の成立、あるいは鎌倉期の村落といった問題を、社会組織の基礎にまで掘り進んで考えようとするとき、じつに大きな示唆を与えてくれる。その意味で有賀の家族史・村落史は、学問的に今日に生きつづけている。

周辺の巨人にはもう一人、古島敏雄がいる。大学卒業後、停年まで同じ大学の研究室で仕事が出来たことは、途中戦時中の苦難があったとはいえ幸福なことであり、古島はそれに応えるだけの仕事をした。第一作の『徭役労働制の崩壊過程』（関島久雄《せきじまひさお》と共著。一九三八年、育生社）は郷里伊那《いな》に残る賦役負担型小作制の問題であったことも有賀に通じて興味深いが、古島の戦前の仕事は、『近世日本農業の構造』（一九四三年、日本評論社）、『日本農学史　第一巻』（一九四六年、日本評論社）、『日本農業技術史』（上＝一九四七年、下＝一九四九年、時潮社）というように敗戦直後の時期にかけて次々に公刊されてゆく。

古島の研究手法は、具体的な史料をみずから丹念に手がけ、そのなかから対象をどこまでも具体的にとらえてゆくという、実証主義歴史学の方法であった。右の『徭役労働制の崩壊過程』と『近世日本農業の構造』はどちらも伊那の郷土史料によって生み出された。それに続く流通史的研究『信州中馬《ちゅうま》の研究』（一九四四年、伊藤書店。のち改題して『江戸時代の商品流通と交通』一九五一年、御茶の水書房）もそうである。『日本農学史』や『日本農業技術史』もことごとく材料を自分の目でたしかめることによって通史的に構成されていった。あたりまえのことかもしれないが、それを広く正確に行うことによって認識の安定性と普遍性が得られた。

古島敏雄

戦後、古島は農地改革に最大の関心を寄せるとともに、地主―小作関係、また伝統的な小農経営の性質の変化に規定的な影響をもつ農村の商品生産と農家経済をテーマとして多くの仕事をした。そしてさらに次の仕事としては、明治以降の農業・農村の変化の問題に取り組んで、みずから分析的な仕事を怠らなかった。同時に、守田志郎《もりたしろう》、丹羽邦男《にわくにお》のようなすぐれた専門家を育て上げた。

こう見ると古島の研究は、長期にわたってテーマの設定・推移がきちんとした計画性をもっていたとさえ見える。一見すると、史料がある対象について実証分析的研究に取り組んだともいえるが、じつは農業経済学の学問的枠組をふまえて、自分の課題を設定し、それに沿って具体的な史料を追究したといった方が事実であろう。そこが史料に引きまわされる研究とは違った、古島の仕事の計画性を支えていたと思われる。

有賀と古島の仕事は性質は異なるが、自分のよって立つ学問（社会学・農業経済学）の枠組・理論をふまえることなしには出来なかった。日本の歴史学には、〝史料から入る〟という〝無思想の実証主義〟の伝統が根強いが、両者の見事な仕事ぶりはそれに対する無言の異議申し立てのようにも思われる。

戦前・戦中期の実証主義的研究の高度化

戦前昭和期において実証研究が大きく変容し、伝統的な政治史中心の傾向に対し、テーマが多面化するとともに内容も飛躍的に高度化した。

人材面でも戦前のどの時期よりも質量ともに充実していた。戦前・戦中の日本歴史学界というと、皇国史観が風靡《ふうび》していたように思われがちであるが、実際には別の世界が大きく広がっていた。

その充実ぶりを示すものに、太平洋戦争開始直前の一九四一年（昭和一六）から次々に上梓された『畝傍《うねび》史学叢書《しがくそうしょ》』の各冊がある。これについては辻善之助にかかわってすでにふれたが、取りあげられたテーマを示すと森末義彰《もりすえよしあき》『中世の社寺と芸術』、竹内理三《たけうちりぞう》『寺領荘園の研究』、奥野高広《おくのたかひろ》『皇室御経済史の研究』、家永三郎《いえながさぶろう》『上代仏教思想史研究』、笠原一男《かさはらかずお》『真宗教団開展史』、海老沢有道《えびさわありみち》『切支丹《キリシタン》史の研究』、新城常三《しんじょうつねぞう》『戦国時代の交通』、相田二郎《あいだにろう》『中世の関所』、宝月圭吾《ほうげつけいご》『中世灌漑史の研究』、桃裕行《ももひろゆき》『上代学制の研究』、佐藤進一《さとうしんいち》『鎌倉幕府訴訟制度の研究』、鈴木泰山《すずきたいざん》『禅宗の地方的発展』などである。

この叢書の各冊に載せられた共通の「序」を辻善之助《つじぜんのすけ》が書いているが、「皆是れ斯界の尖端を往くもの、而かも真摯にして質実なる考察に富み、国史学研究の基礎を築くべきものとす」といっている。「真摯にして質実」とは権勢を振るう国体史観に追随せず、という含意であろう。

これらの著者の大部分はみな昭和前期の、まだ大正から続く比較的自由な空気のなかで研究を進めてきた人びとである。どのテーマを見ても、これが「昭和一六年一一月」（太平洋戦争開戦の前月）の序をもつ日本史研究叢書とは信じられないようなものである。ここには辻の平泉澄《ひらいずみきよし》（後述）の皇国史観に実《じつ》をもって対抗しようとした学問精神がにじみ出ているように思われる。

この叢書のほか『日本歴史全書』（三笠書房）、『日本歴史学大系』（日本評論社）のようなシリーズも企画された。川崎庸之の『日本上代史』（一九四〇年、三笠書房）、中村吉治《なかむらきちじ》の『近世初期農政史研究』（一九三八年、岩波書店）、石井孝《いしいたかし》『幕末貿易史の研究』（一九四四年、日本評論社）、小野晃嗣《おのこうじ》（小野均《ひとし》）の『日本産業発達史の研究』（一九四一年、至文堂）、豊田武『中世日本商業史の研究』（一九四四年、岩波書店）、今井林太郎《いまいりんたろう》『日本荘園制論』（一九三九年、三笠書房）、原田伴彦《はらだともひこ》『中世に於ける都市の研究』（一九四二年、講談社）などは、研究史上、今日なお光彩を放ちつづける仕事である。

京都方面の学者のなかでも牧健二『日本封建制度成立史』（一九三五年、弘文堂）、小葉田淳《こばたあつし》『日本貨幣流通史』（一九三〇年、刀江書院）、清水三男《しみずみつお》『日本中世の村落』（一九四二年、日本評論社）などをはじめ、その分野ではまずあげられる仕事が次々に出されている。

それとともに史料集の刊行も盛んになった。辻善之助が指導した『大乗院寺社雑事記《だいじょういんじしゃぞうじき》』（全一二巻、一九三一―三六年、三教書院）、『多聞院日記』（全五巻、一九三五―三九年、三教書院）はその代表的なものである。辻は若い研究者の仕事を世に出すことに努力するとともに、史料の公開にも心を配っていた。そのほか地域に関するものとして、関靖《せきやすし》は戦前の研究をふまえ、戦後『金沢文庫古文書』全一二巻（一九五一―五八年）を刊行した。大分の田北学《たきたまなぶ》も戦前から『編年大友史料』に取り組み、戦後、増補訂正版三三巻（一九六二―七三年、私家版）を完成した。日置謙《へきけん》は『加賀藩史料』全一八巻（一九二九―五八年、侯爵前田家編輯部）を、伊波普猷《いはふゆう》・東恩納寛惇《ひがおんなかんじゅん》らは『琉球史料叢書』五冊（一九四〇―四二年、名取書店）を出した。また特定の分野の史料集としては『異国叢書』（一三冊、一九二七―三一年、聚芳閣、駿南社）や三枝博音《さいぐさひろと》の『日本科学古典全書』（全一五巻予定、一〇巻刊行、一九四二―四九年、朝日新聞社）などが、まず想起される。

史料集の刊行はそればかりではない。さかのぼるが、大正期には吉野作造《よしのさくぞう》の主宰した明治文化研究会のグループの努力による『明治文化全集』二四巻（一九二七―三〇年、日本評論社）、昭和に入っては大内兵衛《おおうちひょうえ》と土屋喬雄の努力による『明治前期財政経済史料集成』二一巻（一九三一―三六年、大蔵省）のような明治期研究の基礎史料集が発刊された。それは、近代についての研究もようやく本格化したことを意味している。

こうしたところに、戦時体制に屈しなかった実証主義歴史学研究の力量が見事に示されている点は忘れてならないところであろう。

相田二郎の古文書学

戦前、史料編纂所を中心とする多彩な実証研究進展の重要な前提の一つをなしたのは、古文書学の深化である。

古文書は日本歴史研究にとって、もっとも史料価値の高い文字資料である。差出人＝発給者と受取人＝充所《あてどころ》と相互関係で成立するものだけに、個人の日記（記録）などのような一方的記述資料より、客観性が高いとされる。

古文書の蒐集とその研究は、水戸藩の『大日本史』編纂や明治の修史事業のなかで精力的に推進されてきたが、それらをふまえて「古文書学」として一つの学問体系を創ろうとしたのが黒板勝美《くろいたかつみ》（一八七四―一九四六）であった。黒板は大学の国史科と史料編纂掛を兼務し、講義では連年古文書学を取りあげ、同時に『正倉院文書』『高野山文書』など『大日本古文書』の編纂にもかかわった。当時、古代・中世の各種古文書の実物を広く手がけられる条件をもっていたのは史料編纂掛をおいて他になかった。所蔵者と取扱者＝研究者とのあいだの信頼関係は、国家の修史事業という権威によってもっとも容易に成立した。形状・料紙《りょうし》・筆跡・用語・花押《かおう》・印判《いんばん》・書札礼《しょさつれい》・様式など古文書研究の第一歩から、すべては文書の現物を手にし見るところから始まる。

黒板勝美

そうした事情で、古文書学研究はほとんど必然的に史料編纂掛や京都帝国大学国史研究室のような中枢研究機関の独占状態にならざるをえない。したがってその地位にある研究者には、研究成果を広く学界・世間に向けて明らかにしてゆくことが求められる。

黒板は古文書学研究を自分の本領として、意欲的にそれに取り組んでいった。しかし、文部省の史跡名勝天然記念物保護の

相田二郎

仕事をはじめ多忙をきわめた多方面の仕事のなかで、黒板はみずからそれを整理された形で公刊することが困難であった。黒板の著作論集である『虚心文集《きょしんぶんしゅう》』（全八巻、一九三九―四一年、吉川弘文館）の第五には「古文書学概論」が収められているが、これも黒板の研究を継ぐ相田二郎《あいだにろう》の手によって受講者たちのノートを総合して作りあげられたものといわれる。

相田二郎（一八九七―一九四五）は、一九二三年（大正一二）、東京帝国大学を卒業後、史料編纂掛に入り、『大日本古文書』の編纂に従事するとともに、黒板にもっとも近い位置にあって古文書学の体系化につとめた。戦前の『岩波講座　日本歴史』に載せられた「古文書」はその一つの到達点を示すものであるが、さらに様式論を中心とする古文書の蒐集調査研究、印判研究などを広く手がけ『日本の古文書』（上巻＝一九四九年、下巻＝一九五四年、岩波書店）を刊行した。古文書研究の学問的体系化は、この相田二郎の努力によって一つの完成を見たことになる。

相田はそのほか、小田原が出身地であった関係もあり、神奈川県下の中世文書をしらみつぶしに探訪調査し、『新編相州古文書』（第一輯、一九四四年、神奈川県郷土研究会。一九八〇年、角川書店）を編集・刊行し、あるいは北条・今川などの史料を多数含む『静岡県史料』（全五輯、一九三二―四一年）の編纂を指導するなど、学界に永く重要視される数々の業績を残している。

なお、相田はまだ五〇歳を前にして戦争末期世を去ったが、その学統は佐藤進一《さとうしんいち》に引き継がれた。佐藤は相田の達成をふまえつつ、様式論ではふれられなかった古文書の機能論的研究を深めることによって、古文書研究を制度史・政治史研究に接合する独創的な境地を切り拓いた。佐藤のこの方面の主著『古文書学入門』（一九七一年、法政大学出版会）は学界の共有財産のような位置をもち広く今日読み継がれ活用されている。

〔本章に関する文献〕

社会経済史学会編『社会経済史学会五十年の歩み―五十年史と回顧・総目録―』（一九八四年、有斐閣）
歴史学研究会編『歴研半世紀のあゆみ―一九三二〜一九八二―』（一九八二年、青木書店）
『本庄栄治郎著作集』（全一〇巻、一九七一―七三年、清文堂出版）
『有賀喜左衛門著作集』（全一一巻、一九六六―七一年、未来社）
『古島敏雄著作集』（全一〇巻、一九七四―八三年、東京大学出版会）
『川崎庸之歴史著作選集』（全三巻、一九八二年、東京大学出版会）
『相田二郎著作集』（全三巻、一九七六―七八年、名著出版）

9　戦争と超国家主義歴史観

「近代天皇制国家」と歴史学

「近代天皇制国家」は一八八五年（明治一八）の内閣制度を起点とし、一八八九年（明治二二）の大日本帝国憲法発布、九〇年の帝国議会開設をもって、外見的には立憲制を整え、自己を確立した。しかし、政官界の人事任免権・軍の統帥権を含め、国家主権は天皇に集中帰属する形をとった。「天皇の神聖性」と万世一系の天皇をいただく「国体の優位性」は国家至高の原理・価値として強調され、その枠組の上に、治安警察法（一九〇〇年〈明治三三〉、旧法改正の形で成立）・治安維持法（一九二五年〈大正一四〉）・軍機保護法（一八九九年〈明治三二〉制定、一九三七年〈昭和一二〉大改正）など、国民の人権・思想・信仰の自由がきびしく制限される体制が、特高・憲兵に代表される国家的〝暴力〟によって維持されることになった。それが国内体制にとどまらず、日清・日露以降、帝国主義植民地支配にとっての不可欠条件でもあった。

日本の「近代国家」がそうした特殊な性格をもったことは、歴史学、とりわけ日本史研究のあり方に決定的な影響を与えた。先に見たように久米邦武《くめくにたけ》事件のとき、国学―神道派が〝軍事と皇室のことは国家のもっとも重要な秘事である〝学者たる者、そのような秘事にふれるべきではない〟と露骨に主張したが、それこそ天皇制下の日本史研究の一つの方向を象徴的に示すものであった。

それはいうまでもなく、歴史的事実の客観的解明を課題とする学問としては自殺行為という他はないが、以降、敗戦に至るまで、事実上国家の姿勢となった。端的にいって戦前の日本近現代史の研究が、マルクス歴史学の側以外では概して研究者も少なく、低調に推移したこともこれとかかわっている。先の『畝傍《うねび》史学叢書《しがくそうしょ》』を見ても、近代史にかかわるものが一つも入っていないのもその証左である。とくに、天皇・皇室・天皇制にかかわることと、軍事史、警察史、植民地支配の歴史研究はほとんど封印された「秘事」＝聖域とされていた。大まかにいえば、国家権力と国政のあり方についての客観的研究の自由はなかったのである。

学問はどの分野でもそうであるが、問題を客観的にとらえるためには対象を相対化し、特定の価値評価から自由となってものを見ることが保障されなくてはならない。とりわけ歴史学は支配と被支配、国権と人権、自国と他国などというように、さまざまの対抗・矛盾関係を本来的にもつ現実とその推移を不可避に対象としているから、とくにそうである。

このことは歴史の見方が〝ニュートラル〟とか〝公平〟であらねばならない、ということとは違う。歴史を見る者は不可避的に一定の価値判断をもつ。歴史研究・叙述は不可避的に価値判断にもとづく史料・史実の選択を行うから、そうした判断・認識をさまざまに行い提起することができる自由が保障されることによって、歴史認識の客観性が確保されるのである。

ところが戦前の国家は、そのあり方を肯定してくれるものしか存在を許そうとしなかった。都合の悪いものの研究を事前に抑止し、不都合なものが現れれば弾圧した。

そうした条件のもとで、国家から抑圧されない歴史研究とは、権力・国家からできるだけ距離をおいたものであろう。戦前の実証主義歴史学の研究には、そうした配慮からテーマ設定が行われていたケースも少なくない。

もちろん歴史研究はいかなる素材的事実も一定の意味をもつから、それなりに尊重されなければならない。そうした歴史の裾野にある微々たる事実の解明とその積みあげの上に、はじめて基本的な歴史認識・歴史像の構築も可能になる。しかし半面では、実証主義歴史学は権力・国家・政治から距離をとり、裾野の無風地帯に身をおくことによって、自己の学問の責任を見失う危険もある。

何のための個別研究か、何のための考証かという歴史学の自省的懐疑は、明治二〇年代に実証主義歴史学が成立したとき以来、くりかえして問われつづけてきた。

その自省と懐疑とは、史学史上、さまざまの立場から提起された。原勝郎《はらかつろう》や内田銀蔵《うちだぎんぞう》も、西田直二郎《にしだなおじろう》も、それぞれの立場から自分の学問のあり方を問い直していた。羽仁五郎をはじめマルクス歴史学はとりわけきびしく実証主義歴史学批判を、自己の学問を鍛えるためにもくりかえし試みてきた。

その点に限れば、昭和に入ってからの皇国史観も同じである。方向は異なるが、歴史の研究を「今」につなぐというより、「今」の時点から歴史に何を見いだすかという、それなりの責任意識・実践意識をもっていた。

そうした学問的責任意識がどの方向を向くかは、思想・理論の問題である。マルクス歴史学と皇国史観はその対極にある。論者のなかには、この両者ともに実証主義歴史学の脱現代性に不満をもち、歴史と現代とのかかわりを強く意識する共通性を形式的にだけとらえ、ともに主観や特定の価値に傾いた独善性をもつとして両者の類似性を指摘する見方もあるが、それは正しくない。前者が歴史認識の客観性・理論性を高めることを通じて現代・未来への進路を展望することを課題として意識していたのに対し、後者は現実への働きかけを、歴史の〝物語〟化によって国民の心を直接誘導し効果あらしめようとしている。この相違はもちろん絶対的・確定的なものといい切れないが、両者の本質的な違いを無視することは誤りであり、それ自体、事実の認識を歪めるものであろう。

平泉澄の皇国史観

〝無思想〟〝脱政治〟の実証主義歴史学への批判と不満は、はじめ羽仁五郎《はにごろう》と平泉澄《ひらいずみきよし》（一八九五―一九八四）とのあいだで共有されていた。平泉が東京帝国大学国史学科を卒業したのは一九一八年（大正七）、羽仁は一九二七年（昭和二）である。年齢的にも六歳の差があるが、前記のように、羽仁がハイデルベルグ大学に留学中に訳出したクローチェの『歴史叙述の理論及歴史』が発刊（一九二六年）されたとき、すでに助教授となっていた平泉は筆をとって『史学雑誌』（第三七編一二号）にこれを紹介し、「今や友人羽仁君によって翻訳出版せらるゝを見て喜悦禁ずる能はざるものがあり」と絶賛した。クローチェがランケ流の個別史実の考証と年代記的政治・外交史に終始する実証主義歴史学を批判し、それは「正」しくはあっても「真」たりえないとし、歴史認識・叙述における「思想性」「現代性」を重視したところに共感したのである。その限りにおいて、羽仁と平泉には相通ずるものがあった。

ところがその平泉が、クローチェの合理主義とは別の世界の、非合理主義・精神主義者としてその後の歩みを進めることについては、平泉の一定時点における旋回あるいは転向があったとみるか、本来そうした思想の持ち主であったと見るか、その点についての平泉解釈は分れている。

旋回・転向があったと見る説では、平泉が一九二二年（大正一一）に書いた『中世に於ける社寺と社会の関係』（一九二六年、至文堂）が、日本中世社会の構成を、公家・武家に加え社寺の立場からとらえ、社寺が社会的・経済的にも世俗権力から独立した自律的空間を形成している点を明らかにするなど、新鮮で中世の普遍的特徴に迫る見方であることを評価し、それ以降の変質、旋回を重視するのである。

それに対し別の説は、そうした仕事はどこまでも表向きのものであって、平泉はすでに一九二〇年（大正九）、東京帝国大学で森戸《もりと》辰男《たつお》の「クロポトキンの社会思想の研究」に対する「興国同志会」（法学部教授上杉慎吉《うえすぎしんきち》が新人会に対抗して組織し、森戸排撃の中心となった）に蓑田胸喜《みのだむねき》らとともに同調した事実などをもって見れば、その右翼的・天皇主義的思想は若いときからのものという他はないと見るのである。

従来、平泉は一九三〇年（昭和五）から三一年のヨーロッパ留学からの帰国とともに急旋回した、というのが一般的説明であった。事実、その旋回宣言の書といえる『国史学の骨髄』（至文堂）が一九三二年、『建武中興の本義』（至文堂）が一九三四年であるから、その頃から天皇主義者としての旗色を鮮明にしたことは、たしかである。ちょうどその頃が、野呂栄太郎《のろえいたろう》、羽仁五郎、服部之総《はっとりしそう》らのマルクス歴史学が急成長してきており、アカデミズム実証主義歴史学派の〝無気力〟〝無思想〟への憤慨とマルクス歴史学への対抗とが平泉の危機感を高め、本来もっていた右翼的思想を過激に燃えあがらせたのではないだろうか。

この旋回から平泉の右翼的行動は鮮明になった。大学内に朱光会《しゅこうかい》（一九三二年）を創るとともに、学外組織として青々塾《せいせいじゅく》を開き、〝同志〟の育成に力を入れる。海陸軍部や宮廷人脈に接近し、あるいは〝建武中興六百年〟の全国キャンペーン講演行脚を行う。この頃には研究的業績はもはやまったく出されず、国史学科ばかりでなく、学内どこでも平泉を学者と見る人はほとんどなくなっていたといわれる。書き語るものは神儒一致の垂加神道派《すいかしんとう》、尊王論に強い影響を与えた山崎闇斎《やまざきあんさい》、水戸学国体論者の会沢安《あいざわやすし》（正志斎《せいしさい》）、常陸出身の攘夷派志士佐久良東雄《さくらあづまお》などへの讃歌である。そうした人物の思想や行動を主観的・賛美的に美文調で語ることにより、それと一体化する自己陶酔にひたり、一部の若者の心をゆさぶった。

朱光会の綱領には、「吾人は天皇中心主義を信奉す」「吾人は建国の精神に則り日本の建設を期す」「吾人は大日本精神を宇内に宣布せんことを誓う」などとある。文字通り天皇制と帝国主義イデオローグの集団という他はない。

平泉の戦時中の軍部との結びつきは、戦争期の歴史の重要な一面であるが、ここではこれ以上立ち入らないこととする。平泉澄を直接知らない戦後世代の中世史研究者のなかには『中世に於ける社寺と社会との関係』だけを取りあげ、アジール（避難所）や座をめぐる発言を賞揚する見方もあるが、一人の研究者がどうしてこのような急変を遂げるのかを、平泉自身の学問に即して考えてみる必要がある。平泉の心中に潜在したそのような不安定さと理不尽さを、史学史的に、また歴史家の社会的責任の問題としてどう受けとめればよいかは、われわれ自身の問題としても考えてみる必要があるだろう。

津田左右吉の受難

一九四〇年（昭和一五）二月、〝紀元二千六百年〟の〝祝典〟（一一月）を迎える前夜の血祭りのように当局は、津田左右吉《つだそうきち》の『神代史の研究』（一九二四年）、『古事記及日本書紀の研究』（一九二四年）、『日本上代史研究』（一九三〇年）、『上代日本の社会及び思想』（一九三三年）、の四冊を出版法違反として発禁処分とした。理由は同法第二六条「皇室の尊厳冒瀆《ぼうとく》」の疑いである。津田は出版した岩波書店店主岩波茂雄《いわなみしげお》（一八八一―一九四六）とともに起訴され、一九四二年（昭和一七）五月の第一審判決で禁固三カ月執行猶予二年、岩波は禁固二カ月執行猶予二年の刑を宣告された（控訴審で四四年一一月時効・免訴）。

事の起こりは、前年末から蓑田胸喜《みのだむねき》らが津田を不敬罪として告発し、弾劾運動を起こしていたのを当局が巧みに取りあげたところにある。蓑田は一九二五年（大正一四）に三井甲之《みついこうし》、佐藤通次《さとうつうじ》らとともに「原理日本社」を組織していた超国家主義者で、京都帝国大学の滝川幸辰《たきがわゆきとき》事件（一九三三年）や天皇機関説の美濃《みの》部達吉《べたつきち》事件（一九三五年）の火付役を演じた人物である。このときも蓑田は自分の機関誌『原理日本』の臨時増刊号に「皇紀二千六百年奉祝直前に学界空前の不祥事件！　津田左右吉氏の大逆思想」という表紙大見出しをつけて、「神代史・上代史抹殺論批判」を展開した。

津田の四冊の著書は、刊行されてすでに長い年月が経っているにもかかわらず、時代状況がたちまち蓑田らの動きに火をつけ、津田は早くも一九四〇年（昭和一五）一月、一九二〇年（大正九）以来勤めてきた早稲田大学教授を辞任せざるをえなくなった。

津田のこうした一連の研究は、一貫して記紀神話が皇室の起源神話であって、民族の起源を語るものではない、皇室の起源神話といってもそれは史実ではなく、あくまで観念上の存在であり、その観念が形成された時代の人びとの思想である、ということを主張していた。したがって蓑田らが攻撃するように、津田は「神代史」や古代史を抹殺しようというのではもちろんなかったし、神話に限っても抹殺など考えもしない。古代貴族の観念が生み出した思想を探る史料として生かそうというのが、その研究の目指すところである。

しかし天皇主義・国体史学流の人びとの論は、神話を史実視し、それによって「国体」の神聖性や正統性、あるいは永遠性の証《あかし》としようとしていたから、やはり津田を許せなかったのである。

津田は戦後、学問上の悲劇の英雄として神格化され、その学問の全体が無条件に尊敬されるようになった。たしかに津田は記紀の文献批判にとどまらず、日本と中国の両国・両民族の思想史に精力的に取り組み、次々に重要な仕事を為し遂げた。

『支那思想と日本』（前出。一九三八年）では、日本の生活・文化・思想が、中国のそれと歴史を通じ、いかに異なるものかを力説している。日本は中国から律令をはじめとする発達した文化を受容したが、それはごくうわべあるいは上層階級だけのものであって、民衆の生活文化は両者ほとんど交わらない別個のものである、というのである。

この書物は当時、日本帝国主義の論理として、「東洋」の一体性＝「大東亜」一体論がイデオロギー的に鼓吹されだしているなかでは、それへの批判として重い意味をもっていた。しかし、日中間の文化的交渉や日本が中国文明によって受けた影響は津田の説にもかかわらず、はるかに根深いものがあるのではないか。津田は記紀神話について、それは皇室・貴族の思想で、民族の起源や思想と関係ないとしたのと同様、ここでも両者をスッパリ切り離す論法である。

しかし、もし津田が中世・近世の歴史の実体について具体的に考えたなら、中国の法・制度を継受した律令制以来の政治的制度・秩序がいかに重いものであり、仏教の問題や貨幣の問題など、どういう対象を取りあげても、中国文明の影響は日本社会の表層にとどまるものでなかったことは明らかである。

津田が心情的には「不執政」型天皇のあり方を積極的に肯定していたことは、戦後書かれた論説の類で明白である。それは戦後の変心ではなく、若いときから一貫していたのである。津田は、歴史は変化・発展を追究する学問だといったが、学問的実践としては、「民族生活の発展をそのまま具体的に取り扱う」という方法をとり、「概念」や「法則」を定立しようとするという理由で、マルクス歴史学を拒否した。同時に、それだけでなく民俗学にも拒否的であった。津田は記紀を生んだ古代社会・古代国家についても、その後の諸時期の社会・国家についても、これを構造的に把握する道をみずからの思考において閉ざしたことによって、彼の学問は天皇主義者の攻撃に対して戦う内在的な歴史理論を欠くことになったのではないかと思う。

文部省編『国史概説』

平泉澄の皇国史観がはっきりと示し出されたのは、一九三二年（昭和七）の『国史学の骨髄』であった。このころからの平泉の著作活動は研究ではなく、天皇主義心情の激情的訴えであり、それにもとづく〝布教〟活動であった。そしてさらには国家権力中枢へのくい込みという形で政治活動的性質を濃厚にした。一九三五年（昭和一〇）、国に「教学刷新評議会」が設置されると、平泉澄は山田孝雄《やまだよしお》、西晋一郎《にししんいちろう》、紀平《きひら》正美《ただよし》、および軍部代表格の杉山元《すぎやまはじめ》などとともにそのメンバーとなった。いずれも代表的日本精神主義者であり、会は「国体概念、日本精神ヲ根本トシテ学問・教育ノ方途ヲ講」ずると標榜しているから、教育と同時に学問までをその影響下・統制下におこうとしたのである。

その線上で一九三七年（昭和一二）、文部省思想局は『国体の本義』を作り、教育現場の隅々に至るまで、これをふんだんに配布した。さらに一九四三年（昭和一八）、文部省は『国史概説』上・下をみずから作り、〝正史〟を国民に広く押しつけた。

「国体」という言葉は明治以来使われているが、その内容はかならずしも統一されたものではなかった。『国体の本義』の第一章は、「大日本国体」として「肇国《ちょうこく》」「聖徳」「臣徳」「和とまこと」の四項をあげている。そして次に「国史に於ける国体の顕現」という第二章を立てている。神性をもつ天皇の万世一系の統治、天皇の絶対的な君徳、臣民の「承詔必謹」＝絶対的服従、といったものがその核心であり、日本歴史をそのような国体精神の顕現の軌跡としてとらえようというのである。

『国史概説』の編集・刊行の経緯について文部省教学官小沼洋夫が述べるところによると、一九四一年（昭和一六）五月に決定された「国史概説編纂要項」では、

(イ)　肇国ノ由来ヲ明カニシ国体ノ本義ヲ闡明《せんめい》シ国史ヲ一貫スル国民精神ノ真髄ヲ把握セシムルコト、

(ロ)　我ガ国文化ノ進展ノ状態ヲ詳カニシ以テ我ガ国ノ世界ニ於ケル歴史的使命ヲ明確ナラシムルコト、

(ハ)　歴史的諸事象ヲ綜合シツツ各時代ノ特色ヲ明カニシ以テ国運進展ノ様相ヲ闡明シ現代トノ関聯ヲ明確ナラシムルコト、

というようにまとめられている。(イ)は国体、それを体現する日本の優越性、(ロ)はそれを前提とした「歴史的使命」（＝帝国主義的アジア支配）の肯定、ということであり、(ハ)は〝無思想〟の実証主義歴史学の拒絶、ということである。『国史概説』は「五〇名に垂《なんな》んとする学界、教育界、関係方面の諸権威の意見を徴し」て作成されたといううたい文句で、これこそ唯一正しい日本歴史であるという独善的発想に立っている。

かつての久米邦武事件、南北朝正閏論事件、津田事件などは、学者の説に対する国家的立場からの批判

と弾圧であったが、ここまでくると学問上の諸説の存在そのものがいっさい封殺されるほどの状況となる。この独善性は『国史概説』のありようの問題であるとともに、自国中心で自国の歴史・文化の優越、アジア近隣諸国・諸地域・諸民族支配の肯定といった歴史認識の独善性にも通じている。ここで皇国史観は、国内的天皇主義にとどまらず、帝国主義とファシズムのイデオロギーとしての性質をあらわにしている。ここでいう「ファシズム」とは、皇国史観が「民主主義・無政府主義・共産主義等、……究極に於てはすべて西洋近代思想の根底をなす個人主義に基づくもの」をいっさい否定しようとする意図をもち、歴史における民衆の主体性・民衆の役割を無視し去る種のもので、その意味でも独善的・権力的な歴史観と不可分のものである。

なおこの間、京都帝国大学にあってヨーロッパ「文化史学」の継承を説いてきた西田直二郎も一転して皇国史観に同化している。戦争体制のなかで、西田の「文化史学」はほとんど苦悩も見せず、国粋的「日本精神史」に旋回し、彼自身、「国体・国民精神の原理を闡明し」「マルクス主義に対抗するに足る理論体系」の建設を目指して一九三二年（昭和七）、文部省が直轄機関として創設した「国民精神文化研究所」所員を兼任し、「二千六百年」奉祝事業の中心となり、超国家主義イデオローグとしての役割を演じていった。

国家総動員体制が強化されるなかでも〝無思想〟の実証主義歴史学は、皇国史観と一線を画する姿勢をほとんど変えなかったのに対し、それに批判的な考えをもち、「現代」から歴史を問い直そうとした歴史家が平泉と西田であったということは、史学史のなかで歴史学のあり方を考えようとするとき、とくに見逃せない重要な問題であろう。

日本浪漫派の「反近代」、歴史哲学グループの「世界史的立場と日本」、「近代の超克」

皇国史観とは異なるが、戦時体制下、とくに学生層に影響力をもった日本浪漫派グループと西田哲学グループについても史学史とのかかわりの限りでふれておかなければならない。両者は系譜的には別物だが、前者は「反近代」という形で、後者は西欧的近代を超える新しい世界史的立場という論法で、ともに戦争肯定に走り、歴史学の科学的思考を歪曲する役割を演じた。

日本浪漫派は、もともと一九三〇年代に成立した日本文学グループである。その中心あるいは周辺にあった作家・評論家として、保田与重郎《やすだよじゅうろう》、亀井勝一郎《かめいかついちろう》、浅野晃《あさのあきら》、中河与一《なかがわよいち》などの名をあげれば思い起こされる人もいるだろう。戦時中の学生がいやおうなしに直面せざるをえなかった戦争と死という現実にどうにもならない閉塞感を深くしていた頃、このグループの詩的、審美的あるいは浪漫的な情感をあおる文章は、若者の心をしびれさせ、彼らを非合理な浪漫主義的幻想世界にひき込んだ。

もちろんこのグループの人びとの歩んできた道も思想も一律ではない。しかし亀井や浅野の心の底にあったのは、よく指摘されるように、マルクス主義からの「転向」の心の傷手であったようである。その心の傷をどう癒すか、どうにもならない敗北感をどう乗りこえるかという苦しみのなかで、彼らが向かったのが、「反近代」から中世的浪漫世界・日本的なものへという方向であった。「近代」の現実にマルクス主義の思想をもって批判者として立ち向かい、しかも官憲の暴力によって思想的良心をふみにじられたとき、彼らがどれほど心の痛みを味わわざるをえなかったかは十分想像できる。しかし人間はその敗北にも一定の説明を与えたり、それを美化しなければ生きてゆけない。このグループの人びとは、そうした痛みを多かれ少なかれ共有しており、それが伝統美・古典復興・非制度的中世世界の浪漫などに向かわせる深層の意識となっていたようである。ドイツで一八世紀末から一九世紀初頭の頃に盛行したロマンティークの反合理、中世賛美がその原型である。

しかし、時代はそうした夢幻的世界に逃げ切ることを許さなくなっていた。日本浪漫派の右のような人びとに共通する半面の激しい民族主義的心情はそこから生まれてくる。しかもその民族主義は一面では皇国史観との親近性を示すが、半面では皇国史観派のように体制との一体化を指向するのでなく、体制外的性格をもつ。ここに一面では反合理主義（反マルクス主義）、一面では反体制民族主義という特徴が生まれてくるのであり、それは絶望感に追い込まれつつある学生層にひとつの心情的活路を開いた。

こうした日本浪漫派の思想のすべてが、史学史に直結する存在というわけではない。しかし反進歩・反近代という非合理主義は、皇国史観と共鳴しあってマルクス歴史学や実証主義歴史学への思想的攻撃力を高めていった。

もう一つ、立場は異なるが、西田幾多郎《にしだきたろう》の門下の哲学者高坂正顕《こうさかまさあき》、高山岩男《こうやまいわお》、西谷啓治《にしたにけいじ》、それと西洋史専攻の鈴木成高《すずきしげたか》らの京都帝国大学グループが哲学風の表現で、実質は日本のアジア侵略合理化の論を展開していたことも忘れられない。一九四二年から四三年に三回にわたって『中央公論』誌に連載した座談会「世界史的立場と日本」がその特徴をもっともよく示している。論者たちは、一見すると皇国史観のような独善的な自国中心史観ではない。「世界史」のなかで日本を見ようという形である。その限りでは広い視野をもっているかのようであるが、詮ずるところは、戦争をモラーリッシェ・エネルギー（道義的エネルギー）の発露だといったふうな説明で、日本の対外侵略行動を合理化しているのである。本来最高の知の体現者であるべき哲学者グループが、どうして戦争迎合者に転向したのか。そもそも彼らの標榜する歴史哲学とは何だったのか、ということを改めて問い直さざるをえない。

京都哲学の西田とならぶ巨匠田辺元《たなべはじめ》も、『歴史的現実』（一九四〇年、岩波書店）で、「歴史に於て個人が国家を通して人類的な立場に永遠なるものを建設すべく身を捧げる事が生死を越える事である」などといい、〝一死報国〟と結局は同じような死生観を提示した。若者たちの死をそのまま肯定するような論である。

ふりかえってみると、和辻哲郎の精神史も、村岡典嗣《つねつぐ》の日本思想史も西田直二郎の文化史も、西田グループの歴史哲学も、さらに「近代の超克」をふりかざした論客ら（『文学界』一九四二年九・一〇月号）も、みな戦争にのみこまれ、知の名誉を喪失した。少なからぬ転向派も民族主義・国家主義者に変じた。『日本資本主義社会の機構』（一九三四年、岩波書店）で光彩を放ったマルクス主義の平野義太郎《ひらのよしたろう》さえもが戦時中、〝大東亜主義〟者に傾いた。そのなかで、全部とはいえないまでも実証主義歴史学者だけは時勢と向き合わぬ形で戦争への迎合という屈辱を免れたように見える。

それにしても、歴史学は本来「批判の学」であるにもかかわらず、このような知の崩落状況に対して、抗議する有効な思考・発言を試みることはできなかったのか。戦後史の展開を見ると理論的には講座派の歴史認識だけが的を射ており、大筋として戦後歴史学に継承されていくといえるばかりである。他の学問分野にも同じようなことはあるだろうが、この点は国民意識や国政の方向にもっとも直接かかわりの深い戦前歴史学の弱さといわなくてはならない。国家と歴史学、戦争と歴史学とのかかわり方は、ナショナリズム一般に解消されるものではない。日本の近代における国家と学問・教育とのかかわり方のなかで、歴史学のあり方は、とりわけその核心的位置にあるものとして、くりかえし検討され反省されてゆかなくてはならないことである。

〔本章に関する文献〕

家永三郎『津田左右吉の思想史的研究』（一九七二年、岩波書店）
上田正昭編『人と思想・津田左右吉』（一九七四年、三一書房）
橋川文三『日本浪漫派批判序説』（一九六〇年、未来社。のち一九九八年、講談社文芸文庫）
阿部　猛『太平洋戦争と歴史学』〈歴史文化ライブラリー〉（一九九九年、吉川弘文館）
永原慶二『皇国史観』〈岩波ブックレット〉（一九八三年、岩波書店）

II 現代歴史学の展開

1　「戦後歴史学」の発想

敗戦と歴史学・歴史教育

一九四五年（昭和二〇）八月一四日のポツダム宣言受諾、八月一五日の天皇の「終戦」放送で、日本の敗戦が確定した。八月二八日、連合国最高指令官D・マッカーサーの厚木飛行場到着。九月二日、降伏文書調印。九月二七日、天皇のマッカーサー訪問。一〇月一一日、連合国総司令部（GHQ）の民主化に関する五大改革指令。一〇月一五日、治安維持法・特別高等警察（特高）廃止……。万事、占領軍ペースで急進行した。それまで日本政府は、治安維持法による逮捕者・収監者の釈放すら独自には行っていなかった。制定以来、治安維持法により検挙された人数は、国内だけで七万人、民族独立運動による朝鮮での検挙二万三〇〇〇余人といわれる。歴史学研究会（歴研）のメンバーのなかにも、羽仁五郎《はにごろう》、鈴木正四《すずきまさし》、野原四郎《のはらしろう》、倉橋文雄《くらはしふみお》をはじめとする被検挙者がいた。

歴史学研究会は、前記のようにもともと自由な歴史研究者の随意的集まりであり、特定の思想・政治組織ではなかった。それでも一九三七年（昭和一二）から三八年には、「現代史部会」の活動が始まり、岡倉《おかくら》古志郎《こしろう》、宇佐美誠次郎《うさみせいじろう》らが研究報告を行った。また四三年一二月の歴研総会では石母田正《いしもだしょう》、遠山茂樹《とおやましげき》、倉橋文雄らも幹事に名を連ねている。それからも察せられるように、戦前・戦中の歴研はおのずから戦争に批判的な若い研究者の集まる場所という性質をもっていたことは明らかである。

そのため、戦争末期には歴研の研究会にさえ特高の目が光るようになり、前記した通り四四年八月、幹事会は会活動の停止を決定し、会誌『歴史学研究』の刊行も、五・六月合併号（一二二号）を一二月に刊行して以後、停止することになった。

しかし、敗戦の年の一一月一〇日、歴研の正式再建はまだ定まっていなかったが、遠山茂樹、高橋磌一《たかはししんいち》（一九一三―八五）、松島栄一《まつしまえいいち》（一九一七―二〇〇二）らの奔走による有志が「国史教育再検討座談会」を開き、一二月一日、再度会合、歴史教育の改革の急務について話し合った。これが戦後の歴史学界における最初の行動だった。

ついで一九四六年（昭和二一）一月、歴史学研究会は羽仁五郎、鈴木正四、井上清《いのうえきよし》らが中心となって「各国君主制の歴史」と題する講演会を開き（同会編『歴史家は天皇制をどう見るか』という書名で一九四六年、新生社から刊行）、六月、会誌復刊（当初隔月刊）、会の綱領を定めた。一〇月には、石母田正、林基《はやしもとい》、丸山真男《まるやままさお》、羽仁五郎、古島敏雄《ふるしまとしお》、禰津正志《ねずまさし》、信夫清三郎《しのぶせいざぶろう》らが講師となって「日本社会の特質の史的究明」という共通論題の連続講座を東大（東京帝国大学の「東京大学」への改称は一九四七年一〇月）で開いた。この顔ぶれは、戦後、歴研の基調となったマルクス歴史学・近代主義歴史学・実証主義歴史学などを中心とした幅広い研究者の、出身大学や専攻を問わない自由な研究組織という性格をよく示している（この連続講演記録も『日本社会の史的究明』として一九四九年、岩波書店より刊行）。

こうして歴史学研究会が、「戦後」に向けていちはやく会活動を再発足させたのに対し、伝統的実証主義歴史学の本拠史学会の再発足には時間を要した。戦争による大学の荒廃がそれをもたらしていたことはいうまでもないが、平泉《ひらいずみ》澄《きよし》グループに主導権を握られていた史学会に若い研究者の心を惹きつけるものが失われていたことも原因の一つであろう。一九四六年七月からかろうじて復刊された『史学雑誌』の刊行も順調とはいえず、論文も戦前に執筆されながら発表の場を失っていたものが多かった。研究の第一線に立つ若い研究者が戦争で亡くなったり未帰還であったりしたためと、会の「戦後」に対する目標が明確でなかったことによると思われる。結局、史学会および『史学雑誌』の本格的再生・充実は、新しい大学・大学院制度のもとで学んだ若い研究者世代が育つまで、かなりの時を必要としたといわなければならない。

それだけに歴史学研究会に集まる人びとのなかでは、〝脱政治〟〝無思想〟の「実証主義歴史学」の〝無力〟に対する失望やいらだちが濃く、他方、戦後歴史学の中心となったマルクス歴史学グループでは、天皇制をめぐる歴史認識などで、性急な政治主義的思考も強まった。

一九四六年（昭和二一）六月、戦時中に執筆していた石母田正『中世的世界の形成』（後述）が発刊されると、その衝撃は大きく、東大「山上会議所」で開かれた合評会には川島武宜《かわしまたけよし》、丸山真男のような歴史学者以外の社会科学・人文科学者も多く集まった。戦中に書かれたこの古代・中世史の書物が、古代天皇制支配とそれに抵抗する在地領主・民衆の戦いを描き出すことによって、戦時中の暗い天皇制支配と、それへの戦い、いわば「戦後」の課題を暗示していたからである。戦時中のきびしい言論弾圧、思想警察の目を逃れながら、現実への批判の一石を投じようとした石母田の熱い思いが、同じ世代の研究者の心に広く伝わったのである。

こうして歴史学研究会の活動が再開されるのと併行して、一九四六年一月「民主主義科学者協会」が創立され、「歴史部会」が設置された。渡部義通《わたなべよしみち》、石母田正、藤間生大《とうませいた》、林基らがその中心になった（一九四六年一〇月『歴史評論』を創刊。一九六七年〈昭和四二〉歴史科学協議会の創設にともない、発行は同会へ）。京都では歴史研と同じように京大の史学研究会とは別に、林屋辰三郎《はやしやたつさぶろう》や奈良本辰也《ならもとたつや》などが中心となって大学の枠にとらわれない自由な研究組織を求め、「日本史研究会」が組織され（当初は外国史も含む方針だったが実現しなかった）、同年五月『日本史研究』が創刊された。

また一九四七年四月、高柳光寿《たかやなぎみつとし》（一八九二―一九六九）を中心に「日本歴史学会」が設立され、『日本歴史』が刊行されるようになった。四八年六月には山田盛太郎《やまだもりたろう》、高橋幸八郎《たかはしこうはちろう》らを中心に土地制度史学会が創立された（一九五八年より会誌『土地制度史学』）。日本考古学協会の発足もこの年四月である。

戦前・戦中の国体史観をいかに清算し、どのような研究体制を創り、どのような日本史像を創出してゆくかは、歴史学が国民に対して負う責任であるが、当面もっとも切迫した課題は再開された日本史教育に向けてどのような歴史教科書（小・中学校）を作るべきかということであった。墨塗り教科書は歴史学・歴史教育にとって限りなく無惨で屈辱的なものであった。それは学問と教育が、軍国主義・帝国主義の召使いにされていた事実を、他国から指摘されたことを示すものである。文部省も歴史教科書編纂を急ぎ、一九四六年九月、『くにのあゆみ』を発行、神話に代えて、はじめて考古学的事実から記述を始めた。しかし、内容的には多くの点で戦前・戦中の「国史」教科書の残滓を色濃く引きずっており、一般の歴史研究者・教育者はきびしくそれを批判した。

そうした情況をふまえ、歴史教育問題に本格的に取り組む組織が求められるようになり、一九四六年末、歴史学研究会には歴史教育部会が設置された。さらに和歌森太郎《わかもりたろう》、高橋磌一《たかはししんいち》、松島栄一《まつしまえいいち》らが中心になって、新しい「社会科」の一環としての歴史教育のあり方を考えるため、一九四九年二月、「社会科における歴史教育は如何にあるべきか」と題する公開討論会が開催され、それをきっかけに七月、「歴史教育者協議会」が創設された（初代委員長＝三島一、その後、高橋磌一が中心。会誌『歴史地理教育』）。

その他にも、さまざまの問題が噴出した。戦中・戦後の混乱のなかで、旧公家・大名家などはもとより、地方の旧家の没落が広く進み、とくに旧名主・庄屋などの個人の家に保存されてきた古文書史料の散逸をどう救うかという問題が深刻となり、歴史研究者の関心をよび、国への保存対策要望も提起された（のちに文部省史料館設立）。そうした空気のなかで、一九五〇年（昭和二五）一一月には「地方史研究協議会」（初代会長＝野村兼太郎《のむらかねたろう》。その後、児玉幸多《こだまこうた》が長期にわたり会長として発展に尽くす）が発足した。戦前・戦中にはお国自慢型の郷土史研究が盛んであったが、それは「愛国心」振興・軍国主義の一翼を担わされていた。これを、どのようにして開かれた目から地域の歴史を日本史全体のなかに位置づけて見直すか、ということが切実な課題となってきたのである。歴史教育者協議会と地方史研究協議会は、歴史学研究会が一九四八年に戦後の会誌編集に対して与えられた毎日出版文化賞の賞金を活動費として、同会の方針のもとに創設されたのである。

その他、急増する諸学会間の連絡調整の役割を果たす機関の設置の必要性も高まり、丸山二郎《まるやまじろう》（一八八九―一九七二）らが世話人となって歴史学諸学会協同の検討の結果、一九五〇年七月に「日本歴史学協会」が創設され、また新設の「日本学術会議」の第一部に「歴史学研究連絡委員会」が設置され、歴史学分野の国際交流を含む学術体制も整えられはじめた。前者は文部省その他からの科学研究費の配分問題、後者は国際歴史学会議の日本委員会としての仕事、現実政治のなかで歴史家がその一斑の責任を負う諸問題（〝建国記念日＝紀元節問題〟〝靖国神社問題〟〝教科書検定問題〟ほか）など多方面にかかわっている。時期的にはやや遅れるが、和島誠一《わじませいいち》（一九〇七―七一）、甘粕健《あまかすけん》らが中心になって文化財・遺跡保存運動が推進されはじめ、そのなかから一九六二年（昭和三七）になって文化財保護対策協議会が生まれ、のち「文化財保存全国協議会」に移行、国の保存問題への取り組みに先んじて大きな役割を果たすようになる（後述）。

なお、この間、平泉澄は敗戦直後、研究室を引き払い、みずから辞任して東大を去った。GHQが教育関係の軍国主義者・超国家主義者の追放を指令したのは、そのあとの一九四五年一〇月三〇日のことである。他方、大内兵衛《おおうちひょうえ》、矢内原忠雄《やないはらただお》、山田盛太郎（以上、東大）、滝川幸辰《たきがわゆきとき》（京大）のように、戦前・戦中は大学を追われていた学者の多くが復職し、元京大の末川博《すえかわひろし》は立命館大学総長となった。

戦後歴史学の初花——石母田正『中世的世界の形成』と遠山茂樹『明治維新』——

戦後歴史学の一番花は前記した一九四六年（昭和二一）六月の石母田正『中世的世界の形成』と藤間生大『日本古代国家』（同年同月、ともに伊藤書店）の発刊である。

石母田は書名のとおり、日本における「古代から中世へ」という社会構成体の転換・移行の過程を主題としている。しかし、それを正面から社会構成体論として論ずるのでなく、東大寺領の伊賀国黒田荘という一つの荘園に舞台を絞り込み、荘園領主東大寺・私営田領主藤原実遠《ふじわらさねとお》・郡司から武士団を形成して領主制を指向した源俊方《みなもとのとしかた》・在地の反荘園領主的勢力としての黒田悪党らをこの移行期の代表的階級・階層・

集団として登場させ、それら諸勢力の相互の対抗と戦いのなかでくり広げられる転換期の歴史をダイナミックに描き出した。荘園領主東大寺は在地に中世的な領主制を形成しようとする源俊方のような新しい勢力と徹底的に戦いぬき、荘内に住む住民諸勢力を一元的に「寺奴《じど》」として奴隷制的な身分制的支配の下に閉じ込めようとした。その古代的な暗黒支配の後景に、石母田は戦時下の天皇制支配を二重映しにしていたと見られるが、石母田がもっとも力を入れて描き出したのは、「古代」を体現する東大寺の支配が、すでに社会の基底に中世的な領主—農民関係が生成してきているにもかかわらず強引に維持されつづけ、新しく成長してくる勢力の側でも専制的権力支配のもとでの分裂や背徳を免れえず、苦しい蟻地獄のような戦いが反復されてゆく苛酷な歴史の現実の姿であった。

それだけに、この『中世的世界の形成』の目標は、抽象化すれば社会構成体の移行問題ではあるが、客観的な構造分析の手法とともに、歴史的諸主体としての人間のなまなましい行動を歴史叙述としてダイナミックに描き出すという方法を併用しており、それが読者の深い共感をよびおこす形となっていた。

まだ敗戦の廃墟のなかでの出版であったにもかかわらず、歴史学界を超えて広く周辺学問諸分野や読書界に大きな反響をよびおこし、たちまち版を重ね、一九五〇年（昭和二五）には増補版が刊行された（発刊書肆が東京大学出版会に変わったのち、一九八二年までに一五刷を重ね、八五年には岩波文庫に収められた）。

今日読みかえしてみると、石母田の描いた黒田荘の歴史の現実はあまりにもきびしい。「古代」に対する「中世」の挑戦は、いくたびとなく挫折する。その挫折は「古代」の側の強権だけによるのでなく、戦う「中世」の側の内面的弱さにも原因があったとする。石母田は読者がほとんど絶望感に追いこまれるほどに、執拗にその敗北の歴史を追及し描き出している。天皇制の苛酷な重圧に対する告発をそれに託したかのようである。

そうした苦渋にみちた歴史の叙述が、歴史の前途に明るい展望をもつことが可能となった一九四六年(昭和二一)以降、どうしてこれほど広く迎えられ読まれたのだろうか。石母田が描いた黒田荘の歴史に通ずる暗い権力支配の時代を、人びとはつい一年前まで肌で感じていた。それゆえにこそ、その暗さとの戦いへの歴史を実感として受けとめ、共感することができたのであろう。

もちろん石母田も、その暗さだけを見ていたわけではない。中世の長い歴史のなかで、在地における領主層の階級的成長は確実に進み、それが古代専制国家支配を克服する主体として力を強めていったことをはっきりと認めており、そうした中世への前進の反復的な挫折や困難を乗りこえての歩みこそ歴史的進歩の証《あかし》と考えた。中国で専制支配の体制がくりかえし再建されたのに対し、日本はそこに中国と異なる「進歩」の道を切り拓いた、というのが石母田の展望であった。

石母田正

しかしこの日本対中国の比較論は、やはり一九四四年(昭和一九)時点での執筆からきた制約という以上に重要な誤認といわなくてはならない見解であった。この論は中国＝専制＝停滞、日本＝封建的領主制＝進歩という図式に立っているが、それはアジア植民地支配のイデオロギーとしてのヨーロッパ人によるアジア的停滞性論に連なるものであり、日本の立場からいえば脱亜＝西欧型の道＝「発展」という二類型対比論の肯定となるのである。それは、こののち「戦後歴史学」が、取り組み解決してゆかなければならなかった理論上の大問題であるが、石母田もこの時点ではやはりそうしたアジア的停滞性論に眩惑されていたのであり、その点についてはいくばくもなく石母田自身もきびしく自己批判することとなった。

そうした意味で、この『中世的世界の形成』に示された歴史認識は、今日そのまま継承できるものではない。しかし、これまで年代記的な政治史・外交史を正統の歴史として馴れ親しんできた人びとも、歴史を構成する全社会層が対抗躍動する歴史の緊張とダイナミズムの面白さ、政治史・社会経済史から思想史までをどのように統一的にとらえ、歴史の全体認識を可能にしてゆくか、またその際、歴史認識の理論がいかに有効であり重要であるのか、といった問題にはじめて目を開かされ、底知れぬ衝撃を受けたのである。

そうした意味で、この書物はただ単に一般的な意味における名著というにとどまるものではなく、日本の歴史学のあり方を根源的に革新するほどの史学史的意味をもつものであった。

石母田の右著とならんで、戦後歴史学の開花を示すもう一つの仕事は遠山茂樹の『明治維新』（岩波全書）であろう。

一九五〇年（昭和二五）一二月の「はしがき」をもち、五一年二月に刊行されたこの書物も、著者自身が予想をはるかに超えて広く読まれたと語るように、版を重ね、七二年（昭和四七）には改訂版も出されている。

戦後変革に直面して、近代日本の起点としての明治維新をどう見るかということは、誰にとっても避けて通れない問題である。幕末維新史については、既述のように戦前のマルクス歴史学の展開、「日本資本主義論争」を通しての論点の深化があり、羽仁五郎、服部之総に代表される維新史研究によって深められている。またそれを承けて戦後いちはやく幕末経済段階論争などが活発に展開されはじめた。遠山の目指したものは、そうした理論上の諸成果をふまえ、明治維新政治史を正面から統一的に叙述しようということであった。今日までの各方面の研究成果を土台にして、一応の明治維新政治史を描き出してみることの必要を感じ、「それができないまでも、せめて筋の通った年代記でも作りたい」と願ったという（「はしがき」）。遠山の見るところでは、資本主義論争と戦後の論争を通じて、多くの争点が明らかになったにもかかわらず、論争は個々の問題について行われていったため、両派とも、自派内部においても論点を統一的にとらえ直し、一貫した維新史把握を示すまでには到達していない状態にあった。それを克服するためには、社会・経済以下の諸問題を包み込み、それに規定されつつ進行する政治史を一貫的にとらえることが必要だ、というのである。

そういうわけで、遠山の『明治維新』は、下からの農民闘争と、それを圧殺し絶対主義を指向する維新政権の上からのブルジョア的改革との対抗軸を中心に維新変革をとらえてゆくという点では、講座派の認識に沿っているが、叙述としては、きわめてオーソドックスで細密な政治史的構成をとった。尊王攘夷運動の展開→幕府の倒壊→天皇制統一政権の成立→明治維新の終幕という章立てがそれを示している。石母田の古代─中世移行史が、一地域に展開したミクロの舞台から、史論型でダイナミックな歴史叙述によってマクロの歴史、さらにはより普遍的な社会構成の問題までを闊達に論じていったのとは、まったくタイプが違う。

しかし、その律儀にすぎるとさえ思われる政治史叙述は、遠山が「せめて筋の通った年代記」をと謙譲的にいうようなものではない。戦前の政治史中心の実証主義歴史学は個々の事実について着実な論証を重

井上清

ねてきたが、天皇制下の権力・秩序への批判やタブー視された分野には立ち入らないという点で、歴史学の基礎となる批判的視角を欠くことが多かった。遠山の『明治維新』は、その点で在来の維新政治史と基本的に異なるものである。それは遠山の史家としての高い能力に根ざすところでもあるが、何より敗戦による天皇制の解体によってはじめて可能となったというべきであろう。多かれ少なかれ、王政復古型維新史の枠を離れられなかった日本近代史認識は、ここにはじめてそれから自由となることができたのである。

しかし、この書物にも問題がないわけではない。井上清（一九一三—二〇〇一）は遠山に九ヵ月遅れて『日本現代史Ⅰ　明治維新』（東京大学出版部）を刊行した。これも遠山とならんで戦後の歴史学・維新史研究にきわめて大きな役割を果たした力作である。井上は遠山の維新史認識の枠組に国際的視角が不十分だという批判をふまえて、欧米資本主義による半植民地化の危機、それに対する人民の反封建・反半植民地化民衆闘争の革命的エネルギーこそ維新の原動力だと主張した。遠山が農民の闘争を高く評価しながら、維新を上からの絶対主義の成立とすることによって、視界を国内過程に絞り込んだのに対して、幕末の植民地化の危機・民族問題を視軸にすえた重要な批判であり、その後の研究は井上の提示した問題視角を積極的に受けとめる形で展開した。

なお、遠山と井上の先駆的な研究を受けて明治維新史・自由民権運動史・資本主義発達史研究は、その後、永井秀夫《ながいひでお》、下山三郎《しもやまさぶろう》、大石嘉一郎《おおいしかいちろう》、田中彰《たなかあきら》、芝原拓自《しばはらたくじ》、石井寛治《いしいかんじ》らによって継承され深められてゆく。

占領政策・戦後改革と講座派理論

占領が開始されるといくばくもなく、マッカーサーは一九四五年（昭和二〇）一〇月一一日、首相幣原喜重郎《しではらきじゅうろう》に民主化に関する五大改革を指令した。占領政策は、四八年以降米ソ冷戦、五〇年の朝鮮戦争のなかで急激に変質するが、初期に関する限り次の諸点の変革は明確であった。婦人の解放、労働組合の結成奨励、学校教育の自由主義化、秘密審問司法制度の撤廃、経済機構の民主化である。それに従い、年末にかけて治安維持法廃止、軍国主義・超国家主義者の追放、財閥解体、農地改革、労働三法、そして新憲法への動きが一斉に進み出し、一九四五年の大晦日に、ＧＨＱは修身・日本歴史・地理の授業停止・教科書回収を命じた。

この占領下の日本民主化は、基本的には、

(1) 天皇主権の否定と軍部・思想警察の解体（天皇制国家権力の解体）、
(2) 農地改革・財閥解体・労資関係改革をはじめとする経済的・社会的諸関係の民主化、
(3) 家族制度における家父長制など総じて社会構造に広く内在し、天皇制国家の権力基盤に組織的に取り込まれている「封建遺制」の克服、
(4) それらを国民意識・思想の面から支えた国家神道の否定、教育の民主化、

といった内容で権力・経済・社会・国民意識・思想・教育などの諸分野にわたった。

そのような日本社会の歴史的位置づけ、構造的特質についての認識は、戦前マルクス歴史学・経済学における「講座派」が提示していたところと近似している。GHQが占領開始直後からすかさずこのような骨太で系統的な改革政策を打ち出せたのは、それ以前から日本社会の歴史認識についてふみ込んだ検討を深めていたからであろう。誰がどのようにしてそれを主導してきたのかは、興味深い占領史・戦後史の問題である。おそらく、H・ノーマン（一九〇九―五七）のような日本の歴史に深い造詣をもつすぐれた歴史家が、改革政策立案にかかわっていたことが大きな意味をもったのだと思われる。

こうした五大改革指令の指向するところは基本的には、日本をアメリカにとってもっとも好都合なものにつくりかえることであったが、日本の国民の多数もこれを歓迎し前向きに受けとめた。否定語としての〝封建制〟は占領下の民衆の暮らしのなかにも素直に受け容れられ、ちまたにも氾濫した。もともと小作争議・労働争議・部落解放運動などは大正末年以降、民衆の生活の現実に即した戦いとして大きな力を発揮していたから、政治的イデオロギーの次元にとどまらず、民衆が生活感覚からその改革方向を歓迎するには十分な理由があった。

そのことは歴史学の世界に即して見ると、「日本資本主義論争」を通じて明確にされてきた講座派の認識・理論への評価と信頼を高めるものであった。山田盛太郎は、とりわけ「半封建的半農奴制的土地所有」としての「地主制」の歴史的解体＝「農地改革」の問題に学問的情熱を傾けた。その指導下に地主制とその解体としての「農地改革」の実態を探る調査研究が歴史学・経済学・法学・社会学などの専門を越えた協同によって進められ、幕末・明治以降の地主制史研究は戦後歴史学のなかでも広い関心を集める大テーマとなり、その成果も数多く刊行された。それらによって、全国的にも小作地率五〇％に達した地主

—小作制度の実態が、戦前の農民運動史研究とは異なる角度から掘り下げられ、「半封建的」とされる地主制下の小経営と、「農地改革」によって成立した商品生産者的小経営が、いかに質的・段階的に異なるかも展望できるようになった。暉峻衆三《てるおかしゅうぞう》『日本農業問題の展開』上・下（上＝一九七〇年、下＝一九八四年、東京大学出版会）や中村政則《なかむらまさのり》『近代日本地主制史研究』（一九七九年、東京大学出版会）などはそうした地主制研究の総括といってもよい仕事である。

さらにそればかりでなく、日本資本主義論争の提起した諸論点をふまえて、日本近代史の全面的検証も推進されていった。何よりも明治維新変革の歴史的性格をどう見るかという問題、自由民権運動と一八九〇年（明治二三）前後における近代天皇制成立の史的意味、日本の資本主義確立の画期、資本主義の進展と地主制の構造的結合のあり方、天皇制国家権力の絶対主義的本質を認めるとすればそれはいつどのようなプロセスでブルジョア国家権力に移行していったのか、日清・日露戦争を通じての早熟的な帝国主義国家への転化を世界史のなかにどう位置づけるか、など今日に連なる多くの論点は、講座派理論の検証とその批判的継承・発展を目指して、戦前には許されなかった自由な研究が一斉に進められていった。

しかし、それは実は意外に短いあいだのことで、それらをめぐる本格的な実証研究がようやく始まろうとする矢先、はやくも一九四八年（昭和二三）以降、冷戦の激化によってきびしい風圧を受けるようになる（その点は後述）。

「近代主義」の日本社会認識と歴史学

敗戦後、マルクス主義理論家・歴史家とならんであるいはそれよりも一歩先んじて、日本近代社会のあり方に対して鋭い批判を提起し、戦後社会の歴史的位置と進むべき方向を提示したのは大塚久雄《おおつかひさお》、松田智雄《まつだともお》、高橋幸八郎《たかはしこうはちろう》、川島武宜《かわしまたけよし》、丸山真男らに代表される、いわゆる「近代主義」グループである。

これらの人びとはみな戦前・戦中に自己の学問を形成し、すでに専門的な論文で、それぞれに画期的な業績を示していたが、敗戦とともに一斉に「日本近代社会」批判をそれぞれの専門に即して開始し、絶大な社会的影響力をもたらすようになった。

イギリスを中心とする西洋経済史の専門家の大塚久雄（一九〇七―一九九六）は、戦時中の『近代欧洲経済史序説』（一九四四年、時潮社）でその学説の骨骼を形成していたが、戦後、それをふまえて日本の近代社会が、イギリスにおいて典型的に展開した近代社会とどのように異なるか、それはなぜかという問題を、社会構成体の移行に関するマルクス歴史学・経済学の理論と、M・ウェーバーの類型比較論＝比較経済史の方法によって解明しようとした。

大塚はその規準をイギリス近代社会の成立から理念型として理論化し、前近代社会（封建社会）の体内にその支配秩序を突き破って自由な小商品生産農民（中産的生産者）層が誕生し、それらが資本家と賃労者へ両極分解→社会的分業の進展と局地的市場圏の成立という「移行」過程を通して、近代的産業資本が発展軌道にのるという筋道を定式化した。

そのうえで日本の場合、封建的小農民の自由な小商品生産者への転化が困難で、両極分解が寄生地主―小作関係に帰結してゆくことに注目し、前者との差異から「近代」成立の類型差、前者の理論上の「典型」性を確認し、戦後変革はその弱点を克服し、いかに本格的「典型」的な「近代」を実現するかを課題としなければならないと考えた。

大筋としてこのような理論構成は、いわば日本の〝擬似的近代〟をいかにして〝典型的な近代〟に向けて変革するかということになるが、大塚はとくにその場合、マルクス歴史学が論理に組み込むことの弱かったエートスという変革主体の人間的・意識的側面をもその理論に組み込んだ。この点に大塚の理解がマルクスとM・ウェーバーの結合だといわれる性格がもっとも強く示されている。

大塚と同世代の民法・法社会学者川島武宜（一九〇九―九二）は、一九四八年（昭和二三）五月『日本社会の家族的構成』（学生書房）を刊行した。そこで川島は、戦前日本社会の基底的秩序として生きつづけてきた家族制度・慣行・家族意識の前近代性を鋭く指摘した。そしてそれを基底として構成される日本社会の全秩序としての家族的構成は、戦後変革＝「本格的近代」へ向けての変革という課題を示すばかりでなく、変革の問題を民衆の日常的生活秩序を規定している社会的基底から問い直そうとする点で、画期的意味をもった。家族秩序・家族意識のあり方が、「家」内部の問題にとどまらず、重層的に全社会秩序を規定しているという問題は、戦後の変革を期待する国民に広く迫る啓蒙思想の一つとしての歴史的役割をもった。川島はさらに『所有権法の理論』（一九四九年、岩波書店）で近代的所有権の法理を追究し、日本における土地所有権の性格についての歴史的批判の基準を示した。

丸山真男

また、丸山真男（一九一四―九六）は、政治学をふまえた日本政治思想史の研究者として、戦前、荻生徂徠《おぎゅうそらい》を中心に近代的思惟の萌芽が江戸時代社会の内部にどのような論理的筋道をたどって成立してくるのかを明らかにする重要な研究を行ってきたが（同『日本政治思想史研究』一九五二年、東京大学出版会）、敗戦直後、「超国家主義の論理と心理」（『世界』一九四六年〈昭和二一〉五月）を発表し、日本軍国主義・超国家主義の精神構造を見事に分析した。戦前日本の軍国主義・超国家主義の思想がどのように形成され、どのような思考の論理構造をもっていたかを解き明かすことは、国民が戦争の問題を内面的に理解し克服することによって民主主義社会の形成を推進してゆく場合、まず欠かすことのできない問題である。丸山はそれを明治以来の日本の政治思想では西欧と違って権力と倫理の分離があいまいで、権力体系・国家組織における個人の責任が明確でない（「無責任の体系」）という特質をもつ点から鋭く解き明かした。これも川島と同様、いわば日本国民・社会の体質的弱点・特質を西欧近代社会との対比のなかで苛責なく白日のもとに明らかにしたという意味で、衝撃的な影響をもたらした。

大塚、川島、丸山の仕事と発言は、戦後改革を日本社会の自己変革の問題としてそれぞれ鋭い切り口から主体的に考えていったものである。それらに共通するところは、戦前日本社会が、「近代」としては西欧市民社会的近代に比べて、いかに「後進的」「未熟」もしくは「歪んだ」ものであったか、したがって戦後変革はそれをいかにして「西欧的近代」をふまえて理念型化された、「より純化・成熟した近代」に進化させるかということであった。

このように大塚、川島、丸山らは、日本の戦前近代のそうした〝歪み〟〝未熟〟〝前近代性〟〝アジア的〟などと表現される側面の克服が日本の民主主義革命として欠かせないと見る点で、講座派の日本資本主義論の基底にある社会認識と共通するところが大きい。さらにさかのぼれば、福沢諭吉の日本の後進性への自覚を継承するものといって差し支えないであろう。

ただ三者の論は戦後社会の方向について、「近代」の〝純化〟〝発展〟を論理的にも現実的にもいわば到達点としており、講座派が強く指向した資本主義の矛盾とその克服の方向（社会主義に向けての二段階的変革）については明示的には言及せず、したがってそれを論理のなかに組み込んでいなかったようである。それが論者たちをして三者を「近代主義」として一括し、一つの思考グループとして扱わせる根拠である。

マルクス歴史学の社会構成体論と「移行」論

「近代主義」の理論および日本社会認識とならんで、戦後の日本歴史研究に重要な役割を演じたのは、マルクス歴史学の社会構成体論であった。

社会構成体という理論範疇を内容としてどう理解するかについては、かならずしも一つの理解が確立されているとはいえない。しかし大まかには、一定の歴史的社会の基礎を生産力の段階に規定されて成立する経済的諸関係の構造的結合体と考え、その土台の上に成立する法的・政治的諸形態、またそれに対応する意識形態までを含めて構築される社会的総体の構造とその発展理論だということは許されるであろう。マルクスはそうした社会構成体を規定する生産様式の基本形態をアジア的・古代的・封建的・近代ブルジョア的生産様式としており、社会構成体はその発展によって段階的移行を遂げるとした。

そのような理論的視角からするとき、直面する戦後変革の歴史的位置・性格はどのように理解できるのか。それはただちに日本資本主義論争が問題としてきた明治維新の性格、その後の日本資本主義の段階的発展をどう見るかといった問題に連なり、半面では「近代主義」の社会認識が指摘するところとも不可分の問題である。その点で、近代主義とマルクス歴史論とは問題を共有していたといってよい。

戦後いちはやく、渡部義通らは日本史・アジア史・欧米史にわたる多数の研究者を結集し、一九四九年（昭和二四）から五一年に、『社会構成史体系』（日本評論社）を企画刊行した。第1部「日本社会構成の発展」、第2部「東洋社会構成の発展」、第3部「世界史的発展の法則」という三部構成、全二五冊、各冊数編の大型論文を分冊して載せた。結局、第九巻までで全巻の刊行はできず中絶に終わったが、その意図するところは、階級と国家の成立から近代資本主義の確立に至る世界諸地域の発展を、歴史的かつ理論的に展望しようとするものであり、大筋としてはマルクス歴史学の社会構成史的方法をベースとしていた。日本史の中心的執筆者となったのは藤間生大、石母田正、鈴木良一、林基、堀江英一《ほりえひでいち》、藤田五郎《ふじたごろう》、服部之総《はっとりしそう》、信夫清三郎《しのぶせいざぶろう》らであった。

この壮大な企画にもかかわらず、社会構成体の理論も、またその角度からの史実に即した研究もまだまだ不十分であった。マルクスのいう生産様式としての「アジア的」とは何か、日本の律令制下の「百姓＝公民」の階級的性格は何か、日本の古代に奴隷制範疇はどのような形で適用できるのかできないのか、封建制の成立をどうとらえるか、あるいは中国の皇帝―官僚制専制国家のもとにおける生産様式は何であるのか、といった種類のどの問題をとっても容易に解決できない難題ばかりであった。

これに対し、ヨーロッパ史の専門家高橋幸八郎（一九一二―八二）は、大塚久雄とともに「近代主義」史家とされることが多いが、その著『近代社会成立史論』（一九四七年、日本評論社）、『市民革命の構造』（一九五〇年、御茶の水書房）に見られるように、山田盛太郎の日本資本主義論と、大塚の類型比較論をもっとも深く継承しつつ、「封建制から近代への移行・市民革命論」を展開した。その論は、段階論・類型論・諸生産様式の重層的複合論などを特徴とし、高橋はM・ドッブおよびP・スウィージーとのあいだで国際的な「移行」論争を展開した。

しかし、社会構成体論は高橋を含めて、基本的には一国発展史的枠組に立ち、それを前提とした類型比較という理論枠組をとった。たしかに、いかなる歴史的社会にとっても、内発的発展が基本ということは不当でないであろうが、国際的契機を単なる外的なあるいは偶然的なものとして論理枠組の外におくというわけにはいかない。外的な影響と見られるものも、具体的な歴史的社会においては、それが内発発展の条件となる。

社会構成体の史的発展理論を具体的な社会の歴史認識に適用しようとするとき、まず問題となるのは時代区分である。政権の所在・移動などを基準とする伝統的な政治史的時代区分と違って、社会構成史時代区分ということになると、近代日本の場合、大規模な資本主義的生産様式の周辺には、それ以前的性質をもつ零細な小経営・問屋制度に組織支配された従属的小経営・マニュファクチュア経営などが広く存在し、かつ農業部門では小商品生産者的自営農の一般的形成が進まず、半ばは封建的な高額小作料負担にあえぐ寄生地主制下の小作農民にとどまった。

そうした複合構造の上に成り立っている明治以降の社会の性格は講座派がもっとも鋭く追求したところであるが、それは一面では、後進資本主義国における内発発展の特殊性に規定された社会のあり方とそれをどう見るかという時代区分の問題でもある。

安良城盛昭の家父長的奴隷制社会論

古代から中世への「移行」問題にしても、「封建的生産様式」の基本的あり方を基礎として抽象化された社会構成史の一般理論の適用だけでは解決できない。封建的生産様式の基礎形態としての「領主的土地所有—農奴的小経営」とされるものの具体的あり方は、世界史的に多様であり、中国と日本とを対比しても、その差異は到底発展水準の直線上の段階差や偏差として説明できるようなものではない。

安良城盛昭《あらきもりあき》（一九二七—九三）は、論文「太閤検地の歴史的前提」（『歴史学研究』一六三・一六四号、一九五三年）で、太閤検地以前の従来「小農《しょうのう》」と見られてきた「百姓」身分層のなかに、奴隷的下人《げにん》をその経済的存立にとって不可欠とする家父長的奴隷主というべき百姓上層が広く存在し、それが従来「中世」といわれてきた鎌倉期から戦国期の社会の基本的生産様式・階級関係を規定しているとし、その時代の社会構成史的性格を「家父長的奴隷制社会」と考え、封建的小農民の一般的形成は太閤検地以降であるとした。

これは従来の通念を打ち破るきわめて衝撃的な発言であったため、日本の前近代史の時代区分をめぐって、以後、「封建論争」「太閤検地論争」といわれるような議論が多数の論者の参加によってくり広げられた。そして、この「封建制成立」をめぐる論争は当然、律令制社会とその解体過程の社会構成史的性格をも問うこととなり、さらに律令制という古代天皇—官僚制支配の政治的枠組が前提される場合、そのもとで形成される封建制はどのような規定性と特徴づけを受けることになるか、といったことも大きな問題として取りあげられるようになった。

歴史的社会発展の基礎理論としての社会構成体論は、こうして具体的な日本社会の史的発展と向き合うとき、その展開形態の特殊性を理論問題としても避けて通れない。等しく「封建制」とよびうるものも、その成立過程・構造的特質に即して、事実・理論の両面から見直されるべきことが求められるのである。

安良城の構想する日本の前近代社会の歴史的発展の諸段階は、総体的奴隷制（律令体制社会）→家父長的奴隷制（荘園体制社会）→農奴制（幕藩体制社会）という序列であった。その第一段階としての「総体的奴隷制」とは、当時発表されたマルクスの遺稿「資本制生産に先行する諸形態」（『歴史学研究』一二九号、一九四七年に飯田賢一訳ではじめて紹介された）に提示されたallgemeine Sklavereiを受けたものであり、律令体制下の貴族・大寺社・地方支配層（郡司クラスなど）がそれぞれに奴隷所有者であるとともに、それらがよってもって構成する律令国家権力の下におかれた班田農民は、一面ではアジア的共同体成員としての性格を保持しつつ、一般的allgemeineに奴隷的性格規定を受けていると見るのである。

第二に、安良城は鎌倉期から戦国期を荘園制社会として位置づけ、その基本的階級関係は、地域の末端支配層としての名主《みょうしゅ》層（家父長的奴隷主）と下人（家父長的奴隷）とのあいだの関係として、一般的に存在すると見る。そこでいう「家父長的奴隷制」とは、ローマにおいて典型的に認められる商品生産を主目的として高度に発展したラティフンディウム（奴隷制大農場）における労働奴隷制と異なり、自家消費物資の安定的生産を基本とする生産様式と見る。労働集約度の高い小農民生産が安定的に成立する以前の生産力水準においては、家父長的奴隷制にもとづく有力経営＝名主層が、一定規模の下人＝家父長的奴隷を保有することによって安定経営を実現し、その周辺に不安定な非自立的小経営を従属させる形をとる。その本質は農奴的小経営でなく、家父長的奴隷ないしコローヌス＝土着奴隷である、と見るのである。これによって、中世の領主—農民関係を封建的階級関係とする伝統的・常識的理解は否定さ

安良城盛昭

れることとなった。

第三に、太閤検地は戦国時代以来、中世社会の胎内に成長した小経営を、体制的に領主支配の直接的対象＝基盤として把握する形をとり、ここにはじめて幕藩領主対封建的小農民という封建的階級関係が基本的なものとなり、日本封建社会が本格的に成立したと見る。

安良城の立論は、こうして論理的一貫性をもち、明快であった。しかし、戦国・近世初期の現実における封建的小農民の展開度を全国的に確定することは難しい。批判は南北朝から近世初期の個々の事例に即して広く挙示され、太閤検地をもって「小農民自立」の一挙的・革命的政策とすることへの疑義が提出された。もともとこうした農民の存在形態を定量的方法で確定しようというのは前近代社会では資料的制約からも無理である。そこで安良城も定量的方法よりも、太閤検地の「政策基調」としての「一地一作人《いっちいっさくにん》・作合《さくあい》否定」などを重視し、定性分析的手法によって、主張を補強するようになる。

それはまた、前近代史における「実証」の方法という分析手法に関する重要な問題を提起したことにもなるが、全体として安良城理論は近世幕藩制社会の研究者の側からは肯定的に受けとめられた。それに対し、中世史研究の側では賛同者は少なかった。荘園制社会を名主―下人という社会の基底部における生産・階級だけに還元し、荘園領主―農民というもっとも全般的な関係を、支配―被支配の問題としてとらえていなかったからである。安良城が律令体制社会について示した二つの生産・階級関係とその一体構造に対応する理論化が、荘園制段階においても必要なのであるが、安良城はそれを果たせず、名主層を一元的に支配階級の側にのみ位置づけるという理論的弱点を克服できなかったのである。

しかし、安良城の論は、日本の前近代史の社会構成史的認識をはじめて体系的に提起したものであった。

これ以後、荘園制の歴史的性格・荘園制成立の画期・封建的小農の成立画期・中世史の時代区分などをめぐって、戦後歴史学の前近代社会研究はその水準を飛躍的に高めてゆくが、その起点は安良城のこの論文にあったといって過言でない。

人民闘争史の構想

「社会構成史」と「移行」論は、ソ連や中国をはじめとする社会主義諸国家で広く論じられてきたばかりでなく、M・ドッブやP・スウィージーのような先進資本主義国のマルクス歴史学者のなかでも論じられており、日本の歴史学界でも国際的な視野からの論議の必要が意識されていた。しかし前述のように、現実には大筋として一国社会の内発発展史として理論構成されたため、有機的構造をもつ世界史の理論としては一定の限界をもっていたことも否めない。

また同時に、社会構成史は元来経済社会理論としての抽象性と科学主義的性格を基本とするものであった。そこでは歴史における主体としての人間や人間集団の問題、あるいは歴史における一回的・偶然的契機が扱いにくいという傾向を避けられない。社会構成体史理論が内包する抽象性、歴史認識としての弱点といってよく、大塚久雄が近代への移行における人間類型やエートスの問題を強調したのも、それへの暗黙の批判を含んでいたと思われる。丸山真男が社会構成史的歴史学的理論を基底還元論とか本質顕現論と評したのもこれとかかわっている。

その問題はマルクス歴史学のなかでも自覚されていた。渡部義通を中心とする前近代社会研究のグループは、どちらかといえば「社会構成史派」であったが、羽仁五郎を中心とする近代史研究者の多くは、社会構成史理論を基礎理論としては認めるものの、それだけでは社会発展の歴史過程をとらえられないと考え、「人民闘争史」を理論的にも歴史具体的にも重視した。羽仁の影響を強く受けた井上清はその代表的歴史家であり、前近代史研究の鈴木良一もその一人に数えられるであろう。羽仁が『日本資本主義発達史講座』に発表した「幕末に於ける社会経済状態、階級関係及び階級闘争」は、前述のようにその先駆的かつ代表的な論文であり、それに触発された百姓一揆とその性格・評価をめぐる研究は少なくない。戦後歴史学のその面での重要な仕事には林基『百姓一揆の伝統』正・続（正＝一九五五年、続＝一九七一年、新評論社）がある。

「人民闘争」という言葉は、ややわかりにくい。資本―賃労働関係における労働者階級の闘争が資本主義社会の基本的階級闘争であるが、近代における民衆の闘争でもそれだけが単純にあらわれるものではなく、農民の闘争、都市市民や地域住民の闘争をはじめ、さまざまの集団・階層の複合化した民衆の運動・闘争が、時に連合し、時に分裂・対立しながらも全体として大きな力を発揮してゆく。それは究極するところ、総支配階級あるいは国家対人民の対抗として総括できるものである。「人民闘争史」とは、そうした多様で流動的な性格をもつ被支配階級の闘争の総体をとらえる概念といってよいだろう。その際、帝国主義段階においては、宗主国の人民闘争と植民地・従属国の人民闘争・民族闘争が相互にかかわりつつ展開するから、人民闘争史の視点はおのずから国際的に開かれたものとなる。

しかし前近代の場合には、何よりも身分制によって人びとの社会的存在条件が規定されるし、地域や市場も統合されていない。したがって、前近代の民衆の行動については、近代とはおのずから異なる理論が必要である。鈴木良一の土一揆研究「純粋封建制成立における農民闘争」（『社会構成史体系』一九四九年）は戦前の中村吉治《なかむらきちじ》の一連の実証研究（『土一揆研究』一九七四年、校倉書房）をふまえ、室町・戦国期の農民闘争を諸階層の条件・動向とかかわらせつつ広い視野から追究し、その後の研究に大きな影響を与えた。井上《いのうえ》鋭夫《としお》（『一向一揆の研究』一九六八年、吉川弘文館）や藤木久志《ふじきひさし》らは、一向一揆という日本では他に例を見ない民衆の宗教一揆を追跡した。前記林基の百姓一揆研究も一揆の個別研究と違って、「農民闘争」「平民的反対派」「市民的反対派」、さらに支配階級内部の分裂を取りあげ、それらの総合の上に社会矛盾の総体をとらえるというエンゲルスの「ドイツ農民戦争」の理論を援用し、それぞれの政治的条件・行動の特徴を追究することによって、一揆の年代記的事件史を越える視角・方法を開拓し、とくに宝暦・天明以降の社会的危機の深まりの構造を分析をした。

　百姓一揆研究はその後、幕末の世直し一揆の革命的性格に注目した庄司吉之助《しょうじきちのすけ》『世直し一揆の研究』（一九五六年、私家版。一九七〇年増補版、校倉書房）を経て、佐々木潤之介《ささきじゅんのすけ》の『幕末社会論』（一九六九年、塙書房）に連なってゆく。佐々木は世直し一揆にかかわって貧農＝半プロレタリア階層論を提起し、一揆研究を社会階層論と結合させることによって、方法的にも新しい研究段階を切り拓いた。

　さらに、近代史の分野では自由民権運動史が広い関心を集め、個別事例の実証研究とともに遠山茂樹、色川大吉《いろかわだいきち》、永井秀夫、後藤靖、江村栄一、大石嘉一郎らを中心に、それらの歴史的性格を総括する試みが明治維新評価とかかわりつつ推進された。

　資本主義の発展にともなう労働争議、地主制下の農民運動、都市下層民の戦いとしての米騒動、被差別民の解放闘争、婦人解放運動、さらには普選運動などなど、さまざまの民衆闘争の研究が資料蒐集から始めて、具体的個別研究、その総括と理論化に至るまで活況を呈した。それらは戦前の日本歴史の通史、また歴史教育ではほとんど封印されていたから、新鮮な印象をもって広く一般にも迎えられ、戦後歴史学の大きな成果となった。

　一方、朝鮮・台湾民衆の反植民地・民族解放闘争や日本の帝国主義的・軍事的侵入に対する中国人民の抵抗・闘争史は、戦後初期にはほとんど手がつけられていない。それらも本来右のような国内の人民闘争史とのかかわりからも考えるべきものであろうが、占領下の学問状況にはやはり鎖国性が色濃く存在した。また敗戦後、民衆の政治意識が、戦争被害者的側面に傾き、加害者的側面への自覚が立ち遅れたということも、それとかかわるところである。戦後歴史学の日本帝国主義、とくに植民地支配・植民地民族解放闘争に目を向けることが遅れたのは、占領や冷戦と不可分のことではあったが、それが戦後歴史学の重要な弱点となったことも忘れてならないであろう。

実証主義歴史学との交流

　以上見てきたように、「戦後歴史学」はマルクス歴史学と近代主義歴史学の問題関心と方法を基軸としてめざましく展開したが、この間アカデミズム実証主義歴史学もそれらから強い刺激を受けて、諸時代社会の基本構造についてマルクス歴史学・近代主義歴史学との協同・交流を深めていった。安良城盛昭の問題提起に応じて展開された太閤検地論争や、封建制から近代への移行論の線上で広い関心をよんだ幕末維新期の経済段階論・寄生地主制研究には多数のアカデミズム実証主義歴史家も参加し、学界状況としては、もはやマルクス歴史学かアカデミズム実証主義歴史学かといった区分自体が意味を失うようになった。

　その結果、どの時代の社会構造とその移行の形態についても戦後研究の成果をふまえた共通認識が進み、一九六〇年代にかけて古代律令制社会・中世荘園制社会・近世幕藩制社会・明治維新などの内容について、通説ともいってよい理解が形を整えるに至った（後述）。

もとより、古代についても国家起源にかかわる邪馬台国の位置問題からはじめ、階級社会成立の画期、ヤマト王権から統一国家成立過程における地方首長層、中央氏族＝貴族、大王＝天皇家の対抗と連繫をどう見るか、一般「公民」の基幹である農民家族を家父長的大家族と見るか小家族と見るか、奴隷制の性格と評価、律令制社会の変質と王朝国家段階への移行などなど、重要なテーマのどの一つを取りあげても見解は分れている。しかし、戦後早い時期の古代史研究者、たとえば井上光貞《いのうえみつさだ》、直木孝次郎《なおきこうじろう》、関晃《せきあきら》、岸俊《きしとし》男《お》、青木和夫《あおきかずお》、上田正昭《うえだまさあき》らアカデミズム歴史学の人びと、石母田正、藤間生大、吉田晶《よしだあきら》、門脇禎二《かどわきていじ》などマルクス歴史学系の人びとのあいだでも積極的な交流と協力があり、そうした空気は次の世代を代表する吉田孝《よしだたかし》、早川庄八《はやかわしょうはち》、石上英一《いしがみえいいち》らの研究に継承されていっている。

『岩波講座　日本歴史』（全二三巻、編集委員＝家永三郎他、一九六二―六四年、岩波書店）のほか、部門史構成の『体系日本史叢書』（編集＝坂本太郎他、全二四巻、一九六四―二〇〇一年、山川出版社）、国家・社会の諸段階をそれぞれ一冊とした『体系・日本歴史』（全六巻、一九六七―七一年、日本評論社）、中国・朝鮮史家も参加し、討論形式をとった『シンポジウム日本歴史』（全二三巻のうち第一巻未刊、一九六九―七六年、学生社）、戦後二回目の『岩波講座　日本歴史』（全二六巻、一九七五―七七年）などは、いずれも活気あふれた戦後歴史学研究の歴史観や政治的立場を超えた交流と到達点を示すものである。また、歴史的人物の伝記シリーズとしての『人物叢書』（一九五八年―、吉川弘文館、今日まで二三三巻におよび刊行継続中）も刊行された。

「戦後歴史学」をとくに思想・理論の面で主導したのがマルクス歴史学と近代主義歴史学であったこと

は事実であるが、アカデミズム実証主義歴史学といわれる学問も、戦後段階においては、戦前の考証史学からは内容・性格がすでにまったく異なっている。考証と政治史的年代記もむげに否定される理由はないが、それを本領とする半面〝理論は不要〟とするような発想では、現実が歴史学に求めるものに対して応えることができなくなっていることが明らかになった。歴史学はどのような理論、どのような思想に立つにせよ、科学としての実証をふまえながら、現代が問いかける問題から過去を見直すという方向に進みだしたのである。

〈本章に関する文献〉

『大塚久雄著作集』(全一三巻、一九六九―八六年、岩波書店)
『丸山眞男集』(全一六巻・別巻、一九九五―九七年、岩波書店)
『川島武宜著作集』(全一一巻、一九八一―八六年、岩波書店)
『歴史科学大系』(全三四巻、監修＝石母田正、江口朴郎、遠山茂樹、野原四郎、林基、一九七二―継続中、校倉書房)
歴史学研究会編『戦後歴史学再考』(二〇〇〇年、青木書店)

2　マルクス歴史学への批判のなかから

『昭和史』論争

一九五五年（昭和三〇）一一月、遠山茂樹《とおやましげき》は今井清一《いまいせいいち》、藤原彰《ふじわらあきら》との共著『昭和史』（岩波新書）を公刊した。Ⅰ「〝昭和の新政〟」、Ⅱ「恐慌から侵略へ」、Ⅲ「非常時の名のもとに」、Ⅳ「はてしない戦争」、Ⅴ「破局へ」、Ⅵ「戦後の日本」、という構成で、書名のとおり昭和の初めから戦後までを通観する歴史叙述である。そこで著者は「なぜ私たち国民が戦争にまきこまれ、おしながされたのか、なぜ国民の力でこれを防ぐことができなかったのか」という問題を主題にすえた。

目次からわかるように、この書物は政治史叙述であるが、政権の推移を中心とする実証主義歴史学の伝統的な中央政治史とは大きく違う。戦前以来深められてきたマルクス歴史学の近代史認識の達成をふまえながら、『日本資本主義発達史講座』や「日本資本主義論争」では手をつけられなかったこの時代の政治・軍事・経済過程を、支配―被支配の階級的対抗関係を基軸として、被支配階級の目でとらえる、という姿勢を鮮明に示している。

発刊とともに広い読者層に迎えられ、予想を超える大ベストセラーとなった。以後長期にわたって読み継がれる。戦後一〇年を経て日本の経済社会がようやく戦前水準を越え「もはや戦後ではない」という政府側のキャッチフレーズが国民にも実感できるような時点にさしかかっており、自分たちの歩んできた戦前・戦後の苦難の歴史をかえりみて、自分なりの納得をもちたいという気持ちが国民に広く高まっていたためであろう。とくに戦争中はもとより、戦前でも国家が国民に隠したり偽ったりしてきたことがいかに多いかということを、極東軍事裁判（東京裁判）をきっかけとして国民が広く感じるようになり、本当のことをもっと知りたいという要求が盛りあがっていたという状況があった。『昭和史』はそれを電車のなかでも読める新書判で提供してくれたのである。

ところがこの『昭和史』に対して、戦前マルクス主義から日本浪漫派に転じた亀井勝一郎《かめいかついちろう》は「現代歴史家への疑問」（『文芸春秋』一九五六年〈昭和三一〉三月）を書き、『昭和史』には人間が描かれていない、皇国史観《こうこく》も唯物史観《しかん》も迷いのない歴史ばかりを氾濫させる、軍部・政治家と共産主義者・自由主義者との中間にあって動揺した国民層の姿が見あたらない、と批判した。それとかかわって松田道雄《まつだみちお》は「昭和史をつらぬく私たちの疼痛が出ていない」と批評した。山室静《やまむろしずか》も「昭和史を生きた人々の屈折した体験を見る目が欠如している」と亀井に同調した。論争は、歴史学者と文学者のあいだだけにとどまらなかった。政治学者篠原一《しのはらはじめ》は、著者たちは経済的支配関係と政治的支配関係を直接的・連動的なものととらえすぎると批判して、「政治過程」の相対的独立性をもっと考えるべきだと述べた（「現代史の深さと重さ」『世界』一九五六年三月）。

評者たちの指摘は大まかにいえば、『昭和史』は人間不在だ、支配—被支配の両極にある支配階級＝権力と、被支配階級＝革命勢力との対抗軸を経済関係に対応させてとらえ、それだけで歴史が動いているかのようで、そのとらえ方が抽象的・機械的・公式的だというわけである。支配階級＝悪、被支配階級＝善といった割り切り方は、具体的な歴史を階級闘争という原理的範疇で割り切りすぎるということであろう。批判には竹山道雄《たけやまみちお》も加わった。歴史家として江口朴郎《えぐちぼくろう》、井上清《いのうえきよし》、和歌森太郎《わかもりたろう》も発言し、論争は論壇・歴史学界を広く動かして白熱した。遠山茂樹も批判を正面から受けとめた。遠山は、歴史家が歴史認識として人物をとらえるとき、それは文学における人間描写とはおのずからに異なるものがある。個々の体験によって表象される個人としての人間と、歴史の方向性・法則性とかかわる存在としての人間とはおのずからに違う、後者の基は「階級としての存在である」と主張した（「現代史研究の問題点」『中央公論』一九五六年六月）。個々の人間は、もとより個性的なものであり、ある意味では偶然的な存在であるが、歴史的社会における人間は何よりも階級として存在すること、その面においては偶然を通して必然が実現されてゆく、ということであろう。

亀井勝一郎は遠山への批評として、中間にあって動揺する多くの国民のあり方に対する「共感能力の欠如は歴史家の資格を欠く」と手きびしいが、遠山からいえば、それは懐疑主義・不可知論的思考で、歴史の真実へ向けての認識の可能性を放棄するものである、ということになる。いいかえれば亀井らは〝公式主義批判〟の名をかりて歴史の法則的・科学的認識の可能性を否定しようとするものだ、というわけである。

遠山たちはマルクス歴史学といっても、その一つのタイプである階級関係論・社会構成体論のような構造論にはもともと一定の批判をもち、むしろ階級矛盾を軸とした動的な政治史の方法を意識的に追求していた。『昭和史』を読めばすぐわかるように、その認識・叙述は構造論と違うもので、政治過程に焦点をすえた叙述である。それだけに政治史叙述は、従前のマルクス歴史学の近代史把握に比べ比較にならないほど史実密着的であって、概念的枠組だけに終わるようなものではない。だからこそ長期にわたって多くの読者を得つづけることができたのだと思われる。

しかし半面、被支配階級としての民衆の複雑な具体像がなお十分可視的に描き出されているとはいえないことも事実であり、評者の多くはこの点をついていた。遠山たちは歴史の発展は基本的には支配—被支配の対抗のなかで展開すると考えるから、被支配者の立場に立つことによってしか批判としての歴史認識は深めることができないと考えており、それゆえに〝迷える国民〟に基本視点をすえることはなかったということになる。それでもなぜ国民があの戦いを阻止することができなかったかという著者たちの設問を解くためには、そうした〝迷える国民〟のあり方がどのような形で戦争体制とかかわっていったのかは重要な論点である。批判者の指摘はその点ではやはり的を射ている。〝迷える・物いわぬ〟国民が、結局は戦争体制に合意している状況がどのようにして創り出されていったのかは、戦争責任における〝加害者〟論とかかわって、これ以後の研究史のなかで問いつづけられてゆく。

この他にも『昭和史』には〝アジア〟の視点が欠落しているとか、「国際関係・世界史的過程のなかの昭和」という視点が希薄であるといった批評も見逃せない。

この『昭和史』は当時の大多数の国民にとって文字どおり同時代史であったため、かえって誰にも説得性をもつ叙述ということが難しいということもある。個人がそれぞれに体験と記憶をもつだけにかえって客観化が難しいのである。したがって論争を通じてすぐ共通の結論的認識が得られるというものではなかった。しかし一九五九年（昭和三四）八月（第一版の発刊から三年九ヵ月後）、著者たちは『昭和史〔新版〕』を出した。比べてみると、初版にはなかった「第一次大戦後の日本」の章が新たに設けられるとともに、章名もすべて改められ、文章もほとんど全面的に書きかえられ、より具体的かつ包括的な目配りを強めている。たとえば「共同印刷と木崎」とか「芥川《あくたがわ》の自殺」のような個別的事件から、象徴的・抽象的に論を展開する手法を抑え、正面から政治史としての具体的事実を総合叙述する努力をいちだんと強めている。これは、多くの批判を著者たちなりにきびしく、しかし基本姿勢を変えることなく受けとめた結果であろう。

『昭和史』論争が歴史学にもたらしたものは、以上からもわかるようにけっして昭和という時代の具体的な歴史問題に限られるものではなかった。戦後日本の歴史学にもっとも大きな影響力をもったマルクス歴史学の理論・叙述の基本的あり方にかかわる諸問題である。それだけに広く史学史上大きな意味をもつものであり、当事者たちだけでなく、局外にあった多数の歴史家たちもこれを広く真剣に受けとめた。ちなみに『昭和史』初版の発刊の一九五五年（昭和三〇）七月には、日本共産党のいわゆる「六全協」（第六回全国協議会）によって革新陣営に自由な空気が高まり、翌五六年二月にはソ連でフルシチョフ第一書記のスターリン批判が行われた。これを契機に内外でマルクス主義の批判・自己批判が進行し、それまで聖典視されてきたスターリン『史的唯物論』の〝公式〟の呪縛からの解放も進み出した。そうした内外の時代動向が『昭和史』論争に特別の活気をもたらしたことも見逃せない。

「単線発展段階論」批判

「戦後歴史学」は、マルクス歴史学でも近代主義歴史学でも、日本の当面の社会変革の性質を大まかには「封建制から近代へ」という社会構成体の移行問題の枠組を土台において考えていた。もちろん、戦前の社会が「封建制」そのものというわけではないが、日本資本主義と構造的に結合していた半封建的諸関係の克服が、講座派以来の当面の史的課題として強く意識されていたのである。

そうした認識は日本歴史の全過程を社会構成体の展開史のなかで理解するということにもなるから、マルクスが『経済学批判』（一八五九年）の序言のなかで「概略的にみて、アジア的・古代的・封建的・近代ブルジョア的生産様式をもって経済的社会構成の進歩の諸段階とすることができよう」といったところを、どう理解するかということにかかわってくる。戦後歴史学は日本の歴史的社会の諸段階をこの指摘に従って時代区分し、理解しようという志向を強くもっていた。

歴史学研究会が一九四九年の大会テーマとして「各社会構成における基本的矛盾について」を設定し、原始古代＝松本新八郎《まつもとしんぱちろう》、封建＝高橋幸八郎《たかはしこうはちろう》、近代＝塩田庄兵衛《しおたしょうべえ》が報告し、その成果を『世界史の基本法則』と題して公刊したのは、それをもっとも鮮明に示すものであった。

しかし、『経済学批判』の「序言」はもともと人類史的「普遍」としての抽象化された理論的認識であって、一国の具体的史実についての発言ではなく、どの民族・社会も画一的にそのような社会構成の段階的前進の道を歩むということではない。その上、マルクスのいう「アジア的」というものが原始社会のことをさすのか階級社会の第一段階をさすのか、またなぜそれを「アジア的」というのかも、かならずしもはっきりしない。さらに「諸形態」にいう「共同体の三形態」が、「序言」の「アジア的」とどう関係するかもはっきりしない。

そうした「諸形態」の読み方を含む一般理論の理解をめぐっても、その後、長期にわたって塩沢君夫《しおざわきみお》、原秀三郎《はらひでさぶろう》、芝原拓自《しばはらたくじ》、中村哲《なかむらあきら》らの論客たちのあいだで活発に議論が交わされていった。とくに一般理論を基準として日本歴史を見た場合、日本社会の構成史的展開をどう見るかはいっそう困難な問題であった。ところが歴史学研究会の「世界史の基本法則」は、その一般理論がそのまま日本史における一国史的過程に適用できるとするような理解に立っていたばかりでなく、あたかもそれが諸民族の歴史発展に共通する不動の法則であるかのような印象を与えた。厳密にいえば、各報告者が同じようにそう考えていたといえないかもしれないが、それらの点についての理論問題はあいまいなままに、「世界史の基本法則」が一人歩きする状況を生み出した。

しかし日本の古代社会が、ギリシャ・ローマ型の奴隷所有者―奴隷を基本的階級関係とするといえないことは、渡部義通《わたなべよしみち》以来、明白に認められているところである。「奴隷制」は班田《はんでん》農民の性格をどう規定するかというもっとも基本的なところで、すぐ難関につきあたった。その意味で戦後歴史学は日本古代社会に「奴隷制」範疇を単純に適用できると考えていたわけではない。それだからこそ「諸形態」の「共同体のアジア的形態」を起点とする「総体的奴隷制」という範疇概念を援用することによって、古代社会を首長制という在地に形成された濃密な共同体関係を土台にもつ階級関係と国家―公民、という二つの生産・階級関係の複合構造として理解する方向が強まるのである。

奴隷制の適用が日本古代社会では一筋縄でゆかないのと同様に、封建社会も現実には困難な問題を内在させている。何よりも律令制社会の変質・解体といっても、封建制社会の基礎となる農奴的小農民の一般的形成は、先述のようにそれほど単純明快な形であらわれてくるわけではない。領主―農奴関係の対極をなす「領主」とは、「在地領主」なのか、「荘園領主」なのか、あるいは両者の総体をさすものなのか。律令制社会に継起する荘園制社会は、封建社会なのか、古代社会なのか、といった問題の理解もさまざまだった。

前記したが、安良城盛昭《あらきもりあき》はそれを家父長的奴隷制社会といい、戸田芳実《とだよしみ》（一九二九―九一）、河音能平《かわねよしやす》や黒田俊雄《くろだとしお》は封建社会と考えた。永原慶二は南北朝動乱以降、経済的先進地域から次第に小経営農民の一般的形成の進行にともない封建的社会関係が本格的に展開してゆくが、それ以前の荘園制社会はまだ小農民経営の一般的展開水準に達せず、同時に封建的主従制も未熟で、封建制の前段階にあたると考えた。また日本とゲルマンに古典的に見られる封建社会との類型的共通性を中国社会との対比において注視する考えもある。中国社会では日本のような封建制的主従制が全面的に展開しないが、その場合は封建社会という理論範疇の適用は成り立たないのかどうかなど、「封建論争」あるいは「封建制成立論争」などとよばれる議論がくりかえされた。

こうした議論は概してマルクス歴史学の内部のものであった。比喩的にいえば、安良城のように「中世」を家父長的奴隷制に重点をおいて見たり、永原のように小農民経営の未熟さを構造的な問題と見る考え方は、資本主義論争における講座派的着眼に通じるものがあり、戸田や黒田のように荘園領主―百姓関係を、領主―農奴関係と見て中世封建社会と割り切る考え方には、労農派的論理に通ずる思考方式があるように思われる。

戦後早い時期には、農奴制・封建制の問題はマルクス歴史学者以外の広い歴史家のあいだにも強い関心があり、日本史のみならず、中国史における唐宋移行期における「主僕《しゅぼく》の分《ぶん》」という隷属身分制規定をもつ佃戸《でんこ》を「農奴」と見て、その展開に中国封建社会成立の基礎を見いだそうとする仁井田陞《にいだのぼる》（一九〇四―

六八）の説も提起され、論争の場は大きく拡大するかに見えた。しかし、変革期としての「戦後期」が一段落するようになると、歴史学界全体の関心は、社会構成体論・時代区分論から急速に離れていった。その結果、

(1)　一国史について社会構成体の諸段階を機械的に見いだそうとするような見方の不適当さ、

(2)　「社会構成体」のような理論範疇は、現実の歴史においては、複雑多様な存在形態を示すこと、

(3)　一つの歴史段階においては、基本的生産様式・階級関係と、それと構造的結合性をもつ副次的生産様式・階級関係が同時的に存在すること、

(4)　一国社会の社会構成体のあり方や移行のあり方は、国際的な条件（「東アジア地域世界」など）によって強い規定性を受けること、

などが学界全体としてほぼ共通に認められるようになり、そのなかで論争も徐々に幕を降ろしていった。この間、マルクス歴史学の理論に疑いをもち、「封建制」という社会構成体概念を歴史認識の道具として使用すること自体を拒否する意見も登場した。それとならんでこの頃、日本近現代史の分野では「ファシズム」概念の使用を拒否する考え方も目立つようになるが、それらに見られる戦後歴史学の普遍主義・科学主義に対する拒否は、半面では地球的規模での人類史の多様な発展とその同時的存在を科学的に認識することを困難とし、またさまざまの方法による歴史認識の交流の拡大の道を狭める役割をもつことにもなる。この微妙な動きをとらえ、文部省の教科書検定は「封建社会」概念を極力使わせない方向を強めるようになった。

「西欧モデルの近代」認識への批判

マルクス歴史学の〝単線発展段階論批判〟と表裏のかかわりで、〝西欧モデル〟の近代主義歴史学の類型論的方法への批判も重要である。すでにふれてきたことでもあるが重要なのでもう一度見ておこう。

近代主義歴史学を代表する大塚久雄《おおつかひさお》は、元来、西洋経済史学者であるが、近世・近代を中心に日本史研究にも絶大な影響をもたらした。大塚は資本主義がもっとも先進的かつ「典型的」な発達を示したイギリスについて、その条件は何かという問題を戦時中から追求し、中世末期に独立自営農＝ヨーマンリーが広く出現し、「民富《みんぷ》」の形成が進むこと、他方、都市の特権的商業資本と封建領主との連携によるきびしいギルド規制から逃れた手工業者たちが自由を求めて農村に流入し、農村工業を発展させ、ヨーマンリーとともに、初期資本主義の担い手となる「中産的生産者層」が広汎に出現、それによって農村の直接生産者のなかに商品生産・交換関係が進展し、「局地市場圏《きょくちしじょうけん》」が形成され、それが起点となって資本主義的国内市場の形成が進むことを明らかにした。それは封建社会の胎内から内発発展的に資本主義が登場してくる理論的筋道であるとともに、現実にイギリスにおいて認められる具体的な歴史過程であった。

大塚はこの基礎過程の進行を支えた人間の問題として、M・ウェーバー（一八六四―一九二〇）の『プロテスタンティズムの倫理と資本主義の精神』（一九〇四年、現在は岩波文庫に入る）から深い示唆を受けて、「自発意思」「禁欲・勤勉」のようなエートスが不可欠であったことを重視して、人間類型論を組み込んだ「近代資本主義」の「理念型」を設定した。

それとの対比で、日本における封建から近代への移行はどうか。大塚の学問的影響下にあった日本経済史家たちは日本の場合、「民富」形成の担い手である「中産的生産者層」の形成が順当に進行せず、幕藩体制下の封建的小農民は、基調としては半封建的な寄生地主―小作関係へと両極分解の道を歩み、したがって自由な農村工業とそこからの資本主義形成の道を切り拓くことがない。明治以降の資本主義の主流は、江戸時代以来の大商人資本が国家権力に保護されつつ上から産業資本に移行する形をとり、さらに軍事工業・製鉄・鉄道(国有化)業は国家資本そのものであった。

そうした財閥・国家資本優位の資本主義形成は、国家権力においては絶対主義的天皇制を、民衆社会においては濃厚な前近代的諸関係を存続させることとなり、資本主義と民主主義の一体的展開とは異質の近代を生み出した。それは講座派の認識に通ずるものであり、さかのぼれば福沢諭吉の文明史観にも連なってゆくともいえる。

大塚の認識した日本の〝歪んだ近代〟は、また欧米留学によって、ヨーロッパ的近代と日本の現実の落差を痛感した明治知識人たちの皮膚で感じた日本近代観にも通じている。前にもふれたが日本はいかにして〝本物の近代〟となるかという課題は、明治の知識人から戦後の近代主義知識人へと継承された歴史認識、後進性の自覚そのものである。

それは、戦後日本社会の多くの人びとに、実感として受け容れやすいものであった。しかし、この「西欧的近代」と「日本の近代」との類型比較という方法は、半面では一九世紀以来のヨーロッパ人のアジア観＝アジア的停滞性論に通ずる性格をもっている。日本は〝純粋の近代〟に到達できていないという自己認識は、一面では「進歩」に向けての思想的エネルギーであるが、半面ではアジア・日本の後進性・停滞性の承認に通じていることも否定できない。大塚史学の構想に対しては「余りにもバラ色のヨーロッパ近代」という批判とともに、「近代」というものも具体的にはもともと歴史的多様性をもっているものだ、一つの「近代」を理想化し、それに一致しないものは〝遅れている〟〝歪んでいる〟とする歴史認識は方法として適切ではない、という批判が強まった。

マルクス歴史学では、戦後、ヨーロッパ帝国主義イデオロギーとしての「アジア的停滞性」論をいかに克服するかがもっとも重要なテーマの一つであり、その克服のための立論が多角的に進められた。たしかに中国のいわゆる皇帝―官僚専制国家体制は、ヨーロッパ封建社会と構造的に異なるし、そこからの近代化の起動は遅れた。だからといって、中国には封建社会はなかったと断定できるかといえばそうではあるまい。ヨーロッパとは異なる国家的封建制ともいうべきものがあったのではないか。それを「専制」と「停滞性」でぬりつぶす誤りを克服することが必要だとされた。ところが近代主義歴史学には、この点でアジア的停滞性論の影が強く残り、まつわりついていたように思われる。

さらに、「典型」とする「西欧的近代」において、資本主義と民主主義とを一体的にとらえる近代主義は、その両者の非一体的ないし相反的な側面を忘れている、近代主義歴史学が資本主義における帝国主義段階を論理枠組に位置づけず、帝国主義が民主主義といかにするどい矛盾関係を生み出したかという問題に論及しなかったことはそれとかかわるであろう、――このような形で、近代主義歴史学の理論体系の根幹への批判も提起された。

この論点については、マルクス歴史学の立場から帝国主義研究に指導的な視点を提起した江口朴郎《えぐちぼくろう》（一九一一―八九）が、戦後早くから近代主義批判として指摘していた問題であるが（『帝国主義と民族』一九五四年、東京大学出版会）、近代主義の側からの論争的対応はとくに提出されないで終わった。

東アジア史・世界史のなかの日本史

以上のように、マルクス歴史学の社会構成史論も近代主義歴史学の日本近代社会論も、理論上は国際的契機を排除するものではないが、基本的には一国社会の内発発展理論であった。先行する社会のなかに成長する矛盾として、次の歴史段階を規定する生産・階級関係が成立し、それがいかに先行社会の構造を止揚してゆくか、その止揚のあり方、徹底度といったものによって、新しい歴史段階のあり方が規定されるという筋道である。

しかし、歴史の現実は「世界資本主義」段階のみならず、前近代のどの歴史段階においてもまったく一国完結的な歴史展開はありえない。それにもかかわらず日本史認識においては一国完結型やそれをふまえた類型比較論的傾向が概して強かった。類型比較論は世界史的視野をもっているともいえるが、その類型は一国完結的なとらえ方に陥りやすい性質をもっている。

そうした見方に対する批判は、戦前の羽仁五郎《はにごろう》「東洋に於ける資本主義の形成」にすでに見られており、戦後歴史学でも、井上清、江口朴郎らの見解にいっそう明確に示されていた。井上と江口は、アジア的社会の停滞的歴史状況そのものを否定するわけではないが、それをアジア社会の内在的諸要因からのみ読み解こうとする考え方には明瞭に反対であった。アジア的社会の内在的諸要因と資本主義的近代の国際関係の諸要因との複合として、世界史的にとらえる必要を理論的にも明示していたのである。

石母田正《いしもだしょう》は戦後の早い頃、一つの民族・社会の歴史は個性的であっても、その内面に〝世界史の法則〟が貫通していると考えていた。『中世的世界の形成』において然りである。この考え方は、社会構成史的内発発展論にもとづいている。しかし石母田は、中国革命の進行に直面して、その書物のなかでは克服できていなかったアジア的停滞性論と一国完結的な認識の克服にみずから全力で取り組み、その後の著作『日本の古代国家』（一九七一年、岩波書店）では、日本の古代史を中国・朝鮮を含む東アジア的世界史の一環としてとらえ直すことに成功した。

しかし、石母田が『日本の古代国家』に到達するのは、一九七〇年代に入ってからである。その間にこの点をめぐりマルクス歴史学以外の立場からの批判が多面的に提示された。

竹内好《たけうちよしみ》（一九一〇―七七）は、中国文学・近代主義批判の立場からマルクス歴史学は歴史を生産力に還元し、一つの尺度で割り切る決定論だとし、日本だけが無抵抗・無批判に西欧的近代を取り入れたのはなぜかと問い直し、中国との違いを問題とした。そして、中国の歴史においては、「連続」の契機が強く機能しており、マルクス歴史学のように、「断絶」と「段階」の契機を視軸としてゆくことは妥当でないと指摘した。たしかに竹内のいうように、日本と中国との差は単なる生産力段階の差ではない。長期にわたる社会・文化のあり方、民族の統合のあり方をはじめとする諸契機を抜きにして歴史を語ることはできないであろう。竹内がここで念頭においたのは、マルクス経済学者山田盛太郎《やまだもりたろう》が、戦後「インドは植民地化され、中国は半植民地化され、日本は独立を守った」因由を、「稲作生産力における一対二対三」という数値から説明しようとしたことであろう。それはあまりに機械的で、それから直接歴史の全体を読み解くことができないのは当然である。日本のようにいち早く西欧的近代を受容したことが、一方的に「進歩」とすることだけで歴史を測るとすれば、あまりに一面的であることも、中国革命から五〇余年を経た今日の時点に立っていよいよ明らかである。竹内はマルクス歴史学も広義の近代主義歴史学に他ならず、その科学主義からでは中国革命に発揮された民族的エネルギーは到底とらえられないと考えたのである。

上原専禄《うえはらせんろく》（一八九九―一九七五）も竹内とはまったく異なる視角からであるが、一国単位の発展段階論的歴史認識に対してラディカルな批判を提起した。

上原は世界史を構成する四つの文明圏＝地域的世界の併行的展開に注目した。前近代の長期の歴史のなかで、四つの文明圏＝地域的世界は独自的に自己を形成してきたのであって、個々の民族や国家が自己完結的に存在・発展したのではない。それらは資本主義の発展とともに相互的な交渉・関連を強めながら世界史を形成する。一八、一九世紀を通じて形成された世界史像はヨーロッパ中心の古い歴史像であり、この四つの文明圏を基礎とする第二次大戦と戦後の世界歴史がそうした古い歴史像に根本的な見直しを迫ることになった、と考えた。

この上原の構想は、マルクス歴史学が人類史的発展法則と考えていたような社会構成史的発展段階論と異なり、具体的な史的交渉・連関のなかで展開する「地域」と「世界史」認識の必要を説いたものである。別のいい方をすれば、歴史はどこまでも個性的・具体的なものとして存在するから、「法則」化や「類型」化あるいは「段階差」に還元できないものだ、ということになる。

上原がこうした世界史の構想を提起し、みずから深めていったのは、「アジアの時代」といわれた一九五〇年代であった。アジア・アフリカの植民地・半植民地の解放・独立が急速に進み、ヨーロッパ的価値の一元的支配が解体してゆくときである。上原はそのなかで、地球上の諸民族・諸地域の文明がそれぞれ独自に歴史的形成の歩みをたどり、多元的な文明を発展させてきたことを世界史認識の根幹にすえることによって、明治以来、西欧的近代のみを価値とし、資本主義・帝国主義の道をひた走りに走った近代日本のあり方に根源的な思想転換を迫ったといえる。福沢諭吉以来、「文明」はすなわちヨーロッパ的価値としつづけてきた日本に対し、中国・インド・イスラム世界をはじめとする地球上の諸地域・文明のもつ意味を問い直させようとしたのが上原の世界史観であるともいえる。

五〇年代初頭は冷戦と対米従属の強化のなかで日本でも民族的危機の意識が高まった。歴史家の目が民族の問題に向けられだすのはこの頃である。

かえりみると、前述のように、日本では明治三〇年代以来、歴史研究においても歴史教育においても、日本史・東洋史・西洋史の三科体制が研究・教育のきびしい枠組を創り出してきた。その際、東洋史というのは事実上、中国史のことであって、朝鮮史を系統的に研究・教育することはほとんどなかった。とくに韓国併合以降、植民地支配＝同化政策の立場から、朝鮮の一貫した歴史を国民に知らせることは好ましくないという思考が一貫して強かった。インドをはじめ東南アジア史も、中近東諸地域史も「東洋史」の視野の外に放置された。「西洋史」というのは英・仏・独などのヨーロッパ先進大国の歴史であって、ロシア史・イタリア史さえほとんど無視されていた。アフリカ・南米・東南アジア・オセアニアなどは、歴史の研究・学習の対象とは頭から考えられていなかった。要するに、古代以来その文明の恩恵に浴してきた中国と、近代文明の価値を体現していると見る英・仏・独の歴史だけが学ぶに足るものと考えられたのである。

こうした考え方のもとでは、イスラム文明圏などはまったく視野のなかに入ってこないため、現実に有機的な連関をもって存在する地球上の諸地域を統一的な視点から、生きた世界史としてとらえ、自国も世界史のなかに位置づけ相対化して考察するという発想はまったく生まれてこなかった。日本史認識・研究における「民族」の問題の弱さはそうしたところに根ざしていた。

三科体制はそういう意味で、自国の歴史を世界史から切り離すこと、世界の歴史もそれを有機的統一体としてとらえるのでなく、自国にとって〝学ぶに価値ある〟と思われるものだけを抜き出して学ぶこと、その両者をあわせ、いちじるしく自国中心的な発想による研究・教育体制であったということになる。自国中心、大国志向型歴史観は弱者無視であり、政治的には帝国主義の容認になる。上原専禄の世界史構想は、三科体制に支えられたそうした帝国主義的歴史研究・歴史教育の思想に対する根底的批判としての、新しい世界史の構想を示すものであった。

「地方」・民俗・女性・少数者の視角

戦後、京都において「日本史研究会」創設（一九四五年一一月）の中心の一人となった林屋辰三郎《はやしやたつさぶろう》（一九一四―九八）も、公言はしていないが社会構成体論の方法への批判者の一人であったと思われる。林屋は中世芸能史・京都都市史・被差別身分史などに大きな業績を残したが、日本史研究会の活動が開始された頃、新しい研究としてとくに重要なものは、

(1)　地方史研究、
(2)　女性史研究、
(3)　部落史研究、

の三つだと述べた。それは日本史学界に向けた刺激的な発言であり、今日に至るまで多くの研究者に語り継がれている。この三つはもっぱら基本的階級関係に視点を集中しがちな社会構成体史論の普遍史的視界からは欠落しがちの存在・問題であるが、実はその社会の歴史的体質を規定する重要な要素というべきも

のである。

「地方史」とは「中央史」＝全国支配の中枢としての国家・支配層・政治史的世界に対置される意味での「地方」・民衆的・生活的世界の歴史である。中央支配層からは古代以来伝統的に、「都《みやこ》」—「鄙《ひな》」という言葉で表現されてきた「鄙」の歴史である。「鄙」は「村」といってもよい。それは戦前において郷土史家以外が目を向けるところではなかった。「鄙」が国家の歴史のなかで独自に意味役割を持つことはないと考えられていたのである。

しかし、敗戦とともに〝大日本帝国国民〟という均質的「国民」幻想が解体すると、生ま身の民衆が生き暮らしてきた固有の場、そこにおける民衆の生活と文化というものを抜きにして、日本国の社会的実体を論ずることは出来ないことがはっきりと意識されるようになった。それぞれの「地方」の歴史的に形成された生活文化や社会経済的諸条件の多様な実相をふまえることによって、「中央史」どまりの底の浅い日本歴史認識は飛躍的に深まり豊かなものとなることが広く意識されるようになってゆく。戦後の「地方史研究協議会」の創設もそうした問題意識をふまえて進められたのであるが、林屋はこの点を戦後いちはやく自覚的に強調したのである。

この間、地方史研究協議会は児玉幸多《こだまこうた》、杉山博《すぎやまひろし》、木村礎《きむらもとい》、林英夫《はやしひでお》らが中心となって、全国各地の地域研究団体や個人との連絡を進め、「郷土史」の孤立分散状況の克服に努力した。地方でも長野県の一志茂樹《いっししげき》（一八九三—一九八五）は「信濃史学会」の中心に立って雑誌『信濃』を育てあげた。

「女性史」もまた、戦前の日本史学ではかえりみられることが極度に少なかった。喜田貞吉《きたさだきち》は女性史に関心を寄せた希れな存在であったが、彼が京都帝国大学教授時代後進に残し伝えたものの一つにそれがあり、林屋もその示唆を深く受けとめていたのではないだろうか（喜田が京都帝国大学につとめていた頃、林屋はまだ大学に入学していないから直接教えを受けたわけではない）。

日本の歴史を中央史・政治史的な立場から見れば、女性はせいぜい女帝や娘の入内《じゅだい》あるいは女院のような限られた問題としてしか視界に入ってこないであろう。しかし林屋の専攻した中世芸能史や中世都市民史においては、女性は歴史の主舞台につねに存在していたのである。その多彩な活動を抜きにして中世社会の具体相を語ることはできない。しばしば狂言の題材とされた機智とたくましさに富み商人活動に才能を示す女性たちは、家父長制支配一色にぬりつぶされた家族史からは見られない部分であり、林屋の着眼はその後、脇田晴子《わきたはるこ》、田端泰子《たばたやすこ》らにより本格的な中世女性史研究として進められてゆくことになる。

林屋辰三郎

第三は、被差別部落史研究である。これこそ喜田貞吉が開拓者としての栄誉を担う分野であるが、林屋のように芸能史研究を主テーマとする史家にとって、被差別部落史はとくに密接な問題であった。中世芸能者の多くは、しばしば「卑賤の芸能」といわれたように卑賤視された身分の人々が多くその担い手であり、芸能史と被差別身分史の史料はほとんど一体的なものである。

しかも京都は天皇・朝廷の対極に被差別身分を不可欠の底辺身分として必要とする特有の社会構造をもっていた。各種の死人・斃死牛馬の処理・検断・刑罰の下級の仕事はすべてケガレとかかわるから「清浄」が絶対的に要求される天皇の居所京都には必然的にもっとも濃密に被差別民が存在し、彼らが一面ではさまざまのキヨメ（清目）とコトホギの芸能を担ったのである。こうした被差別身分は京都とその周辺では近世・近代に至るまでとくに濃厚に存在し、戦後も部落解放運動やそれにかかわる研究はみな京都を中心に行われてきた。それらに関する戦後の高い水準の研究はそうした社会的風土のなかで生み出されるが、林屋の提言と研究実践はその先駆的な役割を果たした。これらの問題についてはまた後述する。

林屋の提言した地方史・女性史・部落史は、以後五〇年を経た今日の時点でかえりみれば、それがいかに先見性にみち、重要なものであったかが明らかである。三者は一面から見ればいずれも社会のマイノリティー（少数者）といってもよい存在であるが、他の一面から見れば、これこそ民衆の現実的存在形態そのものである。林屋は日本社会の歴史的現実を、マルクス歴史学のように基本的な階級関係を視軸に普遍化・理論化する方向を明白には否定しなかったが、彼自身はこうした民衆そのものの具体化の面において、新境地を大きく切り拓いたのである。西の林屋は戦争で斃れた同学の友人清水三男《しみずみつお》とともに、東の友人としてまたライバルとして、石母田正のマルクス歴史学をつねに意識していたことはまちがいない。それは歴史認識の方法・理論の根本に深くかかわる問題であった。

林屋と同じ世代で、やはり「民衆」に目を向けていた史家に和歌森太郎《わかもりたろう》（一九一五―七七）もいる。和歌森は『修験道史研究』（一九四三年、河出書房）に見られるように、戦中期から、歴史における土着的・民俗的なものに目を向け、文献史学からの出発でありながら柳田国男《やなぎたくにお》にも直接学んだ。戦後は『国史における協同体の研究　上』（一九四七年、帝国書院）、『中世協同体の研究』（一九五〇年、弘文堂）に代表されるように、社会組織としての「協同体」のあり方を追究した。和歌森のそうした仕事も、マルクス歴史学が民衆を階級範疇に還元する方法に対する一定の批判をふまえていたものと思われる。「階級」は理論的抽象化を進める次元では否定し難い基礎的理論範疇であるが、民衆の生活的・具体的な次元においては、さまざまの「協同体」関係のなかで、はじめて存在しうるものである。和歌森も歴史的社会認識における民衆の姿を抽象化・普遍化によってその本質に迫る道をとらず、より生活的・日常的次元に掘り進むことによって理解しようとしたといえるだろう。

歴史認識における理論的抽象化・「普遍」志向の考え方と、生活的・日常的具体性に向けての具体化とは、相反する二つの方向であるが、戦後の啓蒙思想の高揚期には前者が、その沈静と反省期には後者が、とくに注目され正面に立ちあらわれたといえるのではないか。両者を二者択一的に、相互に他を排するものとするのでなく、学問の方法として相補的に承認し、それを通じて歴史認識を豊かにすることが必要である。

歴史における断絶と連続

歴史の「普遍」（法則認識）の面に力点をおくか、歴史をあくまで「個別」具体的な個性的なものとして歴史主義に徹するかは、世界的にも一八世紀以来の問題であり、日本の近代歴史学においても明治以来の問題であった。すでに述べたように、明治の文明史、啓蒙史学から戦後の近代主義歴史学・マルクス歴史学に至るまでは、傾向としては法則認識を認めていた。法則認識は一種の科学主義であり、歴史主義は一種の浪漫主義に傾きやすい性質をもっている。

この「普遍」か「個別」かという歴史観をめぐる基礎的問題と深くかかわるもう一つの争点は、歴史における「断絶」と「連続」の問題である。歴史認識は多くの場合、時代や段階の問題を避けて通ることはできない。歴史を個別事実の一回的事象として見る歴史主義的歴史観においてさえも、長期の歴史過程に何らかの段階や時代といった区分をまったく設けないということはできないであろう。

しかし、そうした場合でも、二つの歴史段階、あるいは時代のあいだにおける「断絶」の面により大きく歴史の意味を見いだすか、逆に両者のあいだの「連続」を重視するかは、歴史観の問題として重要である。法則認識を重視する場合は、概して「断絶」面に注目する。「個別」を強調し、歴史は他の科学とは異なり、究極のところ一回的史実の記述的なものとする場合は、概して「連続」面を重視する。「普遍」「法則」認識は「あるがまま」の一回的史実の尊重というランケ以来の考え方と違い、歴史における「進歩」や「発展」を視軸とするから、二つの段階や時代の前後の相違がまず問われることになる。その相違を明らかにすることが歴史における「進歩」の確認ということになる。歴史における「進歩」に懐疑的な批判者は、マルクス歴史学は「生産力の発達」を「進歩」の唯一の内容と解しているといって非難することがしばしば見られるがそれは誤解であろう。歴史的社会の「進歩」は経済のみならず、人権・自由・民主主義・「文明」などをはじめとする、もっと複雑多様な人類的価値の総体の問題として理解される必要がある。

近代主義やマルクス歴史学は「断絶」によって確認されるそれぞれの段階や時代のあり方を理念化し、そこに貫く「普遍」「進歩」を発見し、それを尺度として具体的な歴史的社会を認識し「意味」を考え評価しようとした。「断絶」の面において原理的・基本的なものがとらえられ、「連続」の面では具体的なもの、変革や進歩の不徹底さ、古きものの遺制や伝統、その歴史における前提的規定要素、あるいはそれと新しいものとの構造的結合のあり方を認識しようとした。大塚久雄における〝典型〟と〝歪み〟や山田盛太郎の日本資本主義の構造的特質としての「型」論がそうであり、マルクス歴史学における明治維新史論もそうした両面の視角から展開されていったのである。

したがってこのことは、近代主義やマルクス歴史学では「断絶」ばかりを注視し、「連続」を軽視したり無視したりしているということではない。丸山真男は日本思想史における「古層」という重要な問題を提起した。「近代」としての基本的性格は明確であってもその基底に生きつづける前近代以来の習俗・意識・行動様式・社会統合様式などの体質的なものはこの「古層」と不可分であり、その意味で歴史学は「断絶」と「連続」、「革新」と「伝統」を統一的に理論化する必要があると考えたのである。また高橋幸《たかはしこう》八郎《はちろう》も戦後早くに公刊した『近代社会成立史論』（一九四七年、日本評論社）の序論で、日本社会における社会構成の重層構造を指摘しているが、これも同じような問題に注目したものといえる。

歴史認識における「連続」重視の立場からは、「日本」「日本人」の「伝統」や「日本的なもの」が強調され、日本歴史における「連続」を国家や民族の「誇り」とすべきものとするような考えに通ずる思考が生まれてくることも見逃せない。しかしそうした歴史幻想的な歴史論は別として、歴史の学問的な認識作業として、こうした「断絶」と「連続」の両面を相互に切り離すのではなく、構造的・統一的に追究すべきことは歴史学にとって基本的に重要なことである。「戦後歴史学」に対する批判は多くの場合、近代主義・マルクス歴史学の「法則認識」とその「公式性」あるいは「断絶」重視に向けられた。そのような傾向をまったく否定することは出来ないが、歴史認識が理論化を拒否し、個別実証主義的研究にだけ帰着させられた場合の歴史学にもたらされるだろう混迷は、一種の求心性の喪失による研究の細分化の招来ということになるだろう。それとかかわる問題は、一九七〇年代以降、次第に顕然化する。

〔本章に関する文献〕

幼方《うぶかた》直吉・遠山茂樹・田中正俊編　『歴史像再構成の課題―歴史学の方法とアジア―』（一九六七年、御茶の水書房）
『遠山茂樹著作集』（全九巻、一九九一―九二年、岩波書店）
『江口朴郎著作集』（全五巻、一九七四―七五年、青木書店）
『上原専禄著作集』（全二八巻、一九八七年―、評論社）
竹内　好　『日本イデオロギイ』（一九五二年、筑摩書房）
林屋辰三郎　『日本史論聚』（全八巻、一九八八年、岩波書店）
〃　『一歴史家の軌跡』（一九九三年、悠思社）
信濃史学会　『地方史に生きる―聞き書一志茂樹の回想―』（一九八四年、平凡社）
『和歌森太郎著作集』（全一六巻、一九八〇―八三年、弘文堂）
『東アジア世界における日本古代史講座』（全一〇巻、一九八〇―八六年、学生社）
石田　雄　『近代日本政治構造の研究』（一九五六年、未来社）
藤田省三　『天皇制国家の支配原理』（一九六六年、未来社）
『近代日本思想史講座』（全八巻・別巻一、編集＝家永三郎、加藤周一、竹内好、丸山真男他、一九五九―六一年、ただし第二巻と別巻未刊、筑摩書房）

3　高度経済成長と日本史学の転換

実証主義歴史学の発展と変容

戦後一〇年を経過した一九五五年（昭和三〇）頃以降、日本の経済は新たな成長軌道にのり、「六〇年安保」（その六月十五日、「安保反対」デモに加わった東京大学国史学科の学生樺美智子《かんばみちこ》は、国会構内への突入時、警察隊との衝突・混乱のなかで死亡した）を経て、一九六〇年代には高度経済成長の時代に入った。

日本史学界では一九六二年（昭和三七）から六四年にかけて、戦後の日本史研究の到達を総括する意味をもって、『岩波講座　日本歴史』（全二三巻）が刊行された。石母田正《いしもだしょう》・井上光貞《いのうえみつさだ》他一一名が編集委員となったが、その顔ぶれは、実証主義アカデミズム学者からマルクス歴史学を含む戦後歴史学の広い範囲の中心的担い手たちであった。

それは単なる混成部隊を意味しない。戦前、マルクス歴史学は治安維持法のもとに抑え込まれており、アカデミズム実証主義歴史学とのあいだの交流はほとんど閉ざされていた。その交流のわずかな窓口の可能性をもったのは歴史学研究会であったが、前記のように戦争末期には会の研究活動すら不可能となっていた。戦後はこの状況が決定的に変化した。戦後のマルクス歴史学とアカデミズム実証主義歴史学とは、客観的にも心情的にも互いを〝異界〞の存在とは感じなくなり、相互の交流がどの時代についても研究の前進のために欠かせないことを認め合うようになった。マルクス歴史学には既述のような理論的・方法的な枠組が存在し、それが実証主義歴史学の歴史主義的思考からは批判の対象になったが、マルクス歴史学も戦後の研究においては、戦前のように政治的運動の思想的武器として、もっぱらそうした人びとによって研究された、いわば素人の歴史学ではなくなっていた。前述のように、中国法制史の権威として国際的にも信頼を寄せられていた仁井田《にいだ》陞《のぼる》が、中国史における佃戸制《でんこせい》に、マルクス歴史学の農奴制範疇を適用し、中国における封建制の問題を考えようとしたことは、仁井田にとってもマルクス歴史学理論の有効性が実感されていたからであろう。このことは半面からすると、マルクス歴史学もアカデミズム化したということでもある。

戦後マルクス歴史学がアカデミズム歴史学の一つの方法化するなかで、伝統的な実証主義歴史学も伝統的な問題関心の枠組を拡大し、そのスタイルを急速に変えていった。

その意味では、実証主義歴史学とマルクス歴史学は研究上の課題を互いに共有しあい、方法の相異を認めつつも、研究の交流と協同を深め合うことができるようになった。『岩波講座　日本歴史』が発刊される頃、戦後新制の教育・研究制度のもとで、戦前とは異なるきびしい研究鍛練を受けた戦後の第一世代が、すでに第一線に立つようになっていた。『岩波講座』の執筆者を見ても、古代の村井康彦《むらいやすひこ》、中世の石井進《いしいすすむ》、黒田俊雄《くろだとしお》、笠松宏至《かさまつひろし》、近世の佐々木潤之介《ささきじゅんのすけ》、脇田修《わきたおさむ》、近現代の芝原拓自《しばはらたくじ》、鹿野政直《かのまさなお》、大江志乃夫《おおえしのぶ》、松尾尊兊《まつおたかよし》ら三〇歳代の若い第一線の研究者が多彩な方法的立場から、研究史・史学史に残る重要論文を執筆している。

いま、そうした戦後に研究の道に入った若い研究者とその仕事ぶりを網羅的に見てゆくわけにはゆかない。例示的に名前をあげた方々ばかりがすぐれているというわけでないことは、誤解を避けるためにとくに強調しておかなければならない。中国革命の進行・建設のなかで、「百花斉放 百家争鳴」という言葉が印象的であったが、この頃の日本史学界もその言葉がぴったりとするような活気にあふれていた。

今日、戦後史学史が話題となるとき、「戦後歴史学」という言葉は、しばしば否定のニュアンスで用いられ、その内容は単純化された「単線発展段階論」におきかえられている。しかし、それは今まで述べてきたような戦後歴史学の多彩活発な成果をあえて単純化し、みずからその豊かな稔りまでを捨て去るような理解ではないだろうか。マルクス歴史学の社会構成体論をはじめとする理論枠組を、歴史の推移のなかで再考してゆくべきことは当然であるが、半面、それが一つの時代・社会をトータルに認識するグランドセオリーとして積極的役割をもったからこそ、実証主義歴史学の個別研究の諸成果も、位置づけが明確にされ、生かされてきた側面を無視することはできない。丸山真男がマルクス歴史学を評して、「理論（ないし法則）と現実の安易な予定調和の信仰」（『日本の思想』一九六一年、岩波新書）といったことは、一面で的を射ているが、一九六〇年代頃までを通じ、マルクス歴史学の理論・全体認識が戦後の多面的な実証研究に求められる論点や課題を明らかにしてきたことを見逃すわけにはゆかない。

カナダ出身の著名な日本近代史家ハーバード・ノーマン（一九〇九―五七）は「歴史において大切なのは全体の輪郭と肝要な細部である」（『クリオの顔』一九五六年、岩波新書）といった。私は戦後のマルクス歴史学は「肝要な細部」の発見へ向けてのパイロット的役割を担ったと考えている。

「日本近世史の自立」――朝尾直弘の提言――

戦後の新しい視角と新しい個別研究の集積をふまえて、諸時代社会の基本構造をどうとらえるか、という試みは、前記のように一九六〇年代を通じて大きく進展したが、そうした状況の一環として一九六五年(昭和四〇)、朝尾直弘《あさおなおひろ》は「日本近世史の自立」という論文を発表した(『日本史研究』八一号、一九六五年一一月。のち同名の論集で一九八八年、校倉書房より刊行)。「自立」というのは、当時安良城盛昭《あらきもりあき》の太閤検地論にかかわって、近世社会の成立の基礎過程の指標を「小農民《しょうのうみん》の自立」に求める学説が中世・近世に旋風を巻き起こしていたことから、それをもじってつけたものであろう。

朝尾の主旨は、戦後の近世史研究はとくに一九四五年(昭和二〇)から五三年(昭和二八)頃までは「幕末経済段階論」がその中心となっており、六〇年代初めにかけては「幕藩制構造論」が中心となっていたが、そのどちらも近世史を近代史認識の前提という視角からしか追求していない。近世社会を独自の社会構成体として全構造的に認識しようとする姿勢をとっておらず、近世史研究は近代史研究に従属している状況にあった。それを克服し近世史研究を近代史への従属から解放し、独自の社会構成体として見直す必要がある、それが「近世史の自立」というわけである。

たしかに初期の「幕末経済段階論」は戦後改革期であって、藤田五郎《ふじたごろう》(一九一五―五二)をはじめとする中心的研究者たちは、戦前の『日本資本主義発達史講座』を出発点とし、日本資本主義論争の争点であった「革命の性格」規定にとって欠かせない前提認識としてこの問題を取りあげたのであった。また、第二期の幕藩制構造論にしても、その中心的論者安良城盛昭の主題は、農地改革が直面していた寄生地主制の研究にあり、その問題の起点として幕藩体制下の農民的土地所有の性格を問題にしていたのであって、両者とも、江戸時代の社会を、それ自体として全構造的に把握することを主目的としていたのではなかった。そのように現実的課題を主題として、それを理解するに必要な限りで過去を見るという一種の実用主義的方法は、先にもふれた小野武夫《おのたけお》をはじめさまざまの専門分野で古くから存在した。しかし、藤田や安良城の場合は、それとは違ってみずからの専門としての経済史研究において、近世や中世の認識を近代の認識にとって必要な前提としてだけとらえようとするのであるから、朝尾が指摘するところは当然といわなくてはならない。

戦後のマルクス歴史学には、そのような性急な一種の政治的実用主義があって、当面の改革に必要なもののだけを抽出して論じるという傾向があったことは否定できない。変革における民衆的主体とその闘争を重視するあまり、百姓一揆や土一揆のような農民闘争がその時代の社会の全構造のなかに位置づけられて理解されるのでなく、安易に「革命の伝統」といった形で取りあげられることについては次第に反省が深まり、百姓一揆についても、たとえば津田秀夫《つだひでお》（一九一八―九二）が解明した、一揆形態をとらないが闘争基盤の面ではるかに広域でかつ日常的な生業のあり方と結びついた「国訴《こくそ》」などの重要性が注目されるようになった（『封建経済政策の展開と市場構造』一九六一年、御茶の水書房。『封建社会解体過程研究序説』一九七〇年、塙書房）。

戦後早い時期のマルクス歴史学に実用主義的欠陥があったことは、石母田正の提唱した「国民的歴史学運動」「村の歴史・工場の歴史を調べよう」という啓蒙運動（「国民的歴史学運動」）にも色濃くあらわれていた（『歴史と民族の発見』正・続、正＝一九五二年　続＝一九五三年、東京大学出版会）。歴史学的研究の成果を国民大衆のものとするための普及の努力の必要は当然であるが、本来歴史認識として必要な史料批判や多角的な見方・理論などを軽んじて、一つの図式・結論だけを国民に押しつけるという誤りを犯していたといわなくてはならない。

そうしたことを念頭におくと、朝尾の「近世史の自立」提言は的を射たものであった。実際、朝尾はみずからその提言の実現を期し、豊臣政権・幕藩体制の全社会的規模での成立過程を、理論・実証両面にわたって厳密に追究し、「小農民自立」の問題から「国家」の問題までを、はじめて統一的にとらえる道を切り拓いた（『将軍権力の創出』一九九四年、岩波書店）。

こうした朝尾の発言と仕事が可能になるためには、安良城のみならず、北島正元《きたじままさもと》、児玉幸多《こだまこうた》、古島敏雄《ふるしまとしお》、山口啓二《やまぐちけいじ》、藤野保《ふじのたもつ》、佐々木潤之介《ささきじゅんのすけ》、三鬼清一郎《みきせいいちろう》、脇田修《わきたおさむ》らの近世史研究や、小葉田淳《こばたあつし》の鉱山史研究も重要な意味をもった。鉱山の問題は幕府の三貨体制や貿易独占のカギというべきもので、朝尾はそうした諸研究を広く受けとめることによって、江戸時代の政治・社会構造の研究水準を引き上げたといえる。

これらは、いずれもさまざまな歴史観と方法をもつ研究者の協力の上に成るものであるが、それらを通じて一九六〇年代には諸時代にわたり、それぞれの社会の基本的構造とその推移ともいうべき時代認識の大枠について一定の共通認識が形成され、戦後の日本史研究が、一つの通説というべきものを系統的に形成するに至った。

今日（二〇〇二年）の時点から見れば、それはもはや〝古典学説〟ともいうべきもので、研究の最前線から見れば乗りこえるべき対象としてしか目に映らないかもしれないが、日本歴史に関する基本的理解の「国民的スタンダード」とよぶべきものであり、高校日本史教科書の今日に至る基礎もこの時期に形成されたといってよい。

「近代化論」の登場と「日本文化論」「日本社会論」

一九六〇年代に入ると「近代化論」が登場した。「近代化」という言葉だけを見るとこれまでふれてきた「近代主義」とまぎらわしいが、それとは見方も性質もまったく別のものである。

「近代化論」はもともとは冷戦下アメリカのソ連社会観をめぐる議論のなかから生まれ出たものである。五〇年代にはソ連社会をナチスと同類視して〝全体主義〟と決めつける議論が盛んであったが、W・W・ロストウの『経済成長の諸段階――一つの非共産主義宣言――』（木村健康他訳、一九六一年、ダイヤモンド社）がアメリカ・ソ連を含め「近代」の全過程を「伝統社会―離陸準備―離陸―成熟―大衆消費」という段階論の形でとらえ、両者がどこで分岐（〝デモクラシー〟と〝コミュニズム〟への分岐）するかという問題についての見取図を提起した。そこでは、ソ連は「離陸期」に第一次大戦の打撃で挫折したとされ、日本は西欧に似た形で「離陸」に成功したアジア唯一の例とされる。それはフルシチョフの「平和共存」政策期におけるアメリカの世界戦略の求める経済・政治地図として構想されたともいえる。

同じ頃、日本ではJ・W・ホール、R・P・ドーア、川島武宜《かわしまたけよし》、大内力《おおうちつとむ》、遠山茂樹《とおやましげき》らをメンバーとして「近代日本研究会議」による「日本近代に関する国際シンポジウム」が箱根で開催され（一九六〇年）、これを契機に日本の近代、さらにその前提としての近世をも含め、それらをめぐる戦後歴史学とは異なる視角からの時代認識が活発に提示されるようになった。大まかにいえば、

⑴　明治以来、日本は「近代化」に成功した、

⑵　その歴史的前提として、近世＝江戸時代は封建制という西欧と共通の社会類型をもち、権力の集中と分散の併存、一定の官僚制など、近代に連なる社会組織形態を形成しており、一般の教育水準も高

かったことが明治以降の成功を可能にした、というのである。それは経済学における成長理論を明治まで、あるいは江戸時代にまで溯行的に適用し、計量的手法を駆使してその発展を論証しようとするものでもあり、計量経済史が新しい研究手法の花形として人びとの目に映るようになった。

(3)　現に進行中の経済の驚くべき高度成長はそうした歴史的前提の上に可能になった、

マルクス歴史学・近代主義歴史学が、日本の「近代」の内部に根強く存在する前近代的要素をさまざまの角度から摘出し、その克服こそが当面の課題と考えていたのに対し、この「近代化論」はいわば日本の近代は明治以来大成功だとするのだから、戦後歴史学の側からは当然きびしい反論も提起された。江戸時代と明治を経済成長という側面で一線的に連続させ、明治維新という変革を無視している、幕末維新の変革・「断絶」によって、明治以降の発展が可能になったのではないか、という指摘である。ここでは歴史における「断絶」と「連続」の問題が争点である。「戦前」と「戦後」についても同様である。戦後の大改革――農地改革・財閥解体・社会の民主化――という「断絶」が高度成長をもたらした、と見るのが戦後歴史学の基本認識であった。

しかし一九六〇年代後半ともなり高度成長がますます速度を早めるようになると、アジア諸地域でも日本の〝成功〟をモデルにしようという空気が高まり、「近代化論」的見方を受け容れようとする動きが日本の歴史学界にも強まった。戦後歴史学が、江戸時代についても明治以降の社会についても、当面の変革の方向を明らかにするという課題意識に立って、いわば「負《ふ》」の側面を重視し、強調してきたことは当然といえるが、半面そこで達成された側面を明らかにする点が弱かったことも事実である。たとえば江戸時代について、後期における近代的諸関係の萌芽や体制の矛盾を解明することに主題がおかれ、三都をはじめとする都市の社会構造・生活・文化や流通の実態・意味をめぐる研究が概して遅れがちであったことなどは否定できない。こうした「近代化論」のようないわば〝楽天的〟近世・近代観を歴史認識としてはそのまま肯定することはできないが、現実の時代状況の推移のなかで、見えるもの、見えないもの、見ようとするもの、しないものに推移があるのは自然なことで、「近代化論」がアメリカの世界戦略に対応するイデオロギー的傾向をもっとしても、それまでと異なる見方を提出した意義はそれなりに認めなくてはならない。

なお、この「近代化論」に先立ち、梅棹忠夫《うめさおただお》は一九五〇年代後半以降発表しつづけてきた論文を集成し、『文明の生態史観』（一九六七年、中央公論社）を公刊した。地球の生態系区分に応じた文明の多系的発展をあとづけようというグローバルな試みであり、マルクス歴史学の社会構成体の発展理論がヨーロッパ基準の単線的・単系的発展段階理論であったことに対する、批判の意味を込めたものであった。

こうして一九六〇年代は、日本の高度経済成長が世界の注目を浴び、あるいは賞讃されるなかで、「日本文化論」「日本社会論」の類も盛んになった。文化人類学の中根千枝《なかねちえ》は比較社会類型論的見地から日本社会を「タテ社会」という形で特徴づけようとした（『タテ社会の人間関係』一九六七年、講談社）。日本の〝成功〟の由来や秘密を解き明かそうという意味では、やはり六〇年代らしい意見であった。近代日本の歴史をふりかえると、「日本文化論」はしばしばナショナリズムと結びつき、西欧モデルの近代化への反省あるいは反動として登場してきているが、この高度成長期の日本文化論も煎じつめると同種のものであった。その際、欧米的なもの、中国的なものに対して、純粋に日本独自なものがあり、それこそが高度成長の根源の要因とするような考え方は当然のことながら、独善的・自国中心的な見方に陥りやすい。

加藤周一《かとうしゅういち》は「雑種文化論」（『雑種文化』一九五六年、講談社）を提起して、日本文化の発達を多元的要素の外からの受容とその日本化の面から考えるべきだと主張した。「日本文化」をいわゆる国民性論のように固定的・排他的な発想で論ずることの危険を指摘したもので、アジア・ヨーロッパ・アメリカの文明との接触のなかで自己形成してきた加藤ならではの日本文化・社会史を見る目として、重要な視角であった。

家永三郎の教科書検定訴訟・日本歴史見直し論

一九六五年（昭和四〇）六月、古代から近代に至る思想史・文化史に広い業績をあげてきた家永三郎《いえながさぶろう》（一九一三―二〇〇二）は、自分の著作である高校日本史の教科書に対する文部省の検定（六二年度不合格、翌年条件つき合格）が憲法に保障された表現の自由・検閲の禁止・学問の自由などに違反し、かつ教育基本法の定める教育行政のあり方にも反するとして、国家賠償請求訴訟を起こした。さらに六七年には、六六年の改訂検定申請不合格について、処分取消しを求める行政訴訟を起こした。

敗戦後、教科書は全体として国定制から検定制に転換された。国家が教育の内容を直接全面管理し、画一的な内容を押しつけてきた誤りを反省した結果である。ところが冷戦下の一九五三年（昭和二八）、池田（勇人）・ロートバートソン会談によって「防衛力漸増」方針が確定され、「それに妨げとなる空気を除去する」という方針が採用されると、文部省はその方向を推進すべく教科書検定をきびしくして社会批判や平和主義的傾向と見られる教科書記述を強権的に排除しようとする方向に動き出し、上原専禄《うえはらせんろく》らの世界史の教科書が不合格とされる事態も発生した。

多数の歴史研究者・歴史教育者は、国家権力の教育に向けた強引な検定の実体を知ると、訴訟を支援する会（「教科書検定訴訟を支援する歴史学関係者の会」）を結成し、法廷での証言の準備や証人出廷に協力した。しかし他方には、歴史教育を通じて社会批判の目が育てられることを好ましく思わず、戦争責任や植民地支配など暗い過去には立ち入らず、日本歴史をもっと〝明るく〟描き出し、若者たちの「愛国心」を目ざめさせよという意見も、財界や一部の知識人から出されるようになった。

さらに高度成長に自信を得て、日本はすでに先進国の仲間入りをし経済大国になったという、いわば「近代」への達成感が強まり、敗戦以来の鬱屈をはねかえそうという空気も流れ出した。そのなかで戦後歴史学が創り出してきた後進性の自覚に立つ日本歴史像を見直そうという声も次第にはっきりとあげられるようになった。林房雄《はやしふさお》は一九六四年（昭和三九）、『大東亜戦争肯定論』（番町書房）を発表したが、六〇年代後半には極東国際軍事裁判（東京裁判）の「太平洋戦争」観を、勝者の一方的押しつけだとする意見も出されるようになった。哲学者で日本歴史に強い関心をもつ上山春平《うえやましゅんぺい》も「大東亜戦争の思想史的意義」（一九六一年九月、『中央公論』）を書いて「国家利益」の面から戦争を容認する発言を行った。

家永三郎

東京裁判の描いた日本近現代史像が勝者の自己正当化の側面をもつことを否定するわけにはいかないが、国民は南京大虐殺をはじめ戦争中知らされないままにきた多くの歴史的事実をこの裁判によってはじめて知らされ、日本の帝国主義・軍国主義の実体や〝大東亜共栄圏〟の偽瞞《ぎまん》性に目ざめさせられたことは重要であり、これを契機に太平洋戦争史ばかりでなく、近現代史全体にわたる戦後の研究が進み出したことは明らかである。教科書検定はとくにそうした近現代史の基本問題、たとえば大日本帝国憲法の性格、韓国併合の性格、植民地支配の実体、太平洋戦争の原因や戦争犯罪などを極力隠蔽しようとする姿勢を強め、それを後押しする動きも少なからず目立つようになった。

そのなかで、「近代化論」を受けとめ、江戸時代の経済社会のあり方の〝合理性〟や文化水準の高さを強調する見方も強まり、全体として自国史に対する批判の目よりも、肯定の空気が強まっていった。しかし戦後歴史学はもともと自国史を批判的、あるいは否定的に見るだけというものではなかった。戦後歴史学がもっとも力を入れ体系的に追究してきたのは、日本歴史が原始以来どのような段階的発展をたどってきたかという道筋の解明であった。それは個別事実を事実として示すことに集中する歴史主義的方法では不可能なことであり、まして戦前・戦中の自国中心史観では考えもしないことであった。日本歴史の発展を社会構成体の段階的展開として追究することによって、人類史的普遍の視点をふまえて自国史を相対化・客観化しようとしたのであり、それは一貫した歴史的進歩に対する確信の上に成立していた。その過程を事実と理論の両面から明らかにすることこそ歴史をその基本において肯定するものである。同時にそのような歴史的社会の発展・進歩がどのような歴史的諸条件によって阻害されたり、また他国・他民族に対してどのような影響を及ぼしたりしていたのかという問題を追究してゆくことも必要不可欠なことであった。その意味で、戦後歴史学が歴史を暗く描いているなどというのは、主観的・感覚的な批評といわなくてはならない。

自国の歴史をどう見るかは、ただちに自国の現在・未来のあり方を規定するものであるから、批判精神を欠いた〝明るい歴史〟などあるはずもない。そもそも歴史認識は歴史に対する批判精神によって成立するものである。それぞれの時代の状況や当時の思考形態への理解は不可欠のことであるが、それを理解することと、肯定することとは別問題である。〝自国史を明るく書け〟という場合、そもそも歴史において〝明るい〟とはどのようなことなのか、〝暗い〟とは何をさすのかさえあいまいなまま、漠たる〝自信〟（当時、ジャパン　アズ　ナンバーワンとかルック　イーストという言葉が流行した）や、あいまいなナショナル感情で歴史認識や歴史教育を語ったり、左右したりすることほど危険なことはない。それは歴史学に対する軽侮に連なるものである。

民俗への目と異文化への目

高度成長期はこうして歴史観の面でも日本歴史像の面でも大きな転換をよびおこし、「戦後歴史学」期とは違った考え方が活発に提起されるようになった。と同時に、国民の心のなかには日本の歴史を改めてかえりみたいという空気が高まっていった。戦後の苦難のなかでの達成を長い歴史のなかにおき直して自分たちの時代をたしかめようというのは、正当な思いというべきだろう。

ちょうどそうした時期に、中央公論版『日本の歴史』（本巻二六巻、企画委員＝井上光貞、竹内理三、永原慶二、児玉幸多、小西四郎、林茂、一九六五―六七年）が刊行され、短期のうちに各巻とも三〇～四〇万部におよぶ歴史分野としては空前の発行部数に達し、その後も読みつづけられた。戦後はじめての本格的な通史を読んでみたいという要求がこれほど根強いものであるとは誰も考えてもみなかった。しかしここには戦後の新しい諸研究がはじめてわかりやすい語り口で提供されていた。読者の大部分はこの時期、まだ戦前に教育を受けた世代であったから、そこには戦前の日本歴史像への不信と戦後歴史学の達成への新鮮な期待が強く寄せられていたわけである。

そこに示された戦後歴史学の達成とはどういうものか。おそらく大きく見て二つの側面があるだろう。一つは全時代を通ずる日本の社会発展の筋道を明確にふまえた叙述がもつ説得性である。そしてもう一つは、それが社会構成体史のような理論化によるのでなく、これまで一般には十分知られていなかった多くの史実、とりわけ民衆生活にかかわるそれを通じて歴史の展開が具体的なイメージとしておのずからに描き出されているという通史的叙述の面白さである。おそらく多くの読者はこのシリーズによって、歴史をはじめて身近かなものとして感得でき、歴史的社会の巨大で複雑な構造のなかに自分のいる場所を発見できるという思いをもてたのだと思う。

歴史認識においてまず重要なのは、その時代の骨骼としての社会構成体の問題だという戦後歴史学の科学主義的発想は、この頃から研究者のなかでもその限界がさまざまに感ぜられるようになった。もっと具体的な生ま身の人びと、とりわけ民衆の暮らしや行動様式・習俗など、歴史的社会の基底部にあるものを知りたいという要求は、研究者にも一般にも強くなった。経済成長一点張りの時代から〝文化の時代〟へといった社会的標語もしきりに語られる時代となった。

そうした空気のなかで、おのずからに民俗学への関心が高まった。柳《やなぎ》田《た》国《くに》男《お》の業績を集成した『定本柳田国男集』(全三一巻・別巻五、一九六二—七一年、筑摩書房)が完結したのも、宮本常一《みやもとつねいち》の『日本民衆史』(全七巻、一九六二—九三年、未来社)が世に送られたのもこの頃である。

民衆的世界・民俗的世界への関心は、高度成長によって伝統的な生活様式や習俗がみるみるうちにふみにじられ、捨て去られてゆく状況へのいとおしみ・不安・怒りなどと不可分である。かつて柳田は、明治政府の上からの西欧的近代化が民衆的・民俗的世界を急速に解体してゆくことにくりかえし抗議の思いを述べたが、それこそが民俗研究にふみだしてゆく根本の動機であった。高度成長はそうした柳田の思いを少なからぬ人びとに再生させ、宮田《みやた》登《のぼる》（一九三六―二〇〇〇）、福田アジオらが新しい民俗研究の担い手となる。

歴史における生ま身の民衆をいかにしてとらえるかは、『昭和史』論争の課題にも連なる。日本史研究でも、村落史・農民史は戦後の研究でもっとも重要視された分野ではあったが、農民の階層構成、農民的土地所有の性格と負担（年貢など）形態、農民闘争など、理論的に要請される基本問題が主たる関心であって、農民生活のなかに流れつづける習俗や行動様式・意識・思考形態を具体的に解き明かすことは乏しかった。その目からすると、柳田国男や宮本常一らの民俗へのふみ込みの奥行の深さは、やはり魅力的な迫力をもっている。

宮本が村の開発史をとらえるために、耕地のあり方・用水の使い方・住まい方・家屋敷のあり方、近隣とのつきあいなどをはじめとする農民の生産と暮らしの姿を細密に足と耳とで掘り起こした類の仕事を読むと、どの時代を専攻する研究者も民衆の生活を理解するうえで有効な示唆を得ることができた。宮本は集積された事実を抽象化し理論化するという認識の方法を認めようとしないが、生活に密着して事実を可能な限り具体的・内面的に追求する点に徹底していたから、生活そのものが歴史のなかで生み出した合理性を反映している点を解き明かしてゆくところは説得力に富んでいた。

戦前から中世の民衆史に独自に取り組んで『民衆生活史研究』（一九四八年、福村書店）、『荘園史の研究』（全三巻、一九五三―五六年、岩波書店）をはじめ多くの業績をあげてきた西岡虎之助《にしおかとらのすけ》（一八九五―一九七〇）はこれ以前、一九五四年に史料編纂所から早稲田大学に移り、学生に大きな刺激を与えた。そのなかで同大学

西岡虎之助

の若い研究者たちは雑誌『民衆史研究』を創刊し、すぐれた多くの民衆史家を世に送り出した。鹿野政直《かのまさなお》や佐藤和彦《さとうかずひこ》もその空気のなかから育った。

もう一つ、一九六〇年代には文化人類学の前進をふまえて異文化への関心も高まった。自国の民俗に注目することと地球上のもろもろの異文化に注目することとは反対のように見えるが、資本主義が高度化し国際化するなかで、諸民族の原初的文化を読み解き、自国の民俗をもそうしたものとの対比・比較によって理解し、相対化しようという点で、じつは表裏の関係にあった。

文化人類学はその生誕期においては、帝国主義先進国の側からする植民地化・従属化しようとする地域についての必要な知識としての性格をもっていた。日本でも戦争中、ミクロネシアや東南アジア地域について、そうした研究が進められていた。

しかし第二次大戦後、帝国主義が地球的規模で解体するなかで、民族学・文化人類学の学問的性格も変化し、石田英一郎《いしだえいいちろう》（一九〇三―六八）、泉靖一《いずみせいいち》（一九一五―七〇）や前にふれた中根千枝《なかねちえ》、梅棹忠夫《うめさおただお》、さらに大林太良《おおばやしたりょう》（一九二九―二〇〇一）、山口昌男《やまぐちまさお》などをはじめとする多くの新しい専門家たちの創造的な研究努力を通じて、稲作儀礼・祭り・神話・伝統などをはじめとする諸分野での比較研究が進み、日本列島社会の原初的文化の性格も広い視野から理解されるようになった。

色川大吉・鹿野政直の民衆思想史

一九六四年（昭和三九）、色川大吉《いろかわだいきち》は『明治精神史』（初版一九六四年、黄河書房。新編一九七三年、中央公論社）を刊行した。初版は、

第一部「国民的啓蒙の時代」
1 明治ルネッサンスの記念碑――ある地方の人間発掘から――（北村透谷、石坂公歴、平野友輔など明治前期多摩民権運動にかかわった人びと、武相困民党にかかわった須長漣造）
2 草莽の目ざめ――熊本実学党を支えた一族たち――（横井小楠、徳富猪一郎（蘇峰）、矢島等の一族）
3 豪農民権への展開――徳富猪一郎の人間形成――
4 自由民権運動の地下水を汲むもの――透谷をめぐる青春群像――
（以下略、全九章）
第二部「国家進路の摸索の時代」（民権運動挫折から日露戦争まで）
第三部「方法論序説」

といった構成である。この目次を見ても察しがつくが、色川は「まえがき」で、

私の歴史学への興味が、いわゆる真理とか法則とかの探究にあるのではなく、主として歴史の中に生きる人間の運命、その限られた世界の中で傷つきながらも全力的に生きる人間の健気さ、そして、それら諸個人の関係の尨大な集積によって形成されている非情な歴史のドラマ――の叙述にあった……

と書いている。色川は、戦後歴史学が歴史認識の骨骼として重視してきた社会構成体論や階級関係論的な理論化とは違い、その時代の民衆的世界のなかで考え、懸命に行動した人びとの「精神」と生き方を、そ

の内面に立ち入って、ある場合には文学といった方がよいほどの情念をもって描き出しているのである。

近代日本の黎明期に、それまで土着的世界にひそかに生きてきた人びとが、啓蒙思想に触発され国民的規模にまで視界を開かれてゆく、その飛躍の過程をどこまでも「底辺の視座」から追跡し、歴史の伏流を掘りあてようというのが、そのねらいであった。色川のいう「精神史」とは、完成され表現された「思想」ではなく、社会の底辺にひそむ、まだ思想化されない民衆の生活・運動と未分化な生活意識である。それを自由民権運動期とそれにつづく国民国家形成期の人物の精神的苦闘・生きざま・運動などに即して叙述しようというのである。それはヨーロッパ近代の頂点的思想動向などを尺度としてはとらえることのできないものである。色川はそうした点への方法的工夫も含めて北村透谷や石坂公歴をはじめとする土着の人物と運動の姿を見事に造形していった。

色川は戦後兵役から戻り研究を始めた当時から、このような個性的学風を強烈に示していた。法則認識的科学主義は彼の場合、初発からとるところでなかった。したがって、社会構成体論に対する方法的批判を意識的に展開することもなかった。テーマの面では戦後歴史学の主要な問題の一つであった自由民権運動史の流れのなかにあり、その成果を受けとめている。しかし、自身は天賦《てんぷ》人権論をはじめとする語られた思想の側から始めるのでなく、まず地域の現実のなかで活動している人びとの行動の追跡から始めている。それらの人びとの行動の内的動機ともいうべきものが、彼のいう「精神」、すなわち思想として表象される以前の行動と未分化の意識である。そこに焦点をすえることによって、色川は近代思想史・民衆史の分野に新生面を切り拓いた。大胆な感情移入的方法である。

亀井勝一郎《かめいかついちろう》が遠山茂樹《とおやましげき》らの『昭和史』に前記のように民衆不在という痛烈な批判を加え、それが契機となって、歴史における人間・主体の問題が研究上改めて意識されるようになっていったが、色川はそれ以前から「国民的啓蒙期の人民の感動の深さと意味とを、現代の読者に伝えたい」という思いに燃えていたのである。

鹿野政直はみずから述べているように、研究者としての出発時点では色川大吉の『明治精神史』から大きな啓発を受け、労作『資本主義形成期の秩序意識』(一九六九年、筑摩書房)を完成した。内容的には、江戸末期から明治末期に至る資本主義の形成期の歴史像を秩序意識の面から描き出したものである。それまでの思想史研究にはそれに取り組む研究者自身の情感が汲みあげられず、逆に情感を圧殺するような姿勢が〝科学的〟として評価されるような傾向のあることへの批判を根底にすえ、思想史研究が日常的な意識の解明に光をあてることがあまりに少なかったのを不満とし、その原因を「概念から実体へという認識方法は、自由・権利・民主主義……などの概念を、無限定につまりそれに超歴史的価値をあたえてとりあつかう傾向を生みだすにいたった」ところにあると考えた。

そこで鹿野は、思想は抽象化された形でとらえるにとどまってはならず、機能、権力の論理への働きかけ、民衆との関連からとらえることが必要という。色川の「底辺の視座」「精神史」、それと未分化な「民衆の生活・運動・生活意識」という視角と通じ合っているところがよくわかる。色川の「精神史」に相当する鹿野のキーワードは「秩序意識」であった。「秩序意識」とは、

われわれの精神活動は、もっとも原初的にはすべて秩序にたいする自覚としてはじまっている。……秩序とは権力によってさし示される価値の体系のみをさすものではない。秩序は、究極には支配・被支配両階級の力関係によって規定され、不断にこきざみな動揺をつづける政治的原理であるが、日常

的にはふつうわれわれの周囲に情緒的な性質をおびてもあらわれる、という意味で、「秩序意識」は民衆の日常的生活・意識と深くかかわると見るところに、鹿野の発想があった。鹿野はそのような展望から、対象とする時期を、

(1)　封建権力に対する否定の精神がさまざまの構想をもって競い合い成長していった時期（一八五三―八一）、

(2)　幕藩体制への否定者としてはたらいた志士の精神と農民の精神とが対決する時期（一八八一―九五）、

(3)　官僚の陣営と民衆の陣営とそれぞれにおいて変質と再編が行われる時期（一八九五―一九一〇）、

という三期区分によって、近代日本の「秩序意識」の形成・展開過程を立体的に描き出そうとしている。

安丸良夫の民衆史における通俗道徳論

安丸良夫《やすまるよしお》は、やや遅れて色川大吉や鹿野政直とは異なるが、やはり民衆思想を独自の視点から見直していた。それら一連の仕事は一九七四年（昭和四九）に『日本の近代化と民衆思想』（青木書店）としてまとめられたが、その発端となった代表的論文は一九六五年に発表した「日本の近代化と民衆思想」（『日本史研究』七八・七九号、一九六五年、第一章に収載）であった。

安丸の発想には、当時前述のような「近代化論」が日本でも影響力を大きくしはじめた状況があり、思想史の分野でも諸家の思想のなかから「近代性」を抽出し、「近代」の担い手がかくの如く成長しているとして、それを一面的に強調するような非歴史学的な言説の氾濫状況に対する抗議があった。安丸はそうしたものは実は資本主義の発展に対応するものに他ならず、近代化の担い手となった「支配階級のなかの

改良的分子を近代の名において支持擁護するものに他ならない」と論断している。

安丸のいうことは、おそらく「近代化論」に対する批判にとどまらず、マルクス歴史学、近代主義歴史学を含む「戦後歴史学」に対する根底的批判でもあると思われる。「近代化論」はたとえてみれば「近代」の全肯定であり、日本の近代を欧米近代と同類型・同水準として全面的に賛美する。これに対し「近代主義」は、より〝純化〟された近代を目指すが、「それがすべてとは考えていない」と解せられる。マルクス歴史学は、二段階的に「近代」を克服の対象として確認しているが、安丸から見れば、それも理念化された西欧型「近代」を基準とする近代主義の一形態ということになる。安丸が「民衆的諸思想を研究するさいに、自然と人間の分裂や、経験的合理的認識の発展や、自我の確立などを分析基準とするのは、理念化された近代思想像に固執してそこから歴史的対象を裁断するモダニズムのドグマである」というとき、それは直接には「近代化論」に向けられているが、根底的には戦後歴史学に広く向けられた批判であるに相違ない。

安丸はそうしたきびしい思いに立って、『日本の近代化と民衆思想』第一編「民衆思想の展開」、第二編「民衆闘争の思想」という形で、江戸後期から明治初期の民衆思想の分析に立ち向かう。そこで安丸は「理念化された近代思想像」を媒体とせず、江戸後期以降の経済的社会的変動のなかで、没落の危機に直面する民衆がみずからを救うために生活慣習を変革し、禁欲的な生活規範を樹立するための「通俗道徳」「世直し」を主題として取りあげる。「通俗道徳」は日常的状況下の民衆思想、「世直し」は非日常的状況下のそれということができるのである。

それはたしかに理念化された近代思想像とはほとんど無縁の、土着の民衆世界に形成された生活意識・

思想の固有の姿である。安丸はその二つの民衆思想の特徴・役割・屈折などを、心学・報徳思想・後期国学（草莽《そうもう》）・大原幽学《おおはらゆうがく》・中村直三《なかむらなおぞう》（老農）・黒住教《くろずみきょう》・金光教《こんこうきょう》・天理教《てんりきょう》・不二道《ふじどう》・丸山教《まるやまきょう》など多様な民衆思想・宗教に注目しながら検証している。

安丸のいう「民衆」と色川の「底辺」とは、どのようにかかわるか。「民衆」というさまざまの階層・存在形態をもつものを一括した概念と、「世直し」の主体となった貧農―半プロレタリア（半プロ）的階層とのかかわり、異同をどう考えるかなど、さらに深めるべき問題はあるだろうが、安丸の民衆思想のとらえ方は、色川らとも異なる位相を示しつつ、一九六〇年代後半から七〇年代にかけての民衆史の豊饒さを生み出していった。

〔本章に関する文献〕

『ハーバート・ノーマン全集』（全四巻、一九七七―七八年、岩波書店）
金原左門『「日本近代化」論の歴史像』（一九六八年、中央大学出版部）
遠山茂樹『歴史学から歴史教育へ』（一九八〇年、岩崎書店）
家永教科書訴訟弁護団編『家永教科書裁判』（一九九八年、日本評論社）
『家永三郎集』（全一六巻、一九九七―九九年、岩波書店）
海後宗臣『歴史教育の歴史』（一九六九年、東京大学出版会）
山住正己『日本教育小史』〈岩波新書〉（一九八七年、岩波書店）
『日本歴史大系』（本巻五・別巻一、編集＝井上光貞、永原慶二、児玉幸多、大久保利謙、一九八四―九〇年、山川出版社）

4 「近代」への批判と社会史研究

高度経済成長の終わりと「近代」批判

一九五五年（昭和三〇）頃から六〇年代にかけていわゆる高度経済成長が急始動し、六四年（昭和三九）から六五年の不況をはさみ七〇年代初めまでめざましい展開を遂げた。前半は欧米なみの新しい重化学工業の確立・技術革新・巨大設備投資・農村から都市への労働力の大量吸引・「国土改造」＝大開発・消費革命などによって特徴づけられ、後半はアメリカのベトナム戦争による輸出急増に刺激され、設備投資や大量消費の勢いがさらに高まった。

その高度経済成長は、一九七一年のドル・ショック、七三年の石油ショックを契機に終焉を迎えるが、この間の巨大企業中心の生産力・競争力優先主義は、乱開発・環境破壊・公害・農村荒廃・都市過密、そして人心荒廃・犯罪の増加など、経済的・社会的矛盾を連鎖的に誘発した。モータリゼーションで道路はよくなり便利になったが、渋滞や排気ガスのもたらしたマイナスも深刻だった。

このような事態の進行につれ、知識人のなかでも、国民一般の感覚としても、二つの思いが強まった。

一つは日本が完全に経済的先進国・経済大国の仲間入りをし、明治以来の欧米なみ近代という目標を達成した、ということである。実際一九六〇年代後半には日本の国民総生産（GNP）はすでに西ドイツを抜いて世界第二位となっていた。それは戦後一貫して経済再建に通ずる「近代化」を、国民的目標として働きつづけてきた大多数の人びとに喜びと自信をもたらした。

しかし他面、歯止めのきかなくなった経済的・社会的諸矛盾、生活破壊を目前にして、もう高度成長はたくさんだ、もっと人間らしい生活とそれを保証する環境こそが大切だ、他をかえりみない資本主義的競争と成長を至上価値とし、人間性や庶民のささやかだが平和な暮らしを破壊する方向から路線を切り替える必要がある、という思いも同時に高まった。とくに知識層ではそうした問題をめぐる危機意識が深刻となり、国家と大企業の結合による管理社会への反乱が引き起こされた。六〇年代末から七〇年代初めにかけての学園闘争もそれである。〝近代の達成〟は人びとの思いを〝近代後〟〝ポストモダン〟の模索に向かわせるという空気を生み出した。

〝ポストモダン〟とは、評論家的キャッチフレーズとしてはその気持ちを巧みにとらえているが、歴史学的には中味は漠としている。前記したように、西欧的「近代」を基準として戦後社会の発展方向を考える近代主義的理解に対しては、すでに安丸良夫らによって批判が提出されていたが、そうした理解に立つ論者からすれば、マルクス歴史学も近代主義の同類であった。安丸は「近代」への批判主体を「民衆」に見いだそうとした。資本主義的「近代」への批判主体を「社会主義」に向けての「労働者階級」に求めることができないとするなら、〝ポストモダン〟の中味、それへ向けての歴史的主体をどこに見いだせばよいのか、ということは戦後期に期待されたようには割り切れないことも当然であろう。

土着的なもの、民俗的なものへの注目・再認識は、すでにふれたように高度経済成長の上昇局面でも存在していた。それは、成長を可能にした日本社会の潜在的能力を探るという問題関心からであって、そこにはナショナルな感情が混流していたが、「近代」そのものを批判の直接的対象としていたわけではない。それに対して一九七〇年代に入る頃からは、「近代」を基本的な批判の対象として見る方向が強まり、その半面、民俗的なもの、非「近代」的なものへの愛惜や共感が強まってきた。

〃ポストモダン〃には、そうした意味で〃反近代〃という感覚が根強い。「近代」が生み出した驚くべき技術と生産力、それによって社会のあり方を一変させた高度経済成長への否定感覚は、生産力の発展だけが「進歩」ではない、という感覚や主張をよびおこした。さらにエスカレートすると、歴史を「進歩」という物指しで見ることが間違っているともいうことになる。外国でも日本でも、先進国ではそうした意味で「反近代」が話題にされるようになった。

社会史への関心が、一九七〇年代に入って日本でも高まりだす背景には、こんな状況が全体に強まりだしていたということがある。それは、高度経済成長のもたらしたマイナス＝諸矛盾の面に注目すればよくわかるといえる。しかし、史学史のなかでこの問題をみると、そうした発想には不安もある。戦時中「近代の超克《ちょうこく》」を唱えた評論家の河上徹太郎《かわかみてったろう》や小林秀雄《こばやしひでお》、京都哲学のグループの言説と何か共通するものが感じさせられるからである。

「近代の超克」論や哲学者たちの「モラーリッシェ・エネルギー」論は、「大日本帝国」の敵としたアメリカ・イギリスなど欧米の生産力・軍事力に対する日本の劣勢や日本のアジア侵略を、欧米帝国主義から偽瞞《ぎまん》的に区別するためのイデオロギーであった。したがって、「近代の超克」論などは、世界史の現実を直視し、日本の現実を科学的に認識する道をおおい隠すような役割を演じた。そのなかで台頭したのが、日本浪漫派の浪漫主義的歴史観であった（前述I部の9）。

一九七〇年代初頭の〝ポストモダン〟論やそうした空気と不可分の「社会史」の登場が、「近代の超克」論などと相似的だといえばそれはあまりに乱暴で一面的な解釈だ、といわれるにちがいない。フランスでL・フェーヴルとM・ブロックが一九二九年に『社会経済史年報』を創刊したところから登場した「新しい歴史学」＝「社会史」は、彼らが身をもって示したようにナチスに対するレジスタンス（抵抗運動）の歴史とも不可分である。それだからこそ「社会史」は、歴史を民衆サイドから生きた姿においてとらえたいと考える人びとに迎えられ、日本でも注目されるようになったのではないか、というのが一般の印象であろう。私も半面ではそう思うが、半面では以下のような疑問ももつ。

「社会史」の目指すもの

既述のように「近代」の〝純化〟〝達成〟を経済的社会的発展・進歩の当面の目標とし、それへの歴史的筋道を法則的・論理的に認識しようという戦後歴史学の発想の基本的枠組は、一国的な国民国家におけるその実現を意図するものであった。世界史的視野をもつとしても、それは類型比較に重点をおいていて、その限りでは、やはり一国史的な歴史認識という傾向をもっていた。日本の場合、とくに敗戦にともなう占領から冷戦、対米従属という条件が、歴史認識にも鎖国性を強くもたらしたことは否定できない。

このことは、とくに社会構成体論にもとづく時代区分論においては、同時進行的に展開する世界史を一国単位に分割してしまいがちであるという難点を抱え込むことになった。それは、日本史認識において、とくに陥りやすい問題である。日本歴史の展開は、古代における統一以来、とにもかくにも、日本列島社会の大半が「日本国」によって統合されていた。現実にはなお統合されない地域があっても、戦前の皇国史観や国民国家史観は、あえてその統一の外、あるいは陰《かげ》にある部分の問題にはふれようとしなかった。

中世において権力や社会の分立傾向が深まっても、ともかく「日本国」もその存在をまったく失うことがなかったし、単純な意味、あるいは政治的イデオロギー的な〝単一文化論〟とは異なるが、言語・文化の共通性をもちつづけたことも否定できない。

日本史認識が、戦前のみならず戦後歴史学においても、自己完結的な自国史認識という枠組をもちつづけた問題の根拠はさらに深く探る必要があるが、そうした日本史展開の特徴がそれを裏打ちする契機になっていたことは、たしかであろう。

その弱点については、とくに近代史研究のなかでは、戦後早くから江口朴郎《えぐちぼくろう》の前記のような指摘があったし、古代史においても石母田正《いしもだしょう》の認識枠組は『中世的世界の形成』から〝アジア史のなかでの日本史〟へとすでに明示的に転轍され、前記『日本の古代国家』のような高い達成が生み出された。

したがって、戦後歴史学をすべて〝一国史史観〟として固定的にとらえることは、それ自体歴史的な把握ではない一種のレッテル張りに陥る危険も忘れてならないが、煎じつめてゆくと、戦後歴史学は自国社会・国家の変革と直結していただけに、ナショナルな単位での発想をその基本的枠組としていたことは、認めておかなくてはならない。

「社会史」が一九七〇年代初め頃から日本史学史の流れのなかで強く迎えられるようになる理由の一つは、この点とかかわっている。二宮宏之《にのみやひろゆき》は研究生活の面でも歴史認識の思想の面でも高橋幸八郎《たかはしこうはちろう》の影響のもとにフランス史研究を開始したが、一九六〇年（昭和三五）前後にフランスに留学し、フランスの地域農村史料に取り組む苦闘のなかで、みずからの研究体験のなかから「社会史」への旋回を遂げた。ドイツ史における阿部謹也《あべきんや》（『ハーメルンの笛吹き男』一九七二年論文発表。一九七四年、平凡社）とともに、二宮は日本の歴史学界における「社会史」導入のもっともすぐれたパイロット役を演じた。二宮は「社会史」における歴史認識の座標軸の転換を、

①　普遍性からローカル・ノリッジへ、
②　抽象的概念世界から日常的世界へ、
③　ヨーロッパ近代モデルの相対化へ、

という三つに総括し、その意義を明らかにしようとしている（一九九九年度歴史学研究会大会の全体会報告）。一九世紀から二〇世紀にかけて展開された「近代知」は、普遍化・抽象化・原理化された概念、ヨーロッパ中心という枠組のなかでの達成というべきものであるから、その意味で「社会史」は「近代知」の認識・枠組の全面的転換を目指すものである。マルクスの歴史理論も、そこでは「近代知」の有力な一環として批判の対象となる。

そうした座標軸の転換は、高度成長を達成した局面で受け容れやすい社会・思想環境にあったし、日本の社会・思想界にあっても、すでにその萌芽は十分に存在した。柳田の民俗学が、二宮があげる三つの座標軸と深く交わるものであることは明白であったし、色川大吉らの民衆史研究もそうであった。近世社会経済史を専攻する中井信彦《なかいのぶひこ》（一九一六―九〇）が歴史学と民俗学との関連について『歴史学的方法の基準』（塙書房）のような省察に富んだ立論を示したのが一九七三年であったのも、日本の歴史学が社会史の受容

発展に向けての主体的準備をすでに十分形成しつつあったことを示すものである。

二宮のいう「ローカル・ノリッジ」とは、「国家」によってとらえられ均質化されない地域民衆の生活・文化・心性などを広く含む、民衆世界の歴史的あり方へ目を向けるということであろう。「階級」といった原理化された基準だけによって民衆は生活し、考え、行動しているわけでないことは、前近代においてのみならず、近代においても否定できない。「階級」という基本的理論範疇がどこまで有効かという問題については、戦後マルクス歴史学自身が、「身分と階級」という大テーマを設定し、諸時代にわたって、実証的にも理論的にも大きな成果をあげてきているから、戦後歴史学をすべて階級一元論だとか〝基底還元論〟だとかといった形で決めつけてしまうことも、非歴史的な観察である。

しかし、ローカルな世界における民衆の集団的な意識や行動を具体的に明らかにする仕事がそれまで不十分だったことも疑いない。それに自覚的に取り組むところから、「社会史」が発進軌道にのったことを確認することは重要である。

網野善彦の中世社会史像

日本史研究のなかで社会史に正面から取り組み、数々の成果をあげたのは網野善彦《あみのよしひこ》である。それらが書物としてまとめられてくる最初のものは『無縁《むえん》・公界《くがい》・楽《らく》――日本中世の自由と平和――』(一九七八年、増補版＝一九八七年、平凡社)であり、代表作ともいうべき『日本中世の非農業民と天皇』(岩波書店)は一九八四年(昭和五九)の刊行である。

発刊の年次だけを見ると、日本でいわゆる西洋史家たちによって社会史が紹介・導入され、学界・論壇でも注目されるようになってからおよそ一〇年遅れているようにも見える。しかし実情はかならずしもそうでない。『日本中世の非農業民と天皇』は一九七〇年代を中心に長いあいだにわたって発表してきた諸論文の集成であり、社会史的性質を色濃くもつ別の著作『蒙古襲来』（小学館版『日本の歴史』第一〇巻）は一九七四年（昭和四九）の発刊である。網野の社会史研究も一九七〇年代に入るとともに、次々に結実しはじめたという方が正確である。

それ以後、網野の研究・著作・発言は休みなくつづけられ、内容的にも多岐にわたっている。それによって日本中世の歴史像は飛躍的に豊かになった。ここでその全部を整理・紹介するわけにはゆかないので、はじめにあげた二書のなかで網野がもっとも力をこめて主張したかった論点だけを取りあげ、それらについて史学史的な角度から私見を述べることとする。

右の網野の二書の核心ともいうべきところを要約すれば、従来の研究が主として取り組んできた荘園領主・在地領主の土地所有や支配の側面からだけではとらえられない日本中世社会における「無主・無縁」の空間の存在、その意味の大きさの発見ということであろう。戦後歴史学の中世社会把握は、もっぱら領主的土地所有とその支配のもとでの農民の存在形態という基本的階級関係から展開されてきたが、そうした個別領主の支配領域の外にある水陸の交通路や山野河海《さんやかかい》のような「無所有」的「無縁」的空間は、いわば原始以来の「本源的自由」の生きつづける場であるとともに、特定空間の土地に固定的に結びついている領主と農民以外の人びと、すなわち無縁的空間を主舞台として移動性に富んだ生業を営んでいる人びと＝「非農業民」の存在への注目の必要ということである。

網野によれば、領主―農民的領域世界も自足的・自己完結的なものでなく、それらを相互的に結びつけ、相互間の交流を推進しているのは山民や海民、あるいは商人・職人以下の各種の遍歴的職能者である。そしてそれらの人びとの「自由な」遍歴・移動を保障することは個別領主には不可能であり、それを可能にしたのは本源的自由を「大地と大海原」への支配として再編体現している天皇の特殊・「聖なる」権威であった。しばしば遍歴の特許状が綸旨《りんじ》の形で天皇権威によって裏づけされる形をとるのもそのあらわれだ、と網野はいうのである。

「〝無縁〟的社会空間」「漂泊遍歴型非農業民」「天皇」の三つは、網野の中世社会史認識のキーワードである。そして、それを実証づけるために「百姓は農民だけではない」というキャッチフレーズを掲げ、鋳《い》物師《もじ》・鵜飼《うかい》・桂女《かつらめ》・白拍子《しらびょうし》以下さまざまの「非農業民」の存在に注目し、また中世商人活動が、天皇・神社に隷属し、特権を認められる供御人《くごにん》・神人《じにん》などの身分的形態をとることを重視した。総じて「非農業民」が天皇への直結的身分をもち、その権威に結びつくことによって諸国遍歴型の活動を保障されていることの強調である。天皇が「大地と大海原の果てまで」を支配し、遍歴者が広く天皇の権威に直結しているような説明にはイデオロギーと現実との混同があり、一方で「地域」の問題を重視する彼自身の見方とどうかかわるのかといった疑問も少なくないが、これが網野の社会史の初心・原点であることは疑いない。

さらに「遍歴」する「非農業民」と不可分なものとして、宿駅港津・廻船・市場など、商業・交通にかかわる諸問題を取りあげ、定期市を〝都市的な場〟と規定し、また貨幣流通や〝信用経済〟(荘園年貢の納入に現地での年貢買取商人の発行手形が用いられたことを指している)が発展したなど、総じて中世における商工業・交通・交易・貨幣流通などの展開水準の高さを強調し、その高度化は〝資本主義的だ〟とまでいっている。

しかし、権力論・国家論についての見方は、こうした非農業民・都市的世界の〝過激〟といいたいくらいの強調に比べると、消極的である。天皇が「大地と大海原」に至るまでを、私的領主的支配を超えてその権威的支配のもとにおくというとらえ方はむしろ控えられ、中世王権・国家を天皇と東国の将軍の両者とし、「日本国」を一元的にとらえることに対する批判的見解を正面に押し出している。『日本中世の非農業民と天皇』以降も、網野は精力的に著書の公刊・発言を続けているが、それらに貫通する主張は、古代以来「日本国」を一元的にとらえる伝統的な考え方への批判というところに重点を移しているようである。

そのため、天皇が日本列島はおろか「大地と大海原の果てまで」を支配するかのような見方と、日本列島社会に複数の国家と王権が存在するという見方とが、どう整合されているのかは明らかでないというより相互に矛盾しているように見える。もちろん学問が進み網野自身の研究も深化するなかで、見方や力点が変わることは責められることではない。しかしその変化については説明責任が求められるはずであるが今のところそれは明らかでなく、一九九〇年代には「国民国家論批判」という論壇の風潮に応ずるかのように、中世日本には一つの「国家」「王権」だけが存在したわけではなく、さまざまの「非農業民」的民衆が〝自由に〟東アジア的世界を往来・交流する側面を照し出す方向に力点を移しているかにみえる。

「進歩」への懐疑と浪漫主義的傾斜

網野の仕事は、新しい視点を切り拓くことによって日本中世史研究を活性化し、中世史像を豊かにした。その功績は十分に評価すべきであろう。しかし疑問も少なくない。

網野は従来の中世史像を批判し、自己のスタンスを確定するために、戦後の中世史像を領主―農民関係一元論、あるいは農民一元論、水田一元論だと批判する。戦後、中世史研究が領主―農民関係を基軸として推進され、領主的土地所有とそれに規定された農民の存在形態の解明に最大の力点をおいてきたことは網野の初期の仕事も含めて事実であるが、そこで商業・流通・手工業などの問題を排除するような論理構成がとられたわけではない。

その点には一面的強調と論争的レトリックがあると思われるが、それ以上に網野の「非農業民」の強調は強烈であり、流通・市場・都市や人びとの移動交流などを、中世初期以来、一貫的に高い水準にあり、さらに中世を通じて進展していったと主張している。しかしそこからいくつもの問題が生ずることになる。

第一は、網野の強調する事実が史実の認識として妥当か、という問題である。網野は「少し大胆にいえば、これは資本主義的といってもよいぐらいだと思う」(『続・日本の歴史をよみなおす』一九九六年、筑摩書房)とまでいい切っている。常識的にいって漂泊・遍歴などという行動は振売《ふりうり》などを主要な営業形態とする場合である。そうした「非農業民」の存在のしかたは資本主義的生産・流通形態と基本的に異質なものである。網野は荘園年貢の納入にあたり年貢物が現地荘官から商人に売却され、商人振出しの手形が中央領主に送られ、振出し商人のかかわる特定の中央商人のもとで換金されるケースの存在から一挙に〝信用経済の発達〟を強調する。しかし、そのことは手形や小切手が一般的に民衆経済のなかで信用貨幣として広く流通していたことを証明するものではないし、まして資本主義経済におけるような信用制度が成立しているることではない。網野の「信用制度の発展」は、年貢などの領主的物資の流通と農民経済とを区別することがなく、常識とは異なる概念・用語の使用というべきものとなっている。

このことをあえていうのは、網野が挙示する「非農業」的世界の現象はそれぞれに重要でその解明は有意義であるにもかかわらず、それらの事実が中世社会においてどのような水準に達しており、またその発展が中世民衆経済をどのように変えていったのかという点についての評価や位置づけが、実証的にも理論的にも確定されていないからである。そうした点への関心を欠くから、「百姓」身分のなかにおいて農民がどのようにして「非農業」的経済分野にかかわり、生業的にもその方向に移行するのか、といった点についての具体的かつ論理的検討もないのではないか。農民を含む地域的市場が拡大し、社会分業や交換関係がどのような状態に達しているかという視点と論理なしに「資本主義的」発展を論ずるわけにはゆかないが、網野の「非農業民」論は「農民」と理論上切り離されている。

そうした論理の不整合は「本源的自由」論にもあらわれる。網野の論理によれば、中世は民衆世界に生きつづけた本源的自由が失われてゆく過程であり、中世後期はその結果、階級支配がきびしくなり、あるいは家父長制が強化され、女性の地位が低下してゆく時代として悲観的に描かれている。中世前期の方が〝自由〟で身分差別も希薄だったという。白拍子が〝自由〟で〝聖なる〟存在として描き出され、女の一人旅も安全だったなど、明るい時代のイメージが押し出されている。天皇はそうした社会秩序を現実に保障する〝聖なるもの〟の究極の存在であるかのように印象づけられる。

しかし常識的にも理論的にも、「非農業」的諸関係が発展すれば、農民経済にもそれなりの変化がもたらされ、遠隔地取引商業と地域内経済とのあいだの相互的なかかわりが進展し、「地域」の形成や諸地域の統合の方向が進むであろう。それこそが社会の発展の方向であり、中世後期は実際にはそうした意味で「地域」の形成をふまえた列島社会の統合が進むのである。中世後期は分裂・内乱の時代に見えるが、荘園の枠を超えた農民結合や国人一揆が各地に成立し、民衆・地域の主体的条件が強化されてゆく。中世史の研究史をふりかえれば、それを否定することはできない。だが、網野はそれを氏自身の歴史認識の論理に組み込まず、中世後期・近世に向けて〝時代はだんだん悪くなる〟という見方をとっているようである。

この点は網野の現代観・歴史観と不可分である。網野は高度経済成長の強行による社会的諸矛盾に直面し、物質的生産力の発達がそのまま歴史の進歩と見なしえないと考えるようになるとともに、歴史を「進歩」を尺度として見ることにも懐疑的となり、高度経済成長以降ばかりでなく、明治維新以来の日本近代史そのものを「進歩」の視角から見ることにも否定的となったようである。中世前期から中世後期、近代から現代へ、網野の歴史認識はその点ではペシミスティックで、〝世の中は悪くなる〟という見方である。

資本主義の発展と民主主義の発展とが一体的なものといえないのは事実だが、このような論法をとれば、近代の「自由」よりも、「本源的原始の自由」が讃美されることにならざるをえない。その意味では、網野の歴史観は一種の空想的浪漫主義的歴史観の傾向をもっている。そこがあえていえば、「近代の超克」が唱えられた社会状況のもとで登場した日本浪漫派の歴史観に通ずるように思われるのである。亀井勝一郎が欧米的近代をも拒否するとき、そこに見いだした活路は日本の古代や中世に見いだした耽美的世界であった。亀井は豊かな感性の持ち主であるだけに、戦中期に学生で亀井の読者でもあった私のような世代には、その耽美的浪漫主義は麻薬的陶酔をもたらしてくれた。網野の社会史を日本浪漫派と同類視することは、本人をはじめ多くの歴史研究者からも抗議されるかもしれないが、近現代を否定的にとらえ、「本源的自由」という幻影や「無縁」的自由を礼讃的に描き出す手法から、そうした不安を感ずるのは、私のような世代だけであろうか。

事件史と違った長期的な社会経済現象や生活・習俗・意識などについては、可能な限り長期的な視野のなかでその現象の重みや評価を行うことは学問的に重要である。実証主義的方法は個別史実についてのみのことでなく、そうした簡単には確定できない大事象についても必要であるが、その点で網野のいうところは主観性が強い。その評価の客観性・科学性をどう確保するかという点をゆるがせにすると、歴史認識は一面的となる。浪漫主義的歴史観はそうした性質を避けられないのではないか。

民族・社会・国家における「統合」の意味

このことは網野の歴史観が現実の歴史的社会における権力構造と階級関係を直視し、歴史的社会の発展と統合とのかかわりを考えるという方向を、弱める結果にもなっている。

網野は次第に「国民国家」的日本史像批判を強く意識するにつれて、諸時代における日本列島社会の地域性、あるいは歴史的社会における分散の側面や日本国の非統合的側面を強調するようになっている。そのような側面への注視は大切なことである。しかし、同時にそうした地域や分散の契機をふまえつつ、民族・社会・国家が現代に向けて統合されてゆく側面もそれに劣らず、あるいはそれ以上に重要である。〝初めに統一ありき〟ではなく、地域や分散の契機がどのような形でふまえられつつ統合が進むか、という統合の進められ方こそが、歴史的に問われなければならないところである。

「統合」には、つねに民衆的契機と権力的・国家的契機の対抗が存在するから、「統合」を無条件に肯定したり讃美したりすることはできない。しかし「統合」に目を向けず、さながらそれを悪と見て、組織以前の「本源的自由」や〝漂泊〟〝分散〟の強調や賛美からだけでは近現代の問題を解くことはできない。

網野の歴史学は、なぜこのような傾向性を強くもつようになったのか。網野自身がしばしば明言しているように、一九五三年（昭和二八）、マルクス主義運動から離脱し、思想的にもみずから決定的転換をはかったとき、新たな導きの糸として選んだのは、柳田国男の民俗学であった。柳田のどこまでも具体的な材料を追って民衆の生活、その奥底にある民衆意識までを読み解こうとする学問の姿勢に圧倒され、自分のそれまでの〝理論〟の〝浅薄さ〟に自己嫌悪に陥っていったという告白（『歴史としての戦後史学』二〇〇〇年、日本エディタースクール出版部、その他）は、私にもそれとしては理解できるような気がする。

それだけに、網野の回心と新しい歴史学には、柳田の学問が色濃く投影されている。柳田の伝統的社会像の基調は農民一元論・稲作一元論であって、それ自体は網野の批判するところであった（ただし柳田を直接批判しているわけではない）が、柳田の農民像・民衆像は、「平民」「常民《じょうみん》」として表現されるように、支配—被支配関係への視角、また「平民」の内部における階層や支配従属などの問題への視角を欠いたホモジニアス（同質）な存在としてとらえられている。したがってそれは、いわば非政治的で、ある意味では平板化された民衆像である。柳田はみずから語っているように、戦前の日本史研究における農民像が、「農民の歴史を百姓一揆の歴史に矮小化してしまっている」ことに怒りに近い感情をあらわにして論難しており、事実、農民闘争や支配—被支配にかかわる問題は柳田の民俗学からは完全に切り捨てられている。

網野はこの柳田の常民像とその視角をほとんどそっくり継承した。そのため網野の中世民衆像をめぐる論理は「平民」に一色化されている。「平民」は一律に「百姓」身分であって実体的にはそのなかに「非農業民」と農業民が合わせ含められているというのが網野の基本認識であるが、他面同時に存在する支配

─被支配関係や階層問題はかえりみられず、「移動の自由」が一般的に強調される。これでは中世農村社会に現実に存在した支配─被支配関係や、経済的諸関係の展開にともなう農民の存在形態の推移を構造的かつ動態的にとらえる視角を放棄したという他はない。支配─被支配関係抜きの「平民」論からは、「統合」の問題は論理上からも展開が難しい。階級社会における統合のあり方は、支配─被支配の対抗を捨象したままで具体的に認識することはできないであろう。

もちろん、前近代の社会において階級的対抗関係をつねに直接的に社会の基本的な運動軸になって、いわばむき出しの階級闘争としてあらわれると考えることはできない。人びとの存在が身分制的編成を受けている前近代社会ばかりでなく、近現代の社会でも民衆の行動は純粋に階級的な原理、利害対抗関係においてだけ展開するものではない。〝新しい歴史学〟としての社会史がいわば基本テーゼの一つとしての民衆の集団的心性を問いつづけているのはその点にかかわるわけであり、それはその通りであろう。

それにもかかわらず、権力・国家のあり方にはその権力意思が明示的にあらわれるものであり、それを介することなしに「統合」もありえないのは当然である。柳田の常民論は、そうした点では支配と切り離した形での民衆像の追求であったから、「統合」は性急な上からの支配として非難の対象としてだけとらえられ、あの村この村それぞれの事例がそのままに蒐集され、提出されることになった。その多様な存在形態の認識はそれとして重要であるが、そこからそのまま近代へ向けての統合や国家のあり方を論ずる筋道は見えてこない。

網野の「平民」論にも同じような傾向が強い。一九五三年（昭和二八）の回心以降、網野が「封建制」「農奴制」などといった理論範疇の使用を拒否するようになったことは、方法の問題であるからすぐその適否を云々する必要はないが、それとともにその範疇自体の成立根拠になっていた実在の階級関係・支配—被支配関係を問う方向をまで捨てたかに見られる傾向を強めたことは、歴史認識の内容を逆に狭めることになったと思われる。

社会史は「社会」という側面を主題とする歴史研究というものではなく、「新しい歴史学」としての全体史を志向するものだといわれる。それは意図としてその通りであろう。それだけに社会史にとって支配—被支配の問題や、社会・国家の統合という高度に政治的な問題を守備範囲外とするわけにはゆかないのである。民俗学を起点とした網野の社会史は、日本の歴史学の発展に大きく寄与したが、同時にこのような点で、一定の傾向性・限定性を内包しているように思われる。経済・政治をはじめ、諸分野にわたって有機的な構造をもつ歴史的社会の展開に、民族・階級・国家の「統合」の視点を導入するとき、はじめて網野の社会史は前記のような浪漫主義的歴史論の危うさを克服することになるのではないだろうか。

私が推測するところ、網野が日本中世の社会史を構想するとき、とくに一九八〇年代後半以後大きな指針となったものの一つはフェルナン・ブローデルの『物質文明・経済・資本主義一五—一八世紀』（原書一九七九年。山本淳一・村上光彦訳、全六冊、一九八五—九九年、みすず書房）であろう。網野の取りあげた諸テーマの多くはブローデルがこの書物で論じているところに共通するものが多い。しかしそこで論じられたことと、網野が対象とした日本の一二—一五世紀の経済社会のあり方とを重ね写しにできるかどうかは、なお検討を要する問題である。

念のため書き添えれば、私はここで社会史というもの一般を論じたつもりはない。社会史とされるもののなかには、たとえばウォーラーステインの世界システム論のようなものまでが存在するからである。日本の社会史研究の道を拓いた網野の仕事を、どのように批判・発展させるかが、今後の大きな課題である。なお、網野と深い研究交流をもつ笠松宏至《かさまつひろし》の『日本中世法史論』と勝俣鎮夫《かつまたしずお》の『戦国法成立史論』（ともに一九七九年、東京大学出版会）は、中世の法諺《ほうげん》・法意識・法慣行などを深く追究し、中世社会の深層に照明をあてた労作で、社会史研究の先駆的役割を果たしたものである。

都市史研究の新視角

年次的にはだいぶのちのことになるが、ここで都市史（都市社会史）研究の新しい動きについてもふれておく。

都市史も社会史研究の主舞台である。一九九三年（平成五）中世都市研究会（代表＝網野善彦、石井進《いしいすすむ》、大三輪龍彦《おおみわたつひこ》）が発足し、年報の形で『中世都市研究』を発行するようになった。平泉（岩手県）や十三湊《とさみなと》（青森県）・草戸千軒《くさどせんげん》（広島県）など発掘調査が大きな成果をあげ、鎌倉・京都・堺・博多などにおいても、部分的ではあるが、発掘によって新しい知見が次々に得られるようになったのが、その大きな刺激となった。

近世都市史研究は西山松之助《にしやままつのすけ》を中心とする江戸研究（『江戸町人の研究』全五巻、一九七二―七八年、吉川弘文館）、朝尾直弘らの京都研究（『京都町触集成』全一三巻・別巻二、一九八三―八九年、岩波書店）などによって推進されたが、建築史から都市史に進んだ高橋康夫《たかはしやすお》と近世史の吉田伸之《よしだのぶゆき》は『日本都市史入門』（全三冊、一九八九―九〇年、東京大学出版会）を共編刊行した。それは、「I　空間」、「II　町」、「III　人」というように、町を単位とする都市空間とそこに生きる各種の人びととその結合の姿を具体的に追究しようという、新しい視角を提起した。従来の都市史は、概して都市の類型や都市と農村とのあいだの分業・市場関係を視軸とするもので、都市社会の具体像の描出は、けっして十分でなかった。その点でこの書物は都市研究に新風を吹き込むものであった。

吉田伸之はそうした研究状況をさらにおし進めるため、近世都市研究に精力的に取り組み、次々に注目すべき著作を発表した。『近世巨大都市の社会構造』（一九九一年、東京大学出版会）、『近世都市社会の身分構造』（一九九八年、東京大学出版会）、『巨大城下町江戸の分節構造』（二〇〇〇年、山川出版社）、それらを総括し一つの歴史叙述とした『成熟する江戸』（二〇〇二年、講談社版『日本の歴史』17）などである。アナール派社会史にもっとも的確な理解をもつ二宮宏之《にのみやひろゆき》は、それが目指す「全体史」とは「深層」から出発して歴史の表層をも包み込み、多様な人間活動の総体を重層的多元的な一つの構造として全体的にとらえることだといった。吉田はこの二宮の指摘に強い共感をもちつつ、巨大都市としての三都、とりわけ江戸の都市社会史研究に立ち向かった。

「深層」とは大まかにいえば民衆的世界、それも長期の歴史のなかで形成されてきたさまざまの集団とその結合原理・伝統的習俗や心性などを含む存在としての民衆である。吉田が二宮の指摘を受けとめて都市住民の重層的多元的な構造という場合、

① 将軍・大名以下のような政治的支配の頂点にある支配者とそれが生み出す秩序構造、

② 都市を構成する「町」共同体成員、

との二極対抗的なグループだけでなく、

③ 町をこえた大店《おおだな》、江戸でいえばその頂点に位置する三井越後屋のような「社会的権力」とよぶべき

性質をもつ集団、

④　またその対極ともいってよいさまざまの都市の身分的周縁を構成する人びと、たとえば願人坊主《がんにんぼうず》のような（明治以降の貧民街の住人に連なっていく）人びと、

などをはじめとするすべての階層・職能集団の組織のされ方と、それらが相互に重層的複合的にかかわり合いながら構成する都市全体の機能と秩序といったものに目を向ける。また都市の経済機能の核心となる市場の構造、すなわち商人と市場を構成する問屋・仲買・小売の集団と機能などを青物市場や魚市場などを通して可能な限り具体的に追究するなかから、それら社会集団の重層的・複合的関係を解きほぐしてゆく。

吉田の都市社会史の視角を示すキーワードは、「社会的権力」「身分的周縁」「市場社会」「分節構造」の四つである。従来の江戸時代都市史が、江戸・京都・大坂にせよ諸城下町にせよ、支配の側から見がちであったのに対し、ここでは都市民の諸構成集団の側から切り込んでいる。それが深層からの出発ということである。

吉田の仕事に代表される近世都市社会史は、中世のそれに比べるとはるかに生き生きとした細密画を見るようである。その差の由来には何よりも史料の豊富さや研究蓄積の差ということがある。しかしそれらは歴史研究についてはつねにつきまとうことである。両者の相違でもっと大きいのは、「都市」そのものの形成、熟成度の差ということであろう。吉田が対象とした一八世紀の江戸は、前近代の都市として、人口集中・職業分化・「町」組織・市場組織・都市法など、都市を規定する諸要素が中世と比較して段ちがいの成熟度を示しており、それらを都市秩序に位置づけるための支配の努力も進められているために、そ

の態様がよく見えるのである。

もちろん中世都市社会史もとりわけ近年の歴史考古学的方法による多くの成果を基礎とし、従来には見られなかった多くの知見とそれをふまえた歴史像を示しつつある。中世都市でも都市住民の諸集団に関する研究が進みつつあるが、それらの「重層と複合」としての都市民社会の構造の全体認識のための理論枠組はなお不十分で、それらは今後に残されている課題と思われる。「表層の歴史」を乗りこえるためには、都市社会史は近代をも含めて一つの重要な舞台である。

〔本章に関する文献〕

黒田俊雄『歴史学の再生』(一九八三年、校倉書房)
二宮宏之「戦後歴史学と社会史」(歴史学研究会編『戦後歴史学再考』二〇〇〇年、青木書店)
〃『全体を見る眼と歴史家たち』(一九八六年、木鐸社。増補版＝一九九五年、平凡社)
キャロル・グラック「戦後と『近代後』―二〇世紀後半の歴史学―」(テツオ・ナジタ他編『戦後日本の精神史』一九八八年、岩波書店)

5　歴史の総体的把握を目指して

問題と方法の革新

一九七〇年代に入って、日本史学界でも社会史が戦後歴史学の見直し、新しい歴史研究の旗手として広く迎えられるようになった。

社会史はかつて喜田貞吉《きたさだきち》や中村吉治《なかむらきちじ》の指向したような一部門史ではなく、歴史の全体史的把握の新しい視角・方法として、より広い重要なものとなった。といっても、社会史はマルクス歴史学の社会構成体理論のような人類史の発展についての体系的なグランドセオリーを明示的にもつ性質のものとはいえない。そうしたものを批判するところから登場したのである。しかし伝統的な政治史中心の歴史学ではまったくその枠組のなかに入っていなかった歴史社会学・歴史人類学的な諸事象への関心を強く示すことによって、新しい枠組を形成していった。支配層にとどまらない社会諸層の家族・親族の構造、衣食住や生活に即した言語・習俗・祭・信仰・儀礼・身体・性・病気などなど、それまでの歴史学がほとんどかえりみなかった諸問題に光をあてるようになり、歴史学は人類学・民俗学・社会学に接近した。

そうした新しい動きのなかで、既述のように戦前の流れを戦後に引き継いだ政治史中心のアカデミズム歴史学対マルクス歴史学といった構図は解体した。アカデミズム歴史学も伝統的な枠組を超え、マルクス歴史学・近代主義歴史学の達成したもの、社会史が追求する方向などを大胆に取り込み、もはや年代記的政治史・個人史・物語的事件史というようなものは、ほとんど見られなくなった。

そうした歴史学の自己革新は、史学史的にかえりみると、じつははるか以前から広く進行し、すでにその成果を示していたといえる。もともと歴史社会学的方向は、M・ウェーバーの歴史と理論の統合、比較類型論的方法による視野の拡大といった形で二〇世紀の早い時期からその存在は大きく展開していたし、アナール派も一九三〇年代から次々と新しい研究を提出していたのだから、日本でもその影響は徐々にあらわれていたのであり（たとえばマルク・ブロック『封建社会』は高橋幸八郎が戦後早くから重視していた）、「新しい歴史学」の誕生を一九七〇年代以降に限ることは事実に合わない。

以下、この章ではそのような動きのなかで、アカデミズム歴史学の革新に大きな刺激をもたらした、いくつかの特徴的な研究潮流・問題に目を向けてみよう。

生活史・技術史への関心

民衆史は戦後歴史学においても、色川大吉《いろかわだいきち》らの仕事においても、その関心の中心は民衆運動・民衆闘争史であった。それに対して社会史的民衆史は、民衆の日常性を主題とし、その集団のあり方や集団的心性など、生活密着的な方向に目を向けた。「生活史」というテーマは古くから一つの部門史としては存在したが、ここに新しい社会史の目からの取り組みが始まる。

前近代社会の民衆生活は生業と不可分一体であったから、衣・食・住・身体・病気・生業・技術・交易・貨幣・交通などの諸問題は、みな絡み合って生活史のそれぞれの諸側面を形づくるものであり、風俗のスタイルや好み・流行、技術の伝播・情報などもそこに含まれる。年中行事・祭り・芸能などもそれと切り離すことができない。

したがって「生活史」も具体的に考えれば考えるほどさまざまの問題を含み込んでいるが、一九七〇年代から八〇年代にかけて、それと切り離せない分野の一つとして注目されているのは、技術史であろう。

それに関するものとしては、『講座・日本技術の社会史』（全八巻・別巻二巻、編集代表＝永原慶二、山口啓二、一九八三―八六年、日本評論社）と『技術の社会史』（全六巻・別巻一、編集＝佐々木潤之介、三浦圭一他、一九八二―八三年、有斐閣）が時期を接して刊行された。また、吉田光邦《よしだみつくに》らによる『日本人の技術』（『講座・比較文化』第五巻、一九七七年、研究社）が比較文化論的視点から日本の伝統技術の諸相を取りあげた。

そうした技術史の一分野である農業技術を見ても、従来から、開発と耕地・山野利用、灌漑、労働用具、作物と品種改良、肥料、農事慣行、農書などについては、明治以来さまざまな研究が進められてきた。しかし、たとえば農業の再生産・生活維持のメカニズムを解明するという視点から、家族内分業や家と家との協同、家と村、村の機能と秩序構造などについての考察はまだけっして満足できるものではない。これも技術の社会史という視点に立てば、営農における男と女の役割といった問題一つをとっても新鮮な見方が可能となる。中世の絵巻物を見ると、田植えの場合は女性が主役となるが、それ以外の日常的な作業では田は男、畠は女という分担秩序が堅固にあった。屋敷畠で作物の世話をするのは例外なく女性である。桑や苧《からむし》の植栽・利用や養蚕も女性の仕事であった。それは古代・中世から近代に至るまで連続する分担形態である。

農家は、鉄製の農具、非自給物資としての塩、焼物（陶器）などを入手するために農産物やその加工品（ワラ製品や時には織布など）や山野からの採集物、あるいは薪炭などを生産し販売するが、そうした問題を具体的にとらえるには、市場・交易・貨幣流通・交通なども有機的なかかわりをもつ問題として注目されるようになった。農業の技術・営農・生活のあり方・市場《しじょう》を統一的にとらえるという視点である。

また農業技術と切り離せない農業労働の生産性や生産意欲という問題も注目されるようになった。たとえば室町・戦国期に木綿栽培が朝鮮・中国から伝わると、苧麻《ちょま》と木綿の紡績の難易度の違いによって、自家消費的紡織労働は、それ以前の苧麻中心の時代と比べ革命的に軽減された。その女子労働の自家用部分の軽減が、木綿織布を農閑余業型商品生産に向かわせ、それが近世の農家の生産意欲を高め、再生産基盤を強化することになる。そこに近世の小農経営安定の一つの有力な条件があったことは、技術と社会の重要な関係を解き明かすことになった（永原慶二『新・木綿以前のこと』一九九〇年、中公新書）。

さらに、農家・農村にとっても欠かせない専門技術の担い手として、番匠《ばんしょう》（建築大工）・鍛冶《かじ》・紺掻《こんか》きなどがあるが、荘園制の時代には、それらの職人には給養のための給免田《きゅうめんでん》（無税地）が認められていた。一定の給養費用を荘園単位に認め、それら職人の定住もしくは巡回来荘（招致）をはかる一種の「村抱《むらがか》え」形態であるが、そうした給免田という形は近世には消失し、大筋としては自立的な職人営業者と注文者としての個別農家との関係に移行する。「非農業民」の遍歴活動の比重の大きさに注目することも重要であるが、それぞれの技術や流通の段階的あり方に対応した彼らの社会的存在形態に注目することによって、それぞれの時代の農村社会像も大きく展望し、その特徴をとらえることが出来るようになる。

右にあげた二つの技術史関係の講座のうち、前者（『講座・日本技術の社会史』）は農業・農産加工、塩業・漁業、紡織、窯業、採鉱・冶金《やきん》、土木、建築、交通運輸というように部門別に編成されているのに対し、後者（『技術の社会史』）は全巻を古代・中世・近世・近代という基本的時代区分に従い、諸分野の技術を時代ごとに巻としてまとめて考察する形をとっている。前者には部門別に技術の発展を通観できる長所があり、後者には一つの時代の諸技術を相互に関連づけて見ることができるという長所がある。それぞれに利点があるが、これらの研究もまだまだ初期段階というべきであり、近年、集落遺構や大型城館・都市遺跡の発掘の進展によって各種のモノの研究が進んでおり、それによって技術史研究は新しい段階に進み出している。

女性史研究の飛躍

女性史研究はアカデミズム歴史学とはまったく無縁の場所で出発した。戦後の女性史に関する最初の書物は、当時在野の近代史家であった井上清《いのうえきよし》の『日本女性史』（一九四九年、三一書房）である。戦後改革の気運の盛りあがりのなかで、井上は女性の解放とは天皇制と家父長制への隷属からの解放であり、それは労働者階級の解放と切り離してはありえない、という基本認識を示した。そういってしまうとあまりに公式的とも思われやすいが、原始・古代から戦後に至る女性の歴史を一貫叙述した最初の著作として、一般の学習運動のテキストとして広く読まれるとともに、女性史研究の第一期の主題を女性解放史として性格づける上で、大きな役割を果たした。ちょうどその前後（一九四六年）、民主主義科学者協会（「民科」）の婦人問題研究会（のち部会）で、三井礼子《みついれいこ》（一九〇五―八九）、井手文子《いでふみこ》（一九二〇―二〇〇〇）、村田静子《むらたしずこ》らが中心となり、女性史研究を開始し、やがて女性史研究会として独立、帯刀貞代《たてわきさだよ》(一九〇四―九〇)、永原和子《ながはらかずこ》も加わり、解放運動史とともに製糸・紡績の女子労働史などを主題とする研究を進めた。やや後になるが村田の『福田英子《ひでこ》』(一九五九年、岩波新書)もこの時期の記念碑的書物である。

一九五〇年代後半頃から女性史研究は次第にその関心の幅を広めつつ変貌してゆく。その第二期の代表的な労作には高群逸枝《たかむれいつえ》(一八九四―一九六四)の『女性の歴史』(全四巻、一九五四―五八年、理論社)や村上信彦《むらかみのぶひこ》(一九〇九―八三)の『明治女性史』(全四巻、一九六九―七二年、理論社)がある。村上は、井上清の『日本女性史』が解放運動史上の事件や人物ばかりを取りあげていて、一般の無名の女性たちの生き方・能力・エネルギーをとらえていないと批判し、家父長的家族制度のもとで耐え生きる女性たちの生活史を描き出そうとした。それは井上にはなかった視角であり、それを追求するための文献発掘・聴き取り調査も密度が高く、女性史研究に一期を画した。

一九七〇年代に入ると、女性史は大飛躍期に入った。多くの女性研究者が諸時代の女性史研究に取り組む状況が出現し、質量ともに充実し、大学でも女性史がしばしば講義題目に取りあげられるようになった。「女性」の歴史の一つの重要な主題が、性的抑圧と階級的抑圧の結合として出現する「隷属」の構造的なあり方とその克服の道筋にあることが共通の問題意識となったが、この時期ではそれを解放運動としてでなく、日常的生活史の深みから解き明かしてゆこうという空気が強くなった。

女性史総合研究会編(代表=脇田晴子)の『日本女性史』(全五巻、一九八二年、東京大学出版会)、同編『日本女性生活史』(全五巻、一九九〇年、同上)が、多くの男性研究者の協力も得て、諸時代の主要テーマにわたる論文集型講座として刊行されたことは、この時期の代表的な成果であり、日本女性史はもはや日本史研究の片隅の存在ではなくなったことを明示するものであった。この頃、近代史家鹿野《かの》政直《まさなお》も高群逸枝を論じ（『高群逸枝』〈堀場清子と共著、一九七七年、朝日新聞社〉）、のちまた『婦人・女性・おんな——女性史の問い——』（一九八九年、岩波新書）を書き、女性史への課題意識を高めた。

第四期は一九八〇年代から九〇年代にかけて主題が性差別・ジェンダー問題に収斂されるようになった時期ということができる。それは八〇年代に活況を呈するようになった「女性学」の主テーマであり、「女性史」とのあいだに一定の距離をおいていたようにも見られる。しかし日本国憲法体制のもとで男女雇用機会均等法（一九八五年）が成立し、職場における女性の立場への機会均等が建前として保障されるようになった状況のもとでも、実体的に根強く存続する差別問題は女性史研究の側からもきびしく対決してゆかなくてはならないテーマである。

こうして女性史研究は、戦後の諸時期に対応するかのように、いくつかの時期を画しながら、日本史認識のなかにおけるその位置を次第に明確にした。そしてこの間、一九八〇年（昭和五五）には永原《ながはら》和子《かずこ》、西《にし》村《むら》汎子《ひろこ》、林《はやし》玲子《れいこ》、米田《よねだ》佐代子《さよこ》、関口《せきぐち》裕子《ひろこ》（一九三五—二〇〇二）、服藤《ふくとう》早苗《さなえ》などが中心となって広く開かれた学会としての「総合女性史研究会」も結成された（初代代表＝永原和子、機関誌『総合女性史研究』）。また、京都でも「女性史総合研究会」が機関誌『女性史学』を発刊するようになった。その点からいえば、女性史研究は草創期から確立期へと進んだともいえるし、見ようによってはアカデミズムと接近し、体制化するおそれも生じたというべきかもしれない。

それにしても一九七〇年代からの飛躍は、社会史の興隆と時期を同じくしており、女性史研究も社会史の一環だとする見方も十分ありうるであろう。こうした女性史の側からは、高群や網野のように、中世から近世にかけての女性の歩みをひたすら家父長的隷属の強まりという、いわば敗退の歴史としてとらえ、古い時代ほど賛美的に描くことに同調するものはほとんどいない。しかし社会史のもつより広く豊かな可能性から考えれば、女性史研究が社会史の目指す全体認識の一環に位置するものであることは当然である。なお、一九八二年（昭和五七）には、江守五夫《えもりいつお》、森謙二《もりけんじ》らの世話で法学・社会学・文化人類学・民族学・歴史学など広い範囲の家族史研究者を結集した「比較家族史学会」（初代会長＝永原慶二、会誌『比較家族史研究』）が発足し、女性史研究とも強い協同関係が生み出された。

身分制論・「卑賤」身分論

戦前の日本史研究のなかで、ごく限られた先覚者をのぞき、その問題を日本史認識のなかに正当に位置づけてこなかった重要分野に被差別身分史がある。

周知のように、明治維新にともない一八七一年（明治四）には被差別身分としての「穢多・非人」の称が廃止され、〝均質・平等〟な「国民」創出に向けての姿勢が示される。しかし、現実はにわかに変わるものでなく、一九二二年（大正一一）に至って全国水平社が創立され、差別された人びと自身による解放運動が全国組織をもって出発した。だが、これも抑圧・分裂・挫折の歩みをたどり、本格的解放への道は戦後を待たなければならなかった。

その苦難は究極するところ、明治以降の天皇制国家が建前としての「国民」を強調し、前近代を通じて生み出され社会的に滲透してきた士農工商身分以外の、いわば社会的に排除された形で存在させてきた被差別民に対して、その呼称を廃することだけで存在そのものに目をつぶるという対応をとってきたところに原因がある。そうした虚偽的建前が、教育を通じて一面では国民に問題の存在を知らせず、半面では歪められた差別意識を陰湿に持続させる結果となった。差別に対する国民の意識状況は、日本史学のあり方をも究極的に規定することになり、戦前を通じてこれを日本史認識に正当に位置づけ、それを通じて差別克服への方向に寄与することができなかった。〝天皇は仁慈、国民を平等に赤子《せきし》の如くいつくしみ給う〟というのが戦前世代にとって教育を通じて押しつけられ創り出された国民意識の重みであった。だから、その建前的原理に疑いをもたせるような被差別身分研究などは、天皇の「おおみこころ」に背くものということになる。

この問題は、じつは被差別身分についての歴史研究だけでなく、日本歴史の全時代を通じて基礎的意味をもつ「身分」制研究全体にも強烈な負《ふ》の影響を及ぼしていた。明治天皇制政府は「穢多・非人」の称を廃した開明性を前面に押し出すとともに、「穢多・非人」制を江戸時代の所産としてその責任を旧幕府に押しつけるかのような理解に国民を誘導し、結果的には被差別民の存在が近世以前にさかのぼって天皇と不可分の関係にあることを隠蔽《いんぺい》する結果をもたらした。

戦後、被差別民の問題は、その人びとの人権問題としてばかりでなく、差別を生み出した日本の社会・国家の特殊性・身分制の特質、という日本歴史のもっともエッセンシャルな問題の核心として、その研究が進められるようになった。藤谷俊雄《ふじたにとしお》（一九一二―一九五）、林屋辰三郎《はやしやたつさぶろう》、原田伴彦《はらだともひこ》（一九一七―八三）らは、そうした戦後の被差別民研究の第一世代の代表的研究者である。藤谷は古代、林屋は中世、原田は近世を専攻としていたが、それらの仕事のなかで、被差別民とケガレ観念、被差別民と共同体、被差別民の職能、差別の諸相などをはじめとする諸側面が明らかにされ、また多くの史料も公刊された。

さらに戦後世代の吉田晶《よしだあきら》、黒田俊雄《くろだとしお》（一九二六―九三）、脇田晴子、大山喬平《おおやまきょうへい》、三浦圭一《みうらけいいち》（一九二九―八八）、横井清《よこいきよし》、脇田修《わきたおさむ》らは、諸時代の社会・国家構造と身分体系の全体のなかに差別身分を位置づける努力を重ね、その研究水準を飛躍的に高めた。とくに吉田晶「古代の身分制について」（『部落問題研究』三三輯、一九七二年）、黒田俊雄「中世の身分制と卑賤観念」（同前）、大山喬平「中世の身分制と国家」（『岩波講座　日本歴史　中世4』一九七六年）などは、遅れていた古代・中世の身分制体系と被差別民のかかわり方を系統的・理論的に明らかにした。

戦後早い時期の被差別民については、「散所《さんじょ》」がその中核的存在であり、階級的本質は奴隷と見る林屋の見解が有力であった。しかし脇田晴子はいちはやくこの散所＝被差別民説への批判を展開し、黒田は中世被差別民の中核的存在は「非人」であり、乞食・雑芸民・聖《ひじり》・エタなどの総称であること、それはさまざまの契機で共同体から排除された個人で「家」を構成せず、非人宿《じゅく》のような形で集団化するところに基本的特徴があることを明らかにし、被差別民認識を革新した。また、大山も非人＝「キヨメ（清目）」に着目し、ケガレ―キヨメの関係がもっともきびしく求められるのは「清浄」がその存在の不可欠条件である天皇・朝廷であり、それがゆえに天皇の居所京都においてケガレ処理にあたる「清目《きよめ》」「河原者《かわらもの》」が必要とされるとした。ここにおいて天皇の対極に被差別民としての清目が不可欠の存在となる理由が明らかになった。石母田正《いしもだしょう》は、古代の身分制において律令法的身分制とカバネによる身分秩序が複合的に存在しており、天皇と賤民はカバネをもたない存在の両極にあることを指摘しているが（「古代の身分秩序」『日本古代国家論　第一部』一九七三年、岩波書店）、大山の論は中世における天皇と中世賤民との対極的対応関係の意味を明らかにしたといえる。さらに、脇田修は身分的所有権の一形態としての斃死牛馬処理権という視角から、権利的側面をも含む近世被差別民の性格を追求した。

被差別民研究はその後も質量ともにいちじるしい高まりを示しつつ今日に至っている。かつて喜田貞吉によって研究が始められた頃と状況も理解もまったく変わった。当時この問題はテーマとしても日本史像のなかでもマージナルなものであった。しかし今日、被差別民の存在とその根拠は、日本の社会・国家の体質的な特徴と不可分であることが明らかになった。黒田俊雄は前掲論文で、日本中世の身分秩序─卑賤観念の種姓《しゅしょう》的特質と、その諸身分の外におかれた〝身分外身分〟というべき非人のあり方を指摘しているが、それこそ被差別民の問題が日本史認識の核心にかかわるものであることを示している。最近では高《たか》埜利彦《のとしひこ》、吉田伸之、久留島浩《くるしまひろし》、塚田孝《つかだたかし》、横田冬彦《よこたふゆひこ》による『シリーズ近世の身分的周縁』（全六冊、二〇〇〇年、吉川弘文館）のように被差別民を含む社会的底辺の民衆群像を総括的に追究する試みも進められている。

さらにまた塚田孝は『身分論から歴史学を考える』（二〇〇〇年、校倉書房）で、近世社会における身分的周縁としての修験《しゅげん》・神職・陰陽師《おんみようじ》・相撲《すもう》取り・座頭《ざとう》・鋳物師《いもじ》など、大都市下層社会の日用《ひよう》・振売《ふりうり》・鳶《とび》・髪結《かみゆい》・聖《ひじり》商《あきない》・人宿《ひとやど》・日用座《ひようざ》・武家奉公人《ぶけほうこうにん》・町用人《まちようにん》・家守《いえもり》・目明《めあか》し・遊女など、多様な集団の存在に注意を向け、士農工商という基本区分からだけではとらえられない現実における都市民衆の諸集団の重層的・複合的存在形態の追求を展開した。

身分制は前近代社会の基本秩序＝人間集団の上下的位置づけの表示として国家権力によって創出されたものといえるが、それだけでなく民衆的世界の内部において、その相互的関係のなかから創出された社会的秩序という面をもっている。その後者の面の研究は従来立ち遅れていた分野であり、塚田の指摘もそれとかかわる問題として社会史研究に期待される重要なテーマの一つであろう。

前近代の国家史・国家論

日本歴史における身分制の問題は、天皇制の問題と不可分である。「天皇制国家」という国家のあり方が、戦前の日本史学では天皇を頂点とする国家秩序への批判に直結するため、ふみ込んだ研究を困難にしていた。国家史・国家論は、戦前ではいわば不可侵の聖域として研究者を寄せつけない性質をもっていた。明治以来の日本史研究は、政治史を基軸としていたにもかかわらず、「国家」そのものを歴史認識の対象として客観化することがほとんどなかったのはそのためである。あえてそれを試みようとしたのはマルクス歴史学の天皇制研究であるが、それも治安維持法の存在によってきびしく制約されていたことは、『日本資本主義発達史講座』においてさえ、「天皇制国家論」を正面にすえることがなかった点にあらわれている。

その意味で、戦後の日本歴史研究のなかで国家史・国家論は、次第に細分化され精緻化された分野別研究を総括する位置をもつ中核的テーマとして、とりわけ重要な意味をもつ。

井上光貞

ここでは、前近代の「国家」をめぐる主要な見解を展望しておこう。戦後、日本古代国家の基本的構造を理論化した石母田正は、律令国家は在地における首長層と人民とのあいだに形成される生産関係と、国家―公民間の生産関係という二重の生産関係の上に成り立っているとし、首長層は大化前代の国造《くにのみやつこ》、律令制下の郡司《ぐんじ》に代表されると考えた。それは隋唐帝国の発展段階に比べて、はるかに後進的な日本が律令体制を導入するとき、避けられない二重構造であったと見る。他方、アカデミズム古代史学の中心にあり、律令研究の基礎をつくった坂本太郎《さかもとたろう》（一九〇一―八七）の後継者井上光貞《いのうえみつさだ》（一九一七―八三）も、石母田説を深く受けとめつつ、律令国家は律令制と氏族制の二元的構造をもつと見た。両者は学統を異にしながらも、東アジア辺境の後進社会としての日本が、隋唐の世界帝国とその文明に接触したとき、どのような対応、国家形成がありえたか、という問題を共有したといえる。それが戦後古代国家論の起点であった。

その石母田正と井上光貞の仕事に深く学んだ吉田孝《よしだたかし》は、ヤマトの大王と各地の首長層が擬血縁系譜的な形で結ばれた、国造制《こくぞうせい》、伴造《とものみやつこ》―品部制《しなべせい》的な族制基軸の国制段階から法と制度を基軸とする律令国家への移行（唐令継受）にあたり、前者の諸関係がどのような形で生き残り、日本の律令国家を特徴づけることになったかという問題を克明に追求した。とくにその社会基盤における氏族・家族・村落への深い考察をふまえた日本律令国家論は、社会と国家の異質対抗性と相互依存性とを同時的にもつ側面について、新たな研究水準を提示することとなった（『律令国家と古代の社会』一九八三年、岩波書店）。

そうした問題関心は、さらに吉村武彦、大津透らの仕事に受け継がれている。

この点を天皇についていえば、一面では国制の頂点としての存在、他面では司祭者的性格という二重の性格の問題であろう。あるいは専制的王権としての天皇か、氏族（貴族）連合における「仲間の第一人者」としての天皇か、ということでもある。戦後早い時期、昭和天皇の戦争責任問題を念頭におきつつ、天皇の執政・不執政論が提起され、法制史家石井良助《いしいりようすけ》（一九〇七―九三）は、不執政が本態だとした（同『天皇』一九五〇年、弘文堂）。それは昭和天皇免責に連なる性格・役割をもっていたことも否定できないが、天皇が政治的実権をもちえない時期でも天皇としての地位を保つことができたのは、半面における司祭者的側面が、他者によっては代位されえない歴史をもっていたからである。

中世国家については、石井進が幕府と王朝と両者の支配組織の相互関連に注目し、中世国家論に新局面を拓いたが（『日本中世国家史の研究』一九七〇年、岩波書店）、黒田俊雄が提唱した「権門《けんもん》体制国家」論（「中世の国家と天皇」『岩波講座　日本歴史』一九六三年、のち『日本中世の国家と宗教』一九七五年、岩波書店）はそれともかかわる重要かつ新鮮な視角を提起している。従来、京都の王朝国家に対して鎌倉幕府は東国に生まれた中世国家の萌芽と考えられる傾向が強かったが、黒田は公家・武家・寺社家はそれぞれ権門的政治集団を形成し、統治権能の一半を分担しつつ、天皇のもとに統合・結集されていると見て、平安後期以降の中世国家を「権門体制国家」と規定したのである。黒田は同時に、身分制論についてもこれに対応する鋭利な理解を示し、種姓的家筋に即した職能分担型身分編成（家職《かしょく》）が、中世国家の身分秩序の基軸となっているとした。

黒田俊雄

この前後の時期の国家史にかかわる研究としては坂本賞三《さかもとしょうぞう》『日本王朝国家体制論』（一九七二年、東京大学出版会）、戸田芳実《とだよしみ》『日本領主制成立史の研究』（一九六七年、岩波書店）、五味文彦《ごみふみひこ》の『院政期社会の研究』（一九八四年、山川出版社）、また保立道久《ほたてみちひさ》の研究などがあり、鎌倉期については上横手雅敬《うわよこてまさたか》や義江彰夫《よしえあきお》らの鎌倉幕府の法と機構などをめぐる一連の研究も大きな意味をもつ。

古代において律令的制度の基層にあった氏族的諸関係が、一二世紀頃には支配各層の「家」と「家職」の成立という形をとって律令制以後の国家形態を規定してくることについて、佐藤進一《さとうしんいち》は「官司請負制《かんしうけおいせい》」を中世国家の特質とし（『日本の中世国家』一九八三年、岩波書店）、永原慶二は荘園制における「職《しき》」を官職地位の家産化と見て、中世国家を荘園制における「職の重層」を基本秩序とする国家体制「職制《しきせい》国家」としその中世前期の国家を家産制国家の日本的形態と考えた（『日本中世の社会と国家』増訂版＝一九九一年、青木書店。『荘園』一九九八年、吉川弘文館）。

黒田、佐藤、永原の論の切り口はそれぞれに異なるが、公・武・寺社を含めた支配層の創る国家権力の編成原理を、種姓・家職・家産・家産官僚など「家」の政治的あり方を軸として統一的にとらえようとしている点では共通するところがある。中世国家において、「天皇」もまたその最高の「家職」であった。

中世前期に展開してきた国家体制は、南北朝の動乱のなかで大きく変わる。天皇・公家・武家・寺家・社家はそれぞれに支配権を分有し、相互的に結び合ってきた権門としての「家」の存立を根底から揺り動かされ、分裂・没落するものが多かった。しかしこの間、内乱を押さえ王権の実体部分を掌握した足利義《あしかがよし》満《みつ》以降、天皇は武家王権の権威部分に転化し、基本関係としては、以後江戸幕府の崩壊に至るまで、武家将軍（権力）と天皇（権威）とが対立を含みつつも、前者主導の日本国の頂点＝王権を構造的に維持してゆく体制がつづいた。

その特有の王権のあり方は、じつは律令国家の身分体系を変質させつつも継続させてゆくものでもあった。日本に中世・近世を通じて地域的領主権力が存在するにもかかわらず、それらへの私的な隷属身分としての「農奴制」は基本的な体制としては展開せず、一般農民は「百姓」という一元的な身分におかれ、近世においても「百姓」は「天下の御百姓」として将軍の一元的管下におく原則をとり、大名の個別的支配に完全には委ねられなかった。そうした身分制の編成原理は前近代日本国家を一貫する特徴であった。近世国家の構造と特質については朝尾直弘《あさおなおひろ》、高木昭作《たかぎしょうさく》、深谷克己《ふかやかつみ》らが重要な論点を提示・解明してきた。

将軍が天皇と決定的な対立関係に入らず、個々の地域領主＝大名と農民とのあいだの支配―隷属関係が私的農奴制のような形で展開せず、「公儀の御百姓」という形をとって、律令国家解体後の前近代国家が共通の公武秩序を創り出していった関係は、中国型の「革命」や王朝交替をもたらさず「王政復古」という形での明治近代国家にまで連続してゆく、という特徴を生み出すことにもなった。

明治以来の日本では、天皇の連続と重ね合わせ、国家の連続を世界に誇る至上の価値としてきたが、その外見の下における歴史的現実と基層社会にまで浸透している天皇観・秩序観とのかかわりなど、国家と天皇のあり方についての史的認識を深めてゆくことは、現在・未来の日本国のあり方を考えてゆく際にも、欠かせない課題である。前近代と近現代とを統一的・系統的にとらえる「日本国」の史的特質をめぐる研究は、なお今後の深化が求められる分野である。

天皇・天皇制論の新段階

こうした問題をやや重複感があるが天皇に即してもう少し考えよう。

「天皇制」という語の意味内容が戦前もっとも鮮明に示されたのは、『日本資本主義発達史講座』においてであろう。明治維新を経て、形成・展開された日本近代国家の支配階級・支配メカニズム・支配イデオロギーなどの総体としての国家体制をさす実体概念であるとともに、理論概念として、はじめて本格的に用いられた。

そのように「天皇制」は本来日本近代国家体制をめぐる認識から出発したのであるが、戦後、その歴史的祖型ともいえる古代律令制期の王権としての天皇を頂点とする国家体制を、研究上「古代天皇制」とよぶようになった。さらに天皇の中央支配権力としての実体が失われ、現実の最高権力となった将軍王権の時期（中世・近世）においても、国家体制としては天皇の存在が不可欠・重要と見る理解が深まるにつれて、古代・中世・近世・近代を通じ広い意味で「天皇制」という概念が使用されることも多くなった。

戦前の国家が、議会政体をとりつつも天皇がなおしばしば絶対主義的権力とよばれるような状態を実際に保持した時代から、その変革（「象徴天皇制」への移行）が直接の課題であった戦後の第一期においては、諸時代の天皇が現実の国家支配において、どのような権力をもっていたかが最大の研究課題であり、天皇と支配階級としての公家＝摂関の関係、天皇と武家＝将軍との関係や、それをめぐる秩序構造などが研究の主題とされた。先にふれた天皇執政―不執政論争もその一環であった。

そうした研究が深まるなかで、南北朝動乱期を通じ、武家の在地支配が決定的となり、天皇を頂点に組織されていた古代以来の官僚制や、それにもとづく国郡支配体制がまったく機能しなくなって、一五世紀初頭、将軍足利義満が京都の市中支配権・検断権や外交権までを一手に集中し、「日本国王」と称するに至った段階で王権の実体は武家に移り（明治維新まで）、天皇は王権の権威部分を体現するにすぎないことが確認されるようになった。織田信長や豊臣秀吉のように「武威」をもって「天下人」となっても、政権の外形は天皇の位官叙任権などを認め、その権威を高めることを通じて、みずからの権力の正統性を明らかにするという方式をとった。

こうした事実の確認は、それまでの天皇（制）史の争点であった王権の所在は天皇にあるか将軍にあるか、といった議論の意義を失わせることとなった。問題の焦点は、天皇はなぜ権力を失っても国家の最高の権威として生きつづけられたのか、というところに移ったのである。それは戦前の〝万世一系・不易の国体〟などのような虚偽的なことでなく、権力面では歴史のなかで明らかに無力化しながら、権威面では長期に生きつづけた根拠の問題である。それももし現実の権力者の政治的利用というだけなら、時とともにその権威と利用価値も次第に重みを失ってゆくであろう。戦国時代や明治以降のように、新興の支配層が国政を掌握したとき、とりわけ天皇権威の利用が露骨に行われたことは、史実の明示するところであるが、天皇権威を現実の国権掌握者の側からだけ見ることも一面的である。

天皇の権威は、長期に時代を超えて維持されつづけた儀礼や宗教的秘儀、あるいは位官叙任などの国家的身分的秩序、さらには学問・芸能などの文化的優越、それらに対する被支配層の側の憧憬や認承といった、天皇とそれをとりまく政治的・社会的環境の全体を解明することから理解を深めてゆくことが必要である。

こうした天皇・天皇制への新しい視角は、戦後の近代日本のなかの否定さるべきものの核心としての天皇制論からは大きく旋回したものである。戦後歴史学、近代主義歴史学においてはそうした問題面での代表的政治思想史家である丸山真男《まるやままさお》にしても、対象としたのは〝絶対主義的天皇制〟であった。けれども、それをとりまく社会的・政治的諸関係を含めて、状況が大きく旋回するなかでは、天皇論の旋回もまた当然というべきであろう。

新しい研究の方向は、朝尾直弘、宮地正人《みやちまさと》、深谷克己、高埜利彦ら近世史・近代史の研究者によって江戸時代の朝幕関係や幕藩制下の官位官職授与、公家の家職とそれに下属する職人・芸能者集団の関係などが追求された。『シリーズ日本の社会史』の第三巻（一九八七年、岩波書店）は「権威と支配」をテーマとする一冊を設け、支配の枠組や政治思想と天皇権威とのかかわり方を、諸時代の問題について取りあげた。また、一九九二年から九五年にかけて、『講座・前近代の天皇』（全五冊、編集＝石上英一《いしがみえいいち》、高埜利彦、永原慶二、水林《みずばやし》彪《たけし》、村井《むらい》章介《しょうすけ》、義江《よしえ》彰夫《あきお》、吉村《よしむら》武彦《たけひこ》、一九九二―九五年、青木書店）が刊行され、天皇の権力と権威、天皇と社会諸集団、天皇観、世界史の中の天皇というように、「王権」という普遍の次元と「天皇」のもつ特殊の側面とを統一的に考察し、前近代の天皇を諸時代にわたって系統的に追求した。

この前後とくに九〇年代後半の時期は、一九八九年（昭和六四・平成元）に現実となった天皇の代替りにあたり、天皇（制）研究は史学史上でも稀に見る活況を示していた。個人の著作でも宮地正人『天皇制の政治史的研究』（一九八一年、校倉書房）を先駆とし、水林彪『記紀神話と王権の祭り』（一九九一年、岩波書店）、安丸良夫《やすまるよしお》『近代天皇像の形成』（一九九二年、岩波書店）など独創的な労作が相次いで刊行され、大津《おおつ》透《とおる》は『古代の天皇制』（一九九九年、岩波書店）を、藤田《ふじた》覚《さとる》は『近世政治史と天皇』（一九九九年、吉川弘文館）を刊行した。それらを一括して論評することはできないが、天皇の統治権と権威がどのようなしくみ・儀礼・論理・民衆意識などの総体として成立し、再生産されてゆくのかを、さまざまの時代さまざまの側面から追うことによって、権力論から一元的に解き明かすことのできない権威の内実と存続の根拠に迫っている。

天皇および天皇制の問題は、日本史の諸側面がそこに収斂するという意味で疑いもなく日本史研究の究極の問題であり、それにふさわしい多くの研究が進められている。その具体相の概況については、一九八九年に朝日新聞の学芸部記者赤松俊輔、稲葉暁、西島建男が担当してその時点までの諸研究を総括し、それに関係した研究者からの聴取をもふまえて記事とした『天皇論を読む』（一九八九年、朝日新聞社）が便利である。

水林彪の国制史論

こうした天皇および国家論を全時代にわたって独自に検討し、系統的な国制史とその特質を明らかにした注目すべきものに水林彪の研究がある。

水林は一般的にいえば法学部出身で法制史を専攻しているといってもよいが、その仕事からいえば国制史という方が内容に即している。水林のそれにかかわる代表的な研究としては前掲の他「近世の法と国制研究序説」（一九七七―八二年、『国家学会雑誌』九〇巻一・二号―九五巻一・二号にわたる）、『日本通史Ⅱ　封建制の再編と日本的社会の確立』（一九八七年、山川出版社）、「幕藩体制における公儀と朝廷」（『シリーズ日本の社会史3』一九八七年、岩波書店）、「武家官位制」（『講座・前近代の天皇3』一九九三年、青木書店）、「律令天皇制における国制概念体系」（『思想』八五五、一九九五年）など多数がある。

水林の日本の国制史についての眼目は、社会構成史の一線的な発展段階理論ではとらえることの難しい日本の国制史を貫く特質の追求である。近世幕藩体制社会・国家としても封建制社会・封建国家という一般的範疇ではとらえられない権力の集中やそれと不可分の幕府官僚制の発達があり、しかも武家（将軍・大名）の公的地位・身分も天皇から叙任される伝統的な位官によって表現されるしくみは、主従制と知行制から理論構成される封建制原理からだけでは説明できない。その来由を中世にさかのぼれば、戦国時代のような日本史上もっとも権力の分散が顕著な社会にあっても、戦国大名権力が「公儀」性を高めるためには、天皇の叙任する位官を受領したり、天皇から補任《ぶにん》された将軍によって守護職補任を受けるという形を必要としたこと、さかのぼって鎌倉時代を見れば、黒田俊雄が権門体制国家ととらえたような公武結合型国家権力が長期的に持続することなど、将軍―御家人の主従制がその外部にある天皇によって「公」としての意味をもたされることなど、中世においても、封建制原理から一元的には説明しえない国制原理が働いている。

水林はこうした日本国制の伝統的特質というべきものの根源を律令国家に求める。水林によれば、律令国家においてもそれはしばしば用いられる「古代専制王権」という一般規定ではとらえられない特徴をもつ。律令国家においても現実の政務の執行は貴族層に委ねられ、天皇は主として祭祀を専行し、政務については「きこしめす」という形にとどまるという特徴をもっていた。しかもそうした権力を王権に集中する専制的王権と異なる権力のあり方にもかかわらず、天皇は国土・人民に対する全般的支配権をもつという原則を保持し、その観念は、中世・近世を通じても生きつづけるところに、前近代の天皇と国制の伝統的特徴があるというのである。水林によれば、こうした律令制下の天皇のあり方はまた、大化前代の群臣によって大王の継嗣が選定されるという権力のあり方を基底にふまえており、それは中央貴族・地方の群臣＝首長層までが、官僚制的に編成されても、なお存続するという特徴をもつと見ている。

水林はこうした大化以前の権力構造の基底としての地方首長制と中国から導入された中央集権的官僚制の結合の上に成立した律令国家の日本的あり方が日本の全時代を貫通する国制の史的特徴として存在し、それが天皇存続の根拠となっていると見るのである。それは前記の吉田孝、さかのぼれば石母田正の認識に通ずるといいえる。そしてその発想・理論は丸山真男の「歴史の古層」＝原型論や「政治意識の執拗低音」論に通ずるものであり、戦後のマルクス歴史学が切り捨てがちであった歴史認識における「連続」の側面のとらえ方にかかわるものであるといえる。

このような発想・理論によれば、律令国家は基盤における首長制を捨象して、高度文明としての唐令継受の側面からだけでは説明できず、また中世についても在地首長制の史的発展形態としての在地領主制の成長の面からだけでも説明できず、それと律令制以来の国制枠組の結合の側面に注目する必要がある。歴史における「古層」の問題、歴史における「断絶と連続」の問題は、歴史認識の具体化と深化にとってはきわめて重要な意味をもっており、戦後史学史のなかでかえりみれば、それはマルクス歴史学の社会構成史論の否定の上に成立したというより、それへの一定の批判をふまえた多様な視角・方法の交流と協同のなかで生み出された歴史認識の新段階を示すものと見るべきだろう。

琉球・沖縄史と北方史

さて、国家史のもう一つの重要な側面は、歴史のなかにおける周縁領域の問題である。国家が周縁領域をどのように位置づけ、その地域の住民の生活・文化にどのような姿勢をもって臨むかは、その国家の本質的な性格とかかわるものである。

その点で日本国の諸時代の人びとがその国土の範囲をどのように認識していたかは重要な問題である。戦前の日本史認識では多くの場合、帝国主義によって獲得した新領土＝植民地以外は均質的な日本国の固有領土と考え、それ以上に深く論じてこなかった。それは国土統一物語にまでさかのぼる国域観とかかわり、皇国史観ともかかわっていた。

敗戦とともに、植民地がすべて否定されたばかりでなく、奄美・沖縄が米軍によって本土行政から切り離され、固有領土というべき千島列島もサンフランシスコ条約での日本の「放棄」によってソ連領となった。しかし一九五六年（昭和三一）の日ソ共同宣言で、四島帰属問題の存在が改めて確認され、沖縄返還・本土復帰運動も一九六〇年（昭和三五）以降その動きを強めた。

それは一般に領土問題への危機意識を高めたばかりでなく、周縁領域研究の必要性を痛感させるものであった。戦前、琉球研究やアイヌおよび蝦夷地研究はそれぞれに一定の成果をあげていたが、概して民俗研究的関心を基調としていて、中央政府の琉球─沖縄や、蝦夷島─北海道への基本的政策姿勢を改めて問い直すようなものではなかった。

これに対して一九六〇年代以降の琉球─沖縄研究は、島津家久の侵入（一六〇九年）と藩属化、琉球処分（一八七二─七九年）、その後の本土とのあいだのすべての面における格差問題などに視点をすえ、戦前・戦後、日本国政府がとった沖縄に対する差別的政策姿勢を告発する方向をたどった。

アイヌ─蝦夷地・北海道史研究についても共通の傾向が見られる。その関心のなかで、中央政府による圧政や差別政策への告発的意味をもつ研究が盛んとなり、和人《わじん》の進出に対する一四五七年（長禄元）のコシャマインの叛乱や一六六九年（寛文九）の松前《まつまえ》藩に対するアイヌ一斉蜂起を企てたシャクシャインの戦いなど、国内少数民族の視点からの歴史の見直しが行われた。同時に、その地域対象も蝦夷島だけに限らず東北地方のある部分をも含む「北方」とされ、「北方史」の必要が意識され、大石直正《おおいしなおまさ》、入間田宣夫《いるまだのぶお》らが新境地を切り拓いた。

それらは当然、国家の周縁領域・少数民族観など、国家のあり方の基本にかかわる問題である。律令国家が中国の華夷秩序を模して〝熊襲《くまそ》〟のような〝夷狄《いてき》〟を意図的に創り出し、異民族扱いすることによって自己の存在を〝帝国〟として権威づけようとしたことも、戦後の研究で早くから指摘されている。周縁領域の住民の生活・文化・権利を生かし共存する方向でなく、それらの地域・住民に対し従属・差別とそれを前提とした「同化」を強める方向で支配を強化するという姿勢は、その意味では古代から近代に至るまで一貫する性質をもっていた。

これに対し、沖縄県に住む人びとの琉球—沖縄研究の目はきびしかった。それらの研究者は沖縄本島と先島とのあいだの格差の容認を、自己の体内にひそむ差別意識として自己告発もしている。

一九八八年（昭和六三）、鹿野政直は『「鳥島《とりしま》」は入っているか—歴史意識の現在と歴史学—』（岩波書店）という書物を出版した。副題のとおり現代歴史学の見直しの書であり、思想史家のきびしい自己点検の書でもある。そのなかで鹿野は島尾敏雄《しまおとしお》の、

各種の日本地図を見ますと、種子、屋久までは書き入れてありますが、その南の方はたいてい省略されています。それは地図の紙面がないということだけではないようです。われわれの意識の底にそこはずしてもいいというような感覚が残っているのです……と同時に、日本の歴史の中であるいは日本人の中で、はじっこの方だから、落としていいというふうな考え方を是正して行かなければならないと考えるわけです。

という発言を引用し、「わたくしたちの歴史学にははたして鳥島は入っているか」と自問している。鳥島はどうか、というのは、マイナーな部分を視野のなかから切り捨てることは許されない、という自誡の言葉である。

日本歴史研究はとかく中央偏重の見方をとってきた。さかのぼれば、古代貴族は「都」に対して地方を

「鄙《ひな》」と一括し、これを軽侮の対象としてきた。平泉澄《ひらいずみきよし》が「百姓に歴史がありますか」といったと伝えられるのはその極端な例であるが、戦後の歴史学もこの鹿野の自問に到達するには長い時間を必要とした。少数者マイノリティーの切り捨てと周縁領域の軽視とは同じ発想である。「穢れ」を背負う「非人」を身分外の世界（古代では良＝百姓共同体の外）に追いやった秩序意識も同じである。

戦後歴史学はそうした点をはじめて批判的に見つめることができるようになった点で、戦前歴史学と異なる段階に到達したということができるわけであり、現実社会における民主主義とその思想が歴史研究の視点をどう変えてきたかを示すものといえよう。

「日本国」の内と外

国家史における周縁の問題は、さらには自国と他国との関係、位置づけをどう見るかという問題に続く。それはまた外国観・異民族観といってもよい問題にかかわり、総体としては自国史認識のあり方を示すものである。

「日本国」、その支配層、民衆がそれぞれに他国をどうみるか、自国をどうとらえるかということは、自国史を客観化することであり、戦前の日本史認識ではほとんど深められなかった視角である。

この問題は国家の成立以来今日に至るまで、「日本国」をとりまく内外の政治的・国際的情況のなかで変化しつつも、一貫して存在している。それについてもいくつもの問題側面があるが、戦後の日本史認識のなかでとくに重要なのは、日本と朝鮮・中国とのかかわり方、その背後の自国観・他国観の問題である。これについては、西嶋定生《にしじまさだお》（一九一九―九八）が初めて本格的に論じた、中国皇帝を中心とする華夷秩序・

冊封《さくほう》体制（「六―八世紀の東アジア」『岩波講座　日本歴史　古代2』一九六二年）とかかわり、日本側からは固有のケガレ観念や神国思想とも深くかかわっている。

日本の古代律令国家が、遣唐使を送りながらも冊封関係に入らなかったことは古くから知られ、戦前は日本国家史の〝誇り〟ともされてきたが、それは半面では周辺他国に対する格差づけをもたらし、中国・朝鮮に対する日本国の歪んだ認識を生み出すことになる。また村井章介によれば九世紀以降、貴族社会のなかでは内＝神国＝清浄、外＝異土＝汚穢《おえ》という内外峻別意識が強まり、内外の往来を遮断して内の清浄を守ろうとする姿勢がとられるようになった（『日本中世の内と外』一九九九年、筑摩書房）。彼らにとって、国境とは聖なる領域としての日本をケガレた外部世界から遮断する壁とされたのである。しかし他面では、田中健夫《たなかたけお》がねばり強い研究努力によって明らかにしてきたように、この頃から国の壁を越えた日本・朝鮮・中国の多民族で構成された交易集団が日本海・黄海・東シナ海を往来し、朝鮮半島の西南端や山東半島にはそれらの集団の活動基地を設け、日中関係の現実は国家間の外交的諸秩序に規制された外交関係から民間的商業活動中心に移行し、中央貴族の他国観・国境意識とはまったく異なる展開が見られるようになる。そして一二世紀末頃から以降、日本には大量の北宋銭が流入し、宋商と博多商人の交易を導入部として日本は中国銅銭圏の一環に入り、中国陶磁器・工芸品をはじめとする「唐物《からもの》」文化の魅力のとりこになってゆく。

村井はそれらの動きを念頭におきつつ、日本の中世貴族の対外国観の特徴を「自尊と憧憬」という二つの価値意識の複合としてとらえている。自尊は表裏の関係で他者に対する侮蔑や敵視に通ずる。憧憬は半面では卑屈な従属と無縁でない。

村井が指摘したこの二つの価値意識の複合的存在は、中世初期の貴族のそれであったが、諸時代を貫通する傾向でもある。日本の朝鮮蔑視はしばしば近代の所産として説明されているが、すでに古代・中世から存在していたのである。同時に「脱亜入欧」「対米従属」のような国民意識の問題もこれと切り離して理解できないことも明らかである。

村井は『延喜式』の節分・追儺《ついな》にかかわる記事に、

穢《きたな》く悪《あし》き疫鬼《えきき》の所々村々に蔵《かく》り隠《かくら》ふるをば、千里之外、四方之界、東方陸奥《むつ》、西方遠値嘉《おちか》（五島列島）、南方土佐、北方佐渡よりをち（遠く）の所を、なむだち（お前たち）疫鬼之住《すみ》かと定賜《さだめたま》ひ行賜て、

とあるのを引用し、〝鬼〟を国境の外に追いはらうことで国家の領域の清浄と安泰を確保しようとした貴族の対外・対内意識を見事にとらえている。〝鬼畜米英〟ということばにも、こうしてはるか昔からの対外意識からの連続があったかもしれない。村井が指摘したような〝自尊と憧憬〟の意識のもとでは、自国の歴史・他国の歴史を真にグローバルな、世界史的な視野から見ることが妨げられる。同時にそこでは鹿野のいう「鳥島は入っているか」という視点も欠くことになるであろう。

戦後の国家史は、敗戦を体験することによって、自国のあり方や国民の国家意識のあり方を、客観的に歴史的認識の対象とすることが出来るようになった。北島万次《きたじままんじ》の秀吉の朝鮮侵略出兵の研究なども日韓両側の史料を駆使した新しい研究として、国家史研究の一ページを拓いた。戦後国家史研究の成果は豊かであるが、ここではとくに以上の諸点を強調しておきたいと考える。

〔本章に関する文献〕

『石母田正著作集』（全一六巻、一九八八―九〇年、岩波書店）
『井上光貞著作集』（全一一巻、一九八五―八六年、岩波書店）
『黒田俊雄著作集』（全八巻、一九九四―九五年、法蔵館）
『岩波講座　日本歴史』（全二三巻・別巻三、編集委員＝井上光貞、永原慶二、佐々木潤之介、藤原彰他、一九七五―七七年）
『大系日本国家史』（全五巻、編集＝原秀三郎、峰岸純夫、佐々木潤之介、中村政則、一九七五―七六年、東京大学出版会）
『日本民俗学大系』（全一五巻、一九八三―八七年、小学館）
女性史総合研究会編『日本女性生活史』（全五巻、一九九〇年、東京大学出版会）
『アジアのなかの日本史』（全六巻、編集＝荒野泰典、石井正敏、村井章介、一九九二―九三年、東京大学出版会）
村井章介『アジアのなかの中世日本』（一九八八年、校倉書房）
岩井忠熊『天皇制と歴史学』（一九九〇年、かもがわ出版）
深谷克己『近世の国家・社会と天皇』（一九九一年、校倉書房）
尾藤正英『江戸時代とはなにか』（一九九二年、岩波書店）

6　近・現代史を見る目の変化

問題関心の転換

戦後早い時期の近・現代史研究は、戦後改革の前提認識として欠かせない歴史的諸問題の解明に意欲的に取り組んでいた。

戦前の『日本資本主義発達史講座』は当時（一九三二―三三年）直面していた「変革」の性格を確認するために、明治維新から考察を始めたが、戦後改革にとっても明治維新はなお問題の出発点という性質をもっていた。維新変革は何を果たし、何を果たしえなかったのか。維新政権に対して自由民権運動はいかに戦い、その挫折の結果、どのような国家体制が生み出されたか。明治憲法体制＝近代天皇制国家は、近代国家のあり方としてどのような歴史的特質をもっていたか。寄生地主制の発展と資本主義との構造的結合の実態、さらに日本資本主義の早熟な帝国主義への転化・移行の根拠は何か、といった諸問題はその代表的テーマである。それらの解明は、戦前昭和期の課題でありながら戦争によって中絶され、すべて戦後にもちこされた。戦後の日本は、それを改めてどのように認識し、それをふまえて現実をどのように変革すべきかということを出発点とした。戦争期の天皇制国家体制、それと構造的に結合する前近代的社会諸関係をどうすれば克服することができるのか、という見通しを立てるためには、克服すべき対象を歴史認識として明らかにし、あるいは明治以来のそれへ向けての国民の戦いがどのように押し進められ、また、国家権力はそれをどのように抑え込んできたかを改めて明らかにすることが強く求められたのである。

それらは概して、自国を「敗者」と規定し、その敗因（後進性）の克服を通じて自国の再生をはかろうという発想に立ったものであった。しかしそれは占領下の鎖国的な国民国家枠組、限られた歴史的視野のなかでの発想という制約をもちながらも、鮮明な課題意識を起点としていただけに、現実に訴える力をもっていた。

戦後改革の評価は、論者によって異なる面もあるが、農地改革が寄生地主階級を完全に解体し、自作農を広く生み出すことによって、戦後の経済発展を可能にしたことは、どういう角度からも否定することができない。その意味で戦後近代史研究の一つの大テーマであった寄生地主制研究は、それなりに改革に向けて大きな役割を果たした。しかしそうした現実に直結した寄生地主制研究は、一九六〇年代以降には農地改革の進行によって実践的問題としての役割をすでに終え、次第に遠い時代の諸テーマと同じように、歴史上一定時期における重要問題としての意義をもつにとどまるものとなっていった。

それに代わるかのように、一九六〇年代の高度経済成長のなかで、戦後の日本の「成功」＝「資本主義的近代の世界史に類のない早さでの実現」を肯定的に受けとめ、その原因を明治維新の「成功」、さらにはその前提としての江戸時代の社会・経済・文化などの水準の高さを、幕末維新の社会変革や戦後変革の意味と切り離して、肯定賛美する「歴史の見直し」が喧伝されるようになった。

国家行事としての一九六八年（昭和四三）の「明治百年」祝典は、そうした「歴史の見直し」を歓迎し、国民のなかに浸透させようとする政治的意図をあらわにもっていた。「近代化論」がその指導的歴史観であったことはすでに述べた。

しかしこの時期、日本が「経済大国」化し、経済的諸関係の国際的拡大が動き出し、とりわけかっての「大東亜共栄圏」に取り込まれていたアジア諸地域・諸民族・諸国家との交流が進むと、「成功者日本」という日本人の自己認識がいかに単純で安易なものであるかが明らかとなった。「近代化論」的な近現代史認識は説得力を失った。とくに一九七〇年代に入り、国民の世代交替が進み出し、戦争を直接知らない日本の若者と韓国・中国・東南アジア諸国・諸地域の人びとと接触の機会が増えるにつれて、日本のアジア・太平洋戦争における「加害者」の現実についての歴史認識がいかに不足しているかが露呈されるようになった。そうした認識の必要性はまた一九六五年（昭和四〇）、家永三郎《いえながさぶろう》が教科書検定訴訟を提起し、つづいて著書『太平洋戦争』（一九六八年、岩波書店）などによって、日本の侵略行動と国民抑圧の実態を具体的に追究したことによっても痛感されるようになった。

戦後の日本史研究でアジア・太平洋戦争の侵略・加害者的側面への問題意識が立ち遅れたのは、そもそも敗戦後、冷戦の過程で戦争責任や「戦後処理」、ドイツの例にならっていえば「過去の克服」があいまいにされてきたことと不可分である。

では、そのような鎖国的状況下での「脱亜入欧」型近代の追求という戦後の第一段階、そのひとまずの達成と「成功」の自賛という第二段階を経て、アジア諸国・諸地域との交流の進展とともに自国の侵略責任についての目をさまされた状況のなかで、日本の歴史学は問題視角をどのように旋回することとなったか。

一つは、明治維新と戦後改革を「成功の連鎖」として直結させるような方法への批判として、それまで研究の遅れていた日清・日露戦争の性格、帝国主義国家への転化、韓国併合という戦前の帝国主義の問題への本格的見直しと再検討である。自由民権の挫折以降、後進的なアジアの資本主義国家としての日本は、なぜアジア唯一の帝国主義国家へと急旋回し、同一の文明圏に属するというより、自国文化の母ともいうべき朝鮮・中国への侵略と植民地化の歩みを強引に押し進めたのかが問い直される。そしてそのなかで強行された朝鮮支配、「皇民化」政策とそれに対する抵抗の実相が、本格的に追究されるようになる。それが加害者的側面を楯の半面と自覚した日本近現代史研究の起点であるともいえる。

以下この戦後近現代史研究の第三段階ともいうべき一九七〇年代以降の研究のなかから、帝国主義と戦争責任にかかわる重要な論点をふりかえることによって、日本近現代史研究の旋回とその史学史上の意味を考えてみよう。

日清・日露戦争と帝国主義の問題

一九七二年（昭和四七）、日中国交回復が実現した。米軍によるトンキン湾事件（一九六四年〈昭和三九〉）を発端に開始されたアメリカの対ベトナム戦争は、ベトナム人民の不屈の抵抗のなかで、アメリカの不法性に対する世界の非難が高まり、七三年一月、和平協定が締結された。

この間の事情は、日本の歴史学に自国中心の鎖国的な近現代観への根本的反省をさらにきびしく迫ることとなった。アジア・太平洋戦争を敗者感覚から見るのでなく、侵略者・加害者としての側面からアジア民衆を視野に入れて見直す必要がいちだんと痛感されるようになったのである。そのような状況のなかで、進行していた家永教科書裁判では、日本の戦争責任・戦争犯罪をめぐる問題が中心的争点にのぼり、他方文部省の歴史教科書検定はかえってそれを隠蔽・封印しようとする姿勢をあらわにした。

日清戦争の性格・評価についても、敗戦後の早い時期には日本の民族的独立と不可分の視点からその本質を「国民戦争」とする見方もあり、これを帝国主義戦争とする見方を留保する意見がむしろ強かった。しかし一九七〇年代以降、基本的意味づけとしては、この戦争を阿片《アヘン》戦争以後の東アジア世界における帝国主義時代の新しい段階の起点とする見方が定着するようになった。

日露戦争については、戦前に歴史教育を受けた世代では、「三国干渉」「遼東《りようとう》還付」「臥薪嘗胆《がしんしようたん》」がもっぱら強調され、それが軍国主義的国民感情へのバネとされた。戦後の研究では、ロシア帝国主義の圧力の前に日本の民族的自立が脅かされる側面が注目されたが、それは占領下で日本の「独立」がまだ切実な課題と意識されていたことと不可分であった。ところが一九七〇年代以降、大きく見方を変えるようになるのである。里井彦七郎《さといひこしちろう》（一九一七—七四）や田中正俊《たなかまさとし》をはじめとする中国近代史研究が大きく進められたことも深くかかわっている。

中国側にとって、日清戦争の結果は莫大な賠償金の負担と台湾割譲ばかりではなかった。賠償金支払いのために、清国は露・仏・英・独から巨額の借款《しやっかん》を受け、そのため四国の経済的支配を許すことになったし、逆に日本は賠償金によって軍拡を一挙に押し進め、一九〇〇年（明治三三）の義和団事件では中国本土に大軍を送り込み、帝国主義列強の一翼というにとどまらず、以後、天津《てんしん》に「支那駐屯軍」を常駐させる権益を獲得した。

日清戦争の本質が日本のアジアにおける帝国主義への起爆剤となったという点が、ここにもっとも鮮明に示されている。日本の対中国侵略の歴史は一九一五年（大正四）の対華二一カ条要求から語り出されることが多いが、近代史をふりかえれば日清戦争の帝国主義的本質は否定すべくもない。それに引きつづく日露戦争・韓国併合が、朝鮮・「満洲」をめぐる日露帝国主義の激突に他ならないこともいうまでもない。

日本の近代史は、その意味では日清戦争から太平洋戦争に至る長期の過程を、一貫する帝国主義の歴史としてとらえなければならない。そしてそうだとすれば、日本はなぜ資本主義の形成途上の軍事力の面でも経済力の面でもなお劣勢にあった段階から早熟的に近隣国家への侵略、帝国主義への道につき進んだかが、改めて問い直されなくてはならなくなる。

野呂栄太郎《のろえいたろう》は昭和初年の時点で、「帝国主義の国際的連鎖」が形成途上の日本資本主義を急速に帝国主義に転化させた要因であることを指摘していたが、問題はその「帝国主義の国際的連鎖」の具体的内容である。中国を世界帝国主義の最後の主舞台として列強がそこに殺到・競合し、日本も強引にそれに割り込むなかで、矛盾をとくに尖鋭《せんえい》なものとした。日清・日露戦争における日本の勝利は、当初、中国・インドをはじめとするアジア諸民族に希望をもたらしたが、韓国併合以下の一連の動きのなかで、たちまち「野蛮な帝国主義国がもう一つ増えたにすぎない」と見られるようになり、アジア民衆の信頼を失ってゆく。

一九七〇年代以降の研究は、その点をふまえ、朝鮮・中国をはじめとするアジア民衆の抵抗の実相とそれに対応する日本の植民地およびその周辺地域への支配の実態研究に取り組み、大きな成果をあげた。国民はそれによってはじめて自国の帝国主義の野蛮さを知るようになった。

そうした植民地支配の歴史的実態の解明は、日本国の側から見れば自国の国家的過誤や犯罪性を暴露されるという性質をもっていたため、国側はそれが歴史教科書のなかにもち込まれることを極力抑えるような検定方針をあらわにした。またそれらにかかわる資料の公開に対しても、消極的ないし抑止的な姿勢をとりつづけた。現在の日本国が戦前の国家的行為についてどのような見解をとるかは、自国の歴史に対する国家の姿勢という基本的な問題であり、国際的な信頼関係と直結するものであるが、日本のとった姿勢はドイツがナチスに対してとった方針とは大きく異なっていた。

その意味で一九七〇年代以降の植民地史研究にもさまざまの困難があったが、九〇年代には『岩波講座近代日本と植民地』（全八冊、一九九二―九三年、編集委員＝大江志乃夫、浅田喬二他）のような大きな研究集成が世に送られている。そこでとくに重視されているのは、日本の植民地獲得とその支配が、欧米列強の植民地獲得と違って、朝鮮そして中国というように近隣国家の本国の全部もしくはその一部を植民地化し、さらにその周辺地域を従属させる形をとったことである。朝鮮のような文明国の本国をそっくり併合する形は、世界の帝国主義の歴史にもほとんど類例のないことであり、それだけに抵抗も大きかった。そのため日本はいわゆる「皇民化政策」「同化政策」という独特の支配方式を採用した。

「同化政策」は、原型としては北海道のアイヌや琉球＝沖縄について見られたものであり、それが同心円的に東アジア・東南アジアに向けられるという形で拡大され、ゆきつくところは「八紘一宇《はっこういちう》」「大東亜共栄圏」に至るのである。そうした日本帝国主義の、外形的には温和に見えながら内実は世界史的にも例を見ない民衆弾圧と民族抹殺的性格をもつ帝国主義についての研究は、この時期強力に進められ、それまでには知られていない植民地支配の実態についての重要な事実を多く発掘していった。

アジア・太平洋戦争史の問題

日清・日露戦争を通じて、日本はアジアでただ一つの帝国主義国家となった。それでも世界帝国主義体制のなかでの後進日本は、一九〇二年(明治三五)の日英同盟によって、清・韓両国をめぐる日英帝国主義の対立に一定の歯止めをかけ、その利益を相互的に守る体制を創り、以後一九二三年(大正一二)の四カ国条約発効、日英同盟終了までは、アジアにおける帝国主義列強の決定的対立を何とか回避していた。

しかし第一次世界大戦を経て一九二三年(大正一二)以後、とくに太平洋上の諸島嶼《とうしょ》支配をめぐり、日米の対立が急速に顕在化した。それはすでに太平洋戦争に結着してゆく帝国主義国家間矛盾の避けられない動向であった。日本近代史はこの時期から事実上「アジア・太平洋戦争」の局面にふみだしたといえよう。

戦前、中国への侵略戦争を、日本側では「満洲事変」「シナ(支那)事変」といい、「戦争ではない」と自国民に思い込ませる形で、その侵略戦争としての性格を内外に隠そうとした。さらに「大東亜戦争」という呼称も偽瞞《ぎまん》的であった。敗戦後は「太平洋戦争」の呼称が定着したが、それは占領軍主導によるもので「大東亜戦争」の呼称の偽瞞性を否定する歴史理解に立つという意味をもっていた。

しかしそれ以後、歴史認識の深化とともに、「満洲事変」から「大東亜戦争」の終わりまでを含め、とくに歴史学者を中心に「十五年戦争」、また「アジア・太平洋戦争」という呼称も提出されている。呼称の変化は、戦争の評価・歴史的位置づけの認識と不可分である。

日本の国民の戦争認識にとっても歴史学にとっても、きわめて深い影響を与えたのは、極東国際軍事裁判(一九四六年五月―四八年一一月、通称「東京裁判」)である。それまで日本の国民が考えたことのなかった「平和に対する罪」や「人道に対する罪」が人類・国家のレベルで公式に問われることによって、戦争を自国の〝正義〟としか考えてこなかった〝善良〟かつ独善的な日本人の意識に衝撃をもたらした。また、その裁判の過程で、南京大虐殺をはじめ、日本国民に戦時中以来、秘匿されてきた戦争の過程や戦争犯罪など多数の史実が公開され、それを通じて「十五年戦争」の歴史認識への道が拓かれることになった。法廷が最終的に示した戦争の性格規定は、米・英などの「連合国」＝「民主主義」陣営、日・独・伊「枢軸国」＝「ファシズム」陣営、という図式であった。

このような規定については、それを勝者の敗者に対する一方的裁判で、善玉・悪玉的単純化だという反論も少なくない。両陣営ともに、広い意味で帝国主義の性格をもち、その衝突であったということは事実であるから、とくに開戦に至る国際過程などについての精密な研究が必要であることは当然である。また東京裁判の対象外におかれている米軍の東京をはじめとする日本の諸都市に対する無差別爆撃や原爆投下をどう評価するか、という問題もある。

しかし戦争をめぐる歴史研究が、学問的にもこの東京裁判を契機にして戦争責任・戦争犯罪などをめぐる史実の発掘・史的評価の深化に向けて動き出したことは、有意義であった。

太平洋戦争の開戦は本当に避けられなかったか、という発起点の問題一つをとっても、日米交渉のような外交史的側面にとどまらず、開戦へ向けての国民統合や、それへの民衆側からの一方における支持、他方における批判や抵抗の問題なども、歴史的研究の重要なテーマとされるようになった。

「敗戦」「占領」に規定された国民の被害者感覚・戦争観は、歴史研究にも強い影響を及ぼしていたが、次第に加害者的自覚をふまえた戦争責任・戦争犯罪にかかわる研究が進められだした。強制連行・強制労働・大量虐殺・従軍慰安婦問題、七三一部隊の生体実験問題をはじめとする反人権・戦争犯罪にかかわる史実について、国側は教科書検定ばかりでなく、どのような機会にもこれを隠蔽しようとし、保守系政治家はそれらにかかわる〝妄言〟をくりかえした。一方、洞富雄《ほらとみお》（一九〇六―二〇〇〇）、藤原彰《ふじわらあきら》らの南京大虐殺、家永三郎の七三一部隊問題、吉見義明《よしみよしあき》の従軍慰安婦などのように、重要な問題が歴史家の徹底した実証によって、次第に明らかにされた。

しかし、それにもかかわらず、そうした諸問題をめぐる研究条件はきわめてシビアである。外交関係資料・軍部関係資料・警察関係資料などは多くが湮滅されたり秘匿・未公開とされているものが、今日に至っても多い。アメリカ国会図書館所蔵の関係資料類は、近年、日本人歴史家の手による本格的な調査によって、従来、国内ではわからなかった事実についての資料を多く提供してくれるようになった。だが朝鮮・中国・東南アジア諸地域の現地所在資料類の存在調査は不可能であったり、ほとんど未着手であったりの状況である。国内の基本資料としては政治家・軍人・高官の日記類やその保管資料の調査公開が松尾《まつお》尊兊《たかよし》、伊藤隆《いとうたかし》、粟屋憲太郎《あわやけんたろう》、吉田裕《よしだゆたか》らをはじめとする現代史家の努力によってある程度進んだが、地方各地の図書館など多数の保存機関や個人保管の資料の系統的調査・公開は遅れている。

十五年戦争は、文字通り「総力戦」であったから、その解明のためにはさらに科学技術・教育・国民意識・思想、あるいは民衆生活などをも含む広い認識が必要であり、そのためには社会・人文諸分野の学際的協力による総合研究の必要が痛感されている。

戦後史の研究枠組の問題

戦後社会の問題は、戦後の歴史学のあり方とその推移にかかわって、すでにある程度ふれてきた。したがって反復や重複感も避けられないが、ここでは歴史学の研究対象としての戦後史について、前項に引きつづく視角から一、二の点にふれておこう。

本書の執筆時点（二〇〇二年）で、「戦後」は五七年目ということになる。戦後生まれの人が圧倒的多数となり、戦争の時代にすでに成人し、何らかの意味で戦争に直接責任を感じている世代は、ごくわずかとなった。同じ第二次大戦の敗戦国でも、ドイツではとうの昔に「戦後」という言葉は過去のものとなっているようである。それは歴史を忘れたからではなく、ナチスとその時代の「歴史（「過去」）の克服」を通じて、戦争にそれなりの決着をつけたからである。

それにもかかわらず、日本ではいまだに「戦後」という区切り方がしばしば意味をもち、実感としても捨て去れない。理由はさまざまあるが、何よりも敗戦から半世紀以上を経た現在に至るまで、日本はアメリカの世界戦略体制の一環に従属的に位置づけられ、沖縄がアメリカの世界最大の軍事基地として恒久化され、外交・内政どの分野においても、アメリカの利害に左右されている現実があるからである。さらに「戦後処理」にかかわる補償問題もすでに国家としては解決済みのはずにもかかわらず、近年の従軍慰安婦問題のような形で、折にふれ提起されることも、「戦後」の未終了を認めざるをえない事柄である。

それらは、日本の敗戦が無差別空襲・原爆などによって国民に被害者感覚先行で受けとめられたため、自国の戦争責任を主体的に自覚し解決しようという意識が弱かったこと、敗戦後いくばくもなく冷戦が深刻となり、アメリカの反ソ・反共政策にとり込まれたこと、さらにソ連の日本人シベリア抑留が苛酷をきわめたこと、また国内の民衆生活が衣食住どれをとってもトコトンまで追いつめられていたこと、などが絡み合っていたことによるのは疑いない。たしかに日本は高度経済成長により「経済大国」となり、いわゆる西側陣営の有力国家と数えられるようになったが、冷戦の解消した今日に至っても、「戦後」の初期を知る世代にとって、経済や暮らしがよくなったという感じはあっても、戦争責任を国家も国民も倫理的レベルにまで徹して解決しおえたという感覚はもっていないし、自国の「独立」についての本当の確信さえ心の底では万全でない。

そうした「戦後史」についての認識の基本枠組をどのように設定するかは難しい問題である。もともと同時代史はそれを見る人びとの直接の体験や記憶によってさまざまであるという困難な事情がある上に、日本の「戦後」の右のような対米従属・戦争の克服の不徹底さという半面と、高度成長・経済大国的発展の半面とが同居していたことが、その困難を大きくしているともいえる。

戦後史は大まかには一九四五年（昭和二〇）から五五年の第一期、一九五五年から六〇年代の第二期、一九七〇年代以降の第三期に区分されよう。三つの時期を通じて、民主主義・平和という憲法理念＝人類的価値理念は表向きには堅持され、非核三原則も戦争放棄の原則も、ともかく生きつづけてきた。それは戦後史の誇るべき表の顔であるが、とくに第三期に至って、価値観の多様化が進み、それにつれてこの表の顔にも動揺や変化が進行している。

そうした段階的推移を含む戦後社会であるため、五七年を「戦後」として一括する意味はもはや失われたという考え方もあろう。しかしやはり、「戦後」の基本的性格を歴史認識としてどうとらえるかという問題は、いまだに「戦後」という言葉が生きていることが語るように、日本の自己認識の根幹をなすものであり、現在・未来のあり方と方向を規定するものとして、もっとも重要な日本歴史研究の究極的テーマである。研究の状況を見ると、「戦後史」認識はまだ三期を含む「戦後」の全体を、世界現代史の一環に位置づけて把握し、一定の展望を示すという点ではけっして十分でない。

最近の近現代史研究の大きな成果の一つといえる『シリーズ日本近現代史』（全四巻、一九九三—九四年、岩波書店、編集委員＝坂野《ばんの》潤治《じゅんじ》、宮地正人、高村直助、安田浩、渡辺治）は維新から戦後までを重要テーマに即して系統的に通観する形をとっているが、戦後にあてられたのは第四巻だけで、主として第一〜二期に論点が集中している。しかしこれに前後して、東京大学社会科学研究所編『現代日本社会』（全七巻、一九九一—九二年、東京大学出版会）や歴史学研究会編『日本同時代史』（全五巻、一九九〇—九一年、青木書店）、また『シリーズ戦後日本』（全六巻、編集委員＝中村政則、天川晃、尹健次《ユンコオンチャ》、五十嵐武士、一九九五年、岩波書店）も公刊されており、『年報・日本現代史』（二〇〇二年、八号まで刊行。編集委員＝赤澤史朗、粟屋憲太郎、豊下楢彦、森武麿、吉田裕）も出されている。歴史としての「戦後史」認識の試みが、本格的に推進されていることはたしかである。

戦後社会の多面的な発展にともない、戦後史の認識はもはや伝統的な歴史学専攻の研究者とその手法によってだけでは不可能である。社会科学・人文科学諸分野はもちろん、科学史・技術史のような分野も含め、その道の専門家の幅広い協力が不可欠である。その意味で戦後史についてはとくに、研究資料・研究技術・研究手法も新たなものが切実に要求されている。グローバリゼーションの進行のなかで、世界の諸国は軍事・経済・科学技術をはじめ、どの面でも相互依存・相互規定関係を飛躍的に強めてきたという現実をかえりみれば、一国史的歴史観ではもはやどうにもならないことは明らかである。またそれと同時に、戦争責任や戦後処理の仕方がいかに重要な問題であるとしても、そこからだけで半世紀を越える戦後史の全体像を提示することはできないという面もある。

一国的・生活史的な面では、高度経済成長が伝統的な生活様式・秩序意識・価値意識などを史上空前の激しさで変えてしまった。テレビ・新幹線・自動車・航空機などを思い浮かべるまでもない。さらにその後、情報革命が世界・日本をおおいつくした面から、現代としての戦後を見ることも欠かせなくなった。

国内過程のもう一つの主側面である人権・民主主義・国家といった、広義における政治的・社会的な問題についても、天皇の地位の変化から始めて、人権や女性の地位など、その変化や進歩を指摘することは困難でない。しかし同時的に、巨大企業・独占資本の圧倒的な社会支配力、それに呼応する政治勢力の利益誘導型支配と上からの虚偽に満ちた政治的統合などの現実がある。それらを包括する世界のなかの日本国・日本社会はどのようなものか。

戦後の日本が占領支配に一定の抵抗感をもっていた時代、対米従属の下での脱亜入欧型経済発展コースへの批判は、今では信じられないほどきびしく、アジア世界にどう向き合い、その信を得てゆくかが真剣に考えられていた。だが半世紀を経て、日本国は教科書問題や靖国神社問題に象徴的に示されているように、アジアと共に生きる道に肚をすえた姿勢をとっていない。

現代・近未来に生きる国民に向けて、「現代」とは何かということを、可能な限り明快な形で提示することは、今日の歴史学に課せられたもっとも大きな責任であろう。日本史研究は現代史について、従来の日本史学の枠組・方法だけではとても答えきれない状況におかれている。外国の歴史家は、その点では、日本の歴史家よりはるかに大胆である。日本の歴史学は、明治以来、国家との対立・衝突をおそれて、極力〝非政治的〟世界で研究することを願うことが多かった。しかし今日、時代に背を向けたアカデミズムというものはもはや存立の余地がないし、自分で決めた小さな「専門」にだけとじ込もることは許されない。

その意味で、日本の「戦後」＝現代社会をどう認識するかは、専攻分野を超えて、すべての歴史研究者に求められる避けられない責任であり課題である。

外国人研究者の日本近現代史研究に学ぶ

日本近現代史は自国史としての目ばかりでなく、韓国・北朝鮮・中国・アメリカなどをはじめとする外側から見る目がとくに大切である。一九八二年（昭和五七）、教科書検定問題をめぐって国内・国際的批判がきびしく行われたことをきっかけとし、韓国・北朝鮮・中国の歴史家との交流、近現代史についての相互的意見交換の必要を痛感して、比較史・比較歴史教育研究会（一九八二年、代表＝吉田悟郎）が結成され、国際的なシンポジウムを実施するようになったのも、その一つのあらわれである。

今日、外国側からの日本史研究は広く進められているが、現在のところアメリカの日本史研究の水準が突出して高いようである。

戦中・戦後の日米関係からして当然のことであろうが、それはすでに戦前・戦中から準備されていた。占領期駐日カナダ代表部の首席をつとめたハーバード・ノーマン（一九〇九―五七）は宣教師の子として日本に生まれ、一九四〇年からカナダ公使館員として勤務中、日本近代史を学んだ。戦前のマルクス歴史学の近現代史研究にも深い理解をもち、四〇年には『日本における近代国家の成立』（邦訳一九四七年、時事通信社）を公刊し、戦後アメリカの占領政策にも大きな影響力をもった（一九五七年、アメリカの国会非米活動調査委員会の追及にあい、任地カイロで自死）。すでにふれたが占領初期の大胆な改革政策には、戦前に講座派マルクス歴史学の追求した「変革」の内容に共通する諸側面が認められる。それにはノーマンの日本近代史認識が作用していたと推定できる。

「近代化」理論にもとづいて、日本近世・近代史展開の道筋を広い学殖をふまえた比較史的視野から論じたE・ライシャワー、J・W・ホール、M・ジャンセン、A・M・クレイグなどはよく知られている。R・スカラピーノの政党史研究やT・スミスの一八五〇年から八〇年における「工業化」研究、H・ロゾフスキーの一八六八年から一九四〇年に至る「日本の資本形成」などの経済史研究も日本の計量経済史的研究に深い影響を与えた。

また、これらの人びとに続く次世代の日本近現代史家も多士済々である。最近、A・ゴードン編『歴史としての戦後日本』が邦訳刊行されたが（上・下、監訳＝中村政則、二〇〇一年、みすず書房）、そこに執筆する人びとは、その代表的研究者であろう。そのなかの一人J・ダワーの別の大著『敗北を抱きしめて』（邦訳＝三浦陽一、高杉忠明他、上・下二冊、二〇〇一年、岩波書店）は、敗戦・占領間接統治期のGHQ・日本政府の政策決定と執行＝統治をめぐる機微から始めて、広く民衆の意識と行動の埋もれた実相を、驚くべき多様・広範囲の資料から精密に描き出している。とくに日本人学者と違って、アメリカの対日観・対日政策の諸動向を、米日両側の豊富な資料を駆使して、これまでの日本側の国内研究では知りえなかった歴史の複合的・両義的展開の過程が、縦横に論ぜられ解明されている。この書物は、その豊かで柔軟な歴史像の提示と卓抜な叙述力とによって世界的に深い感動を与えた。日本人研究者からいえば、日本の近現代史研究が、外国側研究者から深く学ぶことなしにはもはや進めないことを、はっきりと知らされることになった。ここではふれることができないが、韓国・朝鮮・中国・ベトナムをはじめとするアジア諸国の歴史学についても同様というべきであろう。

現代アメリカ歴史学界の代表的歴史家の一人である入江《いりえ》昭《あきら》（ハーバード大学）は現代外交史・国際関係論の専門家としてよく知られる。入江は、前記の『シリーズ戦後日本』の第一巻の序論として書いた「二〇世紀の歴史と戦争」のなかで、二〇世紀という現代の歴史を語る場合、そこに生きた歴史家個人から切り離すことはできない、歴史家自身の生きてきた時代をそれ以前の時代と同じ姿勢や方法論で学ぶことは不可能に近い、と述べたイギリスの歴史家ホブスボウムのいうところに共感を示しながらも、「二〇世紀」を「アメリカニゼーションとマルティカルチュラリズムの時代」として、大きくとらえてみる視点を提起している。

「アメリカニゼーション」というのは世界におけるアメリカの圧倒的影響力のことであって、日本の戦後史の重要な半面は、まさしくそれであった。アメリカニゼーションは、別の見方をすれば現代型「アメリカ帝国主義」の問題ともいえるのであろうが、入江はそうした概念で事態を片付けることを拒否して、もっと広い文化的現象としてこの言葉を用いている。たしかに日本の戦後社会にはさまざまの反撥や屈折を含みながらも、大筋としては国家的・国民的制度の価値理念をはじめ、日常的生活文化に至るまでアメリカニゼーションが浸透した。

しかし「マルティカルチュラリズム」、すなわち文化の多様性も、他の半面として併存した。アメリカニゼーションとマルティカルチュラリズムとは、相互に絶対排他的な関係でない。日本の戦後史は、経済的・文化的に中国をはじめとするアジア諸国・諸地域とのあいだの関係を密接にし、「アジア太平洋地域」という枠組は、次第に一つの形・機能を形成する方向に向かいつつある。文化的にも「欧米文明」は唯一の価値源泉ではなくなり、民族・宗教・文明観も多元化し、「白人・西欧」型価値が頂点に位置づけられる状況は、大きく変わった。このアメリカニゼーションとマルティカルチュラリズムは、二〇世紀の世界において、二つの大戦を介して進行した、というのが入江の発言の骨子であり、二〇世紀の歴史をどう見るかという大テーマへの一つの有効な視角だろうというわけである。

こうした二つの方向そのものは、日本の多くの人びとにとっても特別驚かされるようなものではないともいえよう。しかしそれを二つの大戦を介して展開する世界史の動向として、日本の近現代史をもその一環に位置づけて具体化するとともに理論化してゆく仕事に向けて、日本の歴史学が本格的な取り組みを開始しているとはかならずしもいえないことも確認しなくてはならない。

A・ゴードン編『歴史としての戦後日本』の共同研究者であり、日本の歴史学のあり方についても鋭い批判力をもつ歴史家として知られるキャロル・グラックは、この書物のなかでは「現在のなかの過去」という論文を書いている。一九四五年（昭和二〇）から九〇年代初頭までの日本の国民の歴史意識と、それを背景とした知識人の「現代」の受けとめ方の推移をたどったものである。

それは、国民・歴史家による歴史の受けとめ方、歴史の「記憶」のあり方、歴史の語られ方などの歴史である。伝統的な歴史学の年代記的史実の実証的追求とは異なり、キャロル・グラックの方法は、「現在のなかの過去」という表題が示すように、あるがままの過去の全認識は不可能だという歴史学の本質にかかわる歴史理論をふまえて、「現在」が見いだす特定の「過去」とその認識の推移を問おうとしているものと思われる。世界でも日本でも、そうした歴史観・歴史解釈は次第に力を得ていると思われるが、戦後の日本が、戦前の支配イデオロギーによって画一化された歴史意識・画一的「歴史の記憶」を押しつけられた状況から大きく変わってゆくなかで、国民・歴史家がそれぞれに自己の同時代史をどのように見、どのように評価し、意味づけてきたかを追うことは、自国の現代史認識としても有効かつ興味深い問題であり、方法であると思われる。

歴史の歪曲と歴史教育の問題

近現代史認識はこれまで見てきたように、現在・未来をどう見るかという問題に直結している。それだけにその見方・認識は、必然的に政治的なものとなる。歴史学はそもそもどの時代、どのような問題についても認識者の思想を介して構成された歴史像という性格を究極的に免れえないから、それをめぐっては対立が起こる。歴史認識とは、そうした意味では歴史の見直しの無限の反復であり、認識をめぐる論争の連鎖である。

しかし、歴史家の価値観やそれにもとづく歴史像がいかに多様であったとしても、それが学問として成り立つのは、史実の確定・歴史像の構成について、恣意的な意図による史実そのものの歪曲や学問外的契機による史実の恣意的選択は許されないという、大原則を共有するからである。だが、それはどこまでも原則であって、現実には外的な力による恣意的歪曲を抑止することができないこともある。ナチスのユダヤ人ホロコーストはなかった、日本軍の「南京大虐殺」はなかった、などということは、通常の実証主義的研究にもとづく判断では信じられないことでありながら、第二次大戦が終わって半世紀以上も経ち、同時代的記憶が失われだすと、特定の意図をもってそうした史実の歪曲、「歴史の修正」をあえて強引に押しだす動きが起こってきた。これは、通常いうところの「歴史観の相違」とは、まったく異なる性質のものである。歴史が「集団としての記憶」であるという性質に乗じてその記憶をねじ曲げ、「歴史の修正」

をあえて行おうという非学問行為である。

「南京大虐殺」でどのくらいの数の人びとが犠牲になったかを確定することはたしかに難しい。しかしそれが確定しにくいということに便乗して、だから事件の有無も疑わしいといえば、明らかに「歴史の歪曲」である。

太平洋戦争最中の一九四三年（昭和一八）一一月、東条英機が「大東亜共栄圏」の国や地域の傀儡《かいらい》政権・傀儡的「民族独立運動」家を集めて「大東亜会議」を東京で開いたことをもって、日本は「大東亜共栄圏」の諸国家・諸地域を解放独立させようとしたのだという西尾幹二《にしおかんじ》らの中学教科書（二〇〇一年、扶桑社）記述がある。これに対しては、歴史解釈の余地があるから教科書の記述の一つとしては認めた方がよいというのが文部省検定の表向きの意見らしい。しかし東条はその一方で、朝鮮の独立を認めるようなことはまったくなく、シンガポールもインドネシアに対しても傀儡政権の成立すら認めない方針をとっていたのであるから、これも歴史の歪曲という他はない。

〝歴史観・歴史認識の自由〟という大原則の見せかけで歴史の意図的歪曲が行われることは、じつはこのように枚挙にいとまがない。歴史教育は、すでに見てきたように、日本では明治以来、歴史の学問的研究と歴史教育とは別だという方針をとり、国民「教化」のためには神話を史実の如く教えることから始め、重要な問題については歴史歪曲を辞さないという方向を強行しつづけた。それればかりか戦後においても、一九八二年（昭和五七）の教科書検定に対する韓国・朝鮮・中国をはじめとする国際批判、いわゆる「侵略―進出」問題、また二〇〇一年（平成一三）の西尾幹二ら「自由主義史観」（自称）グループを筆者とする中学歴史教科書の右のような近現代史の歪曲記述に至るまで、それは陰に陽にくりかえし行われてきている。

歴史教育では真実を教えるよりも、史実を曲げても国に都合悪いことを教えない、という国民教化の手段とする考え方は、戦後にも生きているのである。

戦前・戦後を通じて一部国民のなかに存在する排他的・独善的な国家主義・ナショナリズムの感情は、とくに閉塞感の強い時期に目立った動きをしてきている。昭和戦争期や、一九九〇年代がその代表的時期であろう。

国家権力とそのサポーターとしての国家主義者による歴史教育の領有を見すごすことは、歴史学の研究者としては、一歩もゆずることの出来ないところである。今日、その危険が高まっている事態を、どこまで歴史学と歴史教育の歴史に即して深く認識するかは、歴史研究者・教育者に問われている良心と責任の問題である。

〔本章に関する文献〕

『日本近代史』（岩波全書、I＝遠山茂樹、一九七五年、II＝今井清一、一九七七年、III＝藤原彰、一九七七年）
『シンポジウム日本歴史』（全二三巻、そのうち「世界資本主義と開港」〈14巻〉、一九七二年、その他近現代関係で一〇巻）
宮地正人『日本通史III　国際政治下の近代日本』（一九八七年、山川出版社）
中塚　明『日清戦争の研究』（一九六八年、青木書店）
〃　『近代日本の朝鮮認識』（一九九三年、研文出版）
宮地正人『日露戦後政治史の研究』（一九七三年、東京大学出版会）

大石嘉一郎編『日本帝国主義史』(全三冊、一九八五―九四年、東京大学出版会)
江口圭一『日本帝国主義研究』(一九九八年、青木書店)
田中正俊『東アジア近代史の方法』(一九九九年、名著刊行会)
洞　富雄『南京大虐殺の証明』(一九八六年、朝日新聞社)
藤　原　彰『日本軍事史』上・下(一九八七年、日本評論社)
比較史・比較歴史教育研究会編『自国史と世界史』(一九八五年、未来社)
〃　『帝国主義の時代と現在』(二〇〇二年、未来社)
高橋哲哉『歴史/修正主義』(二〇〇一年、岩波書店)
藤原彰・今井清一編『十五年戦争史』(全四巻、一九八八―八九年、青木書店)
歴史学研究会編『日本同時代史』(全五巻、一九九〇―九一年、青木書店)
教科書検定訴訟を支援する歴史学関係者の会編『歴史の法廷―家永教科書裁判と歴史学―』(一九九八年、大月書店)

7　研究体制の拡充と史・資料の調査・整備

研究機関・学術体制

ここまで戦後五十余年にわたる日本史研究の展開の足どりをたどってきたが、最後に研究体制と研究条件などの推移の問題をかえりみておくことにしよう。

戦後の早い時期、若い研究者はどの分野にも数えるほどしかおらず、大学も荒廃し、東京大学史料編纂所も予算面の制約から業務停滞状態に陥っていた。その頃から考えると、今日の研究体制の充実は文字通り隔世の感があり、学問水準の飛躍もそれによって可能になってきたことは疑う余地がない。研究機関・学術体制の充実にかかわって、まずあげなくてはならないのは、戦後各府県に国立の新制大学が設置され(一九四九年発足)、日本史関係の教員がどこの大学にも配置されるようになってゆくとともに、その人びとが府県管内の史料調査と歴史研究に、本格的に取り組むようになったことである。それはとりわけ、当時の社会の動揺のなかで、広く旧家の変動が生じ、長く家に伝えられてきた古文書類の散逸が急激に進みだした危機的状況に対して有効であった。近世史料の調査・保存は、新制大学の充実とともに大きく進んだ。

その後、戦後の諸条件の改善が進むにつれて、各府県・市町村は早い遅いの差はあれ、ほとんど例外なく大規模な自治体史、それも狭い意味での自治体行政史ではなく、その地域の諸時代の総合的な地域史としての内容をもつ市町村史・県史の類を編纂するようになった。この種の自治体史はその地域にかかわる諸時代の史・資料を極力広く蒐集・公刊する方針をとった。それは地域の史料・歴史の研究を自己の責任分野とする気風が新制大学やその他の地域の大学教員のあいだに強まったことによって、可能となったところが大きい。新制大学は、明治以来、東京・京都の帝国大学を中心に形成された研究の独占体制を打ち破り、より細密な調査・研究のネットワークを形成するという点で大きな役割を果たした。戦前の日本史研究の中心機関であった史料編纂所は、主として徳川以前の時代の史料蒐収・編纂・研究を主任務としてきたから、このような新制大学の発足、自治体史の編纂は、とくに近世・近現代史の地域史料・地域史研究の基礎づくりに大きく貢献したことになる。

なお前にふれたが、近世文書の蒐収・研究の中央的機関としては、戦後早く一九五一年（昭和二六）に文部省史料館が設置され（のち国文学研究資料館の付属部門に組織替えされた）、村方・町方・武家文書を蒐集・研究している。また近代史料にかかわっては一九四九年（昭和二四）九月、大久保利謙《おおくぼとしあき》らの努力によって国立国会図書館国会支部に憲政資料室が開設され、さらに津田秀夫《つだひでお》ら歴史学関係者の強い要望・運動によって設置が促進されてきた国立公文書館が一九七一年（昭和四六）に開館された。後者では原則として、作成後三〇年を経過した公文書その他の記録の保存にあたることになった。明治太政官関係の公文書も、この館蔵となっている。公文書は単に歴史研究の材料というにとどまらず、情報公開とかかわって、国民の知る権利の面からも必要不可欠なものであり、一九八七年（昭和六二）には「公文書館法」が定められ、国のみならず地方自治体にもその設置が期待されているが、現在では二七の府県とごく一部の自治体に設置されたにとどまっている。

しかし、文書以外の埋蔵・出土物など、広義の歴史考古資料の調査・研究・保存などの体制は、戦後飛躍的に進展した。開発にともなう土木事業の全国的展開、そのなかで次々に発見される遺跡と遺物は質量ともに従来の常識を越えた。一九四六年（昭和二一）の岩宿《いわじゅく》遺跡における相沢忠洋《あいざわただひろ》（一九二六―八九）の旧石器発見以来、戦前の考古学的知見・学問水準がいかに低位であったかを思い知らされていた考古学者たちは、考古愛好者とともに開発による史跡破壊に危機意識を高め、文化財保護運動を開始した。

この間、戦後一九四九年（昭和二四）の法隆寺金堂炎上事件を機に、国側でも一九五〇年五月、文化財保護法を公布した。しかしその直後の七月には一僧侶の放火によって金閣の焼失という不祥事が発生、国民の文化財保護への関心が高まった。

文化財保護法は、戦前の関連諸法を統合整理するとともに、新しい状況に対応する文化財保護の基本法であり、「文化財」を有形文化財（建造物と美術工芸品＝絵画・彫刻・工芸品・書跡・典籍・古文書・考古資料・歴史資料）、無形文化財（芸能・工芸技術・その他）、民俗文化財（無形の文化財＝衣食住・生業・信仰・年中行事等風俗習慣・民俗芸能、有形民俗文化財＝無形の民俗文化財に用いられる衣服・器具・家屋・その他）、記念物（遺跡＝貝塚・古墳・都城跡・城跡・旧宅、名勝地＝庭園・橋梁・峡谷・海浜・山岳等、天然記念物＝動物・植物・地質鉱物）と区分した。のち、さらに「伝統的建造物群」がこれに加えられ、文化財・歴史資料として考えうるすべてのタイプのものが保護の法的対象となりうることになり、それを担当する行政機関として文化財保護委員会（一九六八年文化庁に改組）も設置された。

これによって遺跡地図が作成され、開発にかかわる史跡については、事前調査や記録保存が義務づけられた。それらは緊急に対応しうる多数の考古研究者を必要とすることになり、次第に都道府県はそれぞれ研究者を「学芸員」として、常設の「埋蔵文化財センター」に配属し、緊急調査に備えるようになった。市町村でも順次、学芸員をおきつつある。

それは遺跡の調査と併行して、さまざまの出土物の系統的な研究や編年を可能にするきっかけとなった。また年代測定をはじめとする自然科学的技術、コンピュータによるデータ処理技術の急激な進展は、この動きを革命的に押し進めた。そのなかで、縄文・弥生の土器編年ばかりでなく、古代・中世の出土陶磁器片などの編年研究が進み、遺跡の年代調査も進んだ。

考古学者和島誠一《わじませいいち》（一九〇九―七一）は、戦前、渡部義通《わたなべよしみち》を中心とする『日本歴史教程』のグループの一人であったが、一九五三年（昭和二八）には岡山県所在の月《つき》の輪《わ》古墳《こふん》（五世紀前半）の発掘調査にはじめて住民参加の方式を採用して一般の人びとの考古調査への関心を強くよびおこし、その後の調査方式や国民の手による遺跡保存に、大きな影響・効果をもたらした。

一九五五年（昭和三〇）、堺市所在のいたすけ古墳（百舌《も》鳥《ず》古墳群）が開発による破壊の危機に瀕すると、住民による保存運動が高まり、一九六二年（昭和三七）には平城宮跡の危機を救えという運動も大きく盛りあがった。そのなかで、坪井《つぼい》清足《きよたり》は国や自治体の平城京をはじめとする大型の発掘調査に指導的役割を演じ、文化財保護行政の基礎づくりに貢献した。また他方、甘粕健《あまかすけん》らの努力によって研究者・一般有志による文化財保護対策協議会が生まれ、近畿方面でも関西の同協議会が創られ、七〇年（昭和四五）には統合されて、文化財保存全国協議会となり、その後の文化財保存運動に巨大な役割を果たすことになる。

そうした文化財への関心にさらに火をつけたのは、木簡の大量発見であった。一九六一年（昭和三六）、平城宮跡で四〇点以上出土したのが手始めで、その後、平城京跡で約三万五〇〇〇点、長屋王家跡から約七万四〇〇〇点が発見され、平安京・大宰府・多賀城《たがじょう》をはじめ官衙・寺院跡などでも出土がつづいた。木簡の存在そのものは戦前にも知られていたが、戦後、大量に発見されたものは文書・記録にあたるもの、付札《つけふだ》的性格のもの、呪符《じゅふ》的なものなど、内容的にもさまざまで、律令制期のみならず中世におよぶものまであって、文字史料の一類型とはいえ、料紙が一般化する以前のものとして史料価値の高さが明らかになった。

また一九七二年（昭和四七）には、大和明日香村の高松塚《たかまつづか》古墳で内壁四面の彩色壁画がほとんど完全な状態で発見され、国民を興奮に巻き込んだ。この壁画の性格を理解するためには、広く朝鮮・中国における関係資料の調査・研究の必要なことも明らかで、東アジアに広く目を開いた研究の必要性が痛感されるようになった。

各地の調査・史料保存への体制が整いだすにつれて、研究現場の最前線は、大学や研究所よりも、埋蔵文化財センターや自治体の文化財関係学芸員たちによって担われているといってよい状況が進みはじめた。

さらにこうした状況は、一般国民の歴史への関心をかき立て、発見された遺物や、新しい歴史像を目で見、知りたいという要求となり、従来からあった物の保管陳列機関としての博物館とは異なる、「歴史博物館」設置の機運を生み出した。国立民族学博物館（一九七七年開館、初代館長＝梅棹忠夫）はそのさきがけをなすものであったが、一九八三年（昭和五八）には千葉県佐倉市に国立歴史民俗博物館（初代館長＝井上光貞）が開設された。この館は日本歴史・考古・民俗の三研究部門をもち、それぞれに館外の広範な研究者との協力によって、プロジェクトを定めて共同研究を進めはじめた。同時に全国の共同利用研究機関、大学院としての研究者養成機能も担うことになった。そうした体制をふまえ、常設展示・テーマ展示に新しい研究成果を表現し、国民の要求に応えるという役割を目指している。すでに開設以来二〇年に近い時が経ち、「モノ」（紙に書かれた文字史料とは違うもの）に即した歴史研究の全国的センターとしての信頼をかちえており、各都道府県でもそれを参考にしながら、県立歴史博物館が次々に開設されているのが現状である。能力の高い研究者も、それら機関に職場をもつことによって、日本史研究体制の広がりと厚みがさらに増している。

この間、文献史学の面から中世史の諸問題に指導的な役割を果たしてきた石井《いしい》進《すすむ》（一九三一―二〇〇一）は、国立歴史民俗博物館長として、この気運をふまえ、各地の中世都市遺構の歴史考古学的調査に指導的役割を果たした。

一方、一九七一年（昭和四六）には前記したが、かねて津田《つだ》秀夫《ひでお》ら歴史学関係者の強い要望運動があった国立公文書館も設立された。

以上は、考古・民俗を含む日本歴史研究の公的機関を中心とする研究体制の概要であるが、もう一つ歴史学界の相互的連絡と、行政と学界との意思疎通機関などについてもふれておく。その代表的なものは日本学術会議の下部組織としての歴史学研究連絡委員会と、日本歴史学協会（学会および個人を構成員とする）である。

日本学術会議は前にふれたとおり一九四八年（昭和二三）、人文・社会・自然科学を含む全分野から選出された会員二一〇人によって構成される学術体制の最高審議機関として設置されることとなり、現在は総理府所管の国家機関である。学術上の重要事項に関して、政府に建議・勧告する任務・権限をもつとともに、学術にかかわる公的な国際交流のための代表的機関―窓口でもある。歴史学は、この日本学術会議の第一部（人文科学）に属し、その下部組織としての歴史学研究連絡委員会を国際交流の窓口としてもつ。歴史学研究連絡委員会の努力により、一九六〇年（昭和三五）の第一〇回国際歴史学会議で日本の戦後はじめての参加が実現した。五年ごとに開催される「国際歴史学会議」への代表派遣をはじめ、日米・日ソ・日韓など二国間交流の問題についても中心的役割を果たしてきた。

他方、日本歴史学協会は一九四八年（昭和二三）の日本学術会議の設置と関連し、歴史学研究者・同諸学会などがこれをサポートできる連絡機関という目的で組織され、あわせて歴史学関係諸学会間の連絡、歴史学関係者としては一定の社会的責任を負う、たとえば史跡保存問題・靖国神社問題・元号法問題・歴史教育問題のような各種重要問題には特別委員会をおいて対応、さらに文部省科学研究費（歴史学分野）問題についても、その民主的配分、少壮研究者・民間研究者への配分などにも力を尽くした。

この歴史学研究連絡委員会と前記（一四四ページ）の日本歴史学協会は、歴史学関係の学術体制の民主化と相互的な連絡という面で、戦後の歴史学の発展を下支えする役割をもったといえる。学会やその会員が、もっぱら大学を中心とする専門家だけによって構成運用される諸他学術分野の場合と違って、歴史学分野では民間に多くの研究者をもち、研究組織としての小規模学会が群立することによって、研究が進められてきたという事情があるため、こうした連絡機関の果たす役割もとくに重要であるといわなくてはならない。

大型史跡の総合調査・復元

学術体制ばかりでなく、研究の進め方という点でも、状況は大きく変わった。戦後の特徴の一つは、個人の研究とは異なる大型の共同調査・研究やそのための公的組織が整備され、それによって個人では果たすことのできないスケールの大きな調査・研究事業が幅広く推進されるようになったことである。ここでは、そうしたもののうちの代表的な事例を見ておこう。

第一にあげなければならないのは、平城宮跡の調査・研究・保存・整備事業である。平城京跡については、すでに幕末頃から研究的関心が強まり、明治末年頃には建築史家関野貞《せきのただし》（一八六七―一九三五）が現地調査を行ったことから、遺跡地域の一部買い取り保存の動きも起こった。戦後の一九五二年（昭和二七）、奈良国立文化財研究所が設立されて、歴史・建造物・美術工芸の三部門の研究が開始されるが、平城宮跡保存の声が高まってきたのに応え、平城宮跡発掘調査部がおかれ、さらにその後、飛鳥藤原発掘調査部と飛鳥資料館が設けられ、長期にわたる本格的な発掘・調査研究・公開体制が整えられた。前記のように一九六一年（昭和三六）、平城宮跡から四〇点の木簡が出土したのをさきがけとして、以後、飛鳥・藤原京や長岡・平安京などの都城跡や、大宰府以下全国の主要な官衙遺跡などから多数の木簡が発見され、新型の資料としてとくに古代史研究の上からその重要性が注目され、多くの研究書が公刊されるとともに、一九七九年（昭和五四）に木簡学会も発足（初代会長＝岸俊男）、今日ではコンピュータによるデータ処理も進んで、広く活用される条件が進んでいる。岸俊男（一九二〇―八七）の古代都城制の研究も、大和諸宮跡の発掘なしに生まれるものでなかったことはいうまでもない。

戦前の日本史学の教科書的理解では、考古学は歴史学の「補助学」という規定であった。記紀神話を基軸にしようという考え方からすれば、考古学はせいぜい「補助学」ということになるだろう。しかし、いまや古代文献史学者も考古学的知見を摂取するというより、みずからその調査・研究に飛び込まなくてはどうにもならないところまで状況は変わった。

ここでは考古学の成果を全面的にかえりみることはできないが、縄文期の三内丸山《さんないまるやま》遺跡、弥生期の吉野《よしの》ケ里《がり》遺跡など、ごく顕著な大型遺跡の事例に即してみても、それが「日本人」の形成史論や国家形成史論のもっとも重要な材料であることはいうまでもない。さらに古代官衙遺跡としての大宰府や陸奥国府多賀《たが》城《じょう》跡の調査は、律令国家の地方支配機構を可視的に伝えてくれるものである。その意味では、考古学は文献史学とならぶ古代史研究の両輪となっている。

中世の大型遺跡で長期にわたって発掘調査が行われ、日本史学にも測り知れない影響をもたらしたものとしては、奥州藤原氏の平泉遺跡、越前の戦国大名朝倉氏の本拠一乗谷《いちじょうだに》遺跡、中世の瀬戸内海の港津都市であった草戸千軒《くさどせんげん》遺跡、をあげることができる。

平泉は一九八〇年代に入っての大規模開発、とくに北上川の一関《いちのせき》遊水地事業とのかかわりで緊急発掘調査が進められた。なかでも柳之御所《やなぎのごしょ》跡（秀衡《ひでひら》時代の政庁平泉館と推定）・伽羅之御所《きゃらのごしょ》跡（秀衡の日常居館と推定）を中心に、カワラケ・陶磁器・鏡など多数の遺物が出土し、志羅山《しらやま》遺跡では一族・家臣の屋敷と見られる遺構も多く確認され、全体として藤原四代の都市平泉の姿が浮き彫りにされた。

朝倉一乗谷遺跡は、一五七三年（天正元）に戦国大名朝倉氏が織田信長軍に攻められて滅亡して以後、廃墟化し、多くの部分は埋没していたが、朝倉館の庭園跡の一部などは以前から知られていた。その遺構は、国の事業として一九六七年（昭和四二）以来すでに三十余年にわたり発掘調査がつづけられ、次第に全貌が知られるようになった。本館《ほんやかた》をはじめ、家臣屋敷・職人住宅などの一部も復原され、今日最大級の復原遺跡となっている。上の城戸《きど》・下の城戸《きど》という土塁に仕切られた一乗谷川沿いの城戸の内の空間は計画的に地割が施され、本館・一族重臣館・武家屋敷・寺社・町屋などが一定区画に集中的に建設され、全体として見事な戦国時代城下町を形成していたこと、それが「朝倉英林《えいりん》壁書」の一四条に見える家臣たちの一乗谷への集住、彼らの在所における城郭築造の禁止とよく対応していること、さらに陶磁器・銭貨・クワ・ナタなどの工具・クシなど女性用の小間物・将棋のコマをはじめ、驚くべく多量の生活資料が出土したことなど、歴史を衣食住やそれにかかわる「モノ」、都市の居住形態など具体的な材料の面から研究する上で画期的なものであることが確認された。

備後《びんご》の草戸千軒は広島県の芦田《あしだ》川の中州に形成された港津都市で中世に繁栄したが、一六七三年（延宝元）の洪水で埋没した。これも一九六一年（昭和三六）以降、三〇年以上にわたって発掘調査が進められ、当時の都市景観が復原的に明らかになった。それは平泉や一乗谷のような地域支配権力の拠点とは違う瀬戸内海海上交通の中継港町であるため、庶民的な生活の場としての特徴をよく示しており、各種の貯蔵具・調理具・飲食具・農具・漁具・工具や日常生活のための履物や遊戯具、あるいは宗教性の強い呪符・形代《かたしろ》・塔婆《とうば》など、各種各様の遺物が発見された。この遺跡は、もともと洪水防止のための土木事業によって除去される中州にあるため、現地保存は不可能であったが、福山に開設された広島県立歴史博物館に一部は実物大で、他も厳密な復原によって、中世港津都市の民衆的世界を生き生きと伝えている。

この種の中世大規模遺跡の全面発掘は、このほかにも青森県津軽の十三湊《とさみなと》などでも行われ、鎌倉や博多のような中世の代表的都市においても部分的には調査が進んだ。それらも含めて今日までに明らかになったところを一言で示せば、中世都市景観の具体像とそこに営まれていた生活の諸相を示す莫大な遺物である。それは文字史料からでは容易に得ることのできない知見であり、日本中世史研究に新たな地平を切り拓いたものということができる。

なお、中世荘園の現地遺構に即した復原的研究も、戦前にはなかった研究方法として新しい研究の水準を示すものとなった。稲垣泰彦《いながきやすひこ》は大和の小《こ》東荘《ひがしのしょう》の耕地復元から「名《みょう》」の性格を解明し、須磨千頴《すまちかい》は賀《か》茂《も》社領の耕地の復元をライフワークとした。一方、一九五〇年代、永原慶二は備後の大田荘、薩摩の入来《いりき》院《いん》などについて耕地と集落を中心に村落社会構造と集落景観の統一的把握の方向を考えたが、その後、そうした手法は大山喬平《おおやまきょうへい》、石井進、服部英雄《はっとりひでお》らによって格段に高められ、歴史地理学・地名学・民俗学・灌漑《かんがい》技術・古道などをはじめとする、多くの専門分野からの知見・調査技術を駆使して大きな成果をあげている。これらは文献だけの研究から現地・現状に密着したフィールドワーク的研究に向け、新しい方法を開拓した。

また、戦国・近世村落についても木村礎《きむらもとい》、高島緑雄《たかしまろくお》が精密な景観復原的な手法による調査・研究を進めた。それらをふまえた通時的な村落史研究の集成としては『日本村落史講座』（全九巻、編集代表＝木村《きむら》礎《もとい》、一九九〇—九三年、雄山閣出版）も刊行された。

史・資料の多様化と学際的協同

歴史研究が高度化し、事実の細部への追求や、従来手のつけられなかったさまざまの分野への歴史学的追求が進められるにつれて、研究に駆使される史・資料の範囲が飛躍的に拡大されるとともに、その利用のしかたも急速に変化してゆく。

まず何よりも文献史学の基本史料とされる古文書についての利用法・見方も変化した。戦前、黒板勝美《くろいたかつみ》から相田二郎《あいだにろう》に継承された古文書研究は、様式論を中心とするものであった。諸時代において必要に応じ作成される文書の様式を分類整理することが、文書の真偽判定、正確な理解・利用にとって、まず必要だったことはいうまでもない。

しかし戦後、前にもふれたが相田の学統を継いだ佐藤進一《さとうしんいち》は、文書が相手方に対する意思伝達の手段でありながら、それは単なる伝達にとどまらず、相手方に種々の反応の起ることへの期待を含んだ伝達であり、そこには文書の機能についての課題があることを指摘した。佐藤の主張は、様式論中心の古文書学に文書の機能論という重要な分野の存在することを明らかにし、古文書学はただ歴史研究の手段に終わるだけでなく、諸時代に通ずる文書史として発達させられるべきだというものであった。そうした提言を念頭におきながら、古文書学は今日さらに文書群の伝来、保存と文書の性格にかかわる分野も注目されつつ発展をつづけている。一九六六年（昭和四一）、日本古文書学会（初代会長＝伊木寿一《いぎひさいち》、会誌『古文書研究』）が設立されたのも、そうした動向のなかで古文書学の独立を主張するものであったと見ることができる。「東寺百合文書《ひゃくごうもんじょ》」の整理・研究を通じて古文書学研究に新生面を拓いた上島有《うえじまたもつ》の仕事も重要である。

古文書以外の資料としては、絵画・図像の類を歴史史料として高度に利用する道も黒田日出男らによって進められた。絵巻物や絵屏風に描かれた光景を、具体的な歴史的シーンとして解釈する試みを深めることによって、文献による理解を確認したり、超えたりすることが可能になった。絵画・図像類の作成の動機や目的を見きわめ、何がどのように、どこに描かれているか、それはなぜかというように、それらを歴史として読み込む試みが歴史研究に新しい分野を切り拓いた。東京大学史料編纂所に、画像史料解析センターが付設（一九九七年〈平成九〉初代センター長＝黒田日出男）されたのは、図像学の重要性が認められた証左である。このほか石上英一は古代荘園絵図を（『古代荘園史料の基礎的研究』上・下、一九九七年、塙書房）、佐藤《さとう》和彦《かずひこ》と小山靖憲《こやまやすのり》らは荘園絵図を（小山・佐藤編『絵図にみる荘園の世界』一九八七年、東京大学出版会）、五味文彦（『「春日験記絵」と中世』一九九八年、淡交社）や瀬田勝哉（『洛中洛外の群像』一九九九年、平凡社）は絵巻を取りあげ、その分析的読み込みを通じて文書からは見えない中世社会の具体相に迫っている。

なお、従来は美術史・絵画史の領域とされていた絵巻を、風俗史・有識故実研究として扱い、新視角を切り拓いたのは鈴木敬三《すずきけいぞう》（一九一三―九二）である。

さらに「モノ」研究の一つとしては銭貨研究も飛躍した。鈴木公雄《すずききみお》は三〇〇万枚以上に及ぶ全国からの出土銭をコンピュータ処理し、出土銭量の時代的推移・地域的分布・銭貨（渡来銭）の種類などを一望できるデータベースを作成した。銅銭から金・銀への移行についても、中国側の史料および研究成果との連携のもとに中国銅銭圏の解体の一環に日本の動向を位置づけて見る目が開かれた。埋蔵銭を〝呪術的埋納〟だとする試論は、こうした徹底した研究によって、いやおうなしに批判された。

石造物研究も面目を一新した。千々和実《ちぢわみのる》（一九〇三―八五）・千々和到《いたる》は父子二代の調査努力によって、中世の板碑を網羅的に追求し、それをふまえて板碑の背後にある建立者の社会的あり方や信仰の形態などにまで光をあてる道を拓いた。

戦国時代の山城《やまじろ》型城郭遺構は、全国に少なくとも二万～三万以上はあると思われるが、従来、歴史研究の資料としてはほとんど活用されていなかった。文化庁は、その概況を府県別にとらえるために、「中世城館調査」を府県に委託して実施し、府県別に報告書を作成させている。また村田《むらた》修三《しゅうぞう》は多数の城館遺構を精力的に調査し、縄張り《なわばり》（城郭設計図・クルワ配置近隣の出丸など）・虎口《こぐち》をはじめとする複数の指標によってそれらの編年を行った。同時に遺構から出土する陶磁器類の編年も埋蔵文化財関係の研究者によって進められており、文献によってはほとんどその来歴を確定することが出来なかった山城が、戦国史研究の具体的な展開のなかに年代的正確性をふまえて位置づけられるようになった。

このような「モノ」や図像さらには遺構など、文字史料以外の多様な材料を歴史研究資料として活用する方向は、一九七〇年代以降、次々に日本史研究に新生面を切り拓いている。

それらは同時に、歴史研究が諸他の学問分野との学際的協力を強く必要とすることになった。出土物の年代測定や、木材・石材などの種別・産地の判定とか石積みの技術などというようにきわめて具体的な自然科学的知識の導入から始めて、文献では容易にとらえられない民衆の集団的な意識・習俗・信仰などを探るために有効である民俗学や宗教学、そうした文化のあり方を地球上の諸地域・諸民族のそれと比較研究する民族学・文化人類学も、いまや歴史研究に不可欠である。家族・村落・都市の社会構造などについての認識を深めるためには、社会学や歴史人口学の理論が欠かせないし、近現代の研究にとって、経済学や政治学あるいは法律学などの知識・理論的視点があるかないかで、歴史研究も大きく異なってくる。

明治以来、考証を主任務と考えた一九世紀的ともいうべき実証主義歴史学においては、個々にたしかな文献史料によって確定できる年代的事実をもって歴史と考えてきたため、歴史研究者は、何よりも考証技術を学び磨けばよい、他の学問分野の理論はそれに任せればよい、と考えがちであった。それが〝純粋に客観的な〟事実を発見してゆく道と考えられていた。しかし〝歴史的事実とは何か〟ということを改めて考えてみると、たとえば民衆の集団的意識や行動様式など、総じて「文化」カルチャーとよばれる、特定の時間と空間のなかで形成された非事件的・非単一的なものをどのように認識するかは難しい。あるいは諸民族の国家というものの性質がそれぞれに異なり、独自の構造や運動形態をもつということは誰でも知っているが、それを認識するためには、恣意《しい》的に何がしかの特徴を拾いあげて指摘するだけでは済まないのである。国家を歴史的社会における普遍性をもつ究極の組織として理解し、その特質を諸他の国家のあり方との対比において理解しようとすれば、それに必要な政治学・国家学的理論を媒介とすることがどうしても必要である。

そうした理論によって開かれた目をもたない限り、とくに自国史認識はその特殊性を人類の国家の歴史のなかでの、普遍の視角によって相対化できず、独善的な自国中心史観に陥る危険性を避けることができない。戦後歴史学において、中世・近世社会研究は封建制という社会組織・社会構成概念を基軸としてその認識を進めるという共通性をもっていた。歴史認識における〝普遍と特殊〟を見きわめるためには、理論を欠くことができない。長い研究の歴史のなかで構築され彫琢されてきた理論概念・範疇を活用しないと、対象とする自国の社会・国家についての諸現象の列挙的提示は可能であっても、それを理論化し、人類史的普遍のなかでその本質を見きわめ比較するということが不可能となる。理論を媒介にしない認識は恣意的・自国中心的となりやすく、歴史主義・浪漫主義的歴史観に連なってゆきがちである。その意味で右に述べてきたような歴史研究の技術や史・資料が多彩な広がりを進めれば進めるだけ、半面、理論の必要、諸学との学際的協同の必要も高まるという点を確認しておくことが必要である。

史料類の公刊・研究工具的書物の充実

最後に戦後の日本史研究、とくに文献史学的研究の発展の基礎となった史料類と、研究の工具としての意味をもつ辞典などについても、簡単にふれておこう。ただし、諸時代史の細部にかかわるその種のものは紙数の制約があるのでいっさい割愛し、日本史の全体にかかわるもののなかの、とくに重要なものだけに限って取りあげることとする。

日本史の基本的史料集は、明治三〇年代以来刊行されつづけている『大日本史料』と『大日本古文書』であることは言うをまたないが、それは維新史料を別とすればほとんど徳川以前に関するものであるという制約を負っていた。そのため戦後は江戸時代の基本史料を『大日本史料』のように綱文を立てて編年配列せず、それぞれいわゆるマル本の形で公刊する『大日本近世史料』が一九五三年（昭和二八）以来、たとえば『諸問屋再興調』『市中取締類集』など、それぞれ原形のまま公刊されている。

またこの『大日本近世史料』と共通する面をもつが、『大日本古文書』が「家わけ」の形で所蔵者単位ごとにマル本として公刊されているのに、日記類はいわば切り刻んで『大日本史料』に編年配列するにすぎず、マル本で見られないという難点を解決するため、別に『大日本古記録』が刊行されることとなり、一九五二年（昭和二七）以来、『新井白石日記』『小右記』などをはじめ数多くの日記・記録類が公刊されている。中世を中心に近世にわたる時代の日記・記録類はまた、『史料纂集』（続群書類従完成会）という名のシリーズで現在に至るまで多数刊行され、『大日本古記録』を補完する役割を果たしている。

日本史研究の基本文献を一括したシリーズとして刊行する試みは、田口卯吉《たぐちうきち》の『国史大系』（一八九七―一九〇四年）以来、数多く積みあげられてきたが、田口の継承として黒板勝美《くろいたかつみ》による『新訂増補国史大系』

竹内理三

は一九二九年（昭和四）に着手され、それぞれ厳密な校訂を経て一九六四年（昭和三九）に六六冊を刊行して完結となった。

家永三郎、石母田正《いしもだしょう》、井上光貞、相良亨《さがらとおる》、中村幸彦《ゆきひこ》、尾藤《びとう》正英《まさひで》、丸山真男、吉川幸次郎《こうじろう》を編集委員とする『日本思想大系』（岩波書店）は、基本史料をマル本およびテーマ別編集の形で集成し、詳細な頭注と充実した研究的解説を付して、一九七〇年（昭和四五）以来、全六七巻を刊行した（八二年〈昭和五七〉完結）。

また、個人の仕事として特筆しなければならないのは、竹内理三《たけうちりぞう》（一九〇七―九七）の『平安遺文』（古文書編一一巻に付録として編年目録・解説・金石文一巻・題跋一巻・索引二巻など）と『鎌倉遺文』（古文書編四二巻・補遺五巻・索引四巻）である。前者は、平安時代（七八一―一一八五年）の古文書（五五三〇通）を年次順に収録して刊行した（一九四七―八〇年）。後者は、鎌倉時代（一一八五―一三三四年）の古文書・金石文三万三〇〇〇余通と補遺分（二一七〇余通）を同様に年次順に収録したものである（一九七一―九七年）。個人の事業としては信じられない難事業であったが、竹内の高い能力と比類ない勤勉さで、これを単身成し遂げた。『平安遺文』『鎌倉遺文』は、従来史料編纂所に赴き、所蔵の影写本を一点ずつ読解し手写して利用する他なかったのであるが、その困難な条件に革命的変化をもたらし、誰もが活字で容易に手にすることが出来るようになった。戦後、平安・鎌倉時代の研究が飛躍的に進んだのは、この二つの『遺文』によるところがきわめて大きい。

なお、近世に関しては『近世藩法集』（全一二巻、編集＝近世藩法研究会、一九五九—七五年、創文社）や『日本農書全集』（全七二巻・別巻一、一九七七—二〇〇一年、農山漁村文化協会）、『日本庶民生活史料集成』（近世に限定されるわけでない。全三〇巻・別巻一、編集＝谷川健一他、一九六八—八四年、三一書房）など、現代史については主として旧官庁資料を蒐集・編纂した『現代史資料』（四五巻・索引一、一九六二—八〇年、のち続編全一二巻、一九八二—九六年、みすず書房）などをはじめ、挙示したいものが少なくないが、全体にかかわるものという枠を超えるので以上にとめておく。

次に日本史研究の工具的役割をもつ書物についてもふれれば、代表的なものとしては『国書総目録』と『国史大辞典』をあげるべきであろう。

『国書総目録』は、一八六七年（慶応三）までに日本人が述作・編纂・翻訳した書籍の総目録で、巻数・著者等・写本・版本・活字本、また写本等の所在する文庫・図書館名など必要な基本情報を網羅したものである。辻善之助《つじぜんのすけ》と新村出《しんむらいずる》の指導で、森末義彰《もりすえよしあき》（一九〇四—七七）はじめ多数の研究者の協力を得て、本文八巻、索引一巻が一九六三年（昭和三八）から七六年にかけて刊行された（岩波書店）。

『国史大辞典』は数ある日本史辞典のうちでも最大のもので、坂本太郎が代表者となり一九七九年（昭和五四）から九七年（平成九）にわたって、全一五巻・一七冊が刊行された（吉川弘文館）。各項目とも平均的に求められる内容に充分な紙幅をとり、項目の網羅性という点でも、また参考文献などについても満足すべきものである。

また歴史研究の基礎としての地名辞典については、一九七八年（昭和五三）から『角川日本地名大辞典』（全四七巻・別巻二、編集＝竹内理三他、一九七八—九〇年）が刊行開始となり、平凡社版『日本歴史地名大系』

（全五〇巻、未了）も一九七九年から発刊されている。日本列島の諸々の地名を網羅し、その地名にかかわる文献史料を可能な限り取りあげていくという方法は、利用者にとっては限りなく便利で有難いが、編纂事業の困難さはまことに大きい。

しかし、研究の進展にともなう増補改訂もコンピュータ時代に入って概して容易となったから、この種の辞典は今後も長期にわたって日本史の基礎知識のよりどころとなるだろう。

その意味で、『国書総目録』と『国史大辞典』などの完成は戦後日本史学の土台構築として巨大な意義をもつものといえる。これらのツールとならんでコンピュータ・インターネットによるさまざまのサービスが可能になりつつある条件に恵まれ、今日の若い研究世代は戦前の研究者が一代かけても到達できなかった高レベルの地点から研究を出発させることができるわけである。先学の労苦と奮闘の上に今日の学問があることはどの分野でも同じであろうが、歴史学のように細部にわたる無限の知見・情報の積みあげによって深まるという性質の強い学問分野では、その思いを特別に深くするものである。

〔本章に関する文献〕

文化財保存全国協議会編　『文化遺産の危機と保存運動』（一九七一年、青木書店）
岩倉規夫・大久保利謙編　『近代文書学への展開』（一九八二年、柏書房）
津田秀夫　『史料保存と歴史学』（一九九二年、三省堂）

おわりに

史学史を見る私の立場

「20世紀日本の歴史学」――日本近・現代史学史について、前章までで大まかではあるが私なりの通史的論述を終えた。

かえりみれば本書のように、そのなかにいやおうなしにかかわっている自分という存在を棚上げにし、先輩・同学たちの学問研究に対してさまざまの論評を試みることは、「はしがき」でも述べたが、一面からいえばおそろしく不遜なことであり、他面からいえば自分の立場を明らかにしないままにそれを行うという点で適切でないということもあるかもしれない。本書の執筆中、ずっとこのことが気になっていた。

そこで最後に自分の歴史観と、史学史を見る立場について、手短かに言及させていただくこととする。ただしそれは、自分の研究がかくかくの点で史学史的に意味をもつなどということを述べようというのではけっしてない。史学史を見る者、批評する者としての自分の視座を読者に明示して、それなりの責任をとらなくてはいけないと思うのである。

私は一九四二年（昭和一七）四月に東京帝国大学の文学部国史学科に入学し、その年一〇月には戦争中の「繰り上げ」措置で二年生となり、四三年一〇月に三年生となったが、文科系学生の徴兵猶予全面的停止で三年生になって早々の一二月に徴兵され、軍隊で敗戦を迎えた（当時、大分県下）。この間、徴兵中の四四年九月「繰り上げ卒業」という形で、卒業論文も書かない状態のまま「昭和一九年仮卒業《かり》」という扱いになった。実際に大学に在学したのは一年七カ月にすぎず、その間も軍事教練や勤労動員に追われた。当初は「仮卒《かりそつ》」と名づけられていたが、いつの間にか国側が「仮」の字をつけるのをやめてしまったので、履歴などには「昭和一九年卒」と書いているが、大学を卒業したとはとてもいえない。戦死した数多くの学友、長い抑留生活を強いられた学友たちに比べれば、敗戦から一〇日ほどで生きて兵役から放免され帰郷できただけでも仕合せなことというべきであろう。しかし、生きて研究者の道を歩み出すには、いいわけめくがろくろく内容ある学生時代をもてなかったという点で〝不幸きわまりない〟めぐり合わせということでもある。ただそれでもあえて幸運といえば、敗戦のときなお二三歳になったばかりの若さであり、志した勉強から遮断されつづけた知的飢餓感が強く、また戦中の非合理を身にしみて痛感していたから、戦後改革という時代環境にはおのずからに鋭敏ならざるをえなかったことである。

そのため半面では学問の基礎固めをせずに、未熟で単純な思考に走ったことは率直に認めなくてはならないが、他面では「歴史学の社会的責任とは何か」ということを、直面する現実のなかでいつも考えつづけてきた。史学史として先輩たちの研究を見る場合にも、当然そのような心が動く。それが五七年後の今日、このような内容の『20世紀日本の歴史学』を書くことへの初心でもあった。

そうした事情のゆえに、私は世代的にも意識・思想的にも「戦後歴史学」の流れのなかで育ち、その考え方を今日まで大切にしている。若い世代から見れば、時代遅れで頑迷な人物ということにもなろうが、本文中に記したように、「戦後歴史学」においては現実と歴史学とのあいだにきびしい緊張した関係が存在しつづけており、私のような世代はいやおうなしにそれと向き合っていたわけで、そのことはむしろ幸運なことであった。「戦後歴史学」の生み出したものは豊かであり、それを「単線発展段階論」という形にだけ単純化して批評するのは、学問の歴史を貧しくしてしまうものだと今も思っている。

私はそうした空気のなかで、「封建制」「地主制」などへの学問的関心から出発し、さかのぼって荘園を研究するようになった。領主―農民関係から始めたが、そのなかで荘園の領有というものが地域的な封建領主の領有形態とは性質が異なって、支配階級諸層（公家・幕府・地方武家・大寺社など）の重層的・集団的な領有体制（家産官僚制国家）であることに気づき、そこに日本国家の史的特徴の重要な側面が見いだされると考え「中世国家」研究に進んだ。そのなかで、荘園制に規定された中世前期の国家は、一五世紀以降小農経営《しょうのう》と地域的領有体制が進展し、中世後期は封建的領域支配（地域国家）が進むなかで大きく変化するが、国制としては依然として天皇を頂点とする「日本国」の複合的国家構造をとりつづけることに注目した。これらの問題が、今日どのような意味をもつかは議論があろうが、私は中世のこの二段階を通じても、根深く生きつづける「日本国」の構造と体質（「公」と「私」の癒着的権力構造の持続）の意味を重視するとともに、その内実の歴史的変動を明らかにしようと考えた。

そうしたものは、煎じつめるとすべて社会構成体論および国家論的発想であり、個別事実の追究はそれとして不可欠であるが、歴史認識としては可能な限り日本歴史の特殊性とそこに貫通する普遍性・法則性との両面を追求することを目指しつづけた。歴史研究はつねに個別事実の実証的研究から始まる。しかしその事実、あるいは集積された多くの事実の連関的全体に含意されている普遍と特殊、断絶と連続としての歴史の意味を問い明らかにすることこそ歴史学の課題であると考えたのである。あえていえば、私の考え方は、明治の文明史・戦前戦後のマルクス歴史学・近代主義歴史学の系列のなかにあるが、それは実証主義歴史学の追究した研究手法を基礎としていることも当然である。

私の短い学生生活で師とよぶべき気持ちをもちつづけている先生は、古文書学の相田《あいだ》二郎《にろう》先生と、ローマの大土地所有と奴隷制についての講義を二年にわたって精一杯聞かせていただいた村川《むらかわ》堅太郎《けんたろう》先生（西洋史学科）しかいない。しかし、戦後勉強を始めた頃から、

京都府久我《こが》村の地主制・村落構造調査（1949年4月）
前列左より、古島敏雄、稲垣泰彦、福武直、唄孝一（手前）、加藤一郎（後ろ）、
後列左より、杉山博、内山政照、潮見俊隆、永原慶二、石村善助

山田盛太郎《やまだもりたろう》先生の仕事の手伝いをする機会を与えられ、また石母田正《いしもだしょう》、古島敏雄《ふるしまとしお》、高橋幸八郎《たかはしこうはちろう》の三氏にはさまざまに接する機会に恵まれ、教えていただくことが多かった。学友には同期の稲垣泰彦《いながきやすひこ》、山口啓二《やまぐちけいじ》の他、やや若い黒田俊雄《くろだとしお》、安良城盛昭《あらきもりあき》、網野善彦《あみのよしひこ》、峰岸純夫《みねぎしすみお》、それに近世史の青木美智男《あおきみちお》らが身近かな存在であった。しかしみなそれぞれ意見が違い、学問的論争の相手でもあった。これが私の学問形成の環境であるとともに、今につづく私の歴史学への基本理解・歴史観の基礎に連なるところである。

そうした先輩・知友に恵まれたにもかかわらず、自分の限られた専攻と非力のゆえに、本書でも日本近現代史学史の全遺産を広く見わたすことは十分にできなかったが、従来の客観叙述型の史学史とはやや異なる「私の史学史」という色合いを出しえたとすれば、その点を一つの特徴として受けとめていただきたいと思うのである。

日本史学史をかえりみて

おわりに、本書でたどってきたところをもう一度まとめてふりかえり、それを通じて、日本史学の課題を展望してしめくくりとする。

近代歴史学としての日本史学は、明治維新とともに幕をあけた。その第一ステージでは、旧来の儒教的名分論的歴史観、国学—神道的国体史観、漢学系—清朝考証史学、ヨーロッパ—文明史観、などの諸潮流が渦巻いていたが、維新天皇政権は自己の正統性を裏づけるべく修史事業に着手し、曲折を経て、漢学系—清朝考証史学がその主流となった。

一八八八年（明治二一）、帝国大学に移された修史事業を担当する漢学系史学者重野安繹《しげのやすつぐ》、久米邦武《くめくにたけ》、星《ほし》野恒《のひさし》が帝国大学教授となり、前年招聘したドイツ近代歴史学の祖ランケの弟子リースに学ぶことを通じて、文献考証・史料批判・年代記的政治史中心という特色をもつ近代日本史学の祖型が創出された。しかし、久米邦武事件が象徴的に示すように、学問的自立という点ではなお未熟で、客観性・公平性の標榜にもかかわらず、政治的圧力の前に後退を余儀なくされた。

一九〇〇年（明治三三）前後になると、維新後に生まれ、帝国大学に学んだ新世代の俊英たちが、若くしてヨーロッパに留学し、その歴史・社会・文化・学問に接することによって、日本史学の第二段階を切り拓いた。この時期、日本は政治的には国民国家、経済的には資本主義の形成を課題とし、日清・日露戦争を通じてナショナリズムが高揚するとともに、日本歴史研究の視野が拡大された。ヨーロッパ史学への理解をふまえ、日本の歴史展開の特徴をヨーロッパの歴史と比較しつつ見直そうとするなど、新しい中世史・近世史の視角が提示され、法制史・経済史などの部門史が登場した。それらの新歴史学は日本の後進性を自覚しつつ、日本もはたして欧米の後を追って近代化することができるか、という共通の問題関心をもち、その可能性を日本の歴史のなかに探り出そうという姿勢をもった。これも一つのナショナルな視角ではあるが、年代記的考証史学を超えようという点で、それはきわだって清新な学風であった。

一九一〇年代、二〇年代に入ると、また大きな新しい展開が認められる。第二期の末に引き起こされた南北朝正閏論事件にひそかに抗《あらが》うかのように、記紀神話の徹底した史料批判を通じ、国家成立史像の根本的修正を迫った津田左右吉《つだそうきち》の研究が提起された。また、これまで視野の外におかれてきた民衆の側から歴史を見ようとして、民俗学・社会史・地域の生活文化などを重視する学風が、さまざまの形で生み出された。それは国家に対する批判とまではいえないが、大正デモクラシー期の気流にのった歴史的視野を民衆の方向に向けて拡大するものであったことは疑いない。

一九二〇年代後半から戦時期にかけては、近代日本史学の第四期である。深刻な経済恐慌、階級対立と社会的動揺、右翼テロ、そして一五年戦争への突入という時代状況を反映して、日本史学においても、一方にはマルクス歴史学が登場し、とくに幕末維新以降の社会の構造とその諸段階をとらえるための理論と実証が進められた。それに対して危機意識をもつ皇国史観や浪漫主義的歴史観の担い手は、天皇中心・自国讃美の傾向を強め、国家権力に結びついて歴史教育をその影響下に取り込んだ。この間、アカデミズム日本史学は、政治から一歩身を遠ざけつつも日本史の諸時代・諸側面についての地道な実証研究に大きな成果をあげ、その点では、今日の学問に直結する豊かな成果を生み出した。しかし他面、日本の帝国主義・戦争という現実に対しては消極的で、「批判の学」としての力を発揮することは、ほとんどなかった。

戦後の第一期は、一九四五年（昭和二〇）から一九六〇年（昭和三五）頃にかけてである。占領下の戦後改革とはいえ、その内容は戦前マルクス歴史学がとらえていた資本主義と寄生地主制の構造的結合を基礎とする天皇制国家の解体という基本認識とほとんど一致するものであった。そのためマルクス歴史学への信頼が一般にも高まった。戦後の近代史研究も『日本資本主義発達史講座』に代表される戦前の到達点から出発した。近代主義歴史学も、発想・論理の起点としては、講座派の基本認識を大筋として受けとめていた。この時期の研究は、その点で現実に対する実践性を端的にもち、いわば第二の文明史観といってもよい啓蒙主義（ヒューマニズム、普遍的価値の追求）、科学主義的性質をもち、マルクス歴史学の社会構成体論もその基礎理論としての意味をもった。もちろん占領下の「戦後改革」は基本的には〝日本をアメリカに似せてつくりかえる〟ことによって従属させるという占領政策の枠のなかにあったが、戦後初期の変革の諸側面は日本の民衆が戦前から主体的に追求してきた方向に沿っていた。

第二期にあたる一九六〇年代には、戦後改革の目標とされたものは大筋として現実に達成され、高度成長が実現した。その推移のなかで、マルクス歴史学・近代主義歴史学の理論枠組は、いわば使命を果たした形となり、やがてこれに対する批判が高まってきた。アメリカで成立した「近代化論」が日本歴史にも適用されるようになった。しかし、「近代化論」やそれに呼応した成長理論を軸とする計量経済史的研究グループの日本史認識は維新変革・戦後変革の「変革」の面を捨象した直線的成長論だとする批判が強く、他方で民衆運動史・民衆思想史など変革主体としての民衆の主体的側面と、その日本固有のあり方が追求されるようになった。

だが、高度成長・経済大国化という時代動向は、日本歴史の見方を、変革のための批判という視角から、近代化の成功・達成・その肯定的評価へという転換の空気を強めた。歴史教育にも、検定を通じて日本の歴史の悪いこと、暗いことは書くな、明るく書けという要求が、政・財界を含む支配層の側から提起され、それに同調する研究者の「大東亜戦争」の肯定的「見直し論」も登場した。

「近代」の対極に位置づけられ、〝悪〟の代名詞のようにとらえられがちであった「封建制」「封建社会」＝江戸時代の見直し論や、日本の〝成功物語〟がしきりに語られるようになった。同じような性格の〝日本人論〟〝日本文化論〟〝日本社会論〟が氾濫した。

だが、一九七〇年代以降の、戦後第三期に入ると状況は一変する。〝高度成長時代から安定成長（低成長）時代へ〟という時代標語が登場し、大企業中心の経済成長万能論への懐疑や、それと表裏の関係で強化されてきた管理社会への心的叛乱が激しく発生した。

そのなかで、日本歴史研究ではマルクス歴史学・民衆史・社会史、アカデミズム実証主義歴史学など、どのような方法に軸足をおく研究者でも、体制的・中心的なものの外にあって、これまで見すごされがちであった各分野におけるマージナルなもの、マイノリティーを重視するようになった。琉球―沖縄史、アイヌ・蝦夷地―北海道史の研究が本格化し、女性史研究や被差別民の歴史研究が、飛躍的に進展した。農民以外のさまざまの物つくりや交易にかかわる人びとの活動にも目が向けられ、白拍子《しらびょうし》や鵜飼《うがい》など政治史中心の歴史学では思いもよらなかった〝微小・底辺〟の存在の意味をも問いただそうという見方が提出された。総括すれば「新しい歴史学」としての社会史であり、民主主義的視角からの歴史認識の深化の方向である。

同時に、そうしたいわば底辺の差別された人びとも、諸時代の体制において一定の社会秩序のもとに編成されていること、その秩序の頂点は天皇に他ならないことが自覚的に取りあげられ、天皇制論や国家史がかつてのマルクス歴史学の「絶対主義的天皇制」権力論とは違った深さと厚さをもったアプローチで取りあげられるようになった。

他方、戦後第一期のマルクス歴史学のなかでも強く意識されるようになっていた「アジア史の中の日本史」「世界史の一環としての日本史」という視角からの日本史像の見直しは、日本歴史研究者に広く共通する問題意識となり、古代・中世・近世・近現代のどの時期においても活発に進められた。

近現代史では、この問題はとりわけ切実かつ現代的な問題であった。二〇世紀の二つの大戦・帝国主義を介して、日本と韓国・中国をはじめとする近隣諸国はいやおうなしに歴史を共有しているわけであり、それを双方がどのように認識するかは、今日・未来に直結するアジア国際関係の基礎的問題である。植民地支配・戦争責任・戦争犯罪などが、日本近現代史研究にとっても、もっとも切実でシリアスな問題となるのはそのためであった。

こうしたいくつかの動向からも明らかなように、七〇年代以降の日本歴史学の問題意識と研究視角は多角化し、複雑となった。研究の資料も方法も多様化した。しかし半面では、そのように研究が多角化し、細分化した状況や、そのさまざまの研究成果をふまえて、トータルな日本歴史認識をどのように組みかえ、新しい歴史像を提起するかという点になると、今日のところそれを満たしてくれるグランドセオリーはまだ意外にはっきりしない。

第一期のマルクス歴史学や近代主義歴史学、また第二期の「近代化論」歴史学は、さまざまの批判があったにせよ、それぞれの歴史認識を可能にする大きな筋道を示していた。ところが、一九七〇年（昭和四五）以降の第三期においては、それらに代わる明確な理論は存在していないのではないか。「社会史」は歴史の全体認識を目指す「新しい歴史学」を標榜しているが、目下のところ、それが十分達成されているとはいえない。社会史研究が懸命に追究している社会の基層部への照射とともに、経済発展・国家・権力・支配・階級といったマルクス歴史学が主題としてきた課題をどう見直しつつ自己の答案を提出するかが重要である。とくに社会・国家の「統合」の問題をどう理解するのか、という点についての解答なしに社会史は近現代史研究の基軸的方法たりえないのではないか。

明治以来、「国民国家の確立」は目標であり理想であった。「統合」は「国民国家」にまず要求される決定的価値であった。日本史学も時には政治的に外から押しつけられ、時には学問の内面的自発性から、「国民国家の確立」を問題意識の底に据えて研究に取り組んできた。

しかし、今日の〝グローバル化時代〟のなかで、「国民国家」枠組が桎梏《しっこく》と感ぜられるようになると、日本列島社会における「地域」や「生活文化」の多様性をいわば憧憬的に強調する空気も強くなった。かつて明治国家の性急な上からの統合が伝統社会の破壊をもたらすことに対する怒りを民俗学として展開した柳田国男はその先駆者であり、今日の社会史研究は、それを継承しているともいえる。たしかにかつての天皇制国家のような、国民的諸権利の抑圧と表裏の形での「統合」を認めるわけにはゆかない。しかしそれに抗議する戦前のアナーキズムを軸足においた日本史研究や浪漫主義歴史観が、結局は戦争体制にのみ込まれていったことは日本史学史の痛烈な教訓である。「ポストモダン」は、体制からの離脱や「統合」の拒否からだけでは新しく組織された歴史段階としての社会を構想し、展望することはできない。

今日、自国の歴史の認識としてもっとも重要なのは、長期の歴史を通じて形成されてきた経済・社会・政治・国民意識・文化などの総体としての歴史的社会の構造を、批判の対象として明らかにし、歴史的進歩の方向を明確にしてゆくことである。それには当然のことながら厳密な実証性ときびしい理論性が要求される。浪漫主義的な過去の賛美や史実の歪曲、さらに二〇〇〇年（平成一二）一一月の旧石器時代遺構・遺物の捏造《ねつぞう》事件に見られるようなあまりにも恥かしく無責任な歴史研究の商品化など、絶対に許されないことである。そのためには何よりもまず学術体制の民主化と研究上の徹底的相互批判の精神が必要である。

二一世紀に向けての日本の歴史学はどのような方向に進むか。それについての答案は、研究者一人一人が書きつづける他はない。しかし史学史をかえりみて、明治維新以来、われわれの先輩歴史家たちは、大きく見れば敏感に時代の動向・課題に取り組むために誠実な努力を重ねてきた。それは本書で見てきたところであり、この結びでも要約したように想像以上に鮮明である。日本の歴史学研究は、一貫して「現在」から「過去」を見、今にとって必要な過去を実証と理論の深みから発見しつづけてきたのである。それこそ「批判の学」としての歴史学の責任に答える方向であった。

その学問的営みはしばしば支配権力やそれを脇から支える言論的暴力によって阻害された。そうした問題は、学問・思想の自由を確保する努力のなかで解決する他はなかった。明治以来、そして戦後も、日本の歴史学の思想・理論・方法は多様であり、けっして一元的ではなかった。戦争中、皇国史観が猛威を振るったときにも実証主義歴史学やマルクス歴史学の火が完全に消えたわけではなかった。そうした日本史学史の事実をふまえ、「現在」をきびしく受けとめる「批判」精神を堅持すると同時に、多角的に歴史を見てゆく努力のなかから、二一世紀の日本史学もまた新たな発展を生み出してゆくであろう。

あとがき

本書を書き終えて、自分の力の足りなさ、紙数の不足（これでも与えられた予定枚数を大幅に超過した）をはじめ、執筆準備のときから不安に思っていたことが現実となってしまったという感じを否定することができない。はじめから分っていたことではあるが、考古学分野、また文化史的分野などにはほとんど立ち入ることが出来なかった。結局、自分が日頃から一定の関心をもち、研究的にも直接かかわっている問題以外は何も書けないし、書いていないということである。

その意味で本書に対して、日本史学史というには片寄りがあり、必要なもの、大切なものについても言及していないことが少なくないという批判があってもそれは甘受する他はない。

しかしそれでも、二〇世紀のほぼ六〇年を研究と学会・学術体制の仕事、歴史教育問題などにさまざまかかわって生きてきた者の一人として、感じとってきた学問のあり方・学界状況や、そのなかで貧しいながらも自分自身が考えてきたことについては、それなりに読者にお伝えすることができたのではないかと思う。私事にわたるが、私は本書の脱稿時点で八〇歳に達した。二〇世紀の一人の歴史研究者の体験と考え方を二一世紀に歴史を学ぶ若い読者に伝え、少しでも参考としていただければ、それは本当に嬉しいことである。二一世紀の歴史研究者もやはり二〇世紀の日本史研究の歴史を的確にふまえ、自覚することなしには前に進めないはずである。本書がその一つの参考となることを願っている。

近現代日本史学史年表

今井　修　編

西暦	和暦	事項	著作
一八六八	明治元	閏4政体書公布(議政官の上局に史官を置く)。12静岡藩、沼津兵学校設立(頭取西周)。	5—8福沢諭吉『西洋事情』外篇三冊(七〇に二編四冊)。
一八六九	二	3新政府、史料編輯国史校正局設置。4明治天皇宸翰御沙汰書。7大学校設立。10国史編輯局開設。	7ウェルテル、西村茂樹訳『泰西史鑑』三〇冊脱稿。8福地源一郎『西史攬要』四巻。
一八七〇	三	1大教宣布の詔。7大学本校閉鎖。	6河津孫四郎訳『英国史略』二巻。11西周、『百学連環』を開講。
一八七一	四	7文部省設置。9文部省に編輯寮を置く(教科書の編纂、洋書の翻訳など)。	10西村茂樹訳『西史年表』三冊。12箕作麟祥訳『万国新史』一八冊(—七七、玉山堂)。
一八七二	五	8学制頒布。10太政官正院に歴史課を置き、『復古記』の編修開始。	3大島貞益訳『英史』五冊(文部省)。7西村茂樹訳『校正万国史略』一〇巻一一冊(—七六)。 ○文部省編『官版史略』四冊。
一八七三	六	4開成学校開校。9明六社発会。11東京外国語学校、開成学校から独立。	9山田俊蔵『近世事情』七巻(—七四)。
一八七四	七	3『明六雑誌』創刊。6三田演説会発会。9共存同衆結成。11政府、国史編纂のため、全国各府県に維新以来の沿革調査を命ずる。	1師範学校編『万国史略』。4カッケンボス、岡千仭・河野通之訳『米利堅志』四巻二冊(光啓社)。9ギゾー、永峰秀樹訳『欧羅巴文明史』一四冊(—七七、奎章閣)。9ギゾー、荒木卓爾・白井政夫訳『泰西開化史』二巻。
一八七五	八	1『共存雑誌』創刊。4正院歴史課を修史局と改称。11ラーネッド来日(同志社で教会史など講義)。	3—5ギゾー、室田充美訳『西洋開化史』二冊(太政官翻訳局)。8バックル、大島貞益訳『英国開化史』。8福沢諭吉『文明論之概略』六冊。

一八七六	九	6ベルツ来日。8札幌農学校創立。	3修史局編『明治史要』六冊(—八五)。12ミニェ、河津祐之訳『仏国革命史』四冊(—七八)。
一八七七	一〇	1太政官に修史館を設置。パリの万国博覧会事務局の委嘱により、『日本史略』を編纂。東京博物館を教育博物館と改称。4東京大学創立(文学部は、史学・哲学及政治学科と和漢文学科の二学科)。6モース来日。8『学芸志林』創刊。9モース、大森貝塚発掘。10学習院開校。	○大蔵省編『大日本貨幣史』四六冊(—八三)。8文部省編『日本教育史略』。9田口卯吉『日本開化小史』六冊(—八二)。
一八七八	一一	5パリ万国博覧会開会。8フェノロサ来日。	1田口卯吉『自由交易日本経済論』。6太政官翻訳局『日本西教史』上(八〇に下)。8北川藤太『日本文明史』。10久米邦武編『特命全権大使米欧回覧実記』五冊(博聞社)。12司法省編『徳川禁令考』(—八三)。
一八七九	一二	1東京学士会院創設(会長福沢諭吉)。田口卯吉主宰『東京経済雑誌』創刊。3西村茂樹、『古事類苑』の編纂を建議。6『東京学士会院雑誌』創刊。9東京大学文学部、史学・哲学及政治学及理財学科と改め、史学科廃止。	3バックル、土居光華・萱生奉三訳『英国文明史』一〇冊(—八三、宝文閣)。6ギゾー、藤田喜三郎訳『仏蘭西文明史』二冊(和楽堂)。12モース、矢田部良吉訳『大森介墟古物篇』。
一八八〇	一三	6斯文学会発会式。10『六合雑誌』創刊。12改正教育令。	1渡辺修次郎『明治開化史』。10松村操『近世先哲叢談』二冊。○ゼルフィー、中村正直訳『史学』(未刊)。○近藤瓶城編『史籍集覧』四六七冊(—八五、一九〇〇—〇三に改訂版三三冊)。
一八八一	一四	5小学校教則綱領制定(修身の重視、歴史は日本歴史のみとする)。6『斯文学会講義筆記』創刊。7『好古雑誌』創刊。10『東洋学芸雑誌』創刊。	
一八八二	一五	1修史館において『大日本編年史』編修開始。また修史館員を中心とした言志会が八五末まで続く(『湖亭史話』『星岡史話』と題して記録)。	3青山秀編『大日本帝国駅逓志稿』。○大蔵省『大日本租税志』三〇冊(—八五)。

		4神宮皇学館設立。5東京大学文学部に古典講習科付設。10東京専門学校創立。11皇典講究所開校。	
一八八三	明治一六	6史学協会結成。7『史学協会雑誌』創刊。10『独逸学協会雑誌』創刊。	8小室信介編『東洋民権百家伝』(―八四、案外堂)。10田口卯吉『支那開化小史』五冊(―八八、経済雑誌社)。
一八八四	一七	1太政官文庫設置(八五に内閣文庫と改称)。哲学会結成。法学協会結成。3『法学協会雑誌』創刊。11人類学会設立(八六に東京人類学会と改称)。	7外務省編『外交志稿』二冊。9藤田茂吉『文明東漸史』(報知社)。12室田充美『大日本文明史』(鳳文館)。
一八八五	一八	3『中央学術雑誌』創刊。4東京大学、古典講習科を廃止。7『女学雑誌』創刊。	9田口卯吉『日本開化之性質』(経済雑誌社)。10ギゾー、佐藤覚四郎訳『英国革命史』(聞天堂)。
一八八六	一九	1内閣臨時修史局設置。2『人類学会報告』創刊(6『東京人類学会報告』、八七『東京人類学会雑誌』と改題)。3帝国大学令公布。4師範学校令・小学校令・中学校令公布。大八洲学会設立。5文部省、教科用図書検定条例公布。東洋学会創立。7『大八洲学会雑誌』創刊。12『東洋学会雑誌』創刊。	1三宅米吉『日本史学提要』第一編(普及舎)。4物集高見『日本文明史略』五巻(―八七、宮内省)。4『大日本人名辞書』四冊(経済雑誌社、一九〇三の増訂五版まで田口卯吉編纂主宰、二六に大日本人名辞書刊行会編の新版三冊、同人社書店、さらに三七に同編の新訂版五冊、内外書籍)。10徳富蘇峰『将来之日本』(経済雑誌社)。
一八八七	二〇	2リース、帝国大学史学科教師として着任。『国民之友』創刊。国家学会設立。3『国家学会雑誌』創刊。4文部省、小学校用歴史教科書編纂旨意書公示。5学位令公布。9文科大学に史学科を創設。	2ゼルフィー、嵯峨正作訳『史学』六冊(―八八)(未刊)。11三宅米吉『小学歴史編纂法』。11臨時修史局『史徴墨宝』第一編(八九に第二編、九四に第三編第一巻、大成館)。
一八八八	二一	4『日本人』創刊。7『文』創刊。9宮内省、臨時全国宝物取調掛設置。10臨時修史局を廃止し、	2―12嵯峨正作『日本史綱』三巻(嵩山房)。2小中村清矩『歌舞音楽略史』二冊。3島田三郎『開国始末』(輿論社)。9那珂通世『支那通史』五冊

		事業を帝国大学に移管、臨時編年史編纂掛設置。	(—九〇、大日本図書)。
一八八九	二二	2『皇典講究所講演』創刊。6文科大学に国史科設置(九〇・9に開講)。8『江戸会誌』創刊。『国光』創刊。11史学会創立、会長に重野安繹。12『史学会雑誌』創刊(九二・12より『史学雑誌』と改題)。	3勝海舟編『海軍歴史』九冊(海軍省)。12勝海舟編『陸軍歴史』二冊(陸軍省)。12『復古記』『復古外記』二九八巻完成。
一八九〇	二三	4リース「史学会雑誌編纂ニ付テ意見」。10小学校令公布。教育勅語発布。11国学院開校。	10三上参次・高津鍬三郎『日本文学史』二巻(金港堂)。11佐藤誠実『日本教育史』二巻(—九一、文部省)。12重野安繹・久米邦武・星野恒『稿本国史眼』七冊(大成館、一九〇一に改訂一冊、史学会)。
一八九一	二四	3臨時編年史編纂掛、地誌編纂掛を併せ、史誌編纂掛に改組。5田口卯吉、『史海』創刊。6小学校祝日大祭日儀式規程制定。7『護教』(主筆山路愛山)創刊。10『早稲田文学』創刊。	1—12岸上操編『温知叢書』三冊(博文館)。5『旧事諮問録』七編(—九二)。6陸羯南『近時政論考』(日本新聞社)。7竹越与三郎『新日本史』上(九二に中、下は未刊、民友社)。9三上参次『白河楽翁公と徳川時代』(吉川)。
一八九二	二五	3久米邦武筆禍事件。文部省、教科用図書検定規則改正(検定基準強化)。6『史学普及雑誌』創刊。9『史談会速記録』創刊。12『史論』創刊。	2木村芥舟『三十年史』(交詢社)。6指原安三『明治政史』三巻(—九三、冨山)。10菅沼貞風『大日本商業史』(東邦協会)。10内藤耻叟『徳川十五代史』三冊(—九三、博文館)。12福地桜痴『幕府衰亡論』(民友社)。
一八九三	二六	4史誌編纂掛廃止(『大日本編年史』の事業停止)。8帝国大学令改正(講座制導入、分科大学教授会を明文化)。	1勝海舟『開国起原』三冊(宮内省)。2人見一太郎『第二之維新』。9山路愛山『荻生徂徠』(民友社)。12吉田東伍『日韓古史断』(冨山)。12徳富蘇峰『吉田松陰』(一九〇八に改版、民友社)。
一八九四	二七	4『仏教史林』創刊。6高等学校令公布。11『国学院雑誌』創刊。	4福地桜痴『懐往事談』(民友社)。6星野恒編『古文書類纂』。8—9吉田東伍『徳川政教考』上下(冨山)。10志賀重昂『日本風景論』(政教社)。12山路愛山『新井白石』(民友社)。
一八九五	二八	1『太陽』創刊。『帝国文学』創刊。4文科大学に史料編纂掛設置。三宅米吉ら考古学会を設立。	2—11平出鏗二郎・藤岡作太郎『日本風俗史』三冊(東陽堂)。3勝海舟『幕府始末』(国光社)。11小中村清矩『国史学の栞』(吉川)。

一八九六	明治二九	7『世界之日本』創刊。11姉崎正治、岸本能武太ら、比較宗教学会開催。『集古会誌』創刊。12『考古学会雑誌』創刊。	5竹越与三郎『二千五百年史』(開拓社)。11『古事類苑』神宮司庁より刊行開始(—一九一四、全一〇〇〇巻、和装本三五〇冊、洋装本五〇冊、総目録、索引一冊)。
一八九七	三〇	4社会問題研究会結成。戸川残花ら、『旧幕府』創刊。帝国図書館官制公布。6古社寺保存法公布。京都帝国大学設立。10教科用図書検定規則改正(罰則強化)。	2田口卯吉編纂『国史大系』一七冊(—一九〇一、東京経済雑誌社、一九〇二—〇四に続一五冊)。5内藤湖南『近世文学史論』(東華堂)。8村上専精・境野哲・鷲尾順敬合著『大日本仏教史』第一巻(溯源窟)。11佐村八郎編『国書解題』三五冊(—一九〇〇、合本、一九〇四に増訂第二版、吉川)。
一八九八	三一	1『天地人』創刊。2『外交時報』創刊。9東京専門学校、文学部に史学科を設置。10日本美術院設立。12学位令改定(大博士廃止)。	1横井時冬『日本工業史』(吉川)。6リース、吉国藤吉訳『台湾島史』(史学会叢書)。6八木奘三郎『日本考古学』上(九九に下、嵩山房)。6戸川残花『幕末小史』三冊(—九九、春陽堂)。6田辺蓮舟『幕末外交談』(冨山)。9村上専精『日本仏教史綱』二冊(—九九、金港堂)。11鳥谷部春汀『明治人物評論』(博文館)。12横井時冬『日本商業史』(金港堂)。
一八九九	三二	2『史学界』創刊。4史学会第一回大会開催(重野安繹、坪井九馬三、井上哲次郎)。日本歴史地理研究会創立。10『歴史地理』創刊。11史学会創立一〇周年記念大会開催(重野安繹、木村芥舟、島田三郎)。	7星野恒『竹内式部君事迹考』(冨山)。11萩野由之『大日本通史』上巻(博文館)。12芳賀八一『国文学史十講』(冨山)。○今泉定介編『故実叢書』一六冊(—一九〇六、二八—三三に増訂版四一冊)。
一九〇〇	三三	3『地理と歴史』創刊。5『丁酉倫理会講演集』創刊。6宮内省、帝室博物館官制制定。7『新仏教』創刊。8小学校令改正。小学校令施行規則制定。	3吉田東伍『大日本地名辞書』二冊(—〇七、冨山、〇九に続編、一三に七巻、六九—七一に増補版八巻)。6福地源一郎『幕末政治家』(民友社)。10内村鑑三『興国史談』(警醒社)。10井上哲次郎『日本陽明学派之哲学』(冨山)。
一九〇一	三四	1小学校令施行規則改正(教科書採定をめぐる不正事件取締強化)。○東京専門学校において『史学科講義録』発刊。 **物故** 2福沢諭吉。12木村芥舟。	2東京帝国大学史料編纂掛『大日本史料』刊行開始(7『大日本古文書』刊行開始)。5片山潜・西川光二郎『日本之労働運動』(労働新聞社)。5井上哲次郎・蟹江義丸編『日本倫理彙編』一〇巻(—〇三、育成会)。11塚越停春『読史余録』(民友社)。12『稿本日本帝国美術略史』(東京帝室博物館)。

一九〇二	三五	**2**文部省、中学校教授要目制定。**4**南葵文庫開庫式（一般公開は〇八）。**8**リース帰国。**12**哲学館事件。小学校教科書採定をめぐる贈収賄事件一斉検挙開始（—〇三、教科書疑獄事件）。 **物故**　**8**西村茂樹。**12**高山樗牛。	**1—2**飯田武郷『日本書紀通釈』五冊（大鐙閣。〇九に索引一冊）。**4**村岡素一郎『史疑』（民友社）。**8**物集高見『修訂日本文明史略』。**9**井上哲次郎『日本古学派之哲学』（冨山）。
一九〇三	三六	**1**山路愛山、『独立評論』創刊。**4**小学校令一部改正、国定教科書制度成立。**10**『小学日本歴史』が国定教科書として刊行される。 **物故**　**3**指原安三。**6**内藤耻叟。	**3**内田銀蔵『日本近世史』第一巻上冊一（冨山）。**6**藤岡作太郎『近世絵画史』（金港堂）。**7**関戸覚蔵『東陲民権史』。**10**坪井九馬三『史学研究法』（早大、二六に改訂増補版、京文社）。**10**久米邦武『古文書学講義』（早大）。**11**大町桂月『日本文明史』（博文館）。
一九〇四	三七	**2**大阪府立図書館開館。**5**国定教科書編修のため、文部省に専任編修官設置。**9**東京帝国大学文科大学の機構改革、史学科と国史科を再編して、史学科設置（旧来の国史・史学・漢史各科を含め、支那史学・西洋史の名称成立）。 **物故**　**9**小泉八雲。	**4—8**北原雅長『七年史』二巻（啓成社）。**4**『明治財政史』一五冊（—〇五、丸善）。**6**『史学会論叢』第一輯（冨山）。**10**富士川游『日本医学史』（裳華房）。
一九〇五	三八	**3**史料編纂掛の官制を改革し、史料編纂官・史料編纂官補を置く。**7**白鳥庫吉ら東洋学会創立。**8**戸水事件。 **物故**　**4**田口卯吉。	**3—11**井上哲次郎編『武士道叢書』三巻（博文館）。**4**久米邦武『上宮太子実録』（井洌堂、一九に訂正増補改題『聖徳太子実録』、丙午出版社）。**4**史学会編『弘安文禄征戦偉績』。**9**桜木章『側面観幕末史』（啓成社）。**10**藤岡作太郎『国文学全史　平安朝編』（開成館）。**11**『国書刊行会叢書』刊行開始（—二三、全八期、二五部二六〇冊）。**12**広池千九郎『東洋法制史序論』（早大）。
一九〇六	三九	**1**日本歴史地理研究会、日本歴史地理学会と改称。**6**京都帝国大学文科大学設置（**9**に開設）。日本エスペラント協会設立。帝国学士院規程公布。**11**南満洲鉄道株式会社設立。 **物故**　**1**福地源一郎。**4**横井時冬。**8**黒川真頼。	**2**原勝郎『日本中世史』第一巻（冨山）。**6**重野安繹『国史綜覧稿』一〇冊（静嘉堂文庫）。**7**山路愛山『基督教評論』（警醒社）。**12**『大日本史』完成（三九七巻三二六冊、目録五巻五冊）。

一九〇七	明治四〇	3小学校令改正(義務教育年限を六年に延長)。5京都帝国大学文科大学に史学科開設(9に開講)。6東北帝国大学設立。10支那学会設立。**物故** 8福羽美静。	1『大日本時代史』一〇冊(—〇八、早大、一五—一六に訂正増補版一二冊、二六—二七に『日本時代史』一四冊とする)。1煙山専太郎『征韓論実相』(早大)。4福田徳三著、坂西由蔵訳『日本経済史論』(宝文館)。4有賀長雄『大日本歴史』二巻(—〇八、博文館)。10久米邦武『日本古代史と神道との関係』(警醒社)。11『菅政友全集』(国書刊行会)。12芳賀八一『国民性十論』(冨山)。12大隈重信監修・副島八十六編『開国五十年史』二冊(—〇八)。
一九〇八	四一	1満鉄東京支社に満鮮歴史地理調査部開設。2史学研究会第一回例会開催。4大隈重信、大日本文明協会設立。7東京帝国大学法科大学、経済学科設置(一九に経済学部となる)。9『史学研究会講演集』創刊。教科用図書調査委員会設置。文部省視学官及文部省視学委員職務規程制定。11東京市立日比谷図書館開館。**物故** 3那珂通世。佐藤誠実。	1石井研堂『明治事物起源』(橋南堂、二六に増訂版、春陽堂)。3黒板勝美『国史の研究』(一三に総説、各説の二冊に分ち再版、文会堂)。3新渡戸稲造著、桜井鷗村訳『武士道』(丁未出版社)。5山路愛山『現代金権史』(服部書店・文泉堂書房)。7八代国治・早川純三郎・井野辺茂雄編『国史大辞典』(吉川)。12山路愛山『豊太閤』前編(〇九に後編、文泉堂書房・服部書店)。
一九〇九	四二	10関野貞ら楽浪郡の古墳群発掘。11史学会創立二〇周年記念臨時大会開催(星野恒、史学会二〇年の沿革について講演)。**物故** 1依田学海。	1日本歴史地理学会編『鎌倉文明史論』(三省堂)。1山路愛山『足利尊氏』(玄黄社)。3—9星野恒『史学叢説』二冊(冨山)。3柳田国男『後狩詞記』。3外山岑作編『ゝ山存稿』二巻(丸善)。7山路愛山『源頼朝』(玄黄社)。7中村勝麻呂『井伊大老と開港』(啓成社)。9西村天囚『日本宋学史』(梁江堂)。9藤岡作太郎編『松雲公小傳』。12福本日南『元禄快挙録』三冊(啓成社)。
一九一〇	四三	4『芸文』創刊。『白樺』創刊。大日本教育学会創立。5『学生』創刊。10帝国学士院、恩賜賞創設。師範学校教授要目一部改定。12九州帝国大学設置。柳田国男ら郷土会を発足。 ○東京帝国大学文科大学史学科の「支那史学」	2日本歴史地理学会編『戦国時代史論』(三省堂)。3『黒川真頼全集』全六巻(—一一、国書刊行会)。3板垣退助監修『自由党史』二冊(玉車楼)。6柳田国男『遠野物語』(聚精堂)。9吉田東伍『維新史八講』(冨山)。10渡辺修二郎『阿部正弘事蹟』二冊。11『歴史地理臨時増刊　朝鮮号』(三省堂)。

		を「東洋史学」に改称。**物故** **2**藤岡作太郎。**3**小杉榲邨。**12**重野安繹。信夫恕軒。	
一九一一	四四	**1**大審院、大逆事件被告に死刑判決。『東洋学報』創刊。**2**南北朝正閏問題で文部編修官喜田貞吉休職処分。**4**仏教史学会設立、『仏教史学』創刊。**5**文部省、維新史料編纂会設置。**8**朝鮮教育令公布。**11**史蹟名勝天然記念物保存協会発足。**物故** **2**島地黙雷。**5**平子鐸嶺。**11**谷森善臣。アストン。**12**平出鏗二郎。	**2**村岡典嗣『本居宣長』(警醒社、二八に増訂版、岩波)。**5**『大阪市史』六巻・索引・付図各一巻(—一五、幸田成友編纂主任)。**5**史学協会編『南北朝正閏論』(修文閣)。**7**日本歴史地理学会編『日本海上史論』(三省堂)。**7**友聲会編『正閏断案国体之擁護』(松風青院)。**11**山崎藤吉・堀江秀雄編『南北朝正閏論纂』(皇典講究所国学院大学出版図書販売所)。**12**伊波普猷『古琉球』(沖縄公論社)。**12**『東京市史稿』八七冊(—五五)。
一九一二	大正元	**5**坪井正五郎、高木敏雄ら、日本民俗学会を設立。**7**明治天皇死去。**12**宮崎県西都原古墳群発掘開始。**物故** **2**池辺三山。**9**田岡嶺雲。	**5**『大日本仏教全書』一五〇冊・別巻一〇巻・目録一冊(—二二、仏書刊行会)。**8**『近世風俗見聞集』四冊(—一三、国書刊行会)。**11**瑞山会編『維新土佐勤王史』(冨山)。
一九一三	二	**3**『郷土研究』創刊。**5**『民俗』創刊。**7**京大沢柳事件。**8**岩波書店開業。**物故** **2**本居豊穎。**4**木村正辞。**5**坪井正五郎。**9**岡倉天心。	**3**三宅雪嶺『明治思想小史』(丙午出版社)。**4**大隈重信『開国大勢史』(早大)。**5**—**9**白鳥庫吉監修『満洲歴史地理』二巻(**11**に『朝鮮歴史地理』二巻、南満洲鉄道株式会社)。**10**津田左右吉『神代史の新しい研究』(二松堂)。**10**吉田東伍『倒叙日本史』一〇冊・索引一冊(—一四、早大)。
一九一四	三	**4**史学会大会、はじめて国史・東洋史・西洋史の三部会開催。上毛郷土史研究会、『上毛及上毛人』創刊。**9**『史蹟名勝天然記念物』創刊。**11**京都哲学会設立。**物故** **3**佐村八郎。**7**井上頼圀。**11**丸山正彦。	**3**内藤湖南『支那論』(文会堂)。**4**平子鐸嶺『佛教芸術の研究』(金港堂)。**6**滝本誠一編『日本経済叢書』三六巻(—一七、三三に続編三冊)。**7**黒板勝美『義経伝』(文会堂)。**7**中村孝也『源九郎義経』(大日本雄弁会)。**7**本庄栄治郎『西陣研究』(京都法学会)。
一九一五	四	**5**東京図書出版協会、最初の「図書分類目録」	**4**—**9**『系図総覧』二冊(国書刊行会)。**6**藤田明編『征西将軍宮』(熊本県

		を発行。**6**帝国学士院、学術奨励金特別会計を廃止。江戸旧事采訪会、『江戸』創刊。 **物故**　**9**田辺太一。**11**藤田明。	教育会)。**7**山路愛山『徳川家康』(独立評論社)。**8**『那珂通世遺書』(大日本図書)。**9**小中村清矩『有聲録』(石川文栄堂)。**10**日本歴史地理学会編『江戸時代史論』(仁友社)。**11**久米邦武『裏日本』(公民同盟出版部)。**12**『満鮮地理歴史研究報告』一六冊(—四一、東京帝国大学文科大学)。**12**『日本史籍協会叢書』一八七冊(—三五)。**12**辻善之助『田沼時代』(日本学術普及会)。
一九一六	大正五	**1**『史林』創刊。**4**『宗教研究』創刊。**9**京都帝国大学文科大学に考古学講座新設。 **物故**　**2**加藤弘之。	**6**牧野純一『後北条氏民政史論』(奉公会)。**6**江戸叢書刊行会編『江戸叢書』一二冊(—一七)。**8**津田左右吉『文学に現はれたる我が国民思想の研究』四巻(—二一、洛陽堂)。**10**物集高見編『広文庫』二〇冊(—一八、内外書籍)。**12**本庄栄治郎『江戸幕府ノ米価調節』(京都法学会、二四に増補改題『徳川幕府の米価調節』、弘文堂書房)。
一九一七	六	**3**『京都帝国大学文科大学考古学研究報告』創刊。**5**『思潮』創刊。**8**大倉集古館開館。**9**モリソン文庫成る。**11**『歴史と地理』創刊。 **物故**　**1**村岡良弼。**3**山路愛山。**8**岩村透。**9**星野恒。	**5**秀島成忠編『佐賀藩海軍史』(知新会)。**5**日本歴史地理学会編『尾参遠郷土史論』(仁友社)。**6**岡部精一『東京奠都の真相』(仁友社)。**7**—**12**『徳川埋財会要』二一巻。**12**日本歴史地理学会編『武相郷土史論』(仁友社)。
一九一八	七	**4**北海道帝国大学設置。**9**斯文会創立。**12**大学令公布。 **物故**　**1**吉田東伍。**4**岡部精一。重田定一。**12**富岡謙蔵。	**1**渋沢栄一『徳川慶喜公伝』八巻(龍門社)。**7**鳥居龍蔵『有史以前の日本』(磯部甲陽堂)。**9**遠藤利貞『増修日本数学史』(岩波)。**12**徳富蘇峰『近世日本国民史』一〇〇巻(—六二、民友社、時事通信社内近世日本国民史刊行会)。
一九一九	八	**1**喜田貞吉、『民族と歴史』創刊(二三に『社会史研究』と改題)。**2**改正帝国大学令公布。大原社会問題研究所創立。『斯文』創刊。**4**『改造』創刊。史蹟名勝天然記念物保存法公布。東京帝国大学文学部に国史・東洋史・西洋史の三学科成立。**6**『解放』創刊。	**2**三浦周行『法制史の研究』(二五に続、岩波)。**4**国家学会編『明治憲政経済史論』。**5**和辻哲郎『古寺巡礼』(四七に改訂版、岩波)。**8**津田左右吉『古事記及び日本書紀の新研究』(洛陽堂)。**10**辻善之助『日本仏教史之研究』(三一に続、金港堂)。**11**竹越与三郎『日本経済史』八冊(—二〇、日本経済史編纂会)。

一九二〇	九	1森戸事件。5国史講習会、『中央史壇』創刊。7学位令改正（推薦制を廃し請求制のみとする）。9文部省在外研究員規程制定。東京帝国大学文学部に神道講座設置。『支那学』創刊。11朝鮮教育令を改正公布（普通学科に日本歴史・地理を追加）。 **物故** 7内田銀蔵。8箕作元八。11田中義成。	2富岡謙蔵『古鏡の研究』（丸善）。7坂口昂『概観世界史潮』（岩波）。8久米邦武執筆、中野礼四郎編『鍋島直正公伝』七冊（—二二、侯爵鍋島家編纂所）。9田中義成『国史の片影』（東盛堂）。10八代国治『長慶天皇御即位の研究』（明治書院）。11和辻哲郎『日本古代文化』（二五に改訂版、三九に改稿版、五一に新稿、岩波）。12三浦周行『国史上の社会問題』（大鐙閣）。12滝本誠一『日本経済史—徳川封建制度の経済的説明—』（国文堂書店）。
一九二一	一〇	1内務省神社局『国体論史』。4『尋常小学国史』使用開始。6東京教育博物館を東京博物館として独立。10『思想』創刊。11三田史学会、『史学』創刊。 **物故** 8谷森饒男。10末松謙澄。12岡谷繁実。	3『内田銀蔵遺稿全集』全五輯（—二二、同文館）。4大森金五郎『大日本全史』三巻（—二二、冨山）。4『解放』四月特大号「日本国民性の研究」。8河上肇『唯物史観研究』（弘文堂書房）。10『解放』一〇月特大号「明治文化の研究」。
一九二二	一一	2改正朝鮮教育令、改正台湾教育令公布。東京市政調査会設立認可。8東北帝国大学に法文学部設置。 **物故** 3中原邦平。6有賀長雄。9福本日南。10マードック。	1浜田耕作『通論考古学』（大鐙閣）。2坪内逍遙監修『国民の日本史』全一二巻（—二三、三二—三三に再版、二巻増、早大）。3三浦周行『現代史観』（古今書院）。4『日本文化史』全一二巻（大鐙閣、二五に而立社から改訂増補版、四一—四二に内外書籍から改題『日本新文化史』）。5『日本財政経済史料』一〇巻・索引一（—二五、財政経済学会）。5今和次郎『日本の民家』（鈴木書店）。5三浦周行『日本史の研究』（三〇に第二輯、八二に新輯三巻追加、岩波）。7佐野学『日本社会史序論』（同人社書店）。8小野秀雄『日本新聞発達史』（大阪毎日新聞社・東京日日新聞社）。9田中義成『南北朝時代史』（明治書院）。
一九二三	一二	4『赤旗』創刊。8『大原社会問題研究所雑誌』創刊。9関東大震災。11東京帝国大学で社会科学研究会結成。 **物故** 1大隈重信。12高木敏雄。	1大森金五郎『武家時代之研究』第一巻（二九に第二巻、三七に第三巻、冨山）。4田中義成『足利時代史』（明治書院）。5『原始時代之研究』（国史講習会）。8吉田東伍『日本歴史地理之研究』（冨山）。8東京帝国大学史料編

西暦	和暦	事項	著作
		物故　3池辺義象。7細川潤次郎。8田中萃一郎。11島田三郎。	纂掛編『史料綜覧』刊行開始。10史学地理学同攷会編『室町時代の研究』(星野書店)。
一九二四	大正一三	4『現代仏教』創刊。5『社会学雑誌』創刊。『国語と国文学』創刊。京城帝国大学設立。6静嘉堂文庫、閲覧室開設。9九州帝国大学に法文学部設置。11東洋文庫設立。吉野作造ら、明治文化研究会創立。国民文化研究会、『歴史と趣味』創刊。 物故　1萩野由之。原勝郎。4八代国治。7西村天囚。	2津田左右吉『神代史の研究』(岩波)。2本庄栄治郎『日本社会史』(改造社)。3国史講習会『国史講習録』全二〇冊(—二五、雄山閣)。4平林初之輔『日本自由主義発達史』(日評)。5小野武夫『永小作論』(巌松堂)。6—8モルガン、高畠素之等訳『古代社会』上下(而立社)。9田中義成『織田時代史』(明治書院)。9津田左右吉『古事記及日本書紀の研究』(岩波)。9内藤湖南『日本文化史研究』(弘文堂書房)。10坂本健一『日本風俗史要』(武蔵野書院)。12西村真次『文化人類学』(早大)。12景浦直孝『伊予史精義』(伊予史籍刊行会)。
一九二五	一四	2『新旧時代』創刊。6朝鮮総督府、朝鮮史編修会設置。11『民族』創刊。『原理日本』創刊。12京都学連事件。渋沢敬三、自邸にアチック・ミューゼアムを設立(四二に日本常民文化研究所と改名、五〇に財団法人、八二に神奈川大移管)。 物故　1阿部秀助。12黒川真道。モース。	2姉崎正治『切支丹宗門の迫害と潜伏』(同文館)。3中川一男『日本女性史論』(大日本図書)。3朝河貫一編『入来院文書』。5高木敏雄『日本神話伝説の研究』(岡書院)。7田中義成『豊臣時代史』(明治書院)。7高橋義彦編『越佐史料』六冊(—三二)。9吉田東伍『庄園制度之大要』(日本学術普及会)。11斎藤隆三『近世日本世相史』(博文館)。12尾佐竹猛『維新前後に於ける立憲思想』(文化生活研究会)。
一九二六	昭和元	4小学校令改正公布(日本歴史を国史と改称)。10『神道学雑誌』創刊。歴史教育研究会、『歴史教育』創刊。11明治新聞雑誌文庫設立。 物故　2箭内亘。6上村観光。12日下寛。	1太田為三郎編『日本随筆索引』(岩波)。2和田英松『国史国文之研究』(雄山閣)。3中田薫『法制史論集』全四巻(—六四、岩波)。3沼田頼輔『日本紋章学』(明治書院)。3藤井甚太郎『明治維新史講話』(雄山閣)。4滝川政次郎『法制史上より観たる日本農民の生活』上(二七に下、同人社書店)。6渡辺世祐『関東中心足利時代之研究』(雄山閣)。8『綜合日本史大系』全二三巻(—三四、既刊八冊、内外書籍)。6佐喜真興英『女人政治考』(岡書院)。10ベネデト・クロォチェ著、羽仁五郎訳『歴史叙述の理論及歴史』(二五に続、岩波)。10和辻哲郎『日本精神史研究』(岩波)。11平泉澄『中世に於ける社寺と社会との関係』(至文堂)。

一九二七	二	**3**東亜考古学会設立。**4**『理想』創刊。**6**日独文化協会設立。**7**森本六爾ら、考古学研究会を設立し、『考古学研究』創刊。岩波文庫創刊。**12**『労農』創刊。 **物故** **2**芳賀八一。**3**大村西崖。**4**志賀重昂。**11**南条文雄。	**4**土屋喬雄『封建社会崩壊過程の研究』(弘文堂)。**4**井野辺茂雄『幕末史の研究』(雄山閣)。**5**大津淳一郎『大日本憲政史』一〇巻(―二八、宝文館)。**5**『日本風俗史講座』全二六巻(―二九、雄山閣)。**6**『太陽』創業四〇周年記念増刊「明治大正の文化」。**6**中村直勝『南朝の研究』(星野書店)。**9**沢田吾一『奈良時代民政経済の数的研究』(冨山)。**9**竹岡勝也『近世史の発展と国学者の運動』(至文堂)。**10**明治文化研究会編『明治文化全集』二四巻(―三〇、五五―五九に改版一六巻、六七―七四に第三版三二巻、日評)。**12**関儀一郎編『日本儒林叢書』一三冊(―三七、東洋図書刊行会)。**12**中村孝也『元禄及び享保時代における経済思想の研究』(国民文化研究会)。
一九二八	三	**3**三・一五事件。台北帝国大学設立。**7**司法省、思想係検事設置。**8**文部省、第一回思想問題講習会実施。**10**『新興科学の旗のもとに』創刊。立教大学史学会、『史苑』創刊。文部省、学生課を新設。 **物故** **1**坂口昂。**4**宮崎道三郎。**6**物集高見。**12**リース。	**1**明石国助『日本染織史』(雄山閣)。**2**『岩波講座世界思潮』全一二巻(―二九)。**2**『社会科学』「日本社会主義運動史」特集号。**4**滝本誠一編『日本経済大典』五四巻(―三〇、史誌出版社、啓明社)。**5**坂本太郎『上代駅制の研究』(至文堂)。**7**西岡虎之助『老農渡部斧松翁傳』(山喜房)。**11**黒正巌『百姓一揆の研究』(岩波、五九に続編、ミネルヴァ書房)。**11**西村真次『日本古代社会』(ロゴス書院)。**11**大森金五郎『日本中世史論考』(四海書房)。**11**牧野信之助『武家時代社会の研究』(刀江書院)。**11**『大日本史講座』全一八巻(―三〇、雄山閣)。
一九二九	四	**2**大山柏ら、史前学会を創設。**3**『史前学雑誌』創刊。**4**東方文化学院設立。**7**文部省、社会教育局設置。東京帝国大学文学部史料編纂掛を史料編纂所と改称(所長辻善之助)。折口信夫ら、民俗学会を設立し、『民俗学』創刊。**10**『史学研究』創刊。『国史回顧会紀要』創刊。プロレタリア科学研究所創立。**11**本庄栄治郎らの経済史研究会、『経済史研究』創刊。『史淵』創刊。『国	**4**折口信夫『古代研究』民俗学篇1、国文学篇(三〇に民俗学篇2、大岡山書店)。**4**日置謙編『加賀藩史料』一八冊(―五九、侯爵前田家編輯部、前田育徳会)。**6**住田正一編『海事史料叢書』二〇巻(―三一、巌松堂)。**6**中田薫編『宮崎先生法制史論集』(岩波)。**6**呉文炳『江戸社会史』(啓明社)。**8**黒板勝美編輯『新訂増補国史大系』六六冊(―六四、吉川)。**9**羽仁五郎『転形期の歴史学』(鉄塔書院)。**10**『文学博士三宅米吉著述集』上下(目黒書店)。**10**太田亮『日本上代に於ける社会組織の研究』(磯部甲陽堂)。**10**山本秀煌『日本基督教史』(日本基督教会事務所)。**11**史学会編『明治維新史研究』

西暦	年号	事項	著作
		史学』創刊。 **物故** 7藤田豊八。山崎直方。10高橋健自。村上専精。11三宅米吉。	(冨山)。11原勝郎『日本中世史之研究』(同文館)。11市村咸人『伊那尊王思想史』(下伊那国民精神作興会)。11羽仁五郎『佐藤信淵に関する基礎的研究』(岩波)。12服部之総『明治維新史』(上野書房)。
一九三〇	昭和五	5日本宗教学会創立。6早稲田大学日本学協会、『日本研究』創刊。7『歴史と国文学』創刊。9『新興教育』創刊。10天理図書館開館。『夢殿』創刊。11『史迹と美術』創刊。12社会経済史学会設立。 **物故** 2足利衍述。5福田徳三。沢村専太郎。	2野呂栄太郎『日本資本主義発達史』(鉄塔書院)。3鷲尾順敬編『日本思想闘諍史料』一〇巻(—三一、東方書院)。4津田左右吉『日本上代史研究』(岩波)。4『国史講座』全三一冊、一〇函(—三三、受験講座刊行会)。6西村真次『日本文化史概論』(東京堂)。6植木直一郎『御成敗式目研究』(岩波)。6田中惣五郎『東洋社会党考』(一元社)。7『日本林制史資料』三〇冊(—三四、農林省山林局)。8伊木寿一『日本古文書学』(七六に増訂版、雄山閣)。9田保橋潔『近代日本外国関係史』(刀江書院)。10『明治大正史』六巻(—三一、朝日)。11小葉田淳『日本貨幣流通史』(四三に改訂増補版、刀江書院)。11渡辺大濤『安藤昌益と自然真営道』(木星社)。11村岡典嗣『日本思想史研究』(岡書院、三九に続、四〇に増訂、四八に第三、四九に第四、岩波)。
一九三一	六	2大塚史学会、『史潮』創刊。3『東方学報』創刊。4直良信夫、兵庫県西八木海岸で「明石原人」発見。大阪帝国大学設立。5『社会経済史学』創刊。11早稲田大学史学会、『史観』創刊。 **物故** 1今泉雄作。2久米邦武。3沢田吾一。5桑原隲蔵、9三浦周行。	4—8中央義士会編『赤穂義士史料』三巻(雄山閣)。4土屋喬雄・小野道雄『明治初年農民騒擾録』(南北書院)。5大内兵衛・土屋喬雄『明治前期財政経済史料集成』二一巻(—三六、改造社)。6阿部次郎『徳川時代の芸術と社会』(改造社)。6魚澄惣五郎『古社寺の研究』(星野書店)。7菅野和太郎『日本会社企業発生史の研究』(岩波)。8黒板勝美『更訂国史の研究』三巻(—三六、岩波)。9滝川政次郎『律令の研究』(刀江書院)。9『郷土史研究講座』全一五冊(—三二、雄山閣)。12小野武夫編『近世地方経済史料』一〇冊(—三二)。
一九三二	七	1『信濃』創刊。2『立正史学』創刊。5『歴史科学』創刊。6『温故叢誌』創刊。7『赤旗』特別号、コミンテルン「日本に於ける情勢と日本共産党の任務に関するテーゼ」発表(三二年テー	1渡部義通『日本母系時代の研究』(白揚社)。2—7石河幹明『福沢諭吉伝』四巻(岩波)。2西田直二郎『日本文化史序説』(改造社)。2伊東多三郎『国学の史的考察』(大岡山書店)。2小野武夫『維新農村社会史論』(刀江書院)。4竹内理三『奈良朝時代に於ける寺院経済の研究』(大岡山書

		ゼ)。8国民精神文化研究所設置。10唯物論研究会創立。11『唯物論研究』創刊。『歴史公論』創刊。12歴史学研究会創立。日本学術振興会設立。**物故** 3呉秀三。5今西龍。関根正直。8滝本誠一。11竹島寛。	店)。4『下出隼吉遺稿』(私家版)。5羽仁五郎『歴史学批判叙説』(鉄塔書院)。5『日本資本主義発達史講座』七巻(—三三、岩波)。6清原貞雄『神道史』(厚生閣)。8三田史学会編『田中萃一郎史学論文集』。9平泉澄『国史学の骨髄』(至文堂)。11『東京帝国大学五十年史』二冊。12足利衍述『鎌倉室町時代之儒教』(日本古典全集刊行会)。
一九三三	八	2長野県教員赤化事件。4『教育』創刊。滝川事件(—7)。国定教科書大改訂、『小学国語読本』など使用開始。5本庄栄治郎、黒正巌ら日本経済史研究所設立。6佐野学、鍋山貞親、獄中で転向声明。10昭和研究会結成。11『歴史学研究』創刊。**物故** 3吉野作造。10新渡戸稲造。11境野黄洋。	2歴史教育研究会編『明治以後に於ける歴史学の発達』(四海書房)。2島地大等『日本仏教教学史』(明治書院)。4喜田貞吉『還暦記念六十年之回顧』(私家版)。5西村真次『日本古代経済』交換篇五冊(—三九、東京堂)。5会津八一『法隆寺、法起寺、法輪寺建立年代の研究』二冊(東洋文庫)。6—10清水正健編『荘園志料』二巻(帝都出版社)。6鈴木安蔵『憲法の歴史的研究』(大畑書店)。7東京帝国大学史料編纂所編『読史備要』。9『岩波講座日本歴史』一八巻(—三五)。9津田左右吉『上代日本の社会及び思想』(岩波)。10服部之総『明治維新史研究』(白揚社)。11森本六爾編『日本原始農業』(東京考古学会)。11『日本精神講座』一二巻(—三五、新潮社)。
一九三四	九	6文部省、思想局を設置。10日本民族学会設立。12日本経済学会設立。日本古文化研究所、藤原宮跡発掘調査開始。**物故** 2野呂栄太郎。4土田杏村。6内藤湖南。8清水正健。11沼田頼輔。12沢田章。	2山田盛太郎『日本資本主義分析』(岩波)。4太田亮『姓氏家系大辞典』三冊(—三六、七四に丹羽基二編の新編、秋田書店)。4平野義太郎『日本資本主義社会の機構』(岩波)。5笹川種郎編『史料大成』四三巻(—四四、内外書籍)。5『思想』特集「日本精神」。5竹内理三『日本上代寺院経済史の研究』(大岡山書店)。5岩橋遵成『徂徠研究』(関書院)。6『岩波講座東洋思潮』一八巻(—三六)。8『世界歴史大系』二六巻(—三六、平凡社)。8柳田国男『民間伝承論』(共立社書房)。9渡辺幾治郎『明治史研究』(楽浪書院)。11幸田成友『江戸と大阪』(冨山)。
一九三五	一〇	1『民族学研究』創刊。2天皇機関説事件。3『日本浪曼派』創刊。4文部省、国体明徴を訓令。『日本古文化研究所報告』創刊。5楠木正成没	3桐生織物史編纂会編輯『桐生織物史』上中下(—四〇、桐生織物同業組合)。5『唯物論全書』一八冊(—三六、三笠書房、三六に第二次一八冊、三七に第三次一四冊、第一次に鳥井博郎『明治思想史』、服部之総『歴史論』、第二次に早

		後六百年を記念し、東京帝国大学文学部国史学科・国文学科・神道研究室主催による大楠公六百年祭と記念講演会開催(講師平泉澄、荒木貞夫)。9『民間傳承』創刊。11教学刷新評議会設置。	川二郎『古代社会史』、渡部義通『日本古代社会』、田村栄太郎『日本風俗史』、第三次に永田広志『日本哲学史』など)。7戸坂潤『日本イデオロギー論』(三六に増補版、白揚社)。8柳田国男『郷土生活の研究法』(刀江書院)。9和辻哲郎『風土』(岩波)。10牧健二『日本封建制度成立史』(弘文堂書房)。11『京都帝国大学文学部三十周年史』。12中谷治宇二郎『日本先史学序史』(岩波)。
一九三六	昭和一一	『東洋史研究』創刊。11教学刷新評議会設置。**物故** 2チェンバレン。坪内逍遙。7関野貞。 2『ミネルヴァ』創刊。6『国文学 解釈と鑑賞』創刊。7コム=アカデミー事件(講座派学者一斉検挙)。9文部省、日本諸学振興委員会設置。 **物故** 1坪井九馬三。森本六爾。3中谷治宇二郎。	3『仏教考古学講座』一五巻(—三七、雄山閣)。3白柳秀湖『歴史と人間』(千倉書房)。5伊豆公夫『日本史学史』(白揚社、四七に改訂版、月曜書房、七三に新版、校倉)。5大蔵省編『明治大正財政史』二〇巻(—四〇)。6『大日本外交文書』刊行開始。9岡本良知『十六世紀日欧交通史の研究』(弘文荘、四二に改訂増補版、六甲書房)。9永田広志『日本唯物論史』(白揚社)。10高群逸枝『大日本女性人名辞典』(厚生閣)。11石田茂作『飛鳥時代寺院址の研究』(聖徳太子奉讃会)。12大森金五郎『新国史論叢』(吉川)。12渡部義通・早川二郎・伊豆公夫・三沢章・秋沢修二『日本歴史教程』二冊(—三七、白揚社)。12徳田釼一『中世に於ける水運の発達』(龍華社)。
一九三七	一二	1『歴史』創刊。奈良県唐古遺跡発掘調査開始。2文化勲章令公布施行。5憲政史編纂会発足(委員長尾佐竹猛)。城戸幡太郎ら、教育科学研究会結成。文部省、『国体の本義』刊行。7文部省、教学局設置。12大倉精神文化研究所設立認可。内閣に教育審議会設置。第一次人民戦線事件。 **物故** 1大森金五郎。5松井等。8和田英松。11早川二郎。	3『東洋歴史大辞典』九巻(—三九、平凡社)。3『日本文化史大系』三巻(—四二、誠文堂新光社、四三に新修版)。3帝国学士院『帝室制度史』(—四五、六冊で中断)。4早川二郎『日本歴史読本』(白揚社)。4川上多助『日本歴史概説』上(四〇に下、岩波)。4武藤長蔵『日英交通史之研究』(内外出版)。6加田哲二『明治初期社会経済思想史』(岩波)。9尾佐竹猛『日本憲政史論集』(育生社)。12風早八十二『日本社会政策史』(日評)。
一九三八	一三	1東京帝国大学文学部に日本思想史講座新設	2薩藩史研究会編『重野博士史学論文集』三巻(—三九、雄山閣)。4村岡典

		（担当平泉澄）。『一橋論叢』創刊。2第二次人民戦線事件。3東京帝国大学文学部に考古学講座新設。改正朝鮮教育令公布。5満州国建国大学開学。9東亜研究所設立。橿原考古学研究所設立。10河合栄治郎の四著書発禁。11岩波新書刊行開始。 **物故** 1武藤長平。原田亨一。6広池千九郎。7浜田耕作。藤田精一。8平沼淑郎。11入沢達吉。	嗣『日本文化史概説』（岩波）。4『三笠全書』全二六冊（—三九、三笠書房、早川二郎『日本上代文化史』、赤松啓介『民俗学』、秋沢修二『東洋思想』など）。4永田広志『日本封建制イデオロギー』（白揚社）。5藤田元春『日支交通の研究　中近世篇』（冨山）。5石川謙『石門心学史の研究』（岩波）。6坂本太郎『大化改新の研究』（至文堂）。6高群逸枝『大日本女性史』第一巻「母系制の研究」（厚生閣）。9小野武夫『日本兵農史論』（有斐閣）。10中村吉治『近世初期農政史研究』（岩波）。10牧野信之助『土地及び聚落史上の諸問題』（河出書房）。10維新史料編纂会編『大日本維新史料』刊行開始（四三に中止）。11津田左右吉『支那思想と日本』（岩波）。11尾佐竹猛『日本憲政史大綱』二巻（—三九、日評）。12石井良助『中世武家不動産訴訟法の研究』（弘文堂書房）。
一九三九	一四	1平賀粛学。3名古屋帝国大学設置。『北方文化研究報告』創刊。5史学会創立五〇周年記念大会開催（市村瓚次郎、宮崎市定、宮地直一）。9『教育科学研究』創刊。 **物故** 6三上参次。7喜田貞吉。9牧野信之助。11出雲路通次郎。12中川泉三	2『日本歴史全書』全二四巻（—四一、既刊一三巻、三笠書房、遠藤元男『日本文化史総論』、川崎庸之『日本上代史』、今井林太郎『日本荘園制論』、大久保利謙『日本近代文芸』など）。3維新史料編纂事務局編『維新史』六冊（—四一）。4『綜合日本史大系』新版全二六巻（—四〇、既刊一七巻、内外書籍）。4『新講大日本史』全二〇巻（—四三、既刊一九巻、雄山閣）。4秋山謙蔵『日支交渉史研究』（岩波）。5史学会編『本邦史学史論叢』二巻（冨山）。5史学会編『東西交渉史論』二巻（冨山）。9『近代日本歴史講座』二冊（—四〇、白揚社）。10木下半治『日本国家主義運動史』（慶応書房）。10中村直勝『荘園の研究』（星野書店）。10『虚心文集』全八巻（—四一、吉川）。
一九四〇	一五	3津田左右吉、出版法違反事件で起訴。4『小学国史』尋常科用上巻使用開始（四一・4に下巻）。9教育審議会「高等教育ニ関スル件」を答申。10教育勅語渙発五〇周年記念式典。11紀元二千六百年式典挙行。	1岩生成一『南洋日本町の研究』（南亜細亜文化研究所、六六に増訂版、岩波）。1日本経済史研究所編『日本経済史辞典』三冊（日評）。2『国史辞典』全八巻（—四三、四巻で中絶、冨山）。3田保橋潔『近代日鮮関係の研究』上下（朝鮮総督府中枢院）。6『現代日本文明史』一四巻（—四四、東洋経済）。11家永三郎『日本思想史に於

物故　5稲葉岩吉。11富士川游

ける否定の論理の発達』(弘文堂書房)。11『世界歴史全集』一〇巻(—四二、河出書房)。12松村武雄『神話学原論』二巻(—四一、培風館)。12浜田耕作『日本美術史研究』(座右宝刊行会)。12伊波普猷・東恩納寛惇・横山重編『琉球史料叢書』五冊(—四二、名取書店)。12杉本直治郎『阿倍仲麻呂伝研究』(育芳社)。

一九四一　昭和一六

2日本古代文化学会発会式。3国民学校令公布。4文部省教学局に臨時国史概説編纂部設置。日本科学史学会創立。6日本教育学会創立。7文部省教学局『臣民の道』刊行。11東京帝国大学付置として東洋文化研究所創設。12『科学史研究』創刊。

物故　1鷲尾順敬。8井上通泰。勝田孫弥。12足立康。南方熊楠。

1『日本新文化史』一二巻(—四二、内外書籍)。3—9『日本現代史全書』全一六巻(既刊四冊、三笠書房)。3小野晃嗣『日本産業発達史の研究』(至文堂)。3三枝博音『三浦梅園の哲学』(第一書房)。4小野武夫『日本村落史考』(刀江書院)。4深谷博治『華士族秩禄処分の研究』(高山書院、四四に改訂増補版、亜細亜書房、七三に新訂版、吉川)。4富士川游『日本医学史』(日新書院)。4三上参次『尊王論発達史』(冨山)。5野村兼太郎『徳川封建社会の研究』(日光書院)。8肥後和男『宮座の研究』(弘文堂書房)。8遠藤元男『日本女性の生活と文化』(四海書房)。10浜田耕作『考古学入門』(創元社)。10足立康『法隆寺再建非再建論争史』(龍吟社)。10松下芳男『近代日本軍事史』(紀元社)。11森末義彰『中世の社寺と芸術』(畝傍)。12藤田武夫『日本地方財政制度の成立』(岩波)。

一九四二　一七

1文部省に国民錬成所設置。5津田左右吉事件第一審有罪判決。日本文学報国会創立。8民族学協会設立。

物故　1猪俣津南雄。3小野晃嗣。白鳥庫吉。6八木奘三郎。武藤長蔵。8中江丑吉。12狩野亨吉。

1竹内理三『寺領荘園の研究』(畝傍)。3三枝博音編『日本科学古典全書』全一五巻(—四九、一〇巻刊行、朝日)。4家永三郎『上代仏教思想史研究』(畝傍)。4後藤守一『日本古代文化研究』(河出書房)。6幸田成友『日欧通交史』(岩波)。7麻生義輝『近世日本哲学史』(近藤書店)。7中村孝也編『国民生活史研究　生活と社会』(小学館)。10清水三男『日本中世の村落』(日評)。10原田伴彦『中世に於ける都市の研究』(講談社)。12高倉新一郎『アイヌ政策史』(日評)。12『東京帝国大学学術大観　総説・文学部』。12『日本文化大観』第一巻「歴史篇上」(紀元二千六百年奉祝会)。12村岡典嗣編『本居宣長全集』全二九巻(—四四、六巻で中絶、岩波)。

一九四三	一八	**1**文部省内に民族研究所設立。文部省、『国史概説』上下(—**3**)。**4**憲法史研究会設立(会長伊東治正)。**5**横浜事件。**6**閣議、学徒戦時動員体制確立要項決定。**9**文部省、大学院・研究科に特別研究生制度を設置。**10**文部省に国史編修準備委員会設置。学徒出陣壮行会挙行。**11**教学錬成所設立。**12**東京帝国大学東洋文化研究所、『東洋文化研究所紀要』創刊。 **物故** **5**西村真次。**11**山本秀煌。**12**石井研堂。	**1**和歌森太郎『修験道史研究』(河出書房、七二に新版、平凡社)。**3**平田俊春『吉野時代の研究』(山一書房)。**4**藤間生大『日本古代家族』(伊藤書店)。**4**佐藤進一『鎌倉幕府訴訟制度の研究』(畝傍)。**5**清水三男『上代の土地関係』(伊藤書店)。**5**大久保利謙『日本の大学』(創元社)。**6**小野武夫『日本庄園制史論』(有斐閣)。**7**三上参次『江戸時代史』二巻(—四四、冨山)。**7**古島敏雄『近世日本農業の構造』(日評)。**7**竹内理三編『寧楽遺文』上下(—四四、八木書店、東京堂、六二に改訂版三冊)。**9**宝月圭吾『中世灌漑史の研究』(畝傍)。**9**黒羽兵治郎『近世交通史研究』(日評)。**9**戒能通孝『入会の研究』(日評、五八に増補版、一粒社)。**11**紀平正美『皇国史観』(皇国青年教育協会)。**12**有賀喜左衛門『日本家族制度と小作制度』(河出書房)。**12**和辻哲郎『尊皇思想とその伝統』(岩波)。
一九四四	一九	**4**史学会、第四五回大会中止決定。**8**歴史学研究会、会活動の停止を幹事会で決定、『歴史学研究』一二二号をもって停刊。学徒勤労令公布。**11**津田左右吉事件控訴審、時効により免訴。 **物故** **3**中村勝麻呂。**10**小金井良精。**11**井上哲次郎。**12**山本信哉。	**2**家永三郎『日本思想史に於ける宗教的自然観の展開』(創元社)。**4**大塚久雄『近代欧洲経済史序説』上巻(時潮社、四六に再版、日評、五一—五二に改訂版二分冊、弘文堂)。**4**高瀬重雄編『中世文化史研究』(星野書店)。**5**社会経済史学会編『社会経済史学の発達』(岩波)。**5**藤直幹『中世武家社会の構造』(目黒書店)。**5**鈴木安蔵『太政官制と内閣制』(昭和刊行会)。**6**今宮新『班田収授制の研究』(龍吟社)。**6**石井孝『幕末貿易史の研究』(日評)。**8**花山信勝『勝鬘経義疏の上宮王撰に関する研究』(岩波)。**8**石田茂作『奈良時代文化雑攷』(創元社)。**8**中村孝也編『国民生活史研究　生活と思想』(小学館)。**8**豊田武『中世日本商業史研究』(岩波)。**9**清原貞雄『増訂日本史学史』(中文館書店)。**11**大山柏『基礎史前学』第一巻(弘文社)。**11**辻善之助『日本仏教史』一〇巻(—五五、岩波)。**11**古島敏雄『信州中馬の研究』(伊藤書店)。**12**小沢三郎『幕末明治耶蘇教史研究』(亜細亜書房)。
一九四五	二〇	**5**戦時教育令公布。**8**文部省に国史編修院設置。**9**文部省、「終戦ニ伴フ教科用図書取扱方ニ	**1**伊東多三郎『草莽の国学』(羽田書店、六六に増補版、真砂書店)。**6**平野義太郎『大アジア主義の歴史的基礎』(河出書房)。**11**西田長寿『大島貞

		関スル件」を通牒(いわゆる「墨ぬり教科書」)。**11**日本史研究会創立。歴史学研究会、国史教育再検討座談会を開き、活動再会。**12**ＧＨＱ、「修身、日本歴史及ビ地理停止ニ関スル件」を指令。**物故** **2**田保橋潔。**4**原平三。**5**滝精一。**6**相田二郎。**9**戸谷敏之。**11**三宅雪嶺。	益』(実業之日本社)。**12**芳賀幸四郎『東山文化の研究』(河出書房)。
一九四六	昭和二一	**1**民主主義科学者協会創立。歴史学研究会、講演会「各国君主制の歴史」開催。『世界』創刊。『展望』創刊。**5**『思想の科学』創刊。『日本史研究』創刊。**6**新歴史協会、『新歴史』創刊。『歴史学研究』復刊。『日本歴史』創刊。**9**文部省、『くにのあゆみ』上下。**10**『歴史評論』創刊。**物故** **3**加藤繁。**4**村岡典嗣。花見朔巳。**6**日置謙。**8**徳重浅吉。**9**栗岩英治。**10**尾佐竹猛。浮田和民。**12**大塚武松。**12**黒板勝美。	**4**津田左右吉「建国の事情と万世一系の思想」(『世界』四月号)。**5**丸山真男「超国家主義の論理と心理」(『世界』五月号)。**6**石母田正『中世的世界の形成』(五〇に増補版、伊藤書店、五七に新版、東大、八五に岩波)。**6**藤間生大『日本古代国家』(伊藤書店)。**6**羽仁五郎『明治維新』(岩波)。**9**歴史学研究会編『歴史家は天皇制をどう見るか』(新生社)。**10**家永三郎『上代倭絵全史』(高桐、六六に改訂版、墨水書房)。**10**多賀宗隼『鎌倉時代の思想と文化』(目黒書店)。**11**古島敏雄『日本農学史』第一巻(日評)。**12**藤森栄一『かもしかみち』(葦牙書房)。
一九四七	二二	**1**国民の歴史研究会、『国民の歴史』創刊。**4**日本歴史学会創立(主幹高柳光寿)。**7**登呂遺跡発掘開始。**9**小中学校で社会科の授業開始。**12**日本法社会学会創立。**物故** **1**清水三男。**2**市村瓚次郎。**5**阿刀田令造。荻野仲三郎。**6**中山太郎。**8**伊波普猷。三浦新七。**9**永田広志。**12**狩野直喜。塚越停春楼。	**4**戸田慎太郎『天皇制の経済的基礎分析』(三一)。**5**桃裕行『上代学制の研究』(目黒書店)。**7**後藤守一『日本古代史の考古学的検討』(山岡書店)。**8**和歌森太郎『国史における協同体の研究』上(帝国書院)。**8**Ｅ・Ｈ・ノーマン著、大窪愿二訳『日本における近代国家の成立』(時事通信社)。**9**藤間生大『日本庄園史』(近藤書店)。**11**高群逸枝『女性史学に立つ』(鹿水館)。**11**古島敏雄『日本農業技術史』全二巻(—四九、時潮社)。**12**竹内理三編『平安遺文』(—八〇、東京堂、古文書編一一巻・金石文編一巻・題跋編一巻・索引編二巻)。**12**『新日本史講座』六九冊(—五三、中公)。**12**辻善之助編『日本紀年論纂』(東海書房)。**12**早川二郎『日本古代史の研究』(白揚社)。**12**田中惣五郎『日本社会運動史』全三巻(—四八、世界書院)。

一九四八	二三	**2**国立国会図書館法公布。**4**日本考古学協会設立。**6**土地制度史学会創設。**7**日本学術会議法公布。**10**部落問題研究所設立。新制高校社会科に「世界史」新設(四九・**4**より授業開始)。**11**日本政治学会設立。『歴史学研究』毎日出版文化賞受賞。 **物故** **5**美濃部達吉。**7**望月信亨。**8**朝河貫一。	**1**東京大学東洋文化研究所『東洋文化講座』四冊(—四九、白日書院)。**1**藤田五郎『日本近代産業の生成』(日評)。**5**渡部義通『古代社会の構造』(伊藤書店)。**5**森克己『日宋貿易の研究』(国立書院)。**5**中村元『東洋人の思惟方法』第一部(四九に第二部、みすず)。**5**川島武宜『日本社会の家族的構成』(学生書房)。**8**北山茂夫『奈良朝の政治と民衆』(高桐)。**8**奈良本辰也『近世封建社会史論』(高桐、五二に改訂増補版、要書房)。**8**津田左右吉『日本古典の研究』上(五〇に下、岩波)。**9**佐藤進一『鎌倉幕府守護制度の研究』(要書房、七一に増訂版、東大)。**11**西岡虎之助『民衆生活史研究』(福村書店)。**12**鈴木良一『日本中世の農民問題』(高桐、七一に改訂版、校倉)。**12**石母田正「古代貴族の英雄時代」(『論集史学』、三省堂)。**12**辻善之助『日本文化史』全七巻(—五〇、五三に別録四巻、春秋社)。
一九四九	二四	**2**『部落問題研究』創刊。**4**東北史学会、『歴史』創刊。日本民俗学会発会(会長柳田国男)。**7**歴史教育者協議会創立(委員長三島一)。大原社会問題研究所、法政大学に合併。『仏教史学』創刊。**8**『古代学研究』創刊。**9**国立国会図書館国会支部に憲政資料室開設。明治大学考古学研究室、岩宿遺跡試掘。**11**法制史学会創立。 **物故** **1**宇野円空。**4**奥田真啓。笹川臨風。**5**宮地直一。**6**小野武夫。**7**姉崎正治。**8**伊東尾四郎。**9**黒正巌。	**1**井上清『日本女性史』(六七に新版、三一)。**1**神田喜一郎『日本書紀古訓攷証』(養徳社)。**2**岡正雄・八幡一郎・江上波夫・石田英一郎「日本民族＝文化の源流と日本国家の形成」(『民族学研究』、五七に『日本民族の起源』として単行本化、平凡社)。**3**歴史学研究会編『日本社会の史的究明』(岩波)。**4**『社会構成史体系』(—五一、日評、九巻で中絶)。**4**遠山茂樹編『日本史研究入門』(以下、五四に遠山・佐藤進一編のⅠ、六二に同編のⅡ、六九に井上光貞・永原慶二編のⅢ、七五に同編のⅣ、八二に佐々木潤之介・石井進編の新編、東大)。**5**飯塚浩二・大塚久雄・仁井田陞・村川堅太郎編『世界の歴史』全六巻(—五〇、毎日新聞社、五三—五四に増補決定版全七巻)。**7**三宅雪嶺『同時代史』全六巻(—五四、岩波)。**9**戸谷敏之『近世農業経営史論』(日評)。**12**『世界史の基本法則—歴史学研究会一九四九年度大会報告』(岩波)。**12**井上光貞『日本古代史の諸問題』(思索社)。**12**相田二郎『日本の古文書』上(五四に下、岩波)。
一九五〇	二五	**3**『法政史学』創刊。**5**日本西洋史学会第一回	**2**宇佐美誠次郎・井上晴丸『国家独占資本主義論』(潮流社、五一に改訂し

	大会。文化財保護法公布。7日本歴史学協会成立。10計量経済学会設立。日本西洋古典学会創立。『日本政治学会年報』創刊。11地方史研究協議会発足大会（初代会長野村兼太郎）。 **物故** 1竹越与三郎。3今井登志喜。岡崎文夫。7児島喜久雄。11白柳秀湖。12三上義夫。	て『危機における日本資本主義の構造』、岩波）。3尾鍋輝彦編『世界史の可能性』（東大協組出版部）。6石井良助『天皇—天皇統治の史的解明』（弘文堂）。8歴史学研究会編『歴史学の成果と課題—一九四九年歴史学年報』（以下、五五のⅥまで岩波、ⅦⅧⅨは本誌）。8和歌森太郎『中世協同体の研究』（弘文堂）。12喜多村俊夫『日本灌漑水利慣行の史的研究』総論篇（七三に各論篇、岩波）。
一九五一 昭和二六	3『地方史研究』創刊。『書陵部紀要』創刊。『九州文化史研究所紀要』創刊。『駿台史学』創刊。4『基督教史学』創刊。5歴史学研究会大会「歴史における民族の問題」。文部省史料館設置。6『新しい歴史学の為に』創刊。7文部省、「学習指導要領 一般編（試案）」改訂（中学に日本歴史復活）。8日本考古学協会、福岡県板付遺跡発掘。9大阪歴史学会、『ヒストリア』創刊。10『日本考古学年報』創刊。12博物館法公布。『福島史学研究』創刊。『北大史学』創刊。 **物故** 7穂積重遠。9末弘厳太郎。	1家永三郎『上宮聖徳法王帝説の研究 各論篇』（五三に総論篇、七〇に合冊増訂版、三省堂）。2遠山茂樹『明治維新』（七二に改版、岩波）。4G・B・サンソム著、福井利吉郎訳『日本文化史』全三冊（—五二、創元社）。4『世界歴史事典』全二五巻（—五五、平凡社）。7沼田次郎『幕末洋学史』（刀江書院）。8信夫清三郎『大正政治史』全四巻（—五二、河出書房）。10上原専禄・西岡虎之助監修『日本歴史講座』全八巻（—五二、河出書房）。11日本人文科学会編『封建遺制』（有斐閣）。11藤間生大『日本民族の形成』（岩波）。11井上清『日本現代史Ⅰ 明治維新』（東大）。12歴史学研究会編『歴史における民族の問題—歴史学研究会一九五一年度大会報告』（岩波）。12古島敏雄『江戸時代の商品流通と交通』（御茶の水）。
一九五二 二七	1古代学協会、『古代学』創刊。4東京国立文化財研究所、奈良国立文化財研究所発足。日本学術会議、破防法反対決議。7『法制史研究』創刊。10『歴史評論』、「村の歴史・工場の歴史を創ろう」を提唱。 **物故** 2大熊喜邦。5三田村鳶魚。11池内宏。12藤田五郎。	1—12和辻哲郎『日本倫理思想史』上下（岩波）。3石母田正『歴史と民族の発見』（五三に続、東大）。3東京大学史料編纂所編『大日本古記録』刊行開始（岩波）。5羽原又吉『日本漁業経済史』全四巻（—五五、岩波）。6『新日本史大系』全六巻・別巻一（—五七、朝倉書店）。9大塚史学会・史学会・社会経済史学会・歴史学研究会編『歴史研究の自由』（東大）。10水野祐『日本古代王朝史論序説』（私家版、五四に増訂版、小宮山書店）。11川崎庸之『記紀万葉の世界』（御茶の水）。11大塚武松『幕末外交史の研究』（宝文館）。11堀一郎『我が国民間信仰史の研究』全二巻（—五五、東京創元社）。12向坂

			逸郎編『嵐のなかの百年―学問弾圧小史』(勁草)。12丸山真男『日本政治思想史研究』(東大)。
一九五三	二八	1『神道史研究』創刊。『駒沢史学』創刊。3石川史学会、『北陸史学』創刊。4『歴史と地理』創刊。8岡山県月の輪古墳発掘。教育課程審議会、社会科改訂を答申。文部省、「社会科の改善に関する方針」を発表。9歴史教育研究会、『歴史教育』創刊。11『史論』創刊。12『白山史学』創刊。 **物故** 1鳥居龍蔵。3佐野学。柴謙太郎。6乙竹岩造。幣原坦。9折口信夫。	1高群逸枝『招婿婚の研究』(講談社)。2梅溪昇『明治前期政治史の研究』(七八に増補版、未来)。3東京大学史料編纂所編『大日本近世史料』刊行開始(東大)。4西岡虎之助『荘園史の研究』三冊(―五六、岩波)。6―12井上清『日本の軍国主義』I II(東大、七五―七七に新版全四巻、現代評論社)。6岡村千曳『紅毛文化史話』(創元社)。7林屋辰三郎『中世文化の基調』(東大)。9『日本資本主義講座』全一〇巻・別巻一(―五五、岩波)。9歴史学研究会編『太平洋戦争史』全五巻(―五四、東洋経済)。12児玉幸多『近世農村社会の研究』(吉川)。12家永三郎『日本近代思想史研究』(東大)。12開国百年記念文化事業会編『明治文化史』全一四巻(―五七、洋々社)。
一九五四	二九	1文化財保護委員会、平城宮跡発掘(五五より奈良国立文化財研究所が担当)。『続日本紀研究』創刊。2山根徳太郎ら、難波宮跡調査開始。3東京学芸大学史学会、『史海』創刊。6『私たちの考古学』創刊。8『歴史地理教育』創刊。『兵庫史学』創刊。10『村落社会研究会年報』創刊。 **物故** 1井野辺茂雄。3煙山専太郎。4伊東忠太。5幸田成友。9古賀十二郎。12柴田常恵。	3松村武雄『日本神話の研究』全四巻(―五八、培風館)。3大蔵省昭和財政史編集室編『昭和財政史』全一八巻(―六五、東洋経済)。4高群逸枝『女性の歴史』全四冊(―五八、講談社)。5古島敏雄・永原慶二編『商品生産と寄生地主制』(東大)。9堀江英一『明治維新の社会構造』(有斐閣)。10上原専禄・江口朴郎ら監修『世界史講座』全五巻(―五五、東洋経済)。11石田雄『明治政治思想史研究』(未来)。12信夫清三郎『大正デモクラシー史』全三冊(―五九、日本評論新社)。12江口朴郎『帝国主義と民族』(東大)。
一九五五	三〇	3『山形史学研究』創刊。同志社大学日本文化研究会、『文化史研究』創刊。5『金沢文庫研究』創刊。7国民文化会議創立。8日本民主党『うれうべき教科書の問題』を発行(11史学会、歴史学研究会、大塚史学会が批判声明)。9第一〇回国際歴史学会議開催。日本、国際歴史学委	1藤田亮策・後藤守一・上原専禄監修『日本考古学講座』全七巻(―五六、河出書房)。1丸山二郎『日本書紀の研究』(吉川)。3亀卦川浩『明治地方自治制度の成立過程』(東京市政調査会)。5大島延次郎『本陣の研究』(吉川)。8林基『百姓一揆の伝統』(七一に続、新評論社)。10佐藤進一・池内義資編『中世法制史料集』第一巻(五七に第二巻、六五に第三巻、七六に別巻、八六に第四巻、岩波)。11遠山茂樹・今井清一・藤原彰『昭和史』(五九に新版、岩波)。

		員会に再加盟。 **物故** **4**羽田亨。**5**栗原百寿。**6**三吉希。**7**宮武外骨。芝葛盛。**10**辻善之助。**12**栗田元次。**12**清野謙次。	**12**江口朴郎・石母田正ら編集『講座歴史』全四巻(—五六、大月書店)。**12**永原慶二『日本封建社会論』(東大)。
一九五六	昭和三一	**2**フルシチョフ、スターリン批判。**3**『昭和史』論争始まる。日本学士院法公布。**5**奈良国立文化財研究所、飛鳥寺を発掘。**6**『史泉』創刊。**7**『九州史学』創刊。**9**『上智史学』創刊。歴史教育研究所、『歴史教育研究』創刊。 **物故** **1**笠井新也。**3**服部之総。**5**橋本増吉。太田亮。**11**会津八一。**12**池田亀鑑。早川孝太郎。	**1**松本新八郎『中世社会の研究』(東大)。**3**弥永貞三『奈良時代の貴族と農民』(至文堂)。**5**『図説日本文化史大系』全一三巻・別巻一(—五八、小学館)。**5**渡辺澄夫『畿内庄園の基礎構造』(六九—七〇に増訂版二巻、吉川)。**6**歴史学研究会・日本史研究会編『日本歴史講座』全八巻(—五七、東大)。**8**遠山茂樹・山崎正一・大井正編『近代日本思想史』全四巻(—五七、青木)。**9**羽仁五郎『明治維新史研究』(岩波)。**9**井上光貞『日本浄土教成立史の研究』(七五に新訂版、山川)。**9**明治史料研究連絡会編『明治史研究叢書』全一二巻(—六〇、御茶の水)。**11**—**12**石母田正『古代末期政治史序説』上下(未来)。**11**『岩波講座現代思想』全一二巻(—五七)。**12**丸山真男『現代政治の思想と行動』上(五七に下、六四に増補版、未来)。**12**村岡典嗣著作集刊行会編『日本思想史研究』全五巻(—六二、創文社)。
一九五七	三二	**1**『日本上古史研究』創刊。**3**学術会議に歴史学研究連絡委員会設置。日本文化フォーラム結成。早稲田大学教育学部社会科日本史攷究会、『日本史攷究』創刊。**7**国民教育研究所設立(運営委員長上原専禄)。**8**東北大学文学部国史研究室、『国史談話会雑誌』創刊。古代学協会、『古代文化』創刊。 **物故** **1**黒田源次。**4**ノーマン。渡辺世祐。**11**徳富蘇峰。**12**大川周明。	**1**—**9**羽原又吉『日本近代漁業経済史』上下(岩波)。**3**洞富雄『日本母権制社会の成立』(淡路書房新社、五九に新版、早稲田大学消費生活協同組合)。**3**松本三之介『国学政治思想の研究』(有斐閣)。**4**亀井勝一郎『現代史の課題』(中公)。**4**社会経済史学会編『封建領主制の確立—太閤検地をめぐる諸問題』(有斐閣)。**5**『思想』特集「歴史」。**5**伊東多三郎『国民生活史研究』全五冊(—六二、吉川)。**8**竹内理三『律令制と貴族政権』Ⅰ(五八にⅡ、御茶の水)。**9**吉村茂樹『国司制度崩壊に関する研究』(東大)。**11**石井孝『明治維新の国際的環境』(六六に増訂版、吉川)。**12**日本史研究会編『日本の建国』(東大)。
一九五八	三三	**2**「紀元節」問題懇談会発足(代表和歌森太郎)。	**1**岡義武編『現代日本の政治過程』(岩波)。**4**『岩波講座日本文学史』全一

		7文部省、小中学校学習指導要領改訂案発表(国家基準性強化)。10『土地制度史学』創刊。『日本の教育史学』創刊。警職法反対国民会議発足。12アジア経済研究所設立認可(六〇特殊法人化)。**物故** 1松本彦次郎。3堀田璋左右。4藤田元春。7藤井甚太郎。8藤懸静也。9竹岡勝也。	六巻(—五九)。4岩生成一『朱印船貿易史の研究』(弘文堂、八五に新版、吉川)。5竹内理三・山田英雄・平野邦雄編『日本古代人名辞典』全七巻(—七七、吉川)。6村上重良『近代民衆宗教史の研究』(法蔵館)。7歴史学研究会編『明治維新史研究講座』全六巻(—五九、六九に別巻、平凡社)。9日本歴史学会編『人物叢書』刊行開始(吉川)。9『日本全史』全一一巻(—六八、三冊未刊、東大)。10肥後和男・大森志郎編『日本文化史講座』全六巻(—五九、明治書院)。11『日本文化研究』全九巻・六三分冊(—六一、新潮社)。11直木孝次郎『日本古代国家の構造』(青木)。11『狩野亨吉遺文集』(岩波)。
一九五九	三四	1朝鮮史研究会創立。『秋田近代史研究』創刊。3安保改定阻止国民会議結成。5『中世の窓』創刊。10文部省、『わが国の教育水準』(初の教育白書)。11京都大学読史会、創立五〇年記念大会。12安保問題歴史家懇談会、安保改定反対声明。**物故** 1明石染人。2鳥山喜一。3魚澄惣五郎。7川上多助。植木直一郎。10阿部次郎。	1思想の科学研究会編『転向』上(六〇に中、六二に下、平凡社)。1『日本の歴史』全三巻(—六〇、読売新聞社)。2板沢武雄『日蘭文化交渉史の研究』(吉川)。2井上清・渡部徹編『米騒動の研究』全五巻(—六二、有斐閣)。4北山茂夫『日本古代政治史の研究』(岩波)。4吉田久一『日本近代仏教史研究』(吉川)。5—12堀江英一・遠山茂樹編『自由民権期の研究』全四巻(有斐閣)。6安良城盛昭『幕藩体制社会の成立と構造』(御茶の水、八六に増訂版、有斐閣)。7『近代日本思想史講座』全八巻(—六一、一冊未刊、筑摩)。8国際歴史学会議日本国内委員会編『日本における歴史学の発達と現状』(六六にⅡ、六九にⅢ、七六にⅣ、八〇にⅤ、八五にⅥ、八九にⅦ、九五にⅧ、東大、山川)。9杉山博『庄園解体過程の研究』(東大)。10田中健夫『中世海外交渉史の研究』(東大)。11津田左右吉『歴史学と歴史教育』(岩波)。12上田正昭『日本古代国家成立史の研究』(青木)。12地方史研究協議会編『日本産業史大系』全八巻(—六一、東大)。
一九六〇	三五	1中野好夫ら、沖縄資料センター設立。5歴史学関係九学会、教科書検定制度の再検討を要望する共同声明。『アジア経済』創刊。8近代日本研究会議主催セミナーのための箱根予備会	2橋川文三『日本浪曼派批判序説』(六五に増補版、未来)。3児玉洋一『近世塩田の成立』(日本学術振興会)。4井上光貞『日本国家の起源』(岩波)。4鈴木敬三『初期絵巻物の風俗史的研究』(吉川)。4稲田正次『明治憲法成立史』上(六二に下、有斐閣)。6林屋辰三郎『中世芸能史の研究』(岩波)。

議開催。11民衆史研究会結成。
物故 1渡辺幾治郎。6蘆田伊人。日置昌一。野村兼太郎。7後藤守一。12藤田亮策。和辻哲郎。

一九六一 昭和三六

1平城宮跡発掘で大量の木簡を発見。2『史艸』創刊。4アジア・アフリカ研究所設立(所長岡倉古志郎)。5歴史学研究会大会「アジア史研究の課題」。日本風俗史学会、『風俗』創刊。8宮城県多賀城遺跡発掘開始。10『近代熊本』創刊。12『思想の科学』天皇制特集号発売中止。
物故 4斎藤隆三。5柳宗悦。6知里真志保。9田中惣五郎。前田蓮山。12津田左右吉。矢田挿雲。矢内原忠雄。

一九六二 三七

3長野県野尻湖発掘調査開始。4文化財保護対策協議会結成。6関西文化財保存協議会結成。7A・F問題「全中国研究者シンポジウム」。11日本史研究会、難波宮跡の保存に関する声明。12『民衆史研究』創刊。
物故 2三成重敬。4細川亀市。水上一久。7板沢武雄。8柳田国男。10小倉金之助。12石野瑛。

一九六三 三八

2『政治経済史学』創刊。芸能史研究会創立。4『芸能史研究』創刊。5歴史学研究会大会「東アジア歴史像の検討」。6第一回部落問題研究全国集会。11史学会大会、「古代東アジアと日本」

7門脇禎二『日本古代共同体の研究』(東大)。8家永三郎『植木枝盛研究』(岩波)。10上原専禄編『日本国民の世界史』(岩波)。10山脇悌二郎『近世日中貿易史の研究』(吉川)。10労働運動史研究会編『明治社会主義史料集』全二〇冊(―六三、明治文献資料刊行会)。

2安田元久『地頭及び地頭領主制の研究』(山川)。2神島二郎『近代日本の精神構造』(岩波)。2大石嘉一郎『日本地方財行政史序説』(御茶の水)。4永原慶二『日本封建制成立過程の研究』(岩波)。4小林行雄『古墳時代の研究』(青木)。6『図説日本庶民生活史』全八巻(―六二、河出書房新社)。9尾藤正英『日本封建思想史研究』(青木)。10『古代史講座』全一三巻(―六六、学生社)。10津田秀夫『封建経済政策の展開と市場構造』(御茶の水)。11歴史学研究会編『戦後日本史』全五巻(―六二、青木)。11日本史研究会編『講座日本文化史』全八巻(―六三、三一)。11丸山真男『日本の思想』(岩波)。12飛鳥井雅道『日本の近代文学』(三一)。

1『定本柳田国男集』三一巻・別巻五(―七一、筑摩)。1下村富士男『明治初年条約改正史の研究』(吉川)。3萩原龍夫『中世祭祀組織の研究』(吉川)。3ロバート・N・ベラー著、堀一郎・池田昭共訳『日本近代化と宗教倫理』(未来)。4北島正元編『江戸商業と伊勢店』(吉川)。4丹羽邦男『明治維新の土地変革』(御茶の水)。4『岩波講座日本歴史』全二三巻(―六四)。6笠原一男『一向一揆の研究』(山川)。7佐伯有清『新撰姓氏録の研究』全一〇冊(―二〇〇一、吉川)。8『現代史資料』全四六巻(―八〇、みすず)。10宮本常一『日本民衆史』全七巻(―九三、未来)。

2日本国際政治学会編『太平洋戦争への道』全八巻(―六四、朝日)。3渡辺広『未解放部落の史的研究』(吉川)。3守田志郎『地主経済と地方資本』(御茶の水)。5古島敏雄『近世日本農業の展開』(東大)。5小林茂『近世農村経済史の研究』(未来)。6『岩波講座現代』全一六巻(―六四)。9井上清

		のテーマで東洋史・日本史合同シンポジウム。京都府立総合資料館開館。12『海事史研究』創刊。 **物故** 1河野省三。東恩納寛惇。6長谷川伸。和田清。10渋沢敬三。11三枝博音。市村咸人。	『日本の歴史』全三冊(—六六、岩波)。10荒居英次『近世日本漁村史の研究』(新生社)。10田中彰『明治維新政治史研究』(青木)。11森末義彰・市古貞次・堤精二編纂『国書総目録』全八巻(—七二、七六に著者別索引、八九—九一に補訂版、岩波)。12西田直二郎『日本文化史論考』(吉川)。
一九六四	三九	3東京外国語大学アジア・アフリカ言語文化研究所設置(所長岡正雄)。4日本民族学会創立。8北京科学シンポジウム開催。9『日本書紀研究』創刊。 **物故** 2龍粛。中野礼四郎。3揖西光速。5鮎沢信太郎。6高群逸枝。鈴木敏雄。7喜田新六。9清原貞雄。12西田直二郎。	3日本科学史学会編『日本科学技術史大系』全二五巻・別巻一(—七二、第一法規出版)。3新城常三『社寺参詣の社会経済史的研究』(八二に新稿、塙)。3五来重編『元興寺極楽房中世庶民信仰資料の研究』(法蔵館)。5—10坂本太郎『日本古代史の基礎的研究』上下(東大)。5色川大吉『明治精神史』(六八に増補版、黄河書房、七三に新編、中公)。5佐藤昌介『洋学史研究序説』(岩波)。7家永三郎『美濃部達吉の思想史研究』(岩波)。9北島正元『江戸幕府の権力構造』(岩波)。10『体系日本史叢書』全二四巻(—二〇〇一、山川)。10佐々木潤之介『幕藩権力の基礎構造』(御茶の水)。
一九六五	四〇	1中教審「期待される人間像」中間草案発表。3『茨城県史研究』創刊。5軍事史学会設立。6家永三郎、教科書検定制度を違憲として第一次訴訟提訴。8『軍事史学』創刊。9教科書検定訴訟を支援する歴史学関係者の会発足。10教科書検定訴訟を支援する全国連絡会結成総会。11『朝鮮史研究会論文集』創刊。12日本科学者会議発起人総会。 **物故** 3サンソム。5加藤玄智。酒詰仲男。8藤直幹。	1—6弥永貞三・永原慶二・古島敏雄・揖西光速編『日本経済史大系』全六巻(東大)。1江頭恒治『近世商人中井家の研究』(雄山閣)。1松本清張『昭和史発掘』全一三巻(—七二、文芸春秋)。2『日本の歴史』全二六巻・別巻五(—六七、中公)。2『明治文学全集』全九九巻・別巻一(—八九、筑摩)。3阿部吉雄『日本朱子学と朝鮮』(東大)。4芝原拓自『明治維新の権力基盤』(御茶の水)。4マリアス・B・ジャンセン著、平尾道雄・浜田亀吉訳『坂本龍馬と明治維新』(時事通信社)。4村井康彦『古代国家解体過程の研究』(岩波)。5『日本の考古学』全七巻(—六七、河出書房新社)。5朴慶植『朝鮮人強制連行の記録』(未来)。8『明治百年史叢書』刊行開始(原書房)。9中村栄孝『日鮮関係史の研究』全三巻(—六九、吉川)。11井上光貞『日本古代国家の研究』(岩波)。11升味準之輔『日本政党史論』全七巻(—八〇、東大)。12日本思想史研究会編『日本における歴史思想の展開』(吉川)。

一九六六	昭和四一	**1**京都大学人文科学研究所に東洋学文献センター設置。古都における歴史的風土の保存に関する特別措置法分布。**3**『社会文化史学』創刊。『日本の科学者』創刊。**4**「国立公文書館」問題に関する六学会連合シンポジウム。**6**『経営史学』創刊。**11**「建国記念の日」に関する歴史学関係四四学会、要望書を審議会に提出。日本古文書学会設立(初代会長伊木寿一)。 **物故** **5**圭室諦成。**6**仁井田陞。**7**鈴木大拙。**9**村上直次郎。**11**菊池山哉。田北学。	**2**ねずまさし『日本現代史』全七巻(—七〇、三一)。**2**山辺健太郎『日韓併合小史』(岩波)。**3**古賀十二郎『長崎洋学史』全二巻(—六七、長崎文献社)。**3**小沢栄一『近代日本史学史の研究　幕末編』(六八に明治編、吉川)。**4**滝沢武雄『日本貨幣史の研究』(校倉)。**4**青木虹二『百姓一揆の年次的研究』(六七に追補、新生社)。**5**岸俊男『日本古代政治史研究』(塙)。**6**藤間生大『東アジア世界の形成』(春秋社)。**6**松尾尊兊『大正デモクラシーの研究』(青木)。**7**藤田省三『天皇制国家の支配原理』(七四に第二版、未来)。**9**今中寛司『徂徠学の基礎的研究』(吉川)。**11**幼方直吉・遠山茂樹・田中正俊編『歴史像再構成の課題—歴史学の方法とアジア』(御茶の水)。
一九六七	四二	**2**日本思想史学会設立。**3**『日本思想史研究』創刊。『徳川林政史研究所研究紀要』創刊。『三井文庫論叢』創刊。**4**歴史科学協議会創立。日本近代文学館開館。一乗谷朝倉氏遺跡発掘調査開始。**6**家永三郎、教科書検定不合格処分取消しの第二次訴訟提訴。 **物故** **6**石井金一郎。**7**古田良一。**8**新村出。**9**京口元吉。**11**河竹繁俊。中田薫。	**1**松田毅一『近世初期日本関係南蛮史料の研究』(風間書房)。**2**戸田芳実『日本領主制成立史の研究』(岩波)。**2**家永三郎『日本近代憲法思想史研究』(岩波)。**3**三谷太一郎『日本政党政治の形成』(九五に増補版、東大)。**3**朝尾直弘『近世封建社会の基礎構造』(御茶の水)。**6**後藤靖『士族反乱の研究』(青木)。**7**『体系・日本歴史』全六巻(—七一、日評)。**8**田原嗣郎『徳川思想史研究』(未来)。**9**佐藤進一『室町幕府守護制度の研究』上(八八に下、東大)。**11**江上波夫『騎馬民族国家』(中公)。**12**金原左門『大正デモクラシーの社会的形成』(青木)。**12**『国民の歴史』全二四巻(—七一、文英堂)。
一九六八	四三	**1**東大紛争始まる。**2**日歴協、「建国記念の日」について声明。**3**『史料館紀要』創刊。『南島民俗』創刊。**4**『北奥古代文化』創刊。日本常民文化研究所、『民具マンスリー』創刊。**5**文部省、小学校学習指導要領改訂案発表(神話の導入)。**6**『古文書研究』創刊。**10**政府、明治百年記念式典。『神奈川県史研究』創刊。**11**福岡県大宰府跡	**2**『近代日本思想史大系』全八巻(—七九、有斐閣)。**2**家永三郎『太平洋戦争』(八六に第二版、岩波)。**2**橋川文三『近代日本政治思想の諸相』(未来)。**3**井上鋭夫『一向一揆の研究』(吉川)。**5**小葉田淳『日本鉱山史の研究』(八六に続、岩波)。**6**福山敏男『日本建築史研究』(七一に続篇、墨水書房)。**6**吉田晶『日本古代社会構成史論』(塙)。**6**遠山茂樹『戦後の歴史学と歴史意識』(岩波)。**6**金原左門『「日本近代化」論の歴史像』(七一に増補版、中央)。**7**『ものと人間の文化史』シリーズ刊行開始(法政)。**7**M・B・ジャ

		発掘開始。 **物故**　**9**広津和郎。**10**住田正一。**11**石田英一郎。	ンセン編、細谷千博編訳『日本における近代化の問題』(岩波)。**7**谷川健一ほか編『日本庶民生活史料集成』全三〇巻・別巻一(—八四、三一)。**10**宮内省臨時帝室編修局編『明治天皇紀』全一三巻(—七七、吉川)。
一九六九	四四	**4**日本学術会議総会、「大学問題についての政府への勧告」を採択。**5**歴史学関係三四学会、靖国神社法に反対する声明。**8**大学の運営に関する臨時措置法公布。『琉大史学』創刊。**10**日本考古学協会大会に学生乱入、翌年の総会・大会中止。**11**難波宮址保存の行政訴訟提訴。 **物故**　**3**勝野隆信。羽原又吉。**6**柳田泉。**7**石川謙。**8**大山柏。**9**瀬川秀雄。松村武雄。**10**木宮泰彦。**11**長谷川如是閑。田村栄太郎。**12**高柳光寿。	**2**『シンポジウム日本歴史』全二三巻(—七六、一巻未刊、学生社)。**2**大佛次郎『天皇の世紀』全九巻(—七三、朝日)。**3**安良城盛昭『歴史学における理論と実証　第Ⅰ部』(御茶の水)。**3**菊地康明『日本古代土地所有の研究』(東大)。**3**脇田晴子『日本中世商業発達史の研究』(御茶の水)。**4**門脇禎二『「大化改新」論』(徳間書店)。**4**村上信彦『明治女性史』全四巻(—七二、理論社)。**5**『岩波講座世界歴史』全三一巻(—七四)。**5**平野邦雄『大化前代社会組織の研究』(吉川)。**5**伊藤隆『昭和初期政治史研究』(東大)。**5**旗田巍『日本人の朝鮮観』(勁草)。**9**水上一久『中世の荘園と社会』(吉川)。**10**金錫亨著、朝鮮史研究会訳『古代朝日関係史—大和政権と任那』(勁草)。**10**松本三之介『天皇制国家と政治思想』(未来)。**10**佐々木潤之介『幕末社会論』(塙)。**12**鹿野政直『資本主義形成期の秩序意識』(筑摩)。
一九七〇	四五	**2**『長野県近代史研究』創刊。**5**文部省、昭和四六年度から使用の小学校教科書の検定結果発表(神話復活)。**7**文化財保存全国協議会結成。東京地裁、家永第二次訴訟で違憲判決(杉本判決)。**8**日本教育法学会設立(会長有倉遼吉)。**10**『季刊現代と思想』創刊。 **物故**　**1**矢野仁一。**2**中村孝也。大間知篤三。西岡虎之助。**7**比屋根安定。**8**山内清男。**10**下村冨士男。安藤更生。**11**泉靖一。伊木寿一。**12**飯塚浩二。	**1**青山なを『明治女学校の研究』(慶応通信)。**1**『古代の日本』全九巻(—七一、角川書店)。**2**暉峻衆三『日本農業問題の展開』上(八四に下、東大)。**3**若林喜三郎『加賀藩農政史の研究』上(七二に下、吉川)。**4**—**5**宮本又次『小野組の研究』全四巻(大原新生社)。**4**歴史学研究会・日本史研究会編『講座日本史』全一〇巻(—七一、東大)。**5**『日本思想大系』全六七巻(—八二、岩波)。**5**津田秀夫『封建社会解体過程の研究』(塙)。**6**—**10**『郷土史研究講座』全七巻(朝倉書店)。**6**日本史研究会・歴史科学協議会・歴史学研究会・歴史教育者協議会編『七〇年代の歴史認識と歴史学の課題』(青木)。**7**石井進『日本中世国家史の研究』(岩波)。**8**犬丸義一『歴史科学の課題とマルクス主義』(校倉)。**11**『高柳光寿史学論文集』上下(吉川)。**11**庄司吉之助『世直し一揆の研究　増補版』(校倉)。

一九七一	昭和四六	2『栃木県史研究』創刊。3国立公文書館設置。4外務省外交史料館開館。北海道開拓記念館開館。6中教審「今後における学校教育の総合的な拡充整備のための基本施策」最終答申(「第三の教育改革」強調)。7『季刊科学と思想』創刊。9『歴史と人物』創刊。 **物故** 5丸山忠綱。水野清一。10和島誠一。11岩井大慧。駒井和愛。12三品彰英。	1石母田正『日本の古代国家』(岩波)。3児玉彰三郎『越後縮布史の研究』(東大)。4河音能平『中世封建制成立史論』(東大)。5坂野潤治『明治憲法体制の確立』(東大)。7歴史科学協議会・歴史学研究会・歴史教育者協議会・東京歴史科学研究会編『現代歴史学の課題』上下(青木)。9佐藤進一『古文書学入門』(九七に新版、法政)。10—11高村直助『日本紡績業史序説』上下(塙)。10文化財保存全国協議会編『文化遺産の危機と保存運動』(青木)。11歴史学研究会編『太平洋戦争史』全六巻(—七三、青木)。11竹内理三編『鎌倉遺文』刊行開始(—九七、東京堂、古文書編四二巻・補遺五巻・索引四巻)。12中村直勝『日本古文書学』全三巻(—七七、角川)。
一九七二	四七	3『京都府立総合資料館紀要』創刊。奈良県高松塚古墳で極彩色壁画発見。4九州歴史資料館設置。5国文学研究資料館設置。広島大学に大学教育研究センター開設。6国際交流基金法公布。二風谷アイヌ文化資料館開館。9日本生活学会設立(会長今和次郎)。10法政大学沖縄文化研究所創設。『南島史学』創刊。11占領史研究会設立。『季刊現代史』創刊。『松前藩と松前』創刊。 **物故** 6丸山二郎。8岡本良知。10熊谷宣夫。	1芝原拓自『所有と生産様式の歴史理論』(青木)。2岩井忠熊『明治国家主義思想史研究』(青木)。3歴史科学協議会編『歴史科学大系』全三四巻刊行開始(校倉)。3赤松俊秀『古代中世社会経済史研究』(平楽寺書店)。3坂本賞三『日本王朝国家体制論』(東大)。3佐々木銀弥『中世商品流通史の研究』(法政)。4西山松之助編『江戸町人の研究』全五巻(—七八、吉川)。6家永三郎『津田左右吉の思想史的研究』(岩波)。9石井寛治『日本蚕糸業史分析』(東大)。10李進熙『広開土王陵碑の研究』(吉川)。11丸山真男編『日本の思想6　歴史思想集』(筑摩)。11下出積与『日本古代の神祇と道教』(吉川)。11原口清『明治前期地方政治史研究』上(七四に下、塙)。
一九七三	四八	1『現代思想』創刊。2「筑波大学設置法」案を国会提出。『季刊柳田国男研究』創刊。6自由大学研究会、『自由大学研究』創刊。7宮城県多賀城跡第二一次調査において漆紙文書発見。9日本平和学会設立。『歴史評論』「「女性史」研究の前進のために」特集(翌年より三月号を女性	4歴史学研究会編『現代歴史学と教科書裁判』(青木)。4中井信彦『歴史学的方法の基準』(塙)。4内藤晃『日本原始古代文化の研究』(塙)。5—6石母田正『日本古代国家論』第一部・第二部(岩波)。5岸俊男『日本古代籍帳の研究』(塙)。7速水融『近世農村の歴史人口学的研究』(東洋経済)。9永原慶二『日本中世社会構造の研究』(岩波)。9石塚裕道『日本資本主義成立史研究』(吉川)。10宮地正人『日露戦後政治史の研究』(東大)。

史特集とする)。11『北の丸』創刊。『歴史手帖』創刊。12第一回日ソ歴史学会議開催。
物故 3平沢清人。7山根徳太郎。10井上晴丸。今和次郎。11本庄栄治郎。12藤森栄一。

10『日本の歴史』全三二巻・別巻一(—七七、小学館)。12和島誠一『日本考古学の発達と科学的精神』(和島誠一著作集刊行会)。12A・M・クレイグ、D・H・シャイヴリ編、本山幸彦ほか監訳『日本の歴史と個性—現代アメリカ日本学論集』(上)近世(下)近代(—七四、ミネルヴァ書房)。

一九七四　四九

1『月刊歴史と旅』創刊。4『東アジアの古代文化』創刊。5歴史学関係三一学会、「かさねて靖国神社法案に反対する声明」。6国立民族学博物館設置(館長梅棹忠夫)。比較思想学会設立(会長中村元)。『沖縄文化研究』創刊。7伊場遺跡を守る会、静岡地裁に遺跡保存提訴(七九・3に原告不適格判決)。東京地裁、家永第一次訴訟で検定制度は合憲・合法、検定内容は一部違法と判決(高津判決)。11教科書裁判を支援する一一月集会(以後毎年開催)。
物故 1井上鋭夫。2山中謙二。5石田幹之助。7神山茂夫。10菊池武雄。11新見吉治。及川儀右衛門。12原田淑人。

2『図説日本の歴史』全一八巻(—七六、集英社)。2中村吉治『土一揆研究』(校倉)。3黒田俊雄『日本中世封建制論』(東大)。3植手通有『日本近代思想の形成』(岩波)。3大山敷太郎『幕末財政史研究』(思文閣)。4家永三郎『田辺元の思想史的研究』(法政)。4東京大学社会科学研究所編『戦後改革』全八巻(—七五、東大)。5『日本生活文化史』全一〇巻(—七五、河出書房新社)。8歴史学研究会編『現代歴史学の成果と課題』全四巻(—七五、青木)。9安丸良夫『日本の近代化と民衆思想』(青木)。10藤木久志『戦国社会史論』(東大)。10一志茂樹『歴史のこころ—日本史学界に対する苦言』(信濃史学会)。10高木俊輔『明治維新草莽運動史』(勁草)。10久野収・神島二郎編『「天皇制」論集』(七六に第二輯、三一)。11『日本民衆の歴史』全一一巻(—七六、三省堂)。12山口啓二『幕藩制成立史の研究』(校倉)。

一九七五　五〇

1日蘭学会創立(会長岩生成一)。2『季刊三千里』創刊。7文化財保護法改正公布。歴史学研究会・歴史科学協議会・歴史教育者協議会共催シンポジウム「ベトナム・朝鮮問題と歴史研究者の立場」。12東京高裁、家永第二次訴訟二審で、検定の違法性を認め、文部省の控訴棄却(畔上判決)。『生活学』創刊。家族史研究会、『女性史研究』創刊。『歴史公論』創刊。

2加藤周一『日本文学史序説』上(八〇に下、筑摩)。2瀬野精一郎『鎮西御家人の研究』(吉川)。2新行紀一『一向一揆の基礎構造』(吉川)。2荒居英次『近世海産物貿易史の研究』(吉川)。4横井清『中世民衆の生活文化』(東大)。4田中健夫『中世対外関係史』(東大)。5『岩波講座日本歴史』全二六巻(—七七)。6—10大石嘉一郎編『日本産業革命の研究』上下(東大)。7黒田俊雄『日本中世の国家と宗教』(岩波)。8井上清『天皇の戦争責任』(現代評論社)。9『大系日本国家史』全五巻(—七六、東大)。9『朝日評伝選』全二七冊(—八二、朝日)。10『続日本史籍協会叢書』一〇〇冊(—八二、東物故 1大山敷太郎。5矢代幸雄。6大場磐雄。10上原専禄。12深谷博治。堀米庸三。大類伸。

大)。12古川哲史・石田一良編『日本思想史講座』全八巻・別巻二(―七八、雄山閣)。12福島正夫編『家族―政策と法』全七巻(―八四、東大)。

一九七六 昭和五一

3『交通史研究』創刊。『国立民族学博物館研究報告』創刊。5歴史学・考古学関係一〇団体、宮内庁に「陵墓」古墳の保護と公開を申し入れ。外務省、占領期外交文書を初公開。『季刊田中正造研究』創刊。7『季刊日本思想史』創刊。11天皇在位五〇年式典。
物故 1藪田嘉一郎。2中村直勝。5鈴木茂男。7石原謙。菅野和太郎。丸山季夫。

2『日本婦人問題資料集成』全一〇巻(―八一、ドメス出版)。2長沼賢海『日本海事史研究』(九州大学出版会)。2ひろたまさき『福沢諭吉研究』(東大)。4西岡虎之助編『日本荘園絵図集成』上(七七に下、東京堂)。5―10野原四郎・松本新八郎・江口朴郎編『近代日本における歴史学の発達』上下(青木)。5永原慶二・鹿野政直編『日本の歴史家』(日評)。6鬼頭清明『日本古代国家の形成と東アジア』(校倉)。7安田元久『日本初期封建制の基礎研究』(山川)。7三橋猛雄『明治前期思想史文献』(明治堂書店)。7小林行雄『古墳文化論考』(平凡社)。8江口圭一『都市小ブルジョワ運動史の研究』(未来)。9稲生典太郎『條約改正論の歴史的展開』(小峯書店)。10衣笠安喜『近世儒学思想史の研究』(法政)。10五井直弘『近代日本と東洋史学』(青木)。12大久保利謙編『岩倉使節の研究』(宗高書房)。12池田英俊『明治の新仏教運動』(吉川)。

一九七七 五二

2産業考古学会発足(会長谷口吉郎)。3『日本文化史研究』創刊。『新潟県史研究』創刊。5国立婦人教育会館設置。『西南地域史研究』創刊。6女性史総合研究会結成。7文部省、小中学校新学習指導要領を告示(君が代の国歌化)。9文部省、教科用図書検定規則・義務教育諸学校教科用図書検定基準改定。10『中央史学』創刊。12在日朝鮮人運動史研究会、『在日朝鮮人史研究』創刊。社会思想史学会、『社会思想史研究』創刊。
物故 1桜田勝徳。3竹内好。4和歌森太郎。山

2藤間生大『近代東アジア世界の形成』(春秋社)。3石母田正『戦後歴史学の思想』(法政)。3笹山晴生『日本古代史講義』(東大)。3藤井貞文『明治国学発生史の研究』(吉川)。3洞富雄『幕末維新期の外圧と抵抗』(校倉)。4大窪愿二編訳『ハーバート・ノーマン全集』全四巻(―七八、八九に増補版、岩波)。5難波宮址を守る会編『難波宮と日本古代国家』(塙)。6子安宣邦『宣長と篤胤の世界』(中公)。9原島礼二『日本古代王権の形成』(校倉)。9―10家永三郎『歴史のなかの憲法』上下(東大)。9東野治之『正倉院文書と木簡の研究』(塙)。9黒田俊雄『現実のなかの歴史学』(東大)。9高瀬弘一郎『キリシタン時代の研究』(岩波)。9安丸良夫『日本ナショナリズムの前夜』(朝日)。10色川大吉『歴史の方法』(大和書房)。11成瀬治『世界史の意識と理論』(岩波)。11杉原荘介『日本農耕社会の形

辺健太郎。5岩村三千夫。7小野秀雄。8石田茂作。9守田志郎。10亀井高孝。11比嘉春潮。加茂儀一。12森末義彰。

成』(吉川)。12『中世の窓』同人編『論集中世の窓』(吉川)。

一九七八　五三

2『運動史研究』創刊。3東京教育大学閉学。4日本計量史学会設立(代表宝月圭吾)。7渡良瀬川研究会、『田中正造と足尾鉱毒事件研究』創刊。8『国書逸文研究』創刊。文部省、高等学校学習指導要領改訂告示(「現代社会」新設)。9埼玉県稲荷山古墳出土の鉄剣から一一五文字の銘文発見。『歴史考古学』創刊。10元号法制化反対連絡会議結成大会。12『東国民衆史』創刊。

物故　3秋山謙蔵。5阿部吉雄。9志田不動麿。前田一良。10江頭恒治。三瓶孝子。11黒板昌夫。12岩橋小弥太。

1奈良本辰也『日本近世の思想と文化』(岩波)。3浅香年木『古代地域史の研究』(法政)。3福井俊彦『交替式の研究』(吉川)。3義江彰夫『鎌倉幕府地頭職成立史の研究』(東大)。3酒田正敏『近代日本における対外硬運動の研究』(東大)。6『日本古文書学講座』全一一巻(—八一、雄山閣)。6網野善彦『無縁・公界・楽』(八七に増補版、平凡社)。9栗原朋信『上代日本対外関係の研究』(吉川)。10『角川日本地名大辞典』全四七巻・別巻二刊行開始(—九〇)。10南和男『幕末江戸社会の研究』(吉川)。11『体系日本現代史』全七巻(—七九、日評)。11永原慶二『歴史学叙説』(東大)。11網野善彦『中世東寺と東寺領荘園』(東大)。11北岡伸一『日本陸軍と大陸政策』(東大)。12坂元義種『古代東アジアの日本と朝鮮』(吉川)。12大山喬平『日本中世農村史の研究』(岩波)。12東京大学社会科学研究所編『ファシズム期の国家と社会』全八巻(—八〇、東大)。12西田美昭編『昭和恐慌下の農村社会運動』(御茶の水)。

一九七九　五四

1奈良市田原町で太安万侶の墓誌をもつ墓を発見。歴史学研究会臨時大会「元号法制化問題とわれわれの歴史学」。3木簡学会結成。『静岡県近代史研究』創刊。6元号法公布。7『邪馬台国』創刊。10『年報近代日本研究』創刊。11『木簡研究』創刊。

物故　1赤松俊秀。3古野清人。5江馬務。平野道雄。6青木虹二。9栗原朋信。木村毅。10奥野彦六。池内義資。12有賀喜左衛門。

1倉塚曄子『巫女の文化』(平凡社)。2姜東鎮『日本の朝鮮支配政策史研究』(東大)。2青木虹二『編年百姓一揆史料集成』全一九巻(—九七、三一)。3『国史大辞典』全一五巻(一七冊)(—九七、吉川)。3勝俣鎮夫『戦国法成立史論』(東大)。3笠松宏至『日本中世法史論』(東大)。4柚木学『近世海運史の研究』(法政)。5千野陽一『近代日本婦人教育史』(ドメス出版)。5中村政則『近代日本地主制史研究』(東大)。8奥野中彦『中世国家成立過程の研究』(三一)。8中村隆英編『占領期日本の経済と政治』(東大)。9『日本歴史地名大系』全五〇巻刊行開始(—継続中、平凡社)。9深谷克己『百姓一揆の歴史的構造』(八六に増補改訂版、校倉)。9黒羽清隆『十五年戦争史序

一九八〇	昭和五五	1自民党機関紙『自由新報』が「いま教科書は」を連載し、国語・社会科教科書批判キャンペーン。3「情報公開法を求める市民運動」発足。4総合女性史研究会結成(代表永原和子)。5明日香村保存特別措置法公布。『家族史研究』創刊。12アジア平和研究学会設立総会(事務局長石田雄)。 **物故** 1塚本善隆。2平野義太郎。片岡弥吉。3豊田武。5大内兵衛。7長沼賢海。9竹田聴洲。丸山國雄。10藤井松一。12山田盛太郎。	説』(三省堂)。11安田常雄『日本ファシズムと民衆運動』(れんが書房新社)。11小木新造『東京庶民生活史研究』(日本放送出版協会)。12佐藤和彦『南北朝内乱史論』(東大)。12坪井洋文『イモと日本人』(未来)。
一九八一	五六	2東国戦国史研究会、『戦国史研究』創刊。3横浜開港資料館設置(館長遠山茂樹)。4国立歴史民俗博物館設置(八三・2開館)。8教科書問題を考える市民の会発足。11自由民権百年全国集会開催。 **物故** 1野原四郎。高取正男。荒居英次。浜口重国。宮本常一。2肥後和男。3松本信広。西田長男。4森嘉兵衛。森克己。5吉野源三郎。10保田与重郎。11堀江英一。	1原秀三郎『日本古代国家史研究』(東大)。2小川信『足利一門守護発展史の研究』(吉川)。2所三男『近世林業史の研究』(吉川)。2源了圓『近世初期実学思想の研究』(創文社)。2有泉貞夫『明治政治史の基礎過程』(吉川)。2遠山茂樹『歴史学から歴史教育へ』(岩崎書店)。3『東アジア世界における日本古代史講座』全一〇巻(—八六、学生社)。3『講座日本近世史』全一〇巻(—九二、有斐閣)。7安良城盛昭『新・沖縄史論』(沖縄タイムス社)。8新川登亀男『上宮聖徳太子伝補闕記の研究』(吉川)。8佐藤誠朗『幕末・維新の政治構造』(校倉)。9前田一良『日本近世思想史研究』(文一総合出版)。11御厨貴『明治国家形成と地方経営』(東大)。12弥永貞三『日本古代社会経済史研究』(岩波)。1—11『一揆』全五巻(東大)。2田代和生『近世日朝通交貿易史の研究』(創文社)。4桜井好朗『中世日本文化の形成』(東大)。4比屋根照夫『近代日本と伊波普猷』(三一)。5宮地正人『天皇制の政治史的研究』(校倉)。5我部政男『近代日本と沖縄』(三一)。6脇田晴子『日本中世都市論』(東大)。6芸能史研究会編『日本芸能史』全七巻(—九〇、法政)。7稲垣泰彦『日本中世社会史論』(東大)。8—10ジョン・ダワー著、大窪愿二訳『吉田茂とその時代』上下(TBSブリタニカ)。8芝原拓自『日本近代化の世界史的位置』(岩波)。9橋本憲三・堀場清子『わが高群逸枝』上下(朝日)。10伊東多三郎『近世史の研究』全五冊(—八四、吉川)。12三浦圭一『中世民衆生活史の研究』(思文閣)。
一九八二	五七	4日本常民文化研究所、神奈川大学付属機関として再発足。最高裁、家永第二次訴訟で、二	1荻野三七彦『古文書研究』(名著出版)。2—6鹿野政直・由井正臣編『近代日本の統合と抵抗』全四巻(日評)。2—6女性史総合研究会編『日

		審判決を破棄し東京高裁へ差し戻し判決(中村判決)。6『国立歴史民俗博物館研究報告』創刊。7中国政府、韓国政府、文部省の教科書検定による歴史記述に正式抗議し、国際問題化。政府、「是正」表明(—8)。9社会科教科書執筆者懇談会発足(代表佐々木潤之介)。10『社会史研究』創刊。『歴史と社会』創刊。11文部省、教科用図書検定基準改正官報告示。比較家族史学会発足(会長永原慶二)。12比較史・比較歴史教育研究会発足。 物故 2高橋誠一郎。稲垣泰彦。3松田寿男。岡田章雄。6渡部義通。7高橋幸八郎。12岡正雄。	本女性史』全五巻(東大)。2『続・現代史資料』全三巻(—九六、みすず)。3福田アジオ『日本村落の民俗的構造』(弘文堂)。3井上光貞『日本古代思想史の研究』(岩波)。4竹前栄治『戦後労働改革』(東大)。5鶴見俊輔『戦時期日本の精神史』(岩波)。6—11歴史学研究会編『現代歴史学の成果と課題Ⅱ』全三巻(青木)。6『昭和の歴史』全一〇巻・別巻一(—八三、小学館)。7『技術の社会史』全六巻・別巻一(—八三、有斐閣)。7高木豊『鎌倉仏教史研究』(岩波)。7上木敏郎『土田杏村と自由大学運動』(誠文堂新光社)。8永原慶二『日本中世の社会と国家』(日本放送出版協会、九一に増補改訂版、青木)。9藤井松一『近代天皇制の成立展開』(弘生書林)。10—11『川崎庸之歴史著作選集』全三巻(東大)。11田中健夫『対外関係と文化交流』(思文閣)。11石井寛治・関口尚志編『世界市場と幕末開港』(東大)。12黛弘道『律令国家成立史の研究』(吉川)。
一九八三	五八	3第一回日米歴史学会議開催。5『日本学』創刊。6中教審、「教科書の在り方について」答申。11日本学術会議法改正公布(会員選出を公選制から学会推薦・首相任命制へ)。 物故 1原田敏明。2原嘉藤。梅原末治。井上光貞。金関丈夫。和島芳男。3小林秀雄。4田中一松。6前嶋信次。羽仁五郎。8鈴木安蔵。9杉原荘介。11北島正元。福本和夫。12原田伴彦。橋川文三。弥永貞三。	2『日本民俗文化大系』全一五巻(—八七、小学館)。3東野治之『日本古代木簡の研究』(塙)。4山尾幸久『日本古代王権形成史論』(岩波)。4佐藤進一『日本の中世国家』(岩波)。5遠山茂樹編『教科書検定の思想と歴史教育』(あゆみ出版)。5黒田俊雄『歴史学の再生』(校倉)。5松本四郎『日本近世都市論』(東大)。5『講座・日本技術の社会史』全八巻・別巻二(—八六、日評)。7永原慶二監修『戦国大名論集』全一八巻(—八四、吉川)。9松本新八郎『中世の社会と思想』上(八五に下、校倉)。10中田薫述、石井良助校訂『日本法制史講義』(創文社)。10『京都町触集成』全一三巻・別巻二(—八九、岩波)。11棚橋光男『中世成立期の法と国家』(塙)。12吉田孝『律令国家と古代の社会』(岩波)。12小和田哲男『後北条氏研究』(吉川)。
一九八四	五九	1家永三郎、第三次教科書訴訟提訴。3南京事件調査研究会発足。『列島の文化史』創刊。『総合女性史研究』創刊。8臨時教育審議会設置法	1—5佐々木潤之介『幕藩制国家論』上下(東大)。2安良城盛昭『日本封建社会成立史論』上(九五に下、岩波)。2網野善彦『日本中世の非農業民と天皇』(岩波)。2中村政則『日本近代と民衆』(校倉)。3仲村研『中世惣村

		公布。比較史・比較歴史教育研究会主催「東アジア・歴史教育シンポジウム　自国史と世界史」開催。**11**自由民権百年第二回全国集会開催。**物故**　**1**中村栄孝。北山茂夫。**2**平泉澄。瀬川清子。**4**神田喜一郎。高木八尺。小川鼎三。**8**坪井良平。稲田正次。**9**平松義郎。**10**伊東多三郎。**12**宮川寅雄。	史の研究』(法政)。**6**武田佐知子『古代国家の形成と衣服制』(吉川)。**7**黒田日出男『日本中世開発史の研究』(校倉)。**8**由井正臣『田中正造』(岩波)。**10**歴史学研究会・日本史研究会編『講座日本歴史』全一三巻(—八五、東大)。**10**大隅和雄『中世思想史への構想』(名著刊行会)。**11**北山茂夫『萬葉集とその世紀』全三冊(—八五、新潮社)。**11**五味文彦『院政期社会の研究』(山川)。**11**江村栄一『自由民権革命の研究』(法政)。**12**室山義正『近代日本の軍事と財政』(東大)。**12**山室信一『法制官僚の時代』(木鐸社)。
一九八五	昭和六〇	**3**慶應義塾福澤研究センター、『近代日本研究』創刊。**9**奈良県斑鳩町の藤ノ木古墳から朱塗りの家形石棺発見。**10**久米美術館特別展「久米邦武と『米欧回覧実記』」開催。歴史学研究会、歴研アカデミー・第一回連続講演会「いま天皇制を考える」開催。**12**「戦後四〇年に歴史学の課題を考える集い」開催。**物故**　**1**小山弘健。向坂逸郎。**2**中野好夫。一志茂樹。**3**森銑三。野上弥生子。**4**藤岡謙二郎。吉村茂樹。庄司吉之助。**5**安藤良雄。**8**青山なを。高橋磌一。**9**千々和実。**11**直良信夫。	**1—12**遠藤元男『日本職人史の研究』全六巻(雄山閣)。**1**西嶋定生『日本歴史の国際環境』(東大)。**1**大石嘉一郎編『日本帝国主義史』全三冊(—九四、東大)。**2**菊地勇次郎『源空とその門下』(法蔵館)。**4**笹山晴生『日本古代衛府制度の研究』(東大)。**5**『小島鉦作著作集』全三巻(—九五、吉川)。**5**二木謙一『中世武家儀礼の研究』(吉川)。**6**平野邦雄『大化前代政治過程の研究』(吉川)。**9**近藤義郎『日本考古学研究序説』(岩波)。**9**佐藤和彦『中世民衆史の方法』(校倉)。**10**今谷明『室町幕府解体過程の研究』(岩波)。**10**渡辺浩『近世日本社会と宋学』(東大)。**11**『岩波講座日本考古学』全九巻(—八六)。**11**『日本の古代』全一六巻(—八八、中公)。**11**島田次郎『日本中世の領主制と村落』全二巻(吉川)。**12**赤澤史朗『近代日本の思想動員と宗教統制』(校倉)。**12**鈴木靖民『古代対外関係史の研究』(吉川)。
一九八六	六一	**3**家永第一次訴訟二審、原告全面敗訴(鈴木判決)。**4**男女雇用機会均等法施行。歴史学関係六学会、天皇在位六〇年記念式典に反対し、「天皇制を考える歴史家の集い」開催。**7**文部省、日本を守る国民会議編『新編日本史』検定合格を発表。**9**『比較家族史研究』創刊。**10**『初期社会主義研究』創刊。**11**『比較文明』創刊。**12**	**1—11**丸山真男『「文明論之概略」を読む』三冊(岩波)。**3**義江明子『日本古代の氏の構造』(吉川)。**3**洞富雄『南京大虐殺の証明』(朝日)。**4**『週刊朝日百科日本の歴史』全一三三冊(—八八、朝日)。**4**池田敬正『日本社会福祉史』(法律文化社)。**5**入間田宣夫『百姓申状と起請文の世界』(東大)。**8**義江彰夫・水林彪・宮地正人『日本通史』全三巻(—八七、山川)。**8**児玉幸多『近世交通史の研究』(筑摩)。**9**黒田日出男『境界の中世　象徴の中世』(東大)。**9**兪幸焞『満州事変期の中日外交史研究』(東方書店)。**11**朝尾直

西暦	年号	事項	著作
		「『国家（防衛）秘密』法案に反対する歴史研究者の声明」。 **物故**　**1**小沢栄一。石母田正。**2**森谷秀亮。**4**ねずまさし。**5**松崎寿和。**12**中村吉治。桃裕行。	弘・網野善彦・山口啓二・吉田孝編『日本の社会史』全八巻（―八八、岩波）。**11**日本古文書学会編『日本古文書学論集』全一三冊（―八八、吉川）。**11**早川庄八『日本古代官僚制の研究』（岩波）。**12**『新しい世界史』全一二巻（―八九、東大）。
一九八七	六二	**5**国際日本文化研究センター設置（所長梅原猛）。**11**教育課程審議会、「審議のまとめ」公表（高校社会科を地歴・公民科に分割、世界史必修、国旗・国歌の取扱い明確化）。自由民権百年第三回全国集会・高知集会。 **物故**　**1**岸俊男。**2**貝塚茂樹。坂本太郎。太田晶二郎。**4**伊東信雄。浅香年木。**5**桑田忠親。植村清二。**6**三上次男。黒羽清隆。**8**林茂。**9**宝月圭吾。**10**八幡一郎。**11**海後宗臣。	**3**田中彰『明治維新観の研究』（北大）。**3**藤間生大『壬午軍乱と近代東アジア世界の成立』（春秋社）。**3**渡辺治『日本国憲法「改正」史』（日評）。**4**安藤良雄『太平洋戦争の経済史的研究』（東大）。**5―8**歴史科学協議会編『現代に生きる歴史科学』全三冊（大月書店）。**5―11**藤原彰『日本軍事史』上下（日評）。**7**山田英雄『日本古代史攷』（岩波）。**9**千々和実『板碑源流考』（吉川）。**9**藤田覚『幕藩制国家の政治史的研究』（校倉）。**10**水本邦彦『近世の村社会と国家』（東大）。**11**小山靖憲『中世村落と荘園絵図』（東大）。**11**『大系日本の歴史』全一五巻（―八九、小学館）。**12**金原左門『地域をなぜ問いつづけるか―近代日本再構成の試み』（中央大学出版部）。
一九八八	六三	**2**家永第三次訴訟、沖縄戦記述証言の沖縄出張尋問。歴史学関係四学会、「高校社会科廃止・『地歴科』独立に関する声明」。**9**奈良国立文化財研究所、長屋王邸宅跡で三万点の木簡発見を発表。**10**日本南アジア学会創立。 **物故**　**1**今井庄次。**3**鈴木成高。斎木一馬。岩生成一。**6**岩村忍。坪井洋文。**8**三浦圭一。岡本良一。土屋喬雄。**9**木代修一。**10**杉山博。	**1―8**林屋辰三郎『日本史論聚』全八冊（岩波）。**4**『東アジアのなかの日本歴史』全一三巻（―九〇、六興出版）。**5**朝尾直弘『日本近世史の自立』（校倉）。**5**『日本近代思想大系』全二三巻・別巻一（―九二、岩波）。**6**藤原彰・今井清一編『十五年戦争史』全四巻（―八九、青木）。**7**中村吉治『社会史への歩み』全四冊（刀水書房）。**9**民衆史研究会編『民衆史を考える』（校倉）。**9**西成田豊『近代日本労資関係史の研究』（東大）。**10**木村礎・藤野保・村上直編『藩史大事典』全八巻（―九〇、雄山閣）。**10**荒野泰典『近世日本と東アジア』（東大）。**11**村井章介『アジアのなかの中世日本』（校倉）。**11**鹿野政直『「鳥島」は入っているか』（岩波）。**11**『シリーズ日本経済史』全八巻（―九〇、岩波）。**11**岸俊男『日本古代宮都の研究』（岩波）。
一九八九	六四 平成元	**1**「天皇死去に際しての歴史四学会共同声明」。**3**文部省、小・中・高校学習指導要領官報告示	**2**石田一良『日本文化史』（東海大学出版会）。**2**都出比呂志『日本農耕社会の成立過程』（岩波）。**2**丸山雍成『日本近世交通史の研究』（吉川）。**3**

（日の丸の掲揚・君が代斉唱強制）。**4**文部省、教科書検定規則・検定基準全面改訂。**6**家永第二次訴訟高裁差戻審判決、「訴えの利益なし」で完了。**8**比較史・比較歴史教育研究会主催「第二回東アジア歴史教育シンポジウム」開催。**10**家永第三次訴訟一審判決、「草莽隊」不合格検定のみ違法、他は合法（加藤判決）。「即位礼・大嘗祭を考える歴史家の集い」開催。**11**史学会創立百周年記念大会開催。

物故 **1**三井礼子。**2**小林行雄。**3**江口朴郎。緒方富雄。**4**重松明久。**5**高村象平。相沢忠洋。**6**矢代和也。所三男。**7**牧健二。**9**井上幸治。**11**榎一雄。伊豆公夫。杉勇。**12**福島正夫。西田長寿。

『斎木一馬著作集』全三巻（吉川）。**4**安良城盛昭『天皇・天皇制・百姓・沖縄』（吉川）。**5**高埜利彦『近世日本の国家権力と宗教』（東大）。**6**武田幸男『高句麗史と東アジア』（岩波）。**6**佐藤博信『中世東国の支配構造』（九六に続、思文閣）。**7**平川南『漆紙文書の研究』（吉川）。**7**網野善彦・石井進・稲垣泰彦・永原慶二編『講座日本荘園史』全一〇巻（―継続中、吉川）。**7**松尾尊兊『普通選挙制度成立史の研究』（岩波）。**7**粟屋憲太郎『東京裁判論』（大月書店）。**11**梅村喬『日本古代財政組織の研究』（吉川）。**11**高橋康夫・吉田伸之編『日本都市史入門』ⅠⅡⅢ（―九〇、東大）。**11**西田長寿『日本ジャーナリズム史研究』（みすず）。**11**下山三郎『近代天皇制の形成過程』（岩波）。**12**赤松俊輔・稲葉暁・西島建男『天皇論を読む』（朝日）。

一九九〇　平成二

1歴史学関係六学会、「江戸東京博物館建設計画に関する提言」。**4**歴史学関係四学会、「弓削達フェリス女学院大学学長銃撃事件に関する声明」。**11**歴史学研究会臨時大会「歴史家は天皇制をどうみるか」。

物故 **1**関敬吾。**3**仲村研。河合正治。帯刀貞代。**4**手塚豊。**5**野村忠夫。大藤時彦。丸岡秀子。**6**福尾猛一郎。高倉新一郎。**9**ライシャワー。**10**岡義武。**11**中井信彦。

1三浦圭一『日本中世賤民史の研究』（部落問題研究所）。**1**堀場清子『イナグヤナナバチ―沖縄女性史を探る』（ドメス出版）。**2**永井秀夫『明治国家形成期の外政と内政』（北大）。**2**坂根嘉弘『戦間期農地政策史研究』（九州大学出版会）。**4**早川庄八『宣旨試論』（岩波）。**5**―**9**女性史総合研究会編『日本女性生活史』全五巻（東大）。**5**『日本村落史講座』全九巻（―九三、雄山閣）。**5**藤井譲治『江戸幕府老中制形成過程の研究』（校倉）。**7**高木昭作『日本近世国家史の研究』（岩波）。**7**『海と列島文化』全一一巻（―九三、小学館）。**8**尹健次『孤絶の歴史意識』（岩波）。**9**歴史学研究会編『日本同時代史』全五巻（―九一、青木）。**9**ロナルド・トビ著、速水融・永積洋子・川勝平太訳『近世日本の国家形成と外交』（創文社）。**11**中島三千男『天皇の代替りと国民』（青木）。**12**佐藤進一『日本中世史論集』（岩波）。**12**稲田雅洋『日本近代社会成立期の民衆運動』（筑摩）。

一九九一　三

6文部省、新学習指導要領に基づく小学校教科書検定内容を公表(君が代・日の丸を国家・国旗と明記、東郷平八郎復活)。7『女性史学』創刊。12「開戦五〇年を考える市民の集い」開催。

物故 1福井康順。谷信一。2守屋毅。村上重良。3宮本又次。4飯田瑞穂。杉本勲。5末永雅雄。7吉田光邦。8戸田芳実。12村川堅太郎。

1小路田泰直『日本近代都市史研究序説』(柏)。2山田公平『近代日本の国民国家と地方自治』(名大)。5深谷克己『近世の国家・社会と天皇』(校倉)。5『日本の歴史』全三巻・別巻一(—九三、集英社)。5東京大学社会科学研究所編『現代日本社会』全七巻(—九二、東大)。6石井進『中世史を考える』(校倉)。6山室恭子『中世のなかに生まれた近世』(吉川)。7『日本の近世』全一八巻(—九四、中公)。7菊池勇夫『北方史のなかの近世日本』(校倉)。8『太田晶二郎著作集』全五冊(—九三、吉川)。10水林彪『記紀神話と王権の祭り』(岩波)。11戸田芳実『初期中世社会史の研究』(東大)。11吉田伸之『近世巨大都市の社会構造』(東大)。12坂本一登『伊藤博文と明治国家形成』(吉川)。12佐藤能丸『近代日本と早稲田大学』(早大)。

一九九二　四

1「従軍慰安婦」設置等に旧軍関与を示す資料、防衛研究所図書館で発見(7政府、直接関与を公式承認)。12「日本の戦後補償に関する国際公聴会」開催。歴史学研究会創立六〇周年記念シンポジウム「いま、なぜ歴史学か」開催。『史学会シンポジウム』(山川)刊行開始。

物故 1海老沢有道。吉村徳蔵。熊谷幸次郎。滝川政次郎。滝口宏。3大山梓。4末松保和。5川島武宜。7馬原鉄男。鈴木敬三。8松本清張。荻野三七彦。9佐々木銀弥。大森志郎。10信夫清三郎。11津田秀夫。12石尾芳久。

4明治維新史学会編『幕藩権力と明治維新』(吉川)。5安丸良夫『近代天皇像の形成』(岩波)。5津田秀夫『史料保存と歴史学』(三省堂)。5藪田貫『国訴と百姓一揆の研究』(校倉)。5荒野泰典・石井正敏・村井章介編『アジアのなかの日本史』全六巻(—九三、東大)。6—9富田正文『考証福澤諭吉』上下(岩波)。6丸山真男『忠誠と反逆』(筑摩)。6テツオ・ナジタ、子安宣邦訳『懐徳堂』(岩波)。6安在邦夫『立憲改進党の活動と思想』(校倉)。7青木和夫『日本律令国家論攷』(岩波)。11土田直鎮『奈良平安時代史研究』(吉川)。11工藤敬一『荘園公領制の成立と内乱』(思文閣)。11『岩波講座近代日本と植民地』全八巻(—九三)。11鈴木隆史『日本帝国主義と満州』上下(塙)。11大日方純夫『日本近代国家成立と警察』(校倉)。12歴史科学協議会編『歴史における家族と共同体』(青木)。12『講座・前近代の天皇』全五巻(—九五、青木)。12尾藤正英『江戸時代とはなにか』(岩波)。

一九九三　五

3江戸東京博物館開館。家永第一次訴訟、最高裁第三小法廷可部判決、家永側上告棄却。原告全面敗訴(第一次訴訟終結)。4「日本の戦争責

1大津透『律令国家支配構造の研究』(岩波)。1宇田川武久『東アジア兵器交流史の研究』(吉川)。1伊藤隆『日本近代史—研究と教育』(私家版)。2関口裕子『日本古代婚姻史の研究』上下(塙)。2丹生谷哲一『日本中世

任資料センター設立準備会」発足(代表荒井信一)。中世都市研究会発足。6『人文学と情報処理』創刊。8関東大震災七〇周年記念集会開催。9『年報都市史研究』創刊。『季刊戦争責任研究』創刊。10「『学徒出陣』五〇周年を考えるつどい」開催。家永第三次訴訟二審、一審の「草莽隊」に加えて「南京大虐殺」「南京戦における婦女暴行」の不合格検定を違法と判決(川上判決)。『正倉院文書研究』創刊。

物故 **1**石井良助。土田直鎮。黒田俊雄。**3**吉田常吉。**4**安良城盛昭。池永二郎。**5**藤木邦彦。**6**川副武胤。**8**富田正文。**10**町田甲一。**12**五来重。

一九九四　平成六

8比較史・比較歴史教育研究会主催「第三回東アジア歴史教育シンポジウム」開催。歴史学関係団体代表を中心に「『戦没者追悼平和祈念館』建設問題についての要望書」提出。**9**「近代の文化遺産の保存・活用に関する調査研究協力者会議」発足。『中世都市研究』創刊。**11**内閣官房長官のもとに「アジア歴史資料センター(仮称)の設立検討のための有識者会議」発足。『日本考古学』創刊。

物故 **2**松岡利夫。**3**多賀宗隼。**4**佐藤誠朗。**5**

の身分と社会』(塙)。**2**『シリーズ日本近現代史』全四巻(—九四、岩波)。**2**中塚明『近代日本の朝鮮認識』(研文出版)。**3**田中彰・高田誠二編『「米欧回覧実記」の学際的研究』(北大)。**3**鹿野政直『沖縄の淵—伊波普猷とその時代』(岩波)。**3**梅溪昇『洪庵・適塾の研究』(思文閣)。**4**山口啓二『鎖国と開国』(岩波)。**5**『法廷に立つ歴史学—家永教科書論争と歴史学の現在』(大月書店)。**5**永井和『近代日本の軍部と政治』(思文閣)。**6**歴史学研究会編『歴史学と歴史教育のあいだ』(三省堂)。**9**『アジアから考える』全七巻(—九四、東大)。**9**『岩波講座日本通史』全二一巻・別巻四(—九六)。**9**佐々木潤之介『幕末社会の展開』(岩波)。**10**『近代日本の軌跡』全一〇巻(—九五、吉川)。**10**松沢弘陽『近代日本の形成と西洋経験』(岩波)。**11**田中稔『中世史料論考』(吉川)。**11**水本邦彦『近世の郷村自治と行政』(東大)。**11**家永三郎編『日本平和論大系』全二〇巻(—九四、日本図書センター)。**11**荻野富士夫『初期社会主義思想論』(不二出版)。**11**加藤陽子『模索する一九三〇年代』(山川)。**12**今泉隆雄『古代宮都の研究』(吉川)。**12**麻田貞雄『両大戦間の日米関係』(東大)。

1『歴史学事典』全一五巻・別巻一(—継続中、弘文堂)。**1**阪本是丸『国家神道形成過程の研究』(岩波)。**2**布村一夫『正倉院籍帳の研究』(刀水書房)。**2**有光友学『戦国大名今川氏の研究』(吉川)。**2**大門正克『近代日本と農村社会』(日本経済評論社)。**4**色川大吉『北村透谷』(東大)。**5**上横手雅敬『日本中世国家史論考』(塙)。**5**安田浩『大正デモクラシー史論』(校倉)。**6**田村憲美『日本中世村落形成史の研究』(校倉)。**6**荒敬『日本占領史研究序説』(柏)。**7**籠谷次郎『近代日本における教育と国家の思想』(阿吽社)。**8**瀬田勝哉『洛中洛外の群像』(平凡社)。**9**朝尾直弘『将軍権力の創出』(岩波)。**9**井上幸治『完本秩父事件』(藤原書店)。**10**高瀬弘一郎『キリシタン時代対外関係の研究』(吉川)。**11**吉岡真之『古代文献の基礎

一九九五	七	伊藤忠士。**6**藤井貞文。沼田次郎。旗田巍。**8**丹羽邦男。時野谷勝。**11**福地重孝。**12**棚橋光男。 **2**日本史研究会・大阪歴史科学協議会・大阪歴史学会・京都民科歴史部会が、「阪神大震災対策歴史学会連絡会」を結成し、「歴史資料保全情報ネットワーク」開設。**5**『年報・日本現代史』創刊。文部省、教科書検定規則改訂。**6**政府、「女性のためのアジア平和国民基金」を発足。「日清戦争と東アジア世界の変容」国際シンポジウム開催。**7**藤岡信勝ら、「自由主義史観研究会」結成。**8**歴史科学協議会・東京歴史科学研究会共催「『戦後五〇年』に『戦争』を考える集い」。 **物故** **2**藤谷俊雄。**3**渡部徹。花山信勝。**5**福山敏男。菊地康明。宮崎市定。**6**増井経夫。**8**古島敏雄。**10**川田貞夫。**11**二葉憲香。**12**大久保利謙。	的研究』(吉川)。**12**大谷正『近代日本の対外宣伝』(研文出版)。 **1**E・H・キンモンス著、広田照幸ほか訳『立身出世の社会史』(玉川大学出版部)。**2**勝山清次『中世年貢制成立史の研究』(塙)。**2**小風秀雅『帝国主義下の日本海運』(山川)。**3**—**6**和田萃『日本古代の儀礼と祭祀・信仰』上中下(塙)。**3**西川長夫・松宮秀治編『幕末・明治期の国民国家形成と文化変容』(法律文化社)。**4**井原今朝男『日本中世の国政と家政』(校倉)。**4**吉見義明『従軍慰安婦』(岩波)。**5**歴史学研究会編『講座世界史』全一二巻(—一九九六、東大)。**6**高橋秀直『日清戦争への道』(東京創元社)。**7**—**12**『戦後日本・占領と戦後改革』全六巻(岩波)。**7**吉田裕『日本人の戦争観』(岩波)。**7**小熊英二『単一民族神話の起源』(新曜社)。**8**冨山一郎『戦場の記憶』(日本経済評論社)。**9**池享『大名領国制の研究』(校倉)。**10**新田一郎『日本中世の社会と法』(東大)。**11**村田路人『近世広域支配の研究』(大阪大学出版会)。**11**歴史学研究会編『戦後五〇年をどう見るか』(青木)。**11**山之内靖、ヴィクター・コシュマン、成田龍一編『総力戦と現代化』(柏)。**12**服部英雄『景観にさぐる中世』(新人物往来社)。
一九九六	八	**6**自民党、「明るい日本」国会議員連盟結成。**11**一二団体共催で、緊急シンポジウム「教科書で戦争の真実をどう教えるか—戦争への反省を否定する教科書攻撃を許さないために」を開催。 **物故** **1**安田元久。**2**小西四郎。司馬遼太郎。**3**酒田正敏。**4**関晃。**5**石井孝。**7**大塚久雄。高瀬保。**8**芳賀幸四郎。新城常三。河野健二。丸山真男。小島鉦作。**11**川崎庸之。**12**石田善人。護雅夫。	**1**桜井英治『日本中世の経済構造』(岩波)。**1**林茂『近代日本政党史研究』(みすず)。**2**—**6**『新しい近世史』全五巻(新人物往来社)。**2**元木泰雄『院政期政治史研究』(思文閣)。**3**比較史・比較史教育研究会編『黒船と日清戦争』(未来)。**3**駒込武『植民地帝国日本の文化変容』(岩波)。**3**鈴木淳『明治の機械工業』(ミネルヴァ書房)。**5**安丸良夫『〈方法〉としての思想史』(校倉)。**7**阿部恒久『近代日本地方政党史論』(芙蓉書房出版)。**8**吉村武彦『日本古代の社会と国家』(岩波)。**10**『関晃著作集』全五巻(—一九九七、吉川)。**10**倉地克直『近世の民衆と支配思想』(柏)。**10**坂野潤治『近代日本の国家構想』(岩波)。**11**『歴史文化ライブラリー』創刊(吉川)。

一九九七	平成九	**1**西尾幹二ら、「新しい歴史教科書をつくる会」設立。**4**東京大学史料編纂所に画像史料解析センター開設。『丸山眞男手帖』創刊。**8**家永第三次訴訟の最高裁判決、検定制度は合法・合憲、「七三一部隊」など四カ所の違法行為確定（大野判決）。 **物故** **1**渡辺澄夫。**2**樋口清之。**3**竹内理三。柴田実。**4**中山修一。**5**佐藤昌介。松田毅一。**6**増田四郎。**8**村松貞次郎。**9**会田雄次。**10**J・ホール。**11**内藤晃。
一九九八	一〇	**4**『鎌倉遺文研究』創刊。**11**日本史研究会大会統一テーマ「戦後歴史学の総括」。 **物故** **2**林屋辰三郎。朴慶植。**3**中村質。後藤靖。伊藤好一。**4**神島二郎。飯田久雄。**5**下出積与。**7**遠藤元男。西嶋定生。**9**山口修。**10**早川庄八。
一九九九	一一	**3**文部省、高等学校学習指導要領改訂案を発表。**5**歴史学研究会大会全体会テーマ「再考・

11勝俣鎮夫『戦国時代論』（岩波）。**11**君島和彦『教科書の思想』（すずさわ書店）。

2高木博志『近代天皇制の文化史的研究』（校倉）。**3**西田美昭『近代日本農民運動史研究』（東大）。**4**—**12**網野善彦『日本社会の歴史』上中下（岩波）。**4**永原慶二『戦国期の政治経済構造』（岩波）。**4**佐藤信『日本古代の宮都と木簡』（吉川）。**5**早川庄八『日本古代の文書と典籍』（吉川）。**5**藤木久志『村と領主の戦国世界』（東大）。**6**鹿野政直・鶴見俊輔・中山茂編『民間学事典』全二巻（三省堂）。**7**石上英一『古代荘園史料の基礎的研究』上下（塙）。**8**歴史教育者協議会編『歴史教育五〇年のあゆみと課題』（未来）。**10**渡辺浩『東アジアの王権と思想』（東大）。**10**高橋昌明『中世史の理論と方法』（校倉）。**10**『岩波講座世界歴史』全二六巻・別巻一（—二〇〇〇）。**11**原田敬一『日本近代都市史研究』（思文閣）。

1教科書検定訴訟を支援する歴史学関係者の会編『歴史の法廷—家永教科書裁判と歴史学』（大月書店）。**3**李成市『古代東アジアの民族と国家』（岩波）。**5**安藤正人『記録史料学と現代』（吉川）。**5**吉田伸之『近世都市社会の身分構造』（東大）。**10**上島有『東寺・東寺文書の研究』（思文閣）。**10**玉懸博之『日本中世思想史研究』（ぺりかん社）。**10**羽賀祥二『史蹟論』（名大）。**11**保立道久『物語の中世』（東大）。**11**長志珠絵『近代日本と国語ナショナリズム』（吉川）。**11**佐藤能丸『明治ナショナリズムの研究』（芙蓉書房出版）。**11**『日本の近代』全一六巻（—二〇〇一、中公）。**11**五味文彦『「春日験記絵」と中世』（淡交社）。**12**早川紀代『近代天皇制国家とジェンダー』（青木）。**12**ひろたまさき『差別の視線』（吉川）。**12**鹿野政直『化生する歴史学』（校倉）。

1山下有美『正倉院文書と写経所の研究』（吉川）。**3**鈴木公雄『出土銭貨の研究』（東大）。**3**宮地正人『幕末維新期の社会的政治史研究』（岩波）。

西暦	和暦	事項	著作
		方法としての戦後歴史学」。**7**「『君が代・日の丸』法制化問題を考える」シンポジウム開催。**11**日本史研究会大会統一テーマ「戦後歴史学の総括―時空の分節化とその方法―」。**12**比較史・比較歴史教育研究会主催「第四回東アジア歴史教育シンポジウム」開催。 **物故**　**8**林宥一。五井直弘。**9**高橋正衛。**10**中村元。**11**佐藤誠三郎。**12**井手文子。	**4**『シリーズ日本近代からの問い』全八巻(―継続中、青木)。**5**増田知子『天皇制と国家』(青木)。**6**森武麿『戦時日本農村社会の研究』(東大)。**6**若尾政希『「太平記読み」の時代』(平凡社)。**6**山口輝臣『明治国家と宗教』(東大)。**9**『対外関係史総合年表』(吉川)。**9**酒井紀美『日本中世の在地社会』(吉川)。**9**藤田覚『近世政治史と天皇』(吉川)。**10**安丸良夫『一揆・監獄・コスモロジー』(朝日)。**11**『民衆運動史　近世から近代へ』全五巻(―二〇〇〇、青木)。**11**高橋昌明『武士の成立　武士像の創出』(東大)。**12**池上裕子『戦国時代社会構造の研究』(校倉)。**12**大津透『古代の天皇制』(岩波)。
二〇〇〇	一二	**4**『環(歴史・環境・文明)』創刊。**5**歴史学研究会総会、「森首相の『神の国』発言を批判し『昭和の日』制定に反対する決議」「長岡京離宮・東院跡の全面保存を求める決議」「『日の丸・君が代』法制化後の強制に反対する決議」を採択・発表。**7**日本歴史学協会創立五〇周年記念シンポジウム開催。**11**東北旧石器文化研究所藤村新一が『毎日新聞』の取材に、上高森と総進不動造坂遺跡での発掘捏造を認め、「旧石器発掘捏造」問題化。**12**日本学術会議歴史学研究連絡委員会報告「歴史資料の検証とその社会的活用について」。 **物故**　**2**小松芳喬。宮田登。中沢護人。**3**洞富雄。斎藤秋男。島田虔次。赤松啓介。**5**山口和雄。**6**目崎徳衛。**8**所荘吉。水野祐。飛鳥井雅道。**10**相良亨。斎藤博。**11**上杉重二郎。**12**太田秀通。M・	**1**吉田伸之『巨大城下町江戸の分節構造』(山川)。**2**青山忠正『明治維新と国家形成』(吉川)。**3**網野善彦『歴史としての戦後史学』(日本エディタースクール出版部)。**4**塚田孝『身分論から歴史学を考える』(校倉)。**4**井口和起『日本帝国主義の形成と東アジア』(名著刊行会)。**5**百瀬今朝雄『弘安書札礼の研究』(東大)。**5**中村哲『近代東アジア史像の再構成』(桜井書店)。**6**―**11**『シリーズ近世の身分的周縁』全六巻(吉川)。**6**川勝守『日本近世と東アジア世界』(吉川)。**7**『日本歴史大事典』全四巻(―〇一、小学館)。**7**黒田日出男『中世荘園絵図の解釈学』(東大)。**9**白石太一郎『古墳と古墳群の研究』(塙)。**9**林宥一『近代日本農民運動史論』(日本経済評論社)。**10**『日本の歴史』全二六巻(―継続中、講談社)。**10**石井寛治・原朗・武田晴人編『日本経済史』全六巻(―継続中、東大)。**10**ゴードン・M・バーガー、坂野潤治訳『大政翼賛会』(山川)。**11**勝浦令子『日本古代の僧尼と社会』(吉川)。**11**玉井力『平安時代の貴族と天皇』(岩波)。**11**川端新『荘園制成立史の研究』(思文閣)。**11**石田一良『愚管抄の研究』(ぺりかん社)。**11**海野福寿『韓国併合史の研究』(岩波)。**12**木村礎・林英夫編『地方史研究の新方法』(八木書店)。

ジャンセン。

二〇〇一 平成一三

4「新しい歴史教科書」(扶桑社)検定合格。5日本考古学協会総会において、「前・中期旧石器問題調査特別委員会」発足。6歴史学関係二一学会、「『新しい歴史教科書』が教育の場に持ち込まれることに反対する緊急アピール」。12東京大学史料編纂所史料集発刊一〇〇周年記念特別展「時を超えて語るもの」開催。12日韓歴史学関係学会一〇団体主催による「日韓合同歴史シンポジウム—教科書問題」開催。

物故 1本田創造。戴國煇。渡辺信夫。山本達郎。2鬼頭清明。3奈良本辰也。吉沢南。4鈴木良一。大林太良。秋本典夫。6青木孝寿。7金井圓。8小葉田淳。中瀬寿一。10西村圭子。萩原延寿。石井進。11井上清。12南博。鈴木正四。大橋俊雄。千野香織。

1松尾正人『廃藩置県の研究』(吉川)。1浅井良夫『戦後改革と民主主義』(吉川)。2杉本一樹『日本古代文書の研究』(吉川)。2林基『近世民衆史の史料学』(青木)。3—5ジョン・ダワー、三浦陽一ほか訳『敗北を抱きしめて』上下(岩波)。3酒寄雅志『渤海と古代の日本』(校倉)。3鎌田元一『律令公民制の研究』(塙)。3須磨千頴『賀茂別雷神社境内諸郷の復元的研究』(法政)。3小松裕『田中正造の近代』(現代企画室)。4石井正敏『日本渤海関係史の研究』(吉川)。4江戸遺跡研究会編『図説江戸考古学研究事典』(柏)。4成田龍一『歴史学のスタイル』(校倉)。5『日本史リブレット』全六巻(—継続中、山川)。5藤野豊『「いのち」の近代史』(かもがわ出版)。5江口圭一『十五年戦争研究史論』(校倉)。6『新体系日本史』全一八巻別巻二(—継続中、山川)。6横井清『中世日本文化史論考』(平凡社)。6『岩波講座東南アジア史』全九巻・別巻一(—継続中)。7鈴木貞美編『雑誌『太陽』と国民文化の形成』(思文閣)。8ケイト・W・ナカイ著、平石直昭・小島康敬・黒住真訳『新井白石の政治戦略—儒学と史論』(東大)。12山室信一『思想課題としてのアジア』(岩波)。12『岩波講座近代日本の文化史』全一〇巻・別巻一(—継続中)。

二〇〇二 一四

1東京大学史料編纂所史料集発刊一〇〇周年記念国際シンポジウム(「史料の研究・編纂をめぐる諸問題」「史学史の再検討」)開催。5日本考古学協会総会、旧石器発掘捏造問題について、三〇か所の遺跡・遺物は「学術的資料として扱うことは不可能」とする見解を発表。11史学会第百回大会、「歴史学の最前線」講演・国際シンポジウム開催。12歴史学研究会、創立七

1加藤周一編『ハーバート・ノーマン 人と業績』(岩波)。1『日本の中世』全一二巻(—継続中、中公)。2小林和幸『明治立憲政治と貴族院』(吉川)。2西村汎子『古代・中世の家族と女性』(吉川)。3原秀三郎『地域と王権の古代史学』(塙)。3黒田弘子『女性からみた中世社会と法』(校倉)。3比較史・比較歴史教育研究会編『帝国主義の時代と現在』(未来)。4『岩波講座天皇と王権を考える』全一〇巻(—継続中)。6『日本の時代史』全三〇巻(—継続中、吉川)。6田中彰『岩倉使節団の歴史的研究』(岩波)。6山田朗『昭和天皇の軍事思想と戦略』(校倉)。6西成田豊『中国人強制

○周年記念シンポジウム「境界を越える歴史学」開催。
物故 **1**山田安彦。橋本寿朗。**3**松前健。中野実。**4**関口裕子。**5**渡辺直彦。**6**斉藤秀夫。**7**佐原真。藤島亥治郎。**10**外崎光広。**11**坂本多加雄。田中正俊。江上波夫。大庭脩。家永三郎。**12**松島栄一。佐藤秀夫。

連行』(東大)。**9**飛鳥井雅道『日本近代精神史の研究』(京都大学学術出版会)。**10**脇田晴子『日本中世被差別民の研究』(岩波)。**10**藤井譲治『幕藩領主の権力構造』(岩波)。**10**小熊英二『〈民主〉と〈愛国〉』(新曜社)。**11**佐藤信『出土史料の古代史』(東大)。**12**歴史学研究会編『現代歴史学の成果と課題 1980-2000年』全二巻(―継続中、青木)。**12**義江彰夫『歴史学の視座―社会史・比較史・対自然関係史』(校倉)。

凡例

一、本年表は、近現代日本における日本史学を中心とした歴史学の発達過程を示す重要事項と著作を採録したものである。
一、対象時期は、一八六八年(明治元)から二〇〇二年(平成一四)までとした。
一、事項欄は、史学史および学術史上の諸問題、歴史学関係組織・機関・学会の設立と機関誌・学会誌の創刊、歴史教育をめぐる動向を中心に記載した。また、一九〇一年(明治三四)以降には歴史学関係物故者を月順にまとめて示した。
一、著作欄は、各時代・各分野における主要な研究書・論文集、講座・叢書類、史料集・事典類などを記載した。刊行年月順に排列し、複数年にまたがるものは( )内に明示した。
一、○印は当年の事項・著作を示す。
一、著作には出版社名を併記したが、略記した出版社名は次の通りである。
青木(青木書店) 朝日(朝日新聞社) 校倉(校倉書房) 岩波(岩波書店) 畝傍(畝傍書房) 御茶の水(御茶の水書房) 柏(柏書房) 勁草(勁草書房) 三一(三一書房) 思文閣(思文閣出版) 早大(早稲田大学出版部) 高桐(高桐書院) 中公(中央公論社) 筑摩(筑摩書房) 東大(東京大学出版会) 東洋経済(東洋経済新報社) 日評(日本評論社) 塙(塙書房) 冨山(冨山房) 法政(法政大学出版局) 北大(北海道大学出版会) みすず(みすず書房) 未来(未来社) 名大(名古屋大学出版会) 山川(山川出版社) 吉川(吉川弘文館)

一、作成にあたっては次の諸文献を参考とした。
『近代日本総合年表（第四版）』（二〇〇一年、岩波書店）、『日本文化総合年表』（一九九〇年、岩波書店）、『日本史総合年表』（二〇〇一年、吉川弘文館）、伊ケ崎暁生・松島栄一編『日本教育史年表』（一九九〇年、三省堂）、勅使河原彰『日本考古学史（年表と解説）』（一九八八年、東京大学出版会）などの各種年表類。

『史学会百年小史』（一九八九年、山川出版社）、『歴研半世紀のあゆみ』（一九八二年、青木書店）、『戦後歴史学と歴研のあゆみ』（一九九三年、青木書店）、『日本史研究』第二七九号「特集日本史研究会の四〇年」（一九八五年）などの各種学会史および機関誌総目録。

『冨山房五十年』（一九三六年）、『岩波書店八十年』（一九九六年）、『雄山閣八十年』（一九九七年）などの各出版社社史および出版図書目録。

『史学雑誌』巻末「史学文献目録」および各年度「回顧と展望」号をはじめとする各種研究文献目録と研究史関係著作・論考。

本庄栄治郎編『日本経済史第一文献』（一九三三年、日本評論新社）、栗田元次『綜合国史研究』全三巻（一九三五―三六年、同文書院）、遠藤元男編『日本史研究書総覧』（一九七五年、名著出版）、三橋猛雄編『明治前期思想史文献』（一九七六年、明治堂書店）などの各種文献解題。

国史大辞典編集委員会編『国史大辞典』（一九七九―九七年、吉川弘文館）、日本歴史学会編『日本史研究者辞典』（一九九九年、吉川弘文館）などの辞典類および研究者個人の「年譜・著作目録」類。

歴史学関係雑誌について、国書刊行会編『日本史関係雑誌文献総覧』上下（一九八四年）、『早稲田大学和文雑誌総合目録』（一九八七年、早稲田大学図書館）などの雑誌目録。また、とくに明治年間については、小沢栄一『近代日本史学史の研究〈明治編〉』（一九六八年、吉川弘文館）巻末「一九世紀史学史年表」と松島栄一編『明治史論集（二）〈明治文学全集七八〉』（一九七二年、筑摩書房）巻末「明治史学年表」。
一、なお本年表は、永原慶二他編『日本歴史大事典』「索引資料」（二〇〇一年七月、小学館）掲載の今井修作成「日本近代史学史年表」を訂正増補し、本書の内容に則して改編したものである。

永原慶二著

荘　園（日本歴史叢書）

四六判・三六〇頁・口絵一丁／三〇〇〇円

中世社会を知る基本は荘園制にある。にもかかわらず研究の細分化のため、個人で荘園史像を描くことは不可能とされてきた。本書はそれを乗り越えて中世史研究の泰斗がその全史を大胆かつ平易に描いた荘園史の決定版。

苧麻《ちょま》・絹・木綿の社会史

四六判・三八四頁／三二〇〇円〈僅少〉

前近代の日本人の三大衣料原料であった苧麻・絹・木綿。その生産はどのように行われ、民衆の暮らしとどう関わったのか。三本の糸を手繰りながら、これまで見えなかった民衆の生活史・社会史像を織り出した畢生の書。

富士山宝永大爆発（読みなおす日本史）

四六判・二四六頁／二二〇〇円

宝永四年（一七〇七）、富士山は六二〇年ぶりに大噴火を起こした。山麓の村はテフラに埋もれ、酒匂川が洪水を起こして足柄平野の村を押し流した。生産・住居など生きる手段を失った住民たちの生活復興への戦いを描く。

吉川弘文館
（価格は税別）

20世紀日本の歴史学

二〇〇三年（平成十五）三月二十日　第一刷発行
二〇二二年（令和　四）五月　十　日　第九刷発行

著　者　永《なが》原《はら》慶《けい》二《じ》

発行者　吉川道郎

発行所　株式会社　吉川弘文館
郵便番号一一三―〇〇三三
東京都文京区本郷七丁目二番八号
電話〇三―三八一三―九一五一〈代表〉
振替口座〇〇一〇〇―五―二四四番
http://www.yoshikawa-k.co.jp/

印刷＝株式会社　理想社
製本＝株式会社　ブックアート
装幀＝清水良洋

ISBN978-4-642-07797-2

『中世内乱期の社会と民衆』（一九七七年、吉川弘文館）
『歴史学叙説』（一九七八年、東京大学出版会）
『日本経済史』（一九八〇年、岩波書店）
『皇国史観』（一九八三年、岩波書店）
『内乱と民衆の世紀』（一九八八年、小学館）
『新・木綿以前のこと』（一九八九年、中央公論社）
『天皇制・新国家主義と歴史教育』（一九九〇年、あゆみ出版）
『日本中世の社会と国家　増補改訂版』（一九九一年、青木書店）
『室町戦国の社会』（一九九四年、吉川弘文館）
『中世動乱期に生きる』（一九九六年、新日本出版社）
『戦国期の政治経済構造』（一九九七年、岩波書店）
『日本歴史叢書　荘園』（一九九八年、吉川弘文館）
『〈自由主義史観〉批判』（二〇〇〇年、岩波書店）
『戦国時代』上下（二〇〇〇年、小学館）
『歴史教科書をどうつくるか』（二〇〇一年、岩波書店）
『富士山宝永大爆発』（二〇〇二年、集英社）
『苧麻・絹・木綿の社会史』（二〇〇四年、吉川弘文館）

◇著者紹介

略　歴

一九二二年中国大連市に生れ、三ヵ月後、東京に移り育つ
一九四四年東京大学文学部国史学科卒業
東京大学史料編纂所員、一橋大学教授、和光大学教授、日本福祉大学客員教授、歴史学研究会委員長、日本学術会議会員、文化財保護審議会専門委員などを歴任、経済学博士
二〇〇四年没

主要著書

『商品生産と寄生地主制』（古島敏雄と共著、一九五四年、東京大学出版会）
『日本封建社会論』（一九五五年、東京大学出版会）
『源頼朝』（一九五八年、岩波書店）
『日本封建制成立過程の研究』（一九六一年、岩波書店）
『下剋上の時代』（一九六五年、中央公論社）
『体系日本歴史・大名領国制』（一九六七年、日本評論社）
『日本の中世社会』（一九六八年、岩波書店）
『日本地主制の構成と段階』（中村政則他と共著、一九七二年、東京大学出版会）
『日本中世社会構造の研究』（一九七三年、岩波書店）
『中世成立期の社会と思想』（一九七七年、吉川弘文館）

索　　引

本文の各章末の文献頁は割愛した

〈人　名〉

あ　行

か　行

さ 行

た 行

な　行

は　行

ま 行

や 行

わ 行

外国人研究者

〈著書・論文〉

あ 行

か　行

さ 行

た 行

な 行

は　行

ま　行

や　行

ら・わ　行

〈 事　項 〉

あ　行

か　行

さ　行

た　行

な　行

は 行

ま 行

や 行

ら・わ 行